빨래하는 페미니즘

여자의 삶 속에서 다시 만난
페미니즘 고전

스테퍼니 스탈

정희진 해제 · 고빛샘 옮김

빨래하는 페미니즘

민음사

# 혁명보다 진화

정희진(여성학자)

"괜찮은 남자나 만나서 결혼이나 할까?", "괜찮은 남자랑 결혼했으면!" 이 책에도 비슷한 언급이 몇 차례 나온다. 이것은 나를 포함한 대다수 여성들의 희망 사항이자 갈등이지만, 여성들이 은근히(?) 비난받는 언설이기도 하다. 하지만 진짜 문제는 여성의 무임승차 욕망이 아니라 가부장제 사회에서는 괜찮은 남자를 찾을 수 없다는 사실이다. 물론 여기서 남자는 그냥 사람(person)이 아니라 성별화된 사람, 즉 남성(man)을 말한다. 훌륭한 백인은 많다. 그러나 이 역시 개인일 때에 국한된다. 흑인과의 관계에서 백인은 구조적으로 괜찮은 사람이기 어렵다. 누적된 역사는 개인의 의지만으로는 극복하기 어려운 법이다. 인간은 입장과 경험의 존재이기 때문이다. 그래서 남자나 백인은 '괜찮을 수 없다?'

니체는 훌륭하다. 그리고 나는 철학자로서 니체를 무척 좋아한다. 하지만 인간으로서, 남성으로서의 니체는 무식하고 거의 깡패 수준으로 무례하다. (그의 책을 보라.) 내가 아는 남성 중에는 여성보다 훌륭하고 존경할 만한 사람들이 매우 많다. 그러나 그것은 '인간관계'인 경우이지 '남녀 관계'일 때는 다르다.

이처럼 질문 자체가 틀렸을 경우, 여성은 어떤 선택을 해야 할까? 요지는 이것이다. '괜찮은 남자'를 만나서 사랑받고 돈 걱정 없는 중산층 전업주부로 사느냐, 자아실현을 하느냐의 고민이 아니다. 둘 다 불가능하다는 것이다. 하지만 우리는 언제나 이런 식의 질문의 함정에 빠져 고민하다가, 결국 엉뚱한 길로 들어선다. 나 역시 예외가 아니며 아직도 이 질문의 힘에서 자유롭지 못하다.

주제넘은 이야기이지만, 나도 꼭 이런 책을 쓰고 싶었다. 시도도 해 보았고, 끄적거린 원고도 있다. 나라면 최용신, 허정숙, 김활란, 나혜석부터 이야기를 시작할 것이다. 그러나 이런 글을 쓰려면 이 책의 저자인 스테퍼니 스탈처럼 어느 정도 내 인생을 드러내야 한다. 엄마와의 갈등, 친구들이 '펜팔'이라고 비웃는 실속 없는 연애, '여성 지식인'으로서 겪은 좌절, 나의 사고방식에 대한 지속적인 문제 제기를 감당해야 하는 일상, 여성주의 커뮤니티와 거리를 두어야 할 때의 아픔, 목적을 잃은 삶, 통제할 수 없는 외로움. 나는 포기를 반복하고 있다. 저자와 나 사이에는 계층 · 인종 · 경험 등의 차이가 있다. 그래서일까. 그녀의 삶은 '우아해' 보였다. 이러저러한 이유에서 내가 스테퍼니 스탈과 같은 고전 읽기를 시도한다면 분명 대상 텍스트가 달라질 것이다.

나는 1980년대 남녀 학생 비율이 '9 대 1'인, 남학생이 압도적으로 많은 남녀 공학 대학을 다녔다. 나는 "페미니즘은 무능력한 여자들의 투정"이라고 생각하는, '명예 남성'으로 살다가 졸업했다. 그런데 우연한 계기로, 졸업하자마자 곧장 여성 단체에서 일을 하게 되었다. 전혀 관심이 없던 분야에서 새로운 이십 대가 시작되었다. 거기서 만난 가정 폭력과 성폭력의 현실은 나를 완전히 '전향시켰다.' 그러나 본격적으로 페미니즘을 접하게 된 것은 서른 살에 여성학과 대학원에 입학하면서부터였고 그 뒤로 15년이 흘렀다. 여성 단체에 상근한 기간까지 포함하면 20여 년을 이 분야에서 지낸 셈이다.

그런데 나는 페미니스트가 아니다. 이 책에서 말하는(275쪽) 의미에서도 아니고, 타인의 시선 때문에 숨기려는 것도 아니다. 나의 착한 여자, 신데렐라, 아버지 콤플렉스는 거의 중독에 가까우며, 매일 이 문제와 사투를 벌이며 분열 속에 살고 있다. 하지만 나는 페미니즘을 '열심히 공부한다.' 내가 아는 한, 페미니즘은 인류가 만들어 낸 그 어떤 지식보다 수월(秀越)하다. 정치적·이론적·학문적으로 다른 어떤 언설보다 세련되고 앞서 있으며, 상상력조차 뛰어넘는 참신한 문제의식과 질문을 가진 사상 체계다. 지식이 지속적으로 새로운 질문을 던지는 행위라면, 또 지식이 윤리적이어야 한다면, 그리고 지식이 사유 능력을 의미한다면 최소한 페미니즘을 따라올 지식은 없다. 이유는 간단하다. 페미니즘은 지난 모든 언어에 대한 의문과 개입에서 시작되었으며, 이 과정에서 저절로 기존의 지식을 조감(overview)할 능력을 가질 수밖에 없기 때문이다. 게다가 기본적으로 다(多)학제적이기 때문에 지식 전반에 걸쳐 박식하고, 다른 분야와 연결되어 폭발적인 재해석, 시너지 효과를 불러일으킬 수 있다.

우리 사회와 달리, 서구 페미니스트들의 전공은 인문, 사회 과학은 물론 성별과 거리가 있다고 '여겨지는' 분야까지 광범위하다. 핵물리학, 신학, 영장류 생물학, 농학, 의학, 국제 정치학, 경영학 등 거의 모든 분야에 걸쳐 있다. 반면, 우리 사회에서 여성학자, 여성학 교수, 페미니스트, 여성 운동가 등으로 불리거나 스스로 그렇게 정체화하는 이들 중에는 페미니스트가 '아닌' 경우도 있다. 물론, 이를 판단할 수 있는 사람은 없다. 그러나 '페미니스트인가, 아닌가?'의 문제가 논쟁으로 생긴 입장 차이가 아니라는 데 슬픔이 있다.

한국 사회에서 페미니스트는 공적 영역에 진출한 잘난 여성, 기가 센 여성, 혹은 단지 성별이 여성(female)인 지식인을 의미한다. (1990년대 조사이긴 하지만, 한국인이 생각하는 여성 운동가 1위는 황산성 변호사였다.) 그래서 여성학 수업 시간에 '여성주의자인 학생'과 '그렇지 않은 선생'이 갈등을 빚거나 성매매, 여자 대통령 같은 사안이 나올 때도 '졸도할 만한' 발언(사고)을 서슴지 않는 '페미니스트'가 드물지 않다.

예컨대 '알파걸'은 페미니스트인가? 또 외모, 재력, 남성 네트워크 등 여성 개인의 자원을 최대한 이용하여 가부장제 사회에서 성공을 도모하자는 '파워 페미니즘'도 페미니즘인가? 성형 수술은 자존감의 회복인가, 성매매는 노동인가? (노동이다.) 그렇다면 노동이어야 하는가? 박근혜 대통령은 여성인가? 아버지의 딸인가? 매

맞는 남편도 있나? (있다.) 내 생각에 이런 언설들은 불필요하거나 질문의 각도 자체가 남성의 입장(interest)에서 구성된 것이다.

그런 점에서 이 책은 여성주의 사상의 흐름과 전환에 대한 모범적인 주석이자 교과서다. 원래 모범이나 교과서라는 말은 지성의 속성과는 어긋나지만, 나는 페미니즘을 논의하면서 '바른 해석'이 절실하다고 느낄 때가 있다. 더구나 이 책은 그러한 내용을 판관적 자세가 아니라 개인의 지적 여정으로서, 스스로에게 의문을 품는 과정을 중심으로 씌었기 때문에 성찰적이며 설득력이 있다. 같은 목소리도, '다른 목소리'도 아닌 스테퍼니 스탈의 목소리다.

캐럴 길리건과 주디스 버틀러는 자주 오해받는 페미니스트 사상가들인데, 이들의 사상을 이렇게 쉽고 분별력 있게 정리한(mapping) 저자의 지적 역량과 글쓰기 능력이 놀랍다. 길리건이 주장한 것은 여성성의 재평가라기보다는 돌봄 노동의 언어화와 여성적 윤리가 공적 영역의 규범에 포함되어야 한다는 문제 제기였다. 단순한 모성 찬양이 아니다. 길리건은 자신의 논의가 남성다움, 여성다움을 운운하는 젠더 문제가 아니라고("This is not gender issue.") 책 서두에 못 박았음에도, 그녀를 향한 페미니스트 진영 내부의 비판과 남성들의 전유는 여전하다.

버틀러가 주장한 것은 여성 범주의 정치학과 그 구성, 효과에 관한 것이다. 여성 운동이 반드시 같은 여성 정체성으로부터 시작할 필요는 없다는 것인데, 이 역시 지금까지도 오해에서 자유롭지 못하다. (『젠더 트러블』의 부제는 '페미니즘과 정체성의 전복'이다.) '남자'와 '여자'라는 우리의 개념은 원본 없는 복사본에 불과하지만 (395쪽, 주디스 버틀러 재인용), 여성이라는 범주의 수행 가능성을 확장시키는 데 목표를 두어야 한다는 것이다.(401쪽)

또한 이 책에서 다루고 있는 이리가레이, 식수, 라캉의 이론은 구조주의나 영미 페미니즘에 익숙한 한국 독자들에게는 쉽지 않은 내용이다. 우리에게 어려운, 아니 익숙지 않은 일부 페미니즘 이론을 명료하게 설명하는 저자의 뛰어난 능력은 기본적으로 지적 감수성에 기인한 것이겠지만, 한편 현실에 대한 관찰력이 남다른 '예술가'만의 특권이기도 하다. 이 점이 이 책의 실질적인 유용성 중 하나다.

그러나 어쩔 수 없이 저자의 '백인 중산층 여성'이라는 위치성은 눈에 띈다. 흔히 백인 여성들이 글로벌 페미니즘, 다문화(multi-cultural) 페미니즘이라고 뭉뚱그려 명명해 버리는 스피박, 찬드라 모한티, 레이 초우 등 탈식민주의 페미니스트, 신시아 인로 같은 반(反)군사주의 페미니스트, 에코 페미니즘, 정신 분석 페미니즘, 이슬람 · 남아메리카 · 동아시아 지역의 페미니즘이 언급되지 않은 것은 이 책의 한계가 아니라 자명함이다. 그것이 어떻게 가능하겠는가? 그러므로 이 책은 '그들의' 교과서임에 분명하고, 저자 또한 이 사실을 모르지 않을 것이다. 다만 나는 이 세상에는 현장(local)에 따라 수많은 페미니즘이 존재한다는 점을 지적하고 싶다.

사회학이나 물리학에 한 가지 입장만 있겠는가? 그런데 왜 유독 페미니즘만이 '한 가지'로 인식되는가? 이는 마치 '유색 인종 대

백색 인종'의 패러다임과 비슷하다. 주체는 개별성으로 인식되지만, 타자는 집단으로 지칭된다. 이 책에서도 다루고 있지만 같은 페미니즘이라도 포르노, 성매매, 가족, 출산, 모성 등에 대해 서로 상반된 입장을 취하고 있으며, 1970년대 미국의 포르노 금지 법안 제정 운동 때 전투는 남녀가 아니라 자유주의 페미니즘과 급진주의 페미니즘 사이에서 벌어졌고, 자유주의의 승리로 끝났다.

페미니즘을 '하나'로 사고하는 것 자체가 성차별이다. 나는 숱한 사람들이 사상가들을 언급할 때 마르크스, 프로이트, 푸코, 루소, 그리고 페미니스트 식으로 나열하는 데 대해 분노를 느낀다. 남성들은 '개인'으로 호명하면서, 어째서 페미니즘은 한 덩어리로 간주하는가? 그러니까 마르크스 한 사람과 모든 여성이라는 식의 발상이다. 물론, 이러한 경계의 정치학은 페미니즘 내부에도 있다. 흔히 페미니즘을 소개할 때, 자유주의 페미니즘, 마르크스주의 페미니즘, 사회주의, 급진주의, 제3세계 페미니즘 등으로 구분해서 이야기하는 사람들이 있다. 그렇다면 제3세계에는 마르크스주의나 자유주의가 없다는 말인가? 마치 인간은 남성과 여성, 그리고 아줌마로 구분되듯이? 이를테면 나는 대학 시간 강사로서 '여성과 인권'이라는 강좌를 강의하는데, 이미 이 강좌의 제목은 여성과 인간은 배타적 범주라고 전제하고 있다.

여성으로서 겪는 공통의 경험은 '적다.' 그러나 한 개인이 여성으로 간주되는 상황 탓에 겪게 되는 고통, 분노, 무기력, 희열, 깨달음, 욕망은 여기 다 적을 수 없는, 그야말로 인류의 역사 그 자체로서 혼돈에 가까운 복잡성을 가지고 있다. 흔히 말하는 '여성 문제(women's problem)'는, 실상 사회와 남성의 문제이고 이것이 '여성 문제(women's question)'의 본질이다.

내가 생각하는 지식으로서의 페미니즘이 갖는 가장 큰 매력은 나 자신을 설명할 수 있는 언어를 준다는 점이지만, 페미니즘의 정수는 스스로 내파와 파생을 거듭하는 지식이라는 점이다. 그것은 멈출 수가 없다. 왜냐하면 여성의 현실, 그리고 현실의 운동이 끊임없이 언어를 요구하기 때문이다. 그것은 마르크스주의를 비롯하여 모든 진보적 사상이 그러하다. 지식은 현실의 필요에 의한 것이지 유행을 타는 공부가 아니다. "한물가거나", "이제는 필요 없는" 페미니스트는 있을지 몰라도, 페미니즘 자체가 그럴 일은 절대 없다. 이 과정이 진화다. 아직도 혁명과 개량, 진화, 일상을 이분법적으로 이해하는 이들이 있다면 어쩔 수 없다. 페미니즘은 불편함, 혁명, 폭동, 똑똑해서 미친 여자들의 병이 아니라 다른 모든 사상처럼 인류 문명의 수많은 소산 중 하나이며 진화, 즉 적응해야 하는 인간의 모습을 반영하고 있다.

다만, 성별 문제는 너무나 정치적이고, 무의식적이고, 일상적이고, 오래되어서 남녀 모두 '놀라는' 것뿐이다. 이 책은 이처럼 격렬한 현실을 정확히, 올바르게 그리고 쉽게 안내해 준다. 이 책이 '리더스 다이제스트'로 읽힐 우려가 아예 없는 것은 아니다. 그러나 누군가 내게 '내 생애 첫 번째 페미니즘' 책을 추천하라고 한다면, 나는 망설이지 않고 스테퍼니 스탈의 경험을 권하겠다. (물론, 여기 소개된 원서부터 먼저 찾아보고 읽어야 한다!)

사족: 저자의 남편은 이 정도면, 썩 괜찮은 남자다. 그러나 "여보, 일회용 반창고 어디에 있는지 알아?"(43쪽)를 여전히 외친다. 『게으른 남편: 너만 쉬고 싶니? 이 나쁜 남편 놈아!』(조슈아 콜맨, 21세기북스)라는 책이 생각나서 쓴웃음이 나왔다. 사실 '남성다움'의 가장 큰 특징은 흔히 생각하듯 폭력성이라기보다, 게으르고 실없이 말이 많다는 점이다. 이것은 내 의견이 아니라 미국 드라마 「로앤 오더(Law & Order)」(2009~2010)에 나온 대사다.

성(性)은 숱한 논란을 낳는 주제이며, 이 문제에 관한 한 누구도 진실을 말하기 어렵다. 이렇게 현재의 입장을 취하게 됐는지 그 과정을 보여 줄 수 있을 따름이며, 화자의 한계와 선입관과 개성을 감안해 독자 스스로 결론에 도달할 수 있도록 기회를 제공할 뿐이다.

—버지니아 울프,『자기만의 방』

# 차례

## 1부 왜 다시 페미니즘인가요?

## 2부 누구를 위한 페미니즘인가요?

## 3부 페미니즘이 집안일을 해 주나요?

## 4부 페미니즘의 미래는 무엇인가요?

# 프롤로그

내가 뉴욕의 바너드 여대를 졸업한 것은 1990년대 초반이었다. 1970년대에 태어나 1980년대에 성인이 된 보통의 여자들과 마찬가지로 나도 어른이 되는 것에 대한 몇 가지 환상이 있었다. 페미니즘은 내가 성장하는 동안 강렬하다고까지는 할 수 없지만 상당히 꾸준하게 영향을 끼쳤다. 남자가 할 수 있는 일은 여자도 할 수 있다. 그것도 훨씬 더 훌륭하게 말이다. 내게 페미니즘은 혁명보다는 진화에 가까웠다. 불과 한 세대 전까지만 해도 획기적이라 여겨진 여성들의 성취가 내게는 당연한 것이었다. 여자라고 해서 의사나 변호사가 되거나, 국정을 좌지우지하거나, 회사를 운영하지 말라는 법은 없다. 바너드 여대에서는 청소년기에 자연스레 흡수한 가정(assumption)을 더욱 힘주어 강조하며 우리 앞에 무궁무진한 기회가 열려 있다고 격려해 주었다. 여대에서 여학생들에게 자신감을 심어 주려 했던 것은 당연한 일이었다. 지금으로부터 20여 년 전 졸업식장에 선 우리 모두는 세상을 거머쥘 기세였다.

하지만 인생은 뜻대로 흘러가지 않는 법이다. 최근까지도 페미니즘과 관련한 거짓 약속, 환상과 실망, 충돌과 반발을 놓고 논란이 계속되고 있다. 특히 이런 논란은 결혼해서 어머니가 된 여자들을 대상으로 할 때 더욱 컸다. 각 세대는 동일한 지대에 새로운 길을 낸다. 페미니스트로서의 역할을 아내와 어머니로서의 역할과 조화시키기란 쉽지 않다. 비단 공적인 영역에서만이 아니라 지극히 사적인 영역인 저마다의 가정에서도 그렇다. 부모로서의 사랑과 직업적 야망은 불안한 동맹 관계에 놓여 있다. 이러한 모순은 페미니즘을 당연하게 여기며 성장한 우리 세대를 혼란스럽게 만든다. 스스로를 보는 시각과 정체성의 핵심을 뒤흔들기 때문이다. 우리는 세상을 다 가질 수 있다고 믿으며 자랐지만 이제는 아내와 어머니라는 역할을 수행하기 위해 모호함을 받아들이고 타협해야 한다. 천하를 호령하는 여걸이 될 줄 알았던 착각은 무참히 깨졌다.

나는 결혼을 하고 어머니가 된 후에야 비로소 나이가 들수록 아는 것이 적어진다는 말의 진정한 의미를 이해하게 되었다. 아이를 키우면서 가슴 터질 듯한 사랑도 느꼈지만 미칠 듯한 좌절감도 맛보았다. 그전까지는 생각해 보지도 못한 존재의 근간을 뒤흔드는 새로운 감정이었다. 백만 가지 방식으로 아이와 연결된 어머니가 되고 나서야 페미니즘의 이상향을 현실에 접목시키는 것이 얼마나 어려운 일인지 절감했다. 하지만 그렇다고 페미니즘을 저버릴 수도 없었다. 아이를 욕조 속에 그냥 내버려 둘 수는 없는 노릇 아니겠는가. 온 힘을 다해 개인적 영역과 정치적 영역을 내 나름대로 구체화하고 싶었다. 당시 나는 벽에 걸린 액자 유리 너머의 졸업식 사진 속에서 미래에 대한 기대를 잔뜩 품고 있는 젊은 여자에 대해 수없이 생각했다. 그리고 그녀를 찾기 위해 이 책을 쓰기 시작했고, 결국 나 자신을 찾았다.

1부

왜
다
시
페
미
니
즘
인
가
요
?

기이한 일이지만 누구도 책을 읽을 수 없다. 단지 책을 다시 읽을 수 있을 뿐이다. 훌륭한 독자, 중요한 독자, 능동적이고 창의적인 독자는 책을 다시 읽는 사람이다.

— 블라디미르 나보코프, 『문학 강의』

# 나는 이렇게 살고 싶지 않았다

새벽 2시 47분.

딸의 울음소리가 고요한 새벽을 깨운다. 그렇잖아도 토막잠을 자던 나는 졸린 눈을 억지로 비벼 뜨고 윗몸을 돌려 침대 옆 시계를 힐긋 쳐다본다. 행여 딸이 울음을 그치기를 간절히 바라며 눈을 살며시 감고 잠자코 누워 기다려 본다. 하지만 이미 잠은 달아난 지 오래다. 의식의 엔진인 심장이 쿵쾅거리며 온몸의 세포를 깨운다. 딸의 울음소리가 점점 커진다. 이윽고 나를 부르는 소리가 들린다. 엄마, 엄마. 침대 아래로 발을 내딛는다. 차갑고 딱딱한 바닥을 딛은 후 문을 열고 복도를 지나 딸의 방으로 간다. 창밖으로는 부엉이 눈처럼 둥근 달이 보인다.

딸은 제일 좋아하는 담요를 작은 몸뚱이에 둘둘 만 채 유아용 침대에 누워 있다. 흥건하게 배어 있는 땀 때문에 머리카락이 마치 금색 모자를 쓴 것처럼 머리에 찰싹 붙어 있다. 두 뺨은 붉게 물들어 있다. 사랑스러운 모습에 애정과 걱정이 동시에 피어오른다. 딸은 눈을 꼭 감은 채 눈망울을 이리저리 굴리고 있다. 악몽이라도 꾼 모양이다. 딸을 안아 침실로 데려와서는 침대 한가운데에 살며시 내려놓고는 옆자리에 조심스레 웅크려 눕는다. 남편 존이 고개를 들고 졸린 눈으로 우리 모녀를 쳐다보더니 신음을 내뱉고는 등을 돌린 채 담요를 귀까지 끌어올린다.

딸은 이마를 가슴팍에 묻은 채 내 안에 길을 내기라도 하려는 듯 팔과 다리를 뻗어 필사적으로 매달린다. 지금 우리는 하나나 다름없다. 맞닿은 살갗에 온기가 차올라 땀이 흐른다. 나는 나지막이 노래하며 딸을 부드럽게 어른다. 젖내, 로션 냄새, 땀내가 한데 뒤섞여 코로 흘러들어 온다. 서서히 딸의 입술이 벌어지고, 눈가의 긴장이 풀어지고, 단단히 움켜잡고 있던 손에서 힘이 빠져나간다. 손가락이 자연스레 위쪽으로 말려 올라간다.

이런 불가사의하기 짝이 없는 어머니의 능력이 아직 내겐 낯설기만 하다. 이윽고 얕은 숨소리가 규칙적으로 들려온다. 근육이 경련을 일으키지만 딸을 깨우지 않기 위해 팔다리가 저리도록 참고 또 참는다. 하지만 머리에서는 수만 가지 생각이 소용돌이친다. 나는 어머니, 아내 그리고 또 뭘까. 빈곤한 상상력이 발목을 붙든다. 서서히 동이 트며 침실 벽이 햇볕으로 물든다. 나는 여전히 생각 중이다. 도대체 내가 지금 이 자리에 어떻게 오게 된 걸까.

여기 무척이나 익숙한 이야기가 있다. '그렇게 나는 결혼을 했고, 아이를 낳았고, 모든 것이 달라졌다.' 내 일부는 아이와 한 몸이 되어 침대에 누워 있는 지금의 내 모습이 어떻게 만들어졌는지 완벽히 이해하고 있다. 하지만 또 다른 일부는 아직 어리둥절한 상태다. 나는 아내와 어머니가 되기 전부터 이런 이야기가 어떤 식으로 전개되는지 익히 들어 알고 있었다. 1세대와 2세대 페미니즘이 사회적으로 큰 영향력을 발휘하던 시기에 성인이 된 보통의 여자들과 마찬가지로 나는 여자들이 결혼과 출산을 계기로 자신의 목소리를 잃고 비주체적인 삶을 살아가게 될지도 모른다는 사실을 똑똑히 배워 알고 있었다.

하지만 양성평등과 여권 신장을 강조하는 페미니즘은 이야기가 다른 식으로도 전개될 수 있다고 했다. 얼마나 다행스러운 일인가. 나는 기꺼이 페미니즘의 주장을 믿기로 했다. 대학에서는 열심히 공부해 우등상을 탔고, 인턴 과정도 무사히 마쳤다. 졸업 후에는 바로 해외 출판사와 할리우드 프로듀서에 저작권 스카우터로 일하게 되었다. 그렇게 몇 년 동안 직장 생활을 하다가 언론학 석사 과정을 마쳤고 학위를 받은 후에는 신문 기자가 되었다. 내가 쓴 특집 기사는 정기적으로 신문 1면을 장식하곤 했다. 일하는 동안에도 밤이면 출판 제안서를 작성해 틈틈이 여러 출판사에 뿌렸다. 그러던 중 뉴욕의 대규모 출판사에서 출간 제의를 받았고 집필에만 전념하기 위해 홀가분하게 일을 그만두었다. 남편 존을 만나 결혼한 것도 이즈음이었다. 존은 진보 성향이 강한 남자로 내게 지지를 아끼지 않았다. 내가 결혼하고 나서도 남편 성으로 바꾸고 싶지 않다는 말을 어렵사리 꺼냈을 때조차도 진심으로 놀랐다는 반응을 보일 정도였다. "당연한 말을 왜 해?" 하지만 존과 결혼해 실비아를 낳은 후 생각지도 못했던 정체성 위기가 나를 괴롭히기 시작했다. 나는 순진하게도 내게 이런 일이 벌어지리라 전혀 예상하지 못했다. 수많은 페미니스트 선배가 이와 똑같은 경험을 누누이 설파하고 경고해 왔음에도 말이다.

결혼과 출산 과정이 완전히 순탄하다고만은 할 수 없었다. 존과 나는 5년째 동거 중이었고 결혼을 계획하고는 있지만 임신은 예상치 못한 일이었다. 어쨌든 우리는 임신 소식에 감사하며 결혼식을 앞당기기로 했다. 그렇게 나는 불과 1년이라는 짧은 기간 동안 첫 책을 출간하고, 결혼을 하고, 실비아를 낳고, 부산스러운 맨해튼 웨스트빌리지의 방 하나짜리 아파트에서 메릴랜드 주 아나폴리스의 빅토리아풍 3층 주택으로 이사했다. 소화하기 버거울 정도로 급작스럽고 큰 변화들이었다. 그렇게 내 어깨에 문화적 짐짝들이 연거푸 쌓여 가는 동안 나는 어느새 삼십 대가 되었다.

프랑스 소설가 오노레 발자크(Honoré Balzac)도 말했듯, 삼십 대는 여자들에게 가장 위험한 시기다. 예상대로 그리고 다소 수치스럽게도 삼십 대에 접어들고 나서부터 내 삶은 흐트러지기 시작했다. 나 자신을 잃어버린 채 살아가게 된 것이다. 대학 졸업 후 내 삶의 대부분은 일과 사교 생활이 차지했다. 친구들과의 저녁 약속이 있는 날이 아니면 늦게까지 사무실을 지키는 게 당연한 일상이었다. 즉 나는 업무적 성취와 그에 따른 승진이라는 명확하고도 익숙한 목표를 향해 추진력 있게 나아가고 있었다. 그런데 갑작스러운 임신과 출산이 내 진로를 틀어 버렸다. 나는 기자직을 버리고 프리랜서 작가의 길을 걷기로 결심했다. 경제적 손익과 감정적 측면을 모두 고려해 고심 끝에 내린 결론이었다. 아이를 다른 사람 손에 맡기는 데 드는 비용을 계속 기자로 일할 경우 벌어들일 수입이나 투자 시간과 비교하면 프리랜서 작가만이 유일한 방법은 아니었다. 하지만 내 서른 번째 생일을 축하하기 위해 딸을 유아원에 맡겨 놓고 남편과 이탈리안 레스토랑에 갔던 날, 약속한 시간에 늦지 않기 위해 변변한 대화도 하지 못한 채 파스타 링귀니를 허겁지겁 입에 쑤셔 넣으면서 불현듯 이게 뭐하는 짓인가 하는 회의가 들었다.

이때 든 회의감은 실비아가 12개월 될 무렵까지 머릿속에서 떠나지 않았다. 실비아는 어느덧 신생아기를 벗어나 걸음마기에 접어들고 있었다. 나는 결혼 후 우울증과 산후우울증에 밀레니엄 불안이 겹쳐 그런 기분이 든 것뿐이라고 애써 자위하며 머릿속을 잠식한 우울한 생각이 잠잠해지기만을 기다렸다. 왠지 모를 소외감이 드는 것은 지극히 자연스러운 일이라고 스스로에게 다짐하듯 되뇌었다. 또 예쁘고 건강한 딸에, 비를 막아 주는 천장에, 집에서 시간을 조절해 일할 수 있는 여유도 있는데 복에 겨워 쓸데없는 생각에 빠져 있다고 스스로를 꾸짖기도 여러 차례였다. 분명 나는 운이 좋은 사람이었다. 내 마음속에 상주하는 훈련 교관은 배부른 소리는 그만 집어치우고 어서 앞으로 나아가라고 채근했다. 그러나 몇 주, 그리고 몇 달이 지나도 우울한 기분은 가시지 않고 오히려 깊어져만 갔다. 인생이 빤하고 오래된 각본에 맞추어 흘러가고 있는데도 어떻게 멈추어야 할지 방법을 찾을 수 없었다. 당시 나는 딸 실비아가 낮잠 자는 동안 시간을 이리저리 쪼개 겨우 글 쓸 시간을 내곤 했다. 집중이 잘될 리 없었다. 몸은 컴퓨터 앞에 앉아 있지만 귓가에는 딸이 깨서 우는 소리가 계속 맴도는 듯했다. 한 글자도 시작하지 못한 채 화면 속에서 고독하게 깜빡이는 커서만 멍하니 바라보는 시간이 점점 많아졌다.

지루할 정도로 단조로운 날들이 이어졌다. 내 인생은 해도 해도 끝나지 않는 반복적 가사 노동에 저당 잡혀 버렸다. 언제부터인가 그 너머의 미래를 그릴 수 없게 된 것이다. 나라는 인간의 윤곽이 하루하루 눈에 띄게 사라지는 듯했다. 실비아가 두 살이 되어 유아원에 다니기 시작할 무렵 내 삶은 그토록 우려하던 처지가 되어 있었다. 직업적으로는 탄탄대로가 보장되던 기자직을 버린 탓에 더는 마땅히 설 자리가 없었다. 개인적으로는 남편과 나 모두 각자의 일상에 치여 서로 으르렁대며 멀어져 가고 있었다. 말다툼을 하다 보면 '부부 상담', '별거' 같은 단어가 아무렇지도 않게 튀어나왔다.

만사가 뒤죽박죽이었지만 그 와중에도 크리스마스는 어김없이 찾아왔다. 마침 크리스마스를 맞아 어머니가 우리 집에 오셨다. 어머니는 주방에 있는 둥근 의자에 앉아 화강암으로 된 조리대에 팔을 괴고 앉은 채 일하고 있는 나와 이야기를 나누었다. 나는 어머니 주위를 쉬지 않고 왔다 갔다 하면서 어린이용 의자에 앉아 있는 실비아에게 딸기 요구르트를 한입 떠먹이고는 이내 크리스마스 만찬용으로 오븐 속에서 익어 가는 소고기의 육즙이 마르지 않도록 손질하기를 반복했다. 내 모습을 지켜보던 어머니가 웃음을 터뜨리며 놀라움을 표했다.

"와, 내 딸이 이렇게 가사일에 능한 주부가 될 줄은 몰랐는걸."

어머니는 대학교수로 퇴직하기 전까지 자기 분야에서 인정받은 분이었다. 직업적으로 잘나간다고 해서 집안일을 못하리라는 법은 없지만 어머니는 두 가지 모두를 잘하는 사람은 아니었다. 어머니가 할 줄 아는 요리라고는 구운 피망밖에 없었다. 나와 여동생은 어머니가 부엌일에 신경 쓰지 않도록 모든 것을 알아서 척척 하는 딸들이었다. 어머니가 던진 농담에는 그런 자신을 자조하는 뜻도 담겨 있었기에 나 또한 웃음을 터뜨릴 수밖에 없었다. 하지만 왠지 그 말이 마음에서 떠나지 않고 아픈 곳을 계속 콕콕 찔렀다. 나 또한 내가 이렇게 가정적인 사람이 될 줄은 몰랐기 때문이다.

정체성 위기는 나를 더욱 거세게 몰아붙였다. 제길, 대체 내게 무슨 일이 벌어지고 있는 거지? 나는 페미니즘의 영향을 받으며 성장했고 성공한 커리어우먼으로서 이상적인 롤 모델이라 할 수 있는 어머니를 바로 옆에서 지켜보는 기회도 누렸다. 그런데도 내가 원하는 여성상에 가까워지는 것이 이토록 힘들다니. 끝 간 데 없는 불안감이 살가죽 안쪽에서 은은하게 피어올랐다. 이런 두려움을 남편에게 털어놓아 보았지만 남편은 짜증까지는 아니더라도 난감한 기색을 보이며 어깨를 으쓱하더니 영화라도 한 편 보고 오면 기분 전환이 되지 않겠느냐고 했다. 친구들을 만나 하소연도 해 보았지만 뾰족한 해결책은 나오지 않았다. 내 이야기에 친구들은 공감의 표시로 깊은 한숨을 내쉬며 아이 키우는 일이 원래 그런 법이라고만 했다. 근처에 사는 또래 아이 엄마들은 이런 생각을 하는 내가 머리 둘 달린 보라색 별종이라도 되는 양 이상한 눈길로 쳐다보았다. 때로 나는 욕조에 앉아 두 손으로 머리를 감싸 쥔 채 이 수렁에서 벗어날 길이 없을지 고민도 해 보았다. 분명 어딘가 방법이 있을 터였다. 많은 사람이 내게 이런저런 조언을 해 주었다. 하지만 그중 솔깃한 해결책은 없었다.

그래서 나는 책에서 답을 찾기로 했다.

# 페미니즘으로 돌아가다

어느 비 오는 오후, 유아원 오전반을 마친 실비아를 반스앤드
노블 서점에 풀어놓고는 나도 한쪽 구석에 책상다리를 하고 앉는
다. 내 옆에는 여성 관련 서적이 잔뜩 쌓여 있다. 앞으로 어떻게 하
면 좋을지, 무엇을 해야 할지, 내 앞에 무엇이 기다리고 있는지 알
아낼 수 있기를 바라며 자기 계발, 가정 및 생활, 육아 등 분야를 가
리지 않고 손에 잡히는 대로 집어 온 책들이다. 이중 내게 혜안을
가져다줄 수정 구슬이 있을까. 책 표지에는 하나같이 여성성의 신
화, 허상, 광기를 다루고 있다고 씌어 있다.

실비아에게 그림책 몇 권을 안겨 주고는 읽어 보라고 살살 구슬
린다. 실비아가 내 옆에 털썩 주저앉는다. 나도 책을 읽기 시작한
다. 까불거리는 세 살배기 어린아이를 옆에 두고 책을 얼마나 읽을
수 있겠냐마는……. 페미니즘에 여성들의 불행에 대한 책임이 있

다고 주장하는 정치적 선언문은 대충 넘겨본다. 여자들이 너무 많은 것을 요구한다고 비판하는 책이 있는가 하면 반대로 너무 적은 것을 요구해서 문제라고 주장하는 책도 있다. 읽으면 읽을수록 저마다 다른 소리로 떠들어 대는 불협화음에 귀가 따가울 지경이다. 결혼에 관한 한 항복하거나 반란을 일으키거나 굴복하거나 단념을 해야만 한다고 하는 책이 있는가 하면 아무리 평등한 부부라도 아이를 낳고 나면 전통적 성 역할을 따라갈 수밖에 없다고 주장하는 책도 있다. 또 내가 사후우울증을 겪는 20퍼센트에 속하며 앞으로 영원히 웃을 때마다 오줌을 지리게 될지도 모른다는 사실도 알게 되었다. 전반적으로 책 내용은 파스텔 색조로 된 표지에 실린 요란한 광고 문구와 비교하면 확실히 엉성했다. 나는 책장을 휙휙 넘겨 버렸다. 불만에 찬 목소리가 머릿속에서 윙윙거렸다. 무관심한 아버지, 완벽주의자 어머니, 인정머리 없는 상사들에 대한 자세한 묘사에 숨 막히는 기분이 들어 무릎을 끌어 모은 채 잠시 웅크리고 앉았다.

실비아는 좋아하는 책을 읽으며 키득대고 있다. 『아기 돼지 삼형제』를 익살스럽게 패러디한 동화였다. 이 책에서는 돼지 삼형제가 원래 이야기에서 빠져나와 다른 동화 속 세상들을 여행한다. 그곳에서 만난 친구들과 나쁜 늑대를 물리치고 집으로 돌아와 다 같이 행복하게 사는 것으로 동화는 끝을 맺는다. 나는 딸을 내려다보고 미소 지은 후 다시 마음을 다잡았다. 여성학 책들이 꽂힌 책장 앞으로 간다. 손가락 끝으로 책들을 훑다가 베티 프리단(Betty Friedan)의 『여성의 신비』 앞에서 멈춰 선다.

어렸을 때부터 나는 활자 중독이라 불릴 정도로 책을 좋아했다. 토요일 아침이면 으레 아버지와 베데스다 공립 도서관을 찾았다. 책장 사이를 거닐며 무아지경에 빠져 책을 고르다 보면 두세 시간이 훌쩍 지나가 버리곤 했다. 책을 한 무더기 빌려 두 팔에 안고 행여 떨어뜨리기라도 할까 봐 조심스레 턱으로 고정시킨 채 집으로 걸어오던 그 길이 얼마나 행복했는지 모른다. 집에 와서 설레는 마음으로 책들을 바닥에 늘어놓고 책날개와 표지에 적힌 글들을 꼼꼼히 살펴보며 무엇을 제일 먼저 읽으면 좋을지 고심하던 시간도 행복한 추억이다.

당시 나는 위인들의 숨겨진 이야기를 담은 야사에서부터 저급한 베스트셀러에 이르기까지 손에 닿는 책이란 책은 모두 게걸스럽게 읽어 댔다. 『제인 에어』를 덮자마자 숨 돌릴 틈도 없이 재키 콜린스(Jackie Collins)의 책을 펼칠 정도였다. 또 저녁 식탁에 앉아 무릎 위에 몰래 책을 올려놓고 한 입씩 먹는 사이 힐끔힐끔 읽다가 부모님에게 혼나기도 부지기수였다. 하지만 결국 부모님은 잔소리해도 소용없다는 걸 깨닫고 내게 두 손 두 발 다 들어 버렸다. 그 이후부터 나의 활자 중독은 공공연한 사실이 되어 모두들 그러려니 하게 되었다.

나는 쉴 새 없이 읽는다. 자동차 안에서, 개를 산책시키면서, 침대에 누워 요가 자세로 다리를 벽에 올린 채……. 틈날 때마다 한 번에 책 몇 권씩을 쌓아 놓고 읽는다. 하다못해 실비아가 크레용으로 낙서해 놓은 종이 쪼가리나 신용 카드 결제 내역서라도 읽어야 직성이 풀린다. 우리 집 책장은 한 칸에 책 세 권을 넣을 수 있을 정도로 깊고 집안 곳곳 무엇인가 놓을 수 있는 자리에는 모두 책들이 위태롭게 쌓여 있다. 독서는 상상 속 여행이자 탈출구이기도 하지만 복잡한 인생 경험을 흡수하는 수단이기도 하다. 내게 책은 마법과도 같은 것이었다. 책은 마음을 살찌우고 영혼을 변화시킨다. 이따금 책을 다 읽고 나서도 등장인물과 헤어지기 아쉬워 바로 다시 첫 장으로 돌아가기도 한다. 하도 읽다 보니 종잇장이 면직물처럼 부드러워진 가장 좋아하는 책들은 따로 자리를 마련해 모아 두었다. 나는 번번이 그 책들의 유혹에 넘어간다. 때로는 순간의 영감을 주는 한두 구절을 음미하기 위해 책 전체를 다시 읽기도 한다.

경험상 책을 다시 꺼내 읽는 것은 매우 특별한 경험을 선사한다. 책을 읽었던 과거의 나를 부두교 흑마술처럼 눈앞에 불러낼 수 있다. 에밀리 브론테(Emily Brontë)의 『폭풍의 언덕』을 펼치면 침대에 누워 이 책을 읽던 열다섯 살의 내가 떠오른다. 첫사랑에 빠져 있던 나는 히스클리프와 캐서린의 비극적이고 격정적 사랑 이야기를 읽으며 남모를 가슴앓이를 했다. 또 여러 차례 이별을 겪은 스물다섯 살의 내가 책갈피 사이에서 피어오르기도 한다. 그때의 나는 주인공들의 파괴적 열정에 반기를 들고 마음의 안정을 구하는 편이 더 낫다고 생각했다. 시간을 두고 같은 책을 다시 읽으면 내가 생각하는 사랑의 개념이 어떻게 달라졌는지뿐 아니라 그 이유가 무엇인지에 대한 통찰을 얻곤 한다. 나 자신에 대한 단서들을 발견하는 것이다. 책 속 수많은 단어는 한자리에 붙박고 있는 듯 보이지만 그 의미는 끊임없이 달라진다. 독자의 삶이 끊임없이 다른 모습이 되듯 고정된 단어도 끊임없이 살아 움직인다.

그날 서점에서도 그런 일이 벌어졌다. 서가에서 『여성의 신비』 를 읽었을 때 초월적 계시 같은 것을 경험했더랬다.

이 책을 처음 읽은 것은 대학 시절이었다. 1990년대 초 학번들에게 『여성의 신비』는 푸들 스커트를 입고, 졸업 전 약혼반지 받기를 꿈꾸며, 교외에서 두 아이를 낳아 기르면서 사는 것을 성공적 삶으로 여기는 여자들이 등장하는 다소 흥미로운 구시대의 유물과도 같았다. 책에 묘사된 내용은 내가 상상하는 미래와 동떨어져 있었다. 그때의 나는 『여성의 신비』에 나오는 여자들과 달리 독립을 준비하고 있었다. 내게는 우아하면서도 넓고 탄탄한 날개가 있었고 미래를 향해 날개를 활짝 펼치는 일만이 남아 있었다. 학교라는 누에고치 안에서 보낸 오랜 시간 동안 급진적 사상에 푹 빠져 여러 기발한 생각을 내곤 했던 나는 하루라도 빨리 진짜 세상으로 나가고 싶어 안달이 나 있었다. 세상에 못 이룰 꿈은 없었다. 나는 해외 특파원이 되고 싶었고 세상을 바꿀 만한 위대한 소설을 쓰고 싶었다. 결혼하여 어머니가 되는 것은 나에게는 멀기만 한 이야기였다.

그 비 오던 오후의 나는 나 자신이 정확히 무엇을 바라는지 아직 알지 못했다. 하지만 딸아이를 돌보며 『여성의 신비』를 훑어 내려가던 중 놀라운 기분에 사로잡혔다. 책에는 여자들을 4년제 대학에 보내서는 안 된다고 주장했던 교육자들의 이야기와 '직업: 전업주부'라는 단어에 자신의 희망과 꿈을 욱여 넣은 여성에 대한 묘사가 나왔다. 순간 분노에 찬 대학 시절의 내가 떠올랐다. 여자들을 대상으로 한 이러한 문화적 공모는 '잘못'되었다. 갑자기 나는 예전의 열정과 잊었던 신념을 기억해 냈다. 현재와 과거가 충돌했다.

나는 허리를 바로 세워 앉았다.

　여자들의 이야기는 익숙해서, 너무나도 익숙해서 답답하게 들릴 정도였다. 나는 결혼하기 위해 열아홉 살에 대학을 그만두고 네 아이를 키우는 어머니의 좌절감을 마주했다. 열아홉 살의 내가 처음 읽었을 때는 다른 나라 사람 이야기로만 여겨졌던 여자의 사연이었다. 그런데 지금 나는 그 여자와 다를 바 없다. 책 속 그녀는 베티 프리단에게 이렇게 말했다. "나 자신이 없는 듯 느껴집니다. 저는 밥 차려 주는 사람, 옷 입혀 주는 사람, 이부자리 챙겨 주는 사람, 누군가 요구하는 대로 해 주는 사람입니다. 그럼 대체 나는 누구죠?"

　그날 밤 실비아를 씻긴 후 재우고는 저녁 설거지거리를 싱크대에 그대로 쌓아 둔 채 피곤을 털어 내며 다락방으로 올라갔다. 그곳에는 내 유년 시절의 추억이 담겨 있는 삼나무 궤짝들이 있었다. 예전의 연애편지, 중학교 시절에 적어 놓은 우스운 글귀, 모서리가 누렇게 변색된 졸업 앨범 등을 헤집던 끝에 대학 시절에 사용하던 노트가 눈에 들어왔다. 검은 대리석 무늬 앞표지에는 말끔한 글씨체로 '페미니즘 고전 연구'라고 적혀 있었다.

　그래, 페미니즘 고전 연구. 나는 노트를 손에 든 채 무릎을 끌어당겨 앉았다. 머리 위에는 천장에서부터 늘어진 전구가 있었다. 아무 페이지나 펼치고 빈 공간에 흘려 쓴 내 손 글씨를 바라보았다. 이 수업을 들은 것은 대학 3학년 때였다. 그때 읽은 책들은 여성성에 대한 개념을 처음 잡는 데 지대한 영향을 끼쳤다. 구체적인 수업 내용은 거의 생각나지 않지만 그 책들이 남긴 감정적 궤적, 그

러니까 나를 자극하고 도발하고 선동한 방식은 여전히 남아 있었
다. 자정이 훌쩍 지나서야 궤짝 속에 흩어져 있던 보고서, 노트, 사
진을 모두 찾아냈다. 다락방에서 나오다가 문득 내가 여행을 떠나
기 위해 짐을 꾸리고 있다는 느낌이 들었다.

* * *

어떻게 보면 나는 정말 짐을 꾸린 것이었다. 그 후 몇 달 동안 계
획은 서서히 구색을 갖추기 시작했다. 모교로 돌아가 페미니즘을
다시 공부해 보는 건 어떨까? 바보 같은 생각일까? 아니, 그게 가능
하기나 할까? 내 앞의 많은 여자가 이미 내놓은 길을 따라 걸어 보
는 일이 앞으로 내가 가야 할 방향을 찾는 데 도움이 될까? 어느 날
아침 남편에게 이 생각을 털어놓았다.

남편은 신문에서 눈도 떼지 않은 채 한 손으로는 커피 잔을 찾
아 더듬으며 대답을 얼버무렸다. "어…… 흠……."

나는 다시 남편의 주의를 끌기 위해 신문을 툭 건드려 보았지만
돌아온 것은 짜증 나게 왜 이러느냐는 식의 표정이었다. 남편이 내
말뜻을 이해하지 못한 것이 아니라면 내 의견을 탐탁지 않게 여기
는 것이 분명했다. 물론 어느 쪽이든 남편의 잘못은 아니었다. 매사
추세츠 공과대학을 나온 컴퓨터 엔지니어에게 무엇을 기대하겠는
가. 그는 베티 프리단과 베티 화이트(Betty White)의 차이도 구별하
지 못할 것이 분명했다. 정적이 흘렀다. 절망감에 사로잡힌 나는 조
리대 의자를 끌어당겨 앉아 니나에게 불쑥 전화를 걸었다.

대학 몇 년 선배인 니나는 불과 스물세 살의 나이에 저작권 스카우팅 회사를 차렸다. 나를 처음으로 채용해 주었던 회사다. 면접을 보기 위해 첼시에 있던 카페에서 니나를 처음 만났을 당시 그녀는 임신 6개월이었다. 니나는 아름답고, 자신감 넘치며, 바너드 여대를 졸업한 여자라면 그렇게 살고 있으리라 상상하던 이미지에 딱 들어맞는 사람이었다. 우리는 즉시 통했고 그 후 몇 년간 함께 일했다. 처음에는 소호에 있던 건물 꼭대기 층에서 일을 했고 사세가 확장하면서 브로드웨이에 있는 사무실을 임대해 쓰기도 했다. 우리는 성공에 대한 열망에 사로잡혀 밤늦게까지 일하곤 했다. 원고를 읽고, 출판 행사에 참석하고, 고객과 만났다. 곧 우리 둘만으로는 감당하기 힘들 정도로 고객이 늘어나 직원 몇 명을 더 채용했다. 그 시절 니나는 나의 멘토이자 롤 모델이었다. 그녀는 냉정하고 까다로운 동시에 항상 관대하고 공정한 상사였다. 내가 언론학을 공부하기 위해 출판계를 떠나고 나서도 우리는 친구로 남았다. 회사 창업 당시의 흥분과 도전을 함께했던 경험은 우정을 더욱 돈독하게 만들어 주었다.

"멋진 생각이야! 반드시 그렇게 해야 해!" 내 계획을 들은 니나는 이렇게 말했다. 목소리에는 진정한 열의가 담겨 있었다. 일, 가정, 자아의 균형을 맞추기 위해 고군분투하던 다른 친구들도 나를 격려해 주었다. 친구들과 이런저런 이야기를 나누다 보니 메리 울스턴크래프트(Mary Wollstonecraft), 시몬 드 보부아르(Simone de Beauvoir), 베티 프리단 같은 작가들의 책을 다시 읽으면 어떤 감회와 새로운 영감이 생겨날지 알고 싶은 열정이 점점 커졌다. 또 어린 학생들과 함께 공부하며 페미니즘이 얼마나 진화했는지 확인해 보고 싶은 생각도 들었다. 친구들의 격려에 힘입어 구체적인 계획을 세우기 시작했다.

페미니즘에 주목할 만한 공헌을 한 문헌을 통해 페미니즘 역사를 개관하는 강의인 '페미니즘 고전 연구'는 두 학기에 걸쳐 진행되는 1년 과정의 수업이다. '페미니즘 고전 연구 1'에서는 2세대 페미니즘 이전의 도서와 문헌 자료를 다루며, '페미니즘 고전 연구 2'에서는 현대 작가들을 살펴본다. 강의는 대개 바너드 여대에 개설되며 간혹 바너드 여대와 결연을 맺은 컬럼비아 대학에 개설되기도 한다. 어느 대학에 개설되든 수강생은 대부분 바너드 여대 학생들로 채워지긴 하지만 말이다. 그해 가을 내가 들을 수업은 일주일에 하루 두 시간씩 열릴 예정이었다. 강의 시간은 오후였기에 당일치기가 가능했다. 아나폴리스에서 아침 기차를 타고 뉴욕에 도착해 수업을 듣고 바로 밤 기차를 타면 집으로 돌아올 수 있었다. 동선만 잘 짜면 '페미니즘 고전 연구'는 우리 가정에 어떤 극적인 혼란도 초래하지 않을 터였다. 나는 할 수 있으리라. 남은 것은 교수의 허락뿐이었다. '페미니즘 고전 연구'는 토론을 바탕으로 한 세미나 수업이었기에 최대 수강 인원이 스무 명이었다. 그런 환경에서 재학생도 아닌 졸업생 청강이 가능할지 확신할 수 없었다.

개강일이 성큼 다가왔다. 나는 과감히 뛰어들기로 했다. 주방 조리대에 놓인 노트북 앞에 앉아 청강 신청 메일을 보냈다. 그러고는 교수의 답장을 노심초사 기다리며 일 분에 한 번씩 '메일 확인' 버튼을 눌러 댔다. 다행히 답장은 당일 날 바로 도착했다. "수업 청강을 환영합니다." 자리에 앉아 눈을 껌뻑이며 컴퓨터 화면 속 문구를 마음에 되새김질했다. 현기증이 났다. 나는 의자에서 벌떡 일어나 지갑을 들고 중심가의 문구점으로 달려갔다. 이 일이 실제로 벌어지다니. 마음이 붕 떴다. 학교로 돌아간다. 집으로 돌아오는 내 손에는 앞으로 빼곡히 채워질 깨끗하고 하얀 노트가 들려 있었다.

# 삼십 대의 대학 청강생

몇 주가 흘렀다. 뉴욕 바너드 대학에서 열릴 첫 수업을 들으러 가는 길이다. 귀향이라는 게 씁쓸하면서도 달콤한 기분에 취하게 한다. 걷는 동안 시간이 구부러져 기숙사, 기말 시험, 늦은 밤의 베이글이 있던 내 삶의 다른 무대로 잠시 이동했다 돌아왔다. 바깥 공기에는 아직 여름날의 습기가 남아 있었다. 가린 곳이 거의 없는 탱크 톱을 걸치고 플립플롭을 질질 끌며 브로드웨이를 한가롭게 거니는 사람들 사이를 헤치고 걷다 보니 1990년대 초반으로 돌아간 기분이 들었다. 그때 주머니 속 휴대 전화가 울렸다. 남편의 목소리가 귓가를 때렸다.

"여보, 일회용 반창고 어디에 있는지 알아? 어디 있는지 못 찾겠어."

그렇다. 환경은 예전과 다를 바 없었지만 나는 더는 반짝이는 눈을 한 전형적인 대학생이 아니었다. 실로 오랜만에 학교 정문을 향해 나 있는 길을 걷고 있었다. 내가 아내가 되기 전. 내가 어머니가 되기 전. 세월이 내 얼굴과 몸과 기억에 새겨지기 전이었다. 속 편한 걸음걸이로 미소를 띤 채 걷는 학생들 무리에 섞여 있자니 이질감이 몰려왔다. 과거의 젊은 나와 지금의 나 사이에 간극을 메워야 한다고, 아니면 적어도 둘을 가르는 틈을 이해해야만 한다고 나 자신에게 되뇌었다.

바너드 대학 캠퍼스에 처음 발을 디딘 것은 열아홉 살 때였다. 2학년 때까지 북부 캘리포니아의 한적한 삼나무 숲에 있던 대학을 다녔지만 뉴욕의 이곳으로 옮기고 싶은 마음을 억누를 수 없었다. 아버지가 메릴랜드에서 뉴욕까지 나를 태워다 주었다. 구부러진 뉴저지 고속 도로를 지나자 강을 따라 하늘로 뻗은 맨해튼의 고층 건물들이 보였다. 십 대인 나의 눈에 고층 건물들로 수놓인 맨해튼의 하늘 풍경은 나에게 밝은 미래를 약속해 주는 듯 보였다. 아버지는 고속 도로 통행료를 냈고 우리가 타고 있던 흰색 어큐라가 홀랜드 터널의 어둠 속으로 빨려 들어갔다. 몇 분 후 파란 하늘, 붐비는 거리, 빵빵 대는 경적 소리, 뉴욕 특유의 뜨끈한 배기가스 냄새와 움직이는 인파에서 퍼져 나오는 향수 냄새가 우리를 반겼다. 단 하나의 장면도 놓치고 싶지 않았던 나는 차창을 내렸다. 이후 두 시간 동안 교통 체증에 갇혀 엉금엉금 기다시피 바너드 대학 정문을 향해 갔다. 마침내 116번가와 브로드웨이 근처에 위치한 바너드 대학 정문에 도착했고 나는 흥분을 주체하지 못해 차가 멈추기도 전에 문을 열고 인도에 내려섰다. 그러고는 무엇에 홀리기라도 한 듯 시야에 들어오는 브로드웨이 거리를 모두 빨아들일 기세로 하염없이 바라보았다. 활달한 붉은 머리의 젊은 여자가 내게 등록 장소를 가르쳐 주지 않았더라면 계속 그렇게 서 있었을지도 모른다. 그렇게 그녀의 뒤를 따라 짐을 들고 주철로 된 정문에 들어섰다. 수년이 흐른 지금 나는 다시 같은 문으로 걸어 들어가고 있다.

정문을 들어서면 바로 보이는 그리스식 기둥과 석회석으로 된 바너드 홀 앞에 멈춰 서서 어느 방향으로 가야 할지 확인했다. 겉보기에 바너드 대학 캠퍼스는 예전과 다를 바 없었다. 네 블록에 걸쳐 있는 캠퍼스는 길 건너에 화려하게 자리 잡고 있는 컬럼비아 대학 캠퍼스와 비교하면 작고 초라했다. 익숙한 표지판들을 따라 구불구불한 벽돌 길을 걸었다. 지혜의 여신인 아테네 상은 여전히 부동의 비상 자세를 취하고 있었다. 신입생과 2학년생들이 운동 경기를 펼치는 정기 축제인 '바너드 그리크 게임'을 기념하기 위해 1905년 졸업생들이 선물한 동상이었다. 가로등 기둥과 게시판에는 다양한 동아리 모임을 알리는 포스터들이 덕지덕지 붙어 있었다. 도서관과 푸른 잔디도 여전했다.

바너드 대학은 1889년에 초대 입학생 열네 명을 받음으로써 시작했다. 교명은 여자들에게도 대학 교육 기회를 주어야 한다는 신념을 알리고자 노력한 컬럼비아 대학 10대 총장 프레더릭 바너드(Frederick Barnard)에게서 따왔다. 처음에는 매디슨 가의 적갈색 사암 건물에 세들어 운영하다가 학생 수가 2000명 이상으로 늘어나면서 브로드웨이의 현재 위치로 옮겨 왔다. 오아시스처럼 조용해 보이지만 컬럼비아 대학이라는 거대한 그림자 속에서도 여자 대학으로서의 명맥을 유지해 온 끈질긴 학교다. 여자 대학이라는 이름을 버리라는 압력은 거셌다. 래드클리프 여대와 하버드 대학의 통합을 시작으로 1970년대와 1980년대에 대학 통합 움직임이 일면서 바너드 여대와 컬럼비아 대학도 거의 10년에 걸쳐 통합 협상을 벌였다. 하지만 1983년에 컬럼비아 대학이 남녀 공학으로 바뀌고 바너드는 계속 여자 대학으로 남기로 하면서 긴 줄다리기는 끝을 맺었다. 이후 두 학교는 강의와 시설은 공유하되 입학 사정과 행정은 분리시킨 독특하면서도 관점에 따라 문제가 있다고 여길 수도 있는 방식을 유지하고 있다.

컬럼비아 대학과 바너드 여대의 관계가 다윗과 골리앗을 연상시키기 때문인지 아니면 단순히 바너드 여대가 그런 학생들만 끌어당기는지 모르겠지만 아담하고 푸른 바너드 대학 캠퍼스에는 긍지 넘치는 저항의 공기가 감돌았다. 100년 전의 바너드 여대 학생들은 여성들의 교육권 쟁취를 위한 투쟁을 선봉에서 이끈 개척자들이었다. 오늘날의 바너드 여대 학생들은 이미 양성평등을 이루었다고 여겨지는 시대에 굳이 여자 대학을 선택한 다른 종류의 개척자들이다. 그날 오후 나는 학생들의 당당한 자세와 얼굴, 얼핏얼핏 들려오는 강의 내용, 여름 방학, 저녁 약속 등에 대한 대화와 그 상기된 억양에서 저항의 숨결을 느꼈다. 잘 다져진 길 위를 그들과 함께 걷는 발걸음이 빨라지고 당당해졌다.

* * *

"앞으로 저는 T라고 부르면 됩니다." 이 다섯 마디로 '페미니즘 고전 연구'의 공식적인 첫날이 시작되었다. 경쾌하게 강의실 안으로 들어선 교수는 널찍한 토론 탁자의 한자리를 차지하고 앉았다. 그때까지 학생들은 곁눈질로 서로를 흘끔거리며 다른 사람들을 평가하고 있는 듯 보였다. 이제 모두의 관심은 T교수를 향해 있었다. 처음 눈에 띈 것은 교수의 큰 키였다. 굽 높은 검은 부츠를 신고 있다는 점을 감안하더라도 교수의 키는 족히 180센티미터는 넘어 보였다. 다음으로 놀란 것은 어려 보이는 외모였다. 저 얼굴이 내 또래라니. 내가 대학에 다닐 때 겨우 초등학교나 다니고 있었을 학생들 눈에는 그다지 어려 보이지 않겠지만 말이다. 나이와 관련한 장황한 생각들이 꼬리에 꼬리를 물기 시작했다. 내가 유럽 배낭여행을 다녀온 게 이 애들이 태어나기도 전이라니. 내가 이 수업을 처음 들었던 대학생 때 이 애들은 지금 내 딸보다도 어린 나이였을 테고. 애들 대부분이 걸음마를 배우고 있었을 때 나는 졸업식장을 향해 이곳 복도를 걷고 있었을 테지. 잡생각은 이제 그만! 딴 곳에 정신 팔지 말고 수업에 집중하자.

T교수는 활짝 웃으며 손가락빗으로 짧은 적갈색 머리카락을 쓸어 올렸다. 검은 블랙 레이스 치마에 달랑거리는 은 귀고리를 한 그녀는 갑갑한 교실보다는 이스트 빌리지의 바에나 어울릴 법했다. 스무 쌍의 반짝이는 눈이 T교수를 향해 있었고 뿔테 안경 너머로 보이는 고양이 같은 푸른 눈동자가 우리를 훑어보았다. "저는

권위적인 사제 관계와는 거리가 먼 사람이에요." 교수의 말에 몇몇 학생이 만족스러운 듯 고개를 끄덕였다. 내게도 교수에 대한 호감과 안도의 물결이 일었다. 그렇다. 교수의 성향이 수업 분위기에 얼마나 절대적 영향을 미치는지 잊고 있었다. 팽팽하게 긴장하고 있던 학생들의 마음이 일시에 풀어지면서 분위기가 안정적으로 바뀌었다. T교수의 활기차고 소탈한 태도는 우리를 편안하게 만들어 주었다. 모두의 몸짓이 달라졌다. 팔꿈치를 책상 앞으로 내밀며 머리를 교수 쪽으로 기울였다.

"제가 추구하는 페미니즘의 방향이 있기는 하지만 그걸 드러내는 일은 없을 겁니다. 앞으로 다양한 페미니즘 고전을 살펴볼 예정입니다. 그 내용에 모두 동의할 필요는 없습니다. 그 책들을 분석하고 비판하는 것이 우리가 할 일이니까요. 공감 가는 내용이 있다면 그것 또한 썩 괜찮은 일일 겁니다." 교수는 잠깐 말을 멈추더니 오싹한 미소를 지었다. "하지만 생각처럼 재미있지만은 않을 테니 각오들 하세요."

T교수는 신학 박사답게 첫 번째 책으로 일레인 페이절스(Elaine Pagels)의 『아담, 이브, 뱀』을 선정했다. 초기 4세기 동안 기독교가 「창세기」 1~3장을 어떻게 해석했고 그리하여 성에 관한 태도를 어떻게 확립시켰는지 다룬 책이다. 첫 과제로 내준 책 제목을 들었을 때 다소 의아한 기분이 들었다. 예전에 '페미니즘 고전 연구' 수업을 들었을 때는 종교적 내용을 다루지 않았는데 말이다. 하지만 수업 시간에 다양한 목소리와 경험, 관점을 논의할 수 있도록 교수에게 상당한 재량권을 주자는 것이 여성학 학부의 방침이었다.

이 방침 덕택에 교수의 성향에 따라 교과 과정이 무척 다양해질 수 있었다. 기원전 600년경에 활동했던 그리스의 시인 사포(Sappho)로 시작하는 교수가 있는가 하면 15세기 작가 크리스틴 드 피잔(Christine de Pizan)으로 시작하는 교수도 있을 것이다. T교수의 전문 분야는 신학이었으므로 이브의 이야기에서 시작해 여성을 보는 서구의 시각이 어떻게 발달해 왔는지 논의하고자 한 것은 당연했다.

T교수가 말했다. "그럼 최초의 순간으로 돌아가 시작해 볼까요?"

# 아담, 이브, 뱀의 불편한 관계

이브는 내게 흥미로운 시작점이었다. 나는 종교적 사람이 아니다. 좀 더 정확히 말하면 가지각색 종교가 혼재된 환경에서 성장했기에 딱히 어느 한 종교의 영향을 받지 않았다. 할아버지는 그다지 열성적이지 않은 유대교 신자였으며 할머니는 이교도에 속한다고 할 수 있지만 어쨌든 세례까지 받은 기독교인이었다. 거기에 외할 아버지는 불교 신자였으며 외할머니는 도교를 신봉했다. 게다가 어머니와 아버지는 과학 지상주의자였다. 이런 환경에서 자란 내가 나름의 모호한 불가지론을 정립하게 된 것은 당연한 일이었다.

중학교 2학년 전까지 성경에 대한 지식이라고는 세실 B. 데밀(Cecil Blount De Mille)이 제작한 영화 「십계」를 통해 얻은 것이 전부였다. 「십계」에서 가장 인상적이었던 부분이 구릿빛 피부를 자랑하던 모세 역할의 찰턴 헤스턴이었다면 말 다했지. 그런 나였으니 간혹 호텔 방에 비치된 성경을 보는 것 외에 실제로 성경 내용을 접하게 되리라고는 꿈에도 생각지 못했다. 중학교 2학년이 되어 '서양 문명' 수업 계획표에 씌어 있던 '성경'이라는 글자를 보고 화들짝 놀란 것은 당연했다. 그렇게 나는 창문 하나 없는 교실에서 이브에 대해 처음 알게 되었다. 짤각짤각 소리를 내며 깜박이던 형광등 불빛 아래에서 이브에 대해 배운 것은 나를 포함한 모든 여자가 성(性) 때문에 그토록 무거운 짐을 지게 되었다는 내용이었다. 책에는 한 여자가 지은 죄 때문에 모든 인간이 천국에서 내쫓기게 되었다고 씌어 있었다. 이브는 뱀에게 속아 금단의 열매를 한 입 깨물어 먹었고 간악하게도 남편인 아담에게 열매를 먹어 보라고 부추긴다. 이로써 아담도 죄악에 동참하게 된다. 신은 불복종에 대한 벌로 두 사람을 행복한 에덴동산에서 고통 가득한 세상으로 추방해 버린다. 아담은 저항 기질이 있는 아내를 단속하지 못한 죄로 평생 힘들게 일해야만 하는 벌을 받는다. 이브에게 신은 다음처럼 언명한다. "네게 잉태하는 고통을 크게 더하리니 네가 수고하고 자식을 낳을 것이며 너는 남편을 사모하고 남편은 너를 다스릴 것이니라."(「창세기」 3장 16절)

혈기 왕성하던 사춘기 아이들의 귀에 그 내용은 '남자는 여자의 의견을 묵살해도 좋으며 여자는 마땅히 남자에게 복종하며 어떤 고통이든 감내해야 한다.'라는 공식적인 승인처럼 들렸다. 남자아이들 중 몇몇은 방과 후 여자아이들을 괴롭힐 좋은 구실이 생긴 데 기뻐하며 숨죽여 낄낄거렸다. 내 앞자리에 앉아 있던 친구 바버라는 얼굴을 찌푸린 채 고개를 돌려 나를 바라보았다. 나도 고개를 끄덕이며 동의의 표정을 지어 보였다.

담당 교사였던 코빈은 몽고메리 카운티 공립 학교에서 잔뼈가 굵은 베테랑이었다. "입 다물어!"고함 소리로 말썽이 될 소지가 있는 싹을 즉시 잘라 낸 코빈은 떠드는 사람을 잡아내 성경 속 계보에 대한 나머지 공부를 시키겠다고 엄포를 놓았다. 어수선하던 분위기가 단칼에 정리되었다.

하지만 나는 이미 상처받은 후였다. 이브는 세상을 창조한 신의 규칙에 저항한 불만 분자였다. 의도적으로 남편을 꼬여내 범죄에 동참하게 만든 요부였다. 이브의 간사한 계교는 전지전능한 신의 분노를 불러일으켰다. 이브는 최초의 자유주의자이자 원조 위기의 주부였으며 궁극의 나쁜 아이였다. 나는 이브의 원죄 때문에 여자들이 더럽혀졌다는 묘사에 불편함을 느끼면서도 은밀하게 매료되었다. 안경 쓴 열네 살의 나는 규칙에 순응하는 모범적이고 착한 아이였다. 그런데 이브에게는 자석 같은 매력이 있었다.

사춘기 소녀였던 나는 개인적 변태 과정을 거치고 있었다. 신체적으로 길어지고 둥글둥글해지는 변화를 겪고 있기도 했지만 심리적으로도 타인의 시각에 점점 예민해져 가고 있었다. 원래 수업 시간에 발표를 잘하는 편이었지만 틀린 말을 하지 않을까 걱정되어 점점 말수가 줄어들었다. 언제부터인가 조금이라도 어색한 분위기를 감지하면 당황스러워 얼굴이 붉어졌다. 타락 이후 수치심의 눈을 뜨게 된 이브처럼 나도 무화과 잎으로 취약한 면을 가리고자 애썼다. 다음 날 학교에 어떤 옷을 입고 갈지, 어떻게 해야 곱슬머리를 잘 펼 수 있을지, 얼굴에 불청객처럼 솟아난 여드름을 어떻게 가릴지 매일 밤 속 태우며 고민했다. 머리카락, 피부, 손톱, 얼굴, 다리, (빈약한) 가슴, 엉덩이, 똥배. 내 몸 구석구석을 그때처럼 예리하게 인식해 본 적이 없었다. 노상 거울 앞에 서 있는 나를 보다 못한 아버지가 집안의 거울이란 거울은 모두 없애 버리겠다고 엄포를 놓을 정도였다. 사실 당시 거울에 대한 나의 집착은 허영심에서 비롯된 것이 아닌 내 몸을 있는 그대로 받아들이기 위해 거쳐야 할 통과 의례였다. 하지만 아버지는 그 사실을 이해하지 못했다. 알고 보면 나는 여성의 생물학적 특징이 그 운명을 결정짓는다는 남녀 차별의 첫 번째 신조에 노출되었던 셈이다. 나는 육체와 자아 사이의 끊어진 연결 고리를 극복하기 위해 발버둥 치고 있었다.

이브라는 존재는 금세 내 의식 저편으로 사라졌고 그 자리를 마돈나 같은 십 대 아이돌이 차지하기는 했지만 나는 십 대의 남은 시간을 수치심과 욕망, 용기와 두려움, 복종과 반항을 오가며 불안정하게 보냈다. 그때 이후 이브에 대해 생각해 본 적은 없었다. 이브에 대해 알아야 할 것을 모두 알고 있다고 믿었다.

하지만 페이절스의 책을 읽으면서 내가 이브에 대해 잘 모르고 있었다는 사실을 깨달았다. 예컨대 이브의 기원은 일반적으로 알려진 것보다 복잡하고 이론의 여지가 많았다. 「창세기」를 받아쓰기하던 중학생으로선 그 미묘함을 알아차리기에는 역부족이었다. 사실 「창세기」에는 하나가 아닌 두 가지의 창조설이 담겨 있다. 이 사실은 수세기 동안 신학자들을 곤혹스럽게 만들었다.

원래 「창세기」 1장과 2장은 서로 분리된 이야기였다. 즉 서로 다른 사람이 지은 두 이야기가 나중에 지금의 성경 형태로 합쳐졌다. 때문에 「창세기」에는 확연히 드러나는 몇 가지 모순이 있다. 좀 더 최근에 지어진 「창세기」 1장에는 시간과 공간을 초월해 존재하는 신의 모습이 그려져 있다. 이 신은 저 위로부터 하늘과 땅, 빛과 어둠, 땅과 물, 식물과 동물을 만들어 낸다. 그리고 가장 중요한 인간을 창조한다.

"하나님이 가라사대 우리의 형상을 따라 우리의 모양대로 우리가 사람을 만들자."(「창세기」 1장 26절) 그런데 「창세기」 2장에서는 이와 상당히 다른 신의 모습을 그리고 있다. T교수의 말을 빌리면 여기서 신은 자기 손을 더럽힌다. 「창세기」 2장에 나오는 신은 걷고, 말하고, 개성을 발휘한다. 이러한 신에 대해 자세히 살펴보자.

「창세기」 2장에서 남성과 여성의 창조는 「창세기」 1장과 달리 동시에 벌어지지 않는다. 오히려 순차적으로 발생한다. 신이 아담이라 칭한 땅의 흙으로 만들어진 남자는 에덴동산을 맡아 다스린다. 그런데 신은 아담이 홀로 지내는 것이 보기에 좋지 않다는 생각에 "그에게 알맞은 돕는 사람, 즉 짝"을 만들어 주기로 결심한다. 그래서 아담이 자는 동안 갈빗대를 하나 뽑아 이브를 만든다. 이브를 처음 본 아담은 이렇게 말한다. "이는 내 뼈 중의 뼈요, 살 중의 살이라 이것을 남자에게서 취하였은즉 여자라 칭하리라."(「창세기」 2장 23절) T교수는 이러한 선언이 남성과 여성의 수직 관계를 정당화시키는 내용이라고 지적했다. 아담은 신의 형상대로 만들어졌지만 이브는 남자의 형상대로 만들어졌다. 따라서 이브는 이차적 형상, 곧 흔적일 뿐이라는 것이다.

페이절스에 따르면 모순되는 두 가지 이야기를 담고 있는 「창세기」를 어떻게 해석할 것인지를 놓고 기독교 내에서도 숱한 공방이 있었다. 이는 기독교 자체가 끊임없이 변화하고 있다는 반증이기도 하다. 종교가 '위험한 미신 나부랭이'로 치부되던 초기 400년 동안 기독교인 대다수는 원죄란 도덕적 자유와 책임을 비유한 말이라 여겼다. 기독교 추종자들은 믿음 때문에 철저히 박해받고 순교당하는 고난의 시기를 헤쳐 나가기 위해 「창세기」에 나타난 불복종이라는 주제를 국가의 정치 세력과 맞서 싸우기 위한 부름으로 간주했다. 그런데 313년경 콘스탄티누스(Constantinus)가 기독교를 공개적으로 믿어도 좋다고 허용하면서 성(性)에 대한 태도와 관습에 조용한 혁명이 시작된다. 기독교는 이후 수세기 동안 공식적 국교로 인정받는다. 고대 그리스어로 '목격자'를 뜻하는 순교자들은 기억에서 점차 사라진다. 이전과 크게 달라진 수용적 분위기 속에서 기독교는 존경받으며 세를 불려 가고 「창세기」 1장과 2장은 자유 의지를 예증하는 상징에서 그 정반대, 즉 인간의 속박과 타락의 상징으로 탈바꿈한다.

이때부터 「창세기」에 나오는 아담, 이브, 뱀에 대한 아우구스티누스(Augustinus, 354~430)의 해석이 정설로 인정받기 시작한다. 본받을 만한 기독교인의 조건을 분별력과 금욕이라고 친다면 애초에 아우구스티누스는 귀감이 되는 기독교인이 아니었다. 그가 쓴 『고백록』에 생생하게 묘사되어 있듯 그는 기독교를 받아들이기 전까지 방탕하게 젊은 시절을 보냈다. 그가 회상한 내용을 보자. "열여섯 살의 나는 육욕에 사로잡혀 있었다. …… 마침내 미친 듯 날뛰는 욕망이 나를 점령했다." 그의 말마따나 미친 듯 날뛰는 욕망은 일련의 성적인 탈선 행위로 이어졌고 그는 사생아를 낳았다. 페이절스의 설명에 따르면 그때의 난잡한 성생활은 「창세기」에 대한 해석에 영향을 미쳤다. 아우구스티누스는 이브를 이기적이고 교활한 여자로 묘사함으로써 자신을 그런 여자의 꼬임에 넘어간 희생자로 보이게 만들었다. 그런 후 죄에서 구원받기 위한 지극히 개인적 자신의 여정, 즉 성적 충동과의 싸움을 모든 인류의 과제로 확장시켰다.

본질적으로 아우구스티누스의 『고백록』은 개인적 이야기다. 그런데도 그는 사적인 경험에 의지해 개인의 운명은 말할 것도 없이 개인의 자유 의지가 단지 환상에 불과하며 개인의 신체 기능을 통제하려는 시도는 헛수고라는 판단을 내린다. 인간 본성이 근본적으로 신뢰할 수 없는 길잡이라는 그의 생각을 받아들인다면 우리는 스스로의 진정한 욕구와 필요를 알고 있다고 신뢰할 수 없게 된다. 성적인 끌림을 예로 들어 보자. 아우구스티누스는 성이 수치스럽고 위험한 것이라 믿었다. 성적 끌림은 남자를 불건전한 욕구의 사슬에 얽매이게 하고 남자의 영혼을 분열시키므로 남자의 성적 충동은 악마의 유혹과 진배없다고 믿었다. 따라서 여자들은 남자의 욕정을 불러일으키는 악의 근원이라는 비난을 받게 된다. 아우구스티누스의 주장에 따르면 여자들은 의식적으로 엉덩이를 실룩거리고 교묘한 손짓을 해서 남자의 욕구를 자극해 남자의 짐승 같은 육욕을 더욱 예민하게 만들어 더 큰 악에 빠지게 만드는 존재였다. 아우구스티누스는 남자들에게 구원받으려면 정부 원칙에 복종하는 '자유 노예' 상태가 되어야 한다고 역설했다. 그것이 폭정에 순응하는 것이라도 상관없었다. 아우구스티누스가 말하는 '자연스러운' 사물의 질서에 따르면 국가는 남자를 지배하고, 남자는 여자를 지배하며, 만물을 주관하는 것은 신이었다. 요컨대 아우구스티누스는 300년간 자유를 찬양해 오던 기독교 문화를 단 몇 줄 글로 뒤바꿔 버렸다.

아우구스티누스의 견해에 따라 다시 씌어진 「창세기」 내용은 다음과 같았다. 우리는 인류를 성적으로 타락케 하고 윤리적 자유를 잃게 만든 아담과 이브의 원죄 때문에 노예가 되었다. 즉 우리는 천국에서 연옥으로 추방당했다. 욕정과 고통, 그리고 죽음이 존재한다는 사실은 유토피아에 살고 있지 않다는 증거다. 아우구스티누스에 따르면 어떤 인간도 신이 내린 형벌에서 면제될 수 없다. 모든 아기는 잉태되는 순간 남자의 정액을 통해 원죄에 감염되기 때문에 "죽음이라는 굴레에 속박당한다."

인간성에 대한 아우구스티누스의 암울한 견해에 모두가 동의한 것은 아니었다. 특히 율리아누스(Julianus, 331~363)는 신이 창조한 자연스러운 세상은 끔찍한 연옥이 아니며 근본적으로는 좋은 장소라고 아우구스티누스에게 반론을 제기했다. 율리아누스와 아우구스티누스는 「창세기」에 대한 대립되는 해석을 놓고 장장 12년에 걸쳐 공개적인 논쟁을 벌였다. 율리아누스는 「창세기」 내용이 선택의 힘이 얼마나 중요한지를 보여 주는 교훈적인 이야기일 뿐이며 신이 아담과 이브에게 내린 벌은 모든 인류가 아닌 그 둘에게만 적용된다고 주장했다. 그의 관점에 따르면 각자의 주변 환경은 각자의 인식에 따라 만들어진다. 죄를 계속 선택하는 자는 세상을 회색빛의 우중충한 억압의 그늘로 인식할 것이며 반대로 고결한 선택을 하는 자는 희망과 사랑으로 물든 세상을 만든다. 다시 말해 세상에는 질병과 죽음과 고통이 있을지 모르지만 그 안에서 경험하는 내용을 변형시키는 것은 우리 각자의 선택이다.

반면 아우구스티누스는 궁극적인 구원을 받아 천국으로 가는 유일한 길은 복종과 회개라고 줄기차게 주장했다. 권력자들에게 참으로 유용한 말 아닌가. 결국 아우구스티누스가 죽은 후 교회는 공식적으로 그의 견해를 받아들였다. 율리아누스는 이단자라는 오명을 뒤집어썼고 아우구스티누스는 성인 반열에 올랐다.

* * *

"이에 대해 의견 말해 볼 사람?" T교수가 물었다.

페이절스의 책 내용을 소개하는 T교수의 설명을 줄곧 듣기만 하던 학생들은 갑작스러운 질문에 불편한 기색을 내보이며 서로의 얼굴을 멀뚱히 쳐다보았다. 누가 처음으로 대답할지 눈치만 보고 있을 때 키 크고 몸집 있는 디앤이라는 친구가 손을 번쩍 들었다.

"왜 사람들이 아우구스티누스의 견해를 선택했는지 잘 이해가 안 됩니다. 그의 견해는…… 지극히 비관적인데요."

T교수가 답했다.

"페이절스는 그에 대해 흥미로운 설명을 내놓았습니다. 명쾌한 답이지요. 아우구스티누스의 견해가 교회와 국가의 권위, 그리고 수직 구조를 뒷받침했기 때문이라는 겁니다. 그의 견해는 정치적으로 쓸모 있었거든요. 하지만 그 밖에도 심리적인 데서 기인한 또 다른 이유가 있습니다. 사람들이 무력감 보다는 죄책감이 더 낫다고 생각했다는 거죠. 죄책감은 고통이 윤리적 뿌리에서 나온다고 확실히 알려 줍니다. 즉 그 원인과 의미가 무엇인지 명확히 파악할 수 있다는 뜻이죠."

T교수는 강의실을 훑어보았다. 몇몇 학생이 동의의 뜻으로 고개를 끄덕였지만 나머지는 멍한 표정이었다. T교수는 숨을 깊이 들이쉬고 다시 설명하기 시작했다.

"자신에게 비극적인 일이 벌어지면 보통 이렇게 생각하겠죠? '왜 하필 내게 이런 일이 벌어진 거야?' 비극을 접했을 때 사람들은 흔히 이런 질문을 던집니다. 그런데 아우구스티누스가 '그건 당신 때문에 벌어진 일이 아니야.'라고 답해 준 겁니다. 아담과 이브가 지은 죄 때문에 치러야 할 값비싼 대가일 뿐이라고 말해 준 거지요. 아우구스티누스의 견해를 선택하면 적어도 이론적으로는 고통의 망령을 없애 버릴 수 있습니다. 반면 율리아누스는 고통이란 정상적인 것이며 피할 수 없는 생활의 일부라고 말했습니다. 그 고통에 직면할 때 비로소 인간의 힘이 나온다는 거죠. 이해가 되나요?"

T교수는 잠시 쉬었다가 다시 설명을 이어 갔다.

"사람들은 나쁜 일이 벌어지는 데는 합당한 이유가 있다고 믿고 싶어 합니다. 그게 더 마음이 편하니까요. '우리는 타락한 세상에 살고 있어.' 혹은 '그게 세상 돌아가는 이치야.' 이렇게 믿으면서 천국에 가기 위해 노력하는 게 더 편하지 않겠어요?"

학생들은 어떤 반응을 보여야 할지 난감해 잠자코 듣기만 했다.

"'악마가 나를 이렇게 하도록 만들었어.'라는 변명이 더 쉽지 않겠어요?"T교수가 한 번 더 우리를 들쑤셨다.

옅은 금발 머리를 포니테일로 묶은 디앤이 입을 열었다. "하지만 그래도 무력감보다 죄책감이 낫다는 생각은 들지 않는데요. 죄책감을 선택하더라도 결국 무기력하기는 마찬가지잖아요?"

T교수가 어깨를 으쓱하며 미소를 짓더니 질문을 하나 던졌다.

"여성에 대한 아우구스티누스의 견해는 어떻게들 생각하나요? 아우구스티누스는 여자를 요부라는 틀에 가두고 여성의 의무는 복종과 출산뿐이라고 강요하는 데 성공했습니다. 불행하게도 이 틀은 이번 학기 동안 수없이 다룰 주제입니다."

짙은 곱슬머리에 아담한 체구의 마리아가 머뭇거리며 손을 들었다.

"항상 궁금했던 건데요. 어째서 여자들은 신체적 특징에 따라 정의되는 걸까요? '여자는 대지와 같다.' 혹은 '자연에 가깝다.'는 말을 듣곤 하는데 그런 생각은 어디에서 나온 건가요?"

T교수의 얼굴에 당황하는 기색이 스쳐 지나갔다.

"대답하기 어려운 질문입니다. 우선 인류가 월경과 출산을 이해하게 된 것이 비교적 최근이라는 점을 짚고 넘어가야 합니다."

T교수는 신중한 목소리로 설명을 계속했다.

"옛날 사람들에게 출산과 월경은 신비하고 때로는 두렵기까지 한 사건이었습니다. 문제는 남자들이 여성의 우위에 서기 위한 수단으로 이러한 생리적 특성을 변용했다는 점입니다. 그들은 생물학적 특성과 운명을 효과적으로 병합시켰습니다."

나는 의자에 등을 기댔다. 이제 수업은 학부 시절부터 익히 들어 왔던 영역으로 들어서고 있었다. 생물학과 운명이 접하는 이 지점에서 페미니즘의 분노는 항상 이글이글 타올랐는데 지극히 당연한 반응이었다. 여성의 신체는 수세기 동안 여성을 무시하고, 모욕하고, 통제하고, 얕잡아 보고 때로는 위협하기 위한 수단으로 사용되었다. 여성들은 나이를 막론하고 남편과 신의 의지에 복종해야 한다고 강요받았다. 복종하기 위해 빛나던 총기를 우둔하게 만들고 영혼을 억눌러야만 하더라도 상관없었다. 남편과 아이와 가정에 대한 희생적인 복종과 헌신은 여자의 성스러운 의무였으며 이를 저버리면 끔찍한 일이 벌어질 터였다. 우리의 성마르고 반항적인 이브가 어떻게 되었는지 보라. 타락에 대한 대가로 벌을 받은 이브는 성경에 두 번 다시 등장하지 않는다. 구세주를 낳은 동정녀 마리아에 대한 이야기 속에 감지덕지하게도 살짝 언급될 뿐이다. 5세기경 아람어, 히브리어, 그리스어, 옛 라틴어로 씌어진 여러 성경을 통합해 대중이 쉽게 읽을 수 있도록 일반 라틴어로 개정 번역한 불가타 성경에는 대천사 가브리엘이 마리아에게 수태를 고지하면서 이브에 대해 '에브(Ave)'라고 말장난하는 장면이 나온다. '에브'는 거꾸로 읽으면 '이바(Eva)'가 된다. 틀렸던 것이 마침내 바로잡히기라도 했다는 뜻일까.

"그런데 어머니가 될 수 없거나 어머니가 되고 싶지 않은 여자가 있다면 어떨까요? 그런 여자들도 여전히 여자로 간주해야 할까요?" T교수가 학생들에게 물었다.

대부분의 학생들이 말없이 고개를 끄덕이는 가운데 몇몇이 분

기탱천해 소리쳤다. "네, 당연합니다!"

　나도 그들에게 동의했다. 물론 나도 그렇게 생각했다. 그런데 그 순간 불현듯 다른 생각이 떠올랐다. T교수가 한 말이 머릿속에서 다시 배열되었다. "어머니가 되고 싶어 하는 여자가 있다면 어떨까? 그런 여자들도 여전히 페미니스트로 간주해야 할까?"

# 자연스러운 여성, 부자연스러운 세상

이 의문은 아나폴리스의 집으로 향하는 열차 안에서도 나를 계속 들볶았다. 이브와 여자들의 신체에 지워진 저주, 그리고 여자들의 간교한 음모 때문에 남자들의 욕정이 자극된다는 아우구스티누스식의 변조된 이야기에 대한 생각들로 마음이 복잡했다. 여자들도 구원을 받을 수 있기는 하다. 하지만 아우구스티누스를 성인 반열에 오르게 한 영광스러운 해석에 따르면 이브에서 마리아로, 소녀에서 아내와 어머니로 평행 이동해야만 하는 여자들의 이야기는 모두 "나는 그와 결혼했다."로 끝맺음할 수밖에 없다.

수업 시간의 토론으로 눈이 뜨이고 나니 새삼 여기저기에서 이브의 얼굴이 보였다. 필라델피아 교외에서 잡지를 넘겨보며 얼마나 많은 현대 여성의 이미지가 「창세기」 이야기의 변주인지 확인했다. 보석 광고에 나오는 촉촉한 다홍색 입술의 모델은 손목에 얼음 같은 다이아몬드 팔찌를 차고 목에는 뱀을 감은 채 사과를 들고 있다. 드라마 「위기의 주부들」 전면 광고 속 여배우들은 사과 더미 위에 나른하게 누워 있다. 거기에는 이런 문구가 적혀 있다. "당기지 않니?" 천방지축 파티광 혹은 그보다 나이만 많을 뿐 본질적으로는 다를 바 없는 차가운 커리어우먼을 묘사한 기사들이 수없이 쏟아진다. 파티광 아가씨들은 방탕했던 삶의 방식을 반성하고 정착하기 위한 길을 모색한다. 한때 이브를 사과로 이끌어 한입 베어물게 만든 이기심, 야망, 호기심에 묻든어 살던 그들은 결혼해 아이를 낳아 기르며 이제는 순종과 안주가 최고라고 말한다. 이는 유명한 신화들이 전개되는 방식이다.

'있는 그대로의 너와 내가 될 자유'의 시대인 1970년대에 성장한 보통의 여자아이들이 그렇듯, 나는 여자들에게만 적용되는 그런 통속적인 이야기 전개에 건강한 회의를 품었다. 하지만 그런 나조차도 아이를 낳고 나자 여자의 일생에 대한 진부한 관념에 끌렸다고 인정한다. 마리아처럼 그리고 강의실의 다른 학생들처럼 나는 항상 여자의 삶이 신체적 특징이나 생물학적 성(性)에 의해 정의되어서는 안 된다고 믿어 왔다. 대학생이었던 나는 임신과 출산과 양육의 현실에 대해 거의 아는 바가 없었다. 임신과 출산과 양육이라는 특별한 경험은 어두운 장막 뒤에 꽁꽁 숨어 있었다.

여자라고 해서 직업적으로 성공하지 못하리라는 법은 없다는 기대 속에 양육된 첫 번째 세대인 나는 어머니가 되는 문제에 대해서는 전혀 생각하지 않은 채 일에만 집중하며 이십 대 초반을 보냈다.

누군가 아이는 언제 낳을 생각이냐고 물어보면 낳고 싶지만 아직은 준비가 되지 않았다고 대답했다. 그렇지만 사실 '준비된다'는 게 정확히 무엇을 의미하는지는 확신하지 못했다. 단지 '운명의 짝'을 만나는 것과 비슷하게 말로는 설명하기 힘든 그 어떤 상태일 거라 짐작할 뿐이었다. 말하자면 출산과 양육에 대한 생각은 이따금 쳐다보기는 하지만 그 의미는 도저히 파악할 수 없는 멀찍이 떨어진 벽에 걸린 추상화와도 같았다.

출산과 양육이라는 문제에 대해 깊이 생각해 보려 할 때마다 결국에는 아이를 낳은 후 일을 버리고 가정을 선택한 여자들의 이야기를 떠올리며 막연한 불안을 느끼는 게 전부였다. 전직 의사, 은행가, 변호사였지만 아이를 낳은 후 시사 문제는 안중에도 없이 놀이터에서 벌어지는 쪼잔한 정치에만 열 올리는 엄마들 있지 않은가. 바깥에서 보면 결혼과 출산과 양육은 여자에게 가해지는 심오한 연금술 같아 보였다. 운명으로부터 달아날 수는 있어도 숨을 수는 없다는 명백한 증거 말이다.

스물여덟 살 때 임신 사실을 확인한 후 처음 든 감정은 충격이었다. 세속적 기준에서 볼 때 나는 그다지 젊은 엄마라고 할 수 없었다. 하지만 좁은 인간관계 덕분인지 내 친구들은 대부분 아이는 커녕 강아지 돌보는 책임도 버겁다며 질색하는 부류였다. 내 주변에는 도시의 젊은 직장인들로서 장기적 불안과 고통에 시달리는 자기 분석적인 X세대들이 득실댔다. 그런 친구들에 둘러싸여 있다 보니 내가 십 대 미혼모라도 된 듯한 기분이 들었다. 몇 년만 더 늦게 임신했더라면, 그래서 뇌 속에 아기라는 존재가 입력되어 있었더라면 그 작은 플라스틱 막대에서 발사된 전기 광선에 감전된 것 같은 기분이 들지는 않았으리라. 임신 테스트기를 확인한 나는 어안이 벙벙한 상태로 욕실 세면대에 기대어 거울 속 나를 뚫어지게 바라보았다. 왜 내가 달라 보이지 않지? 왜 별다른 느낌이 들지 않는 거지? 뭔가 이상한 기분을 진즉 느꼈어야 하는 거 아닌가? 그러고는 손으로 배를 부드럽게 눌러 보았다. 내 몸뚱이가 갑자기 이해와 통제 너머로 가 버렸다. 눈을 지그시 감고 내 존재의 변화와 이동을 감지해 보려 노력했다. 하지만 약간의 공포 외에는 아무것도 느껴지지 않았다.

그때 부드럽게 문을 두드리는 소리가 들렸다. 아차, 임신 테스트기에 확연히 나타난 두 개의 줄에 놀라 방에서 기다리는 존의 존재를 까맣게 잊고 있었다. "괜찮은 거야?" 존이 초조한 목소리로 물었다.

숨을 깊이 들이마시고 문을 열었다. 나는 고개를 든 채 아무 말 없이 임신 테스트기를 건네주었다. 존은 막대를 내려다보더니 다시 고개를 들어 내 얼굴을 보고 눈을 껌뻑거렸다. "이게…… 그 뜻이야?" 그의 목소리가 약간 갈라졌다.

나는 고개를 끄덕였다.

존은 임신 테스트기를 손에 쥔 채 침대 가장자리에 걸터앉았다. 나도 그 옆에 바싹 붙어 앉았다. 우리는 그렇게 나란히 앉아 우리의 인생 경로를 변화시키려는 플라스틱 조각을 함께 내려다보았다. 존은 내 팔에 손을 올려놓았다. 나는 다리를 그의 다리에 찰싹 붙이고 있었다. 침묵 속에 몇 분이 흘렀다.

마침내 존이 내 쪽으로 고개를 돌리며 말했다.

"무슨 생각해? 당신이 어떤 결정을 내리든 당신 뜻을 존중할 거라는 거 알지?"

나는 고개를 끄덕였다. 우리는 서로를 바라보았다. 그리고 나는 웃었다. 그의 얼굴도 환해졌다. 나는 다시 고개를 끄덕였다. 우리는 아기를 낳을 것이었다.

\* \* \*

임신을 확인하고 일주일 후 친구들과 저녁 약속을 잡았다. 약속 장소는 친구들과 내가 가장 좋아하는 웨스트빌리지의 그랜지홀이었다. 타샤와 제니, 그리고 나는 대학을 졸업하고 바로 출판업계에 입문했다는 공통점 덕분인지 금세 의기투합해 친구가 되었다. 이후 각자의 인생 경로를 따라(제니는 마케팅 전문가가 되기 위해, 타샤는 문예 창작 박사 과정을 밟기 위해, 나는 언론학을 공부하기 위해) 모두 업계를 떠나기는 했지만 우리는 여전히 그랜지홀에서 정기적으로 만났다. 단골 가게였던 그랜지홀은 모퉁이만 돌면 나오는 내 아파트에 있는 벽장만 한 주방의 연장이라고 불릴 정도였다.

옆문으로 들어서는 우리를 본 바텐더가 고개를 끄덕이며 손을 흔들었다. 안은 늘 그렇듯 붐볐지만 우리는 재빨리 한쪽 구석에 있는 명당 칸막이 자리를 잡아 앉고는 두꺼운 겨울 코트와 목도리를 벗어서 포개 놓았다. 식당 벽을 밝히는 촛불 덕분에 분위기는 아늑하고 포근했으며 간간이 사람들의 대화 소리가 들려왔다. 친구들이 메뉴판을 보고 있는 동안 나는 어떻게 하면 임신 소식을 들키지 않고 오늘을 넘길 수 있을지 고민했다. 임신 초기였던 터라 가족과 친구들에게 소식을 알리는 건 몇 주 지난 뒤가 좋겠다고 결정했기 때문이었다. 하지만 비밀을 지킬 자신이 없었다. 이미 내 얼굴은 긴장으로 경직되어 부자연스러워지고 있었다.

웨이터가 음료 주문을 받기 위해 왔다. 타샤는 레드 와인을, 제니는 스트로베리 마르가리타를 주문했다. 나는 무심한 척하며 그냥 물이면 된다고 했다.

"무슨 일 있어?" 타샤가 내 물 잔을 가리키며 물었다.

"뭔 말이야?" 나는 메뉴판에서 눈을 떼지 않은 채 대답했다.

"오늘은 칵테일 안 달려?"

"음…… 지난주에 걸린 감기 때문에 아직 항생제 복용 중이거든. 술 마시지 말랬어." 거짓말이었다.

타샤가 미심쩍다는 듯 눈썹을 추켜올리기는 했지만 별다른 말은 없었다. 하지만 그 표정 하나에 나의 결심은 산산이 부서졌다. 이미 나는 무너져 내리고 있었다. 한숨이 나왔다. 제길, 나는 거짓말쟁이는 못 된다니까. "나 임신했어." 불쑥 이 말이 나와 버렸다. 타샤와 제니는 말없이 내 얼굴만 빤히 쳐다보았다. 몇 분 지나지 않아 나는 산부인과에 갔던 이야기며 초음파 기계로 들은 심장 소리에 존과 내가 얼마나 감동받았는지 낱낱이 털어놓고 말았다.

타샤가 소리를 질렀다. "그럴 줄 알았어! 항생제라니, 말이 돼?"

한바탕 소란스레 축하의 말이 오간 후 임신이라는 막중한 무게감이 우리 주위를 감돌기 시작했다. 잠시 적막한 탁자 위에 다른 사람들의 대화 소리가 밀려들었다. 음료가 도착했다.

"아이 낳는다고 네가 달라지는 건 아니잖아?" 타샤가 말했다.

나는 내 느낌보다 약간 더 허세를 부리며 대답했다.

"당연하지. 나는 예전의 나와 같을 거야. 아이가 있더라도."

제니가 마르가리타 잔을 들고 건배를 제의하며 말했다. "한 시대의 막이 내리는 기분이네." 우리는 잔을 부딪쳤다.

저녁 식사를 마치고 친구들과 인사를 나눈 후 집으로 돌아와 소파에 털썩 주저앉았다. 집 안은 엉망이었다. 눈에 띄는 공간에는 모두 종이와 책이 어수선하게 널려 있었으며 한구석에는 오래된 피자 상자가 겹겹이 쌓여 있기까지 했다. 며칠째 흥분감 저 밑에 감춰진 채 신경을 긁어 오던 걱정이 마음속에서 또렷이 울리기 시작했다. 내가 엄마가 될 수 있을까? 신고 있던 존의 양말 두 짝을 잡아당겨 벗고는 구석에 던지면서 천장의 미세한 균열을 올려 보았다. 어머니가 되기에 내 나이는 너무 어린 거 아닐까? 그리고 나는 현명하지도 못한 데 말이다. 어머니가 되려면 손가락 끝으로 카드 한 벌을 부채꼴로 쫙 펴듯 모든 인생의 의문에 대한 해답을 내놓을 수 있어야 하는 거 아닌가? 어머니라면 지저분한 방 하나짜리 아파트에 살지 않을 것이며 식탁 놓을 자리가 없어 바닥에 주저앉아 배달 음식을 먹지도 않을 것이다. 아기들에게는 불확실성이 적은 대가족의 세계가 더 어울린다. 아기들은 깃털이 모두 자란 성인기의 부모 밑에서 규칙적으로 저녁 식사를 하며 자라야 마땅하다. 사춘기에서 벗어나지 못해 여전히 허우적거리며 최고의 자신이 누구인지 아직도 찾아 헤매는 나 같은 사람이 아닌 단단히 뿌리박은 정체성을 가진 사람이라야 어머니가 될 수 있는 것 아닐까. 나는 어머니라는 막중한 임무를 맡을 만한 준비가 되어 있지 않다는 생각에 겁이 덜컥 났다. 한편으로는 아이를 낳고 싶었다. 그래서 내 몸에 나를 맡기기로 했다. 달콤한 안도와 평온이 찾아왔다.

그 후 몇 달 동안 나는 모든 것을 놓아 버렸다. 배가 불러 오면서 배 속의 아이가 발길질을 할 때마다 배가 쑥 튀어나왔다. 나는 임신 후 커진 가슴 때문에 이국적으로 변해 버린 내 몸의 느낌에 낯설게 정박해 있었다. 사실 그 몇 달간 내게는 모든 것이 이국적으로 보였다. 세상이 참으로 구부러지고 닫혀 있다는 느낌이 들었다. 그 어느 때보다도 느린 속도로 맨해튼 거리를 걷다 보면 구역질 나는 냄새에 얼굴을 찌푸리기 일쑤였다. 임신은 내게 초인적 후각을 부여했다. 민감한 후각은 여름날의 뉴욕에서는 그다지 유익한 자산이라고 할 수 없었다. 맹세컨대 한 번은 서른 블록 떨어진 곳에서 나는 연기 냄새를 맡기도 했다. 몸의 변화에 적응해 가기는 했지만 내 몸은 내 몸이 아니었다. 이따금 쇼윈도에 비친 내 모습을 볼 때면 혼란이 엄습했다. 저기 저 여자는 누구지?

임신 말기에 이르자 내 몸은 더욱더 거대하게 부풀어 올랐고, 이글이글 열기가 뿜어져 나오는 뉴욕의 거리에는 쓰레기가 쌓여 갔다. 뉴욕을 떠나야겠다는 생각이 존과 나를 충동질했다. 이사는 당시 우리가 내린 많은 결정과 마찬가지로 꽤 합리적인 선택이었다. 나는 프리랜서 작가였기에 일하는 시간을 마음대로 조절할 수 있었고 존도 마침 기업 컨설팅 일을 그만둔 상태였기에 굳이 뉴욕에 있을 이유가 없었다. 우리의 비좁은 아파트 또한 뉴욕에 머무를 마땅한 이유가 없다고 결론 내리는 데 일조했다. 게다가 아파트 아래층에는 늘어 가는 나의 체중을 나만큼이나 싫어하는 성미 고약한 양반이 살고 있었다. 마침 계약금 정도는 낼 수 있을 만큼 자금을 저축해 놓은 상태였고 방 하나짜리 아파트 월세로 나가는 돈보다 적은 모기지 할부금이면 아버지가 살던 곳과 가까운 아나폴리스의 집 한 채를 살 수 있었다. 온전한 우리 집 말이다. 이사를 하면 따로 아이 방을 만들어 줄 수도 있고 나만의 작업실도 마련할 수 있을 터였다. 게다가 거리에 자갈이 깔려 있고 강 위에는 흰 돛단배가 떠다니고 여름 내내 갖가지 색의 갓 딴 꽃을 만끽할 수 있는 아나폴리스는 가족 친화적이고 온화하며 예스러운 동네라는 느낌을 주었다.

친구들에게도 아이를 낳고 나면 바로 이사할 예정이라고 선포했다. 내 말을 들은 타샤가 물었다. "잠깐, 이해가 안 돼. 어떻게 그렇게 휑하니 떠날 수 있어? 너는 뉴욕을 사랑하잖아. 친구들은 어쩌고. 네 삶은 여기에 있어."

내가 대답했다. "알아, 알아. 하지만 그렇게 하는 게 맞는 것 같아."

우리는 부모가 될 터였다.

* * *

임신이 가져다준 온갖 신체적 변화를 겪기는 했지만 산부인과 침대에 눕고 보니 그 전까지의 경험은 새 발의 피에 불과했다. 출산일이 되어서야 여자로 존재한다는 것의 완전한 생물학적 의미를 알게 되었다. 침대 옆의 모니터에서는 삐죽삐죽한 빨간 선이 나의 진통을 그래프로 보여 주고 있었다. 계속되는 진통으로 몸이 부서지는 것 같았다. 내 몸은 제어할 수 없는 상태가 되었고 거기에는 어떤 이유도 없었다. 나는 이성적으로 사고할 수 없었다. 본격적인 진통이 시작되었을 때 존이 허둥대다 비디오카메라 끄는 것을 잊는 바람에 우리에게는 기념품 하나가 남았다. 분만 과정이 생생하게 담긴 사운드트랙이었다. 나는 울음으로 죽음을 알려 주는 여자 유령 밴시와 끙끙대는 황소의 중간쯤 되는 소리를 냈다. 마침내 실비아가 세상에 나와 내 품 안에서 울음을 터뜨렸을 때 환희와 두려움이 동시에 엄습했다. 기진맥진한 데다 화끈거리기까지 했다. 간호사들이 내 주위에 모여 잡아당기고 꿰매고 닦았다. 몇 분 후 나는 욕실로 안내를 받았다. 간호사는 자신이 지켜보는 가운데 소변을 보아야 한다고 했다. 나는 인상을 쓴 채 시키는 대로 했다.

나는 아이를 낳고 나면 가장 힘든 부분이 끝나는 줄 착각했다. 그리고 아기를 씻겨 품 안에 재우고 나면 이전까지 없던 모성애가 퐁퐁 솟아나리라 믿었다. 하지만 실비아가 생애 첫 24시간 만에 얼굴이 시뻘게진 채 숨 막힐 듯 울어 대기 시작하자 내 생각이 틀렸음을 깨달았다. 어설프게 아이를 달래려 노력해 보았지만 잘될 리 없었다. 나는 준비가 되어 있지 않았다. 그 어떤 것도 내게는 자연스럽게 느껴지지 않았다. 남편은 침대 옆에서 『쉽게 하는 모유 수유』라는 책을 뒤적이며 최선을 다해 도우려 했다. 하지만 남편에게 젖이 나오는 가슴이 달려 있지 않은 한 내게 해 줄 수 있는 일은 없었다. 평등했던 우리 관계는 삽시간에 뒤죽박죽이 되었다. 불만족에 찬 아이에게 어서 영양분을 공급해 주고 달래 주길 기대하는 시선이 내게 꽂혔다. 하지만 나는 엉뚱한 곳에 젖을 흘리고 있었다. 딱딱하고 둥글던 배는 성가실 정도로 물렁물렁하게 처져 허리 아래에 통증을 유발하고 있었다. 첫 번째 날 밤 남편이 드디어 의자에 앉은 채 곯아떨어졌다. 남편은 실비아의 울음소리에 화음을 맞추어 일정한 간격으로 코를 골아 댔다. 나는 마흔 시간째 한숨도 자지 못했고 결국 한밤중에 간호사를 호출해 제발 실비아를 신생아실로 데려가 달라고 사정했다.

간호사는 비난하듯 말했다. "다른 산모들은 다 모자 동실인데 정말 그렇게 하시겠어요? 신생아실은 텅 비어 있는데요."

모유 수유를 못 하겠다고 설명하자 간호사가 한 시간가량 가슴 마사지를 해 주었다. 그동안 실비아는 계속 자지러지게 울어 댔다. 침대에 구부정하게 앉은 채 낯선 여자가 내 가슴을 거칠게 다루는 동안 이런 생각이 들었다. '이런 끔찍한 일이 아무렇지도 않게 느껴지다니 나는 이미 한계를 넘어섰어. 실비아의 울음을 그치게만 할 수 있다면 브로드웨이를 벌거벗고 행진이라고 하겠어.'

결국 그날 밤 나는 거의 자지 못했다. 다음 날에도 사정은 나아지지 않았다. 실비아는 계속 울어 대다 잠깐 자고는 다시 깨어나 울었다. 아이는 상상 이상의 분노를 표출하고 있었다. 신이 진노하면 이런 기분일까. 실비아에게 젖을 먹여 보려 했지만 아무 소용없었다. 내 몸은 아직 서툴렀다. 일어나 앉는 것만으로도 힘에 겨웠다.

또 간호사를 호출했다. 본 적 없는 누군가가 들어왔다.

"수유 쿠션 같은 거 있나요?" 내가 물었다.

간호사의 대답이 돌아왔다. "죄송해요. 수유 쿠션은 없어요. 마지막으로 진통제 먹은 게 언제죠?"

나는 고개를 저으며 우물거렸다. "진통제 먹은 적 없는 것 같은데요."

간호사는 나가서 작은 종이컵과 약 두 알을 가지고 들어왔다. 나는 알약을 꿀꺽 삼키고는 누워서 눈을 감았다.

"잠을 좀 청해 봐." 남편이 말했다. 실비아는 남편의 품에 안긴 채 곤히 자고 있었다. 남편은 평생 그렇게 해 오기라도 한 양 능숙하게 아이를 어르고 있었다.

갑자기 울음이 터졌다. "애를 잘 키울 수 있을지 모르겠어."

그날 오후 소아과 의사가 회진을 돌았다. 의사는 실비아를 진찰하면서 수유는 잘되고 있는지 물었다. 나는 아직 모유를 한 방울도 먹이지 못했다고 대답했다. "아기가 변을 보고 나면 퇴원해도 좋습니다." 의사가 말했다.

퇴원? 이 사랑스럽고 연약한 아기를 데리고 퇴원해 우리 집으로 가야 한다고? 아무것도 모르는 우리에게 아이를 전적으로 맡긴다니 의사는 도대체 생각이라는 게 있는 걸까?

의사가 사무적인 목소리로 말했다. "황달기가 조금 있네요. 하지만 걱정은 마세요. 자외선 치료를 받으면 나아질 겁니다." 의사는 실비아를 강보로 단단히 싸더니 밖으로 데려갔다. 남편과 나는 의사의 뒷모습을 물끄러미 보았다. 병실에 둘만 남았다. 갑작스러운 고요함에 기분이 오싹해졌다.

히스테리가 터져 나올 것만 같았다. "나 퇴원 안 할래." 남편의 손을 꼭 잡고 말했다.

하지만 다음 날 아침, 9월 8일에 우리는 예정대로 성 빈센트 병원에서 퇴원당했다. 유리로 된 미닫이문을 열자 거센 바람이 들어왔다. 나는 눈을 깜박이며 절뚝절뚝 걸어 나왔다. 남편은 자동차를 빼러 먼저 나갔고 나 홀로 7번가 쪽으로 유모차를 밀었다. 우리 차는 카 시트를 겨우 장착할 수 있는 혼다 어코드 해치백이었다. 인도에 서서 남편을 기다리는 동안 초조함으로 욱신욱신 뒷골이 다 쑤셨다. 병원 앞에는 공사가 한창이라 착암기가 먼지 구름을 내뿜으며 웅웅거리고 있었다. 하지만 실비아는 그 소리에도 아랑곳하지 않고 쌔근쌔근 잘도 잤다. 나는 모든 게 다 잘될 거라고 되뇌며 실비아에게 담요를 덮어 주었다. 그게 내가 할 수 있는 최선이었다.

\* \* \*

집에 돌아온 며칠 동안 우리는 말 그대로 공황 상태였다. 아이가 예정일보다 2주나 늦게 나온 탓에 부모님은 오래 머무르지 못했고 아파트에는 꽥꽥거리며 우는 신생아를 포함한 우리 세 식구만 덩그러니 남았다. 실비아는 나흘째 모유를 제대로 먹지 못했다. 누군가의 도움이 절실했다. 우리는 급하게 조산사를 불렀다. 그녀는 우리 아파트에 들어서자마자 내게 왜 마취를 받았느냐며 질책을 쏟아부었다. 아이에게 분유는 한 방울도 먹이면 안 된다면서 얼른 택시를 잡아타고 브루클린 그린포인트로 가서 하시디즘 랍비를 찾으라고 했다. 랍비에게 가서 아이 혀 밑의 설소대를 잘라 주어야한다는 거였다. 그러면 모유 수유와 관련된 모든 문제가 해결될 거라고 했다. 내가 의사에게 먼저 물어보고 아이의 몸에서 뭐든 잘라내는 게 좋겠다고 하자 그녀는 쓸데없는 고집을 피운다며 나를 비난했다. 대꾸할 기운도 없는 나를 대신해 남편이 그녀를 돌려보냈다. 병원 간호사와 조산사 모두 아이에게 분유를 먹이지 말라고 했지만 남편은 실비아에게 분유를 먹여 보려 했다. 하지만 실비아는점점 더 크게 울 뿐이었다. 우리는 간신히 버티고 있었다. 급기야남편이 개를 산책시키러 나가며 흐느껴 울기 시작했다. 나도 친구와 전화 통화를 하며 울었다. 친구는 아이를 키워 본 적이 없었기에 내 하소연에 혀를 끌끌 차며 동정을 표할 뿐이었다.

출산 교육 강사이자 모유 수유 전문가 캐시가, 어찌할 바를 모르고 있는 우리에게 구원의 손길을 내밀었다. 우리는 임신 기간 동안 캐시의 강의를 들었다. 캐시는 우리의 고뇌에 찬 부름에 응답해 몇 시간 후 우리 집 앞에 당도했다. 캐시는 눈물 자국이 남아 있는 내 얼굴을 보고 바로 사태를 파악했다. 실비아는 거실 한가운데놓인 카 시트에서 발버둥 치며 울고 있었다. 캐시는 내 어깨너머로아이를 보고는 나를 토닥이며 안아 주더니 돌돌 말린 금발 머리를질끈 묶고 나를 달래듯 말했다. "걱정할 거 없어요. 처음에는 원래다 이래요. 곧 모든 게 괜찮아질 거예요."

그 말을 듣자 마음이 한결 편안해졌다. 그로부터 두 시간 후 분유를 약간 먹고 기분이 누그러진 실비아는 고통스러울 정도로 땡땡 부은 내 가슴에 달라붙어 젖을 빨기 시작했다. 안도감에 힘이 쭉 빠지면서 거의 주저앉을 뻔했다. 며칠간 쌓인 피로와 두려움이 걷히고 나자 마침내 마법처럼 모성애가 솟아나기 시작했다. 실비아가 젖을 빠는 동안 작디작은 손가락과 발가락을 만져 보았다. 배가 잔뜩 불러 입을 살짝 벌린 채 흡족하게 곯아떨어진 실비아를 보자 절로 미소가 나왔다. 닫힌 눈꺼풀 위로 속눈썹이 보였다. 그날 밤 나도 며칠 만에 처음으로 단잠을 잤다. 내 배를 꽉 끌어안은 실비아와 함께 평화롭고도 깊은 잠을 잤다.

다음 날 아침이 되어 잠에서 깼을 때 창을 통해 버터 같은 햇살이 쏟아져 들어왔다. 뉴욕을 사랑할 수밖에 없게 만드는 쾌청한 가을날이었다. 실비아를 데리고 산책하기에 완벽한 날이라고 침대에 누워 생각했다. 실비아는 작은 주먹을 내 가슴에 얹은 채 아직 자고 있었다. 나는 좀 더 편안한 자세를 취하기 위해 돌아누웠다. 그렇게 하면 한 시간이나 두 시간 정도 더 잘 수 있을지도 몰랐다. 하지만 내가 움직이자 옆에 있던 실비아도 뒤척이기 시작했다. 실비아는 작은 팔과 다리를 천천히 버둥거렸다. 이내 배고프다는 표시로 우레 같은 울음을 터뜨릴 준비를 하며 얼굴을 찌푸렸다. 몇 분후 엠마도 일어나 꼬리로 바닥을 쳤다. 이제 차례가 된 남편이 부스스한 얼굴로 엠마를 산책시키기 위해 침대에서 일어났다. 나는 잠시 숨을 들이쉬었다가 실비아를 안아 올려서 오른쪽 가슴에 갖다 댔다. 민망한 표현이지만 오른쪽 가슴은 지난밤처럼 아침에도 잘 작동했다.

이제 자신감이 붙은 나는 한 손에 실비아를 안은 채 다른 손을 뻗어 침대 옆 12인치 텔레비전 버튼을 눌렀다. 가벼운 토크 쇼라도 볼까 해서였다. 텔레비전을 켜자 화면에 건물이 불꽃에 휩싸인 장면이 나오고 있었다. 극도로 흥분한 뉴스 진행자의 보도에 따르면 몇 분 전 비행기가 세계 무역 센터를 들이받았다고 했다. 세계 무역 센터라면 우리 아파트에서 채 스무 블록도 안 되는 곳 아닌가. 처음에는 아마추어 경비행기 조종사가 비행 경로를 심하게 이탈해 발생한 사건이라 추측하며 대수롭지 않게 생각했다. 뉴스를 좀 더 자세히 보기 위해 실비아를 트림 시킨 후 오른쪽 무릎에 앉혔다. 카메라는 거무죽죽한 연기가 피어오르는 거대한 흉터 같은 부분을 확대해 보여 주고 있었다. 그제야 어떤 경비행기로도 그렇게 큰 사고를 일으킬 수 없다는 사실을 깨달았다.

바로 그 순간 화면 속에서 다른 비행기가 어떤 경고도 없이 쌍둥이 건물의 다른 쪽을 들이받았다. 두뇌 회로가 엉키기라도 한 듯 방금 본 장면이 머릿속에서 처리되지 않았다. 생방송 중인 뉴스 진행자들도 충격을 받은 듯 중구난방으로 떠들어 댔다. 몇 분 후 현관문 열리는 소리와 엠마가 딱딱거리며 나무 바닥을 걸어 들어오는 소리가 들렸다. 침실 출입구 쪽으로 남편이 보였다. 엠마가 꼬리치며 내게 달려들었다.

"소식 들었어?" 남편이 물었다.

나는 고개를 끄덕이며 텔레비전을 가리켰다.

남편이 방을 가로지르며 말했다. "나는 직접 봤어. 두 번째 비행기가 충돌하는 걸 봤다고." 떨리는 목소리였다.

방송을 통해 최악의 시나리오가 펼쳐졌다. 비행기 충돌이 테러리스트들의 소행으로 추측된다고 했다. 테러리즘이라는 단어가 마음에 콕 들어와 박혔다. 그 단어는 쉽사리 떨쳐지지 않았다. 품 안에 평화롭게 안겨 있는 실비아를 내려다보았다. 숨 쉴 때마다 오르락내리락하는 가슴과 둥글게 말려 있는 손이 보였다. 텔레비전에 나오는 장면들로부터 실비아를 보호해 주어야 한다는 생각이 들었다. 나는 실비아를 꼭 안아 주었다.

그 사건 이후에야 테러리즘이 무엇을 의미하는지 확실히 깨달았다. 남편과 나는 침대 한가운데 안전하게 눕혀 놓은 실비아 양쪽에 웅크린 채 눈앞에서 펼쳐지는 참사의 물결을 지켜보았다. 나는 다시 일어나 앉아 양팔로 내 몸을 감싸 안고는 얼어붙어 있었다. 심장은 벌새의 날갯짓만큼이나 빠르게, 심장이 더는 나의 것이 아닌 것처럼 느껴질 정도로 빠르게 뛰었다. 폭주하는 심장의 고동이 진정되기를 바라면서 실비아의 놀랍도록 앙증맞은 발가락을 하나부터 열까지 기억나지 않을 정도로 반복해서 셌다. 하지만 비극은 쉽사리 끝나지 않았다. 텔레비전을 보는 동안 쌍둥이 건물이 기우뚱하며 기울어지더니 순식간에 와르르 무너져 버렸다.

무슨 일이 벌어졌는지 미처 인식하기도 전에 사태는 끝이 났다. 화면 속에 보이는 무너진 건물 잔해와 타오르는 연기가 비현실적으로 느껴지기 시작했다. 남편과 나는 우리 집 코앞에서 벌어진 일을 직접 확인하기로 했다. 만화 주인공이 그려진 녹색 담요로 실비아를 조심스럽게 감싼 후 유모차에 태워 아파트 문을 나섰다. 앞으로 어떤 일이 벌어질지 몰랐기에 유모차 덮개를 앞으로 당겨 펼쳤다. 그렇게라도 실비아를 보호해야 한다는 생각에서였다.

밖에 나와 보니 전과 다를 바 없는 풍경이었지만 무엇인가 미묘하게 달랐다. 식당 청년들은 평소와 다름없이 그릴 앞에서 바쁘게 요리를 하고 있었지만 표정은 침울했다. 동네에서 유명한 여장 남자는 늘 그랬듯 항시 바들바들 떠는 치와와와 함께 산책하고 있었다. 그런데 뭔가 이상해 자세히 보니 그의 얼굴에는 볼 터치, 립스틱, 마스카라가 빠져 있었다. 젊은 남녀 한 쌍이 거리 한가운데에서 서로를 부둥켜안고 있었다. 흐느끼는 여자의 갈색 머리칼이 남자의 어깨에 드리워져 있었다. 무엇보다도 확연히 느껴지는 차이는 달라진 뉴욕의 속도였다. 늘 바삐 돌아가던 이곳이 충격에 빠진 듯 천천히 비틀거리고 있었다. 경찰은 교통을 통제 중이었고 항상 붐비던 거리가 차 한 대 없이 텅 비어 있었다. 사람들은 망연자실한 채 뻥 뚫린 도로를 가로지르며 정처 없이 표류했다. 낯선 이들이 오래된 친구처럼 카페 앞에, 아파트 현관에, 거리 모퉁이에 삼삼오오 모여 있었다. 규칙적인 경찰의 비상경보와 서부 고속 도로를 달려가는 소방차의 사이렌 소리만 제외하면 대기는 쥐죽은 듯 고요했고 시커먼 연기만 제외하면 하늘은 지독할 정도로 푸르렀다.

나는 7번가에 서서 북쪽을 바라보았다. 멀리 세인트 빈센트 병원이 보였다. 불과 며칠 전 내가 실비아를 낳은 곳이었다. 병원 진입로는 희생자들을 실어 나르는 구급차로 막혀 있었다. 남쪽으로 하늘을 찌를 듯 위풍당당하게 서 있던 쌍둥이 건물 자리에는 건물 파편과 자욱한 먼지만 가득할 뿐이었다. 매캐한 연기와 슬픔에 가슴이 메어 왔다. 침을 삼키기 힘들 정도였다. 남편과 나는 서로의 얼굴을 쳐다보고 아파트로 향했다.

잔해는 아침부터 밤까지 쉬지 않고 타올랐다. 공중에 떠다니는 먼지 입자를 나르는 바람의 방향이 바뀌었다. 목이 따끔거리고 눈물이 나왔다. 창 가장자리에 젖은 타월을 붙이고 아기 요람 옆에 환풍기를 두었지만 그다지 효과가 없었다. 맵고 아리는 냄새를 막을 방도가 없었다.

우리는 롱아일랜드에 있는 시부모 댁에서 지내기로 했다. 교전 지역에서 대피하는 민간인의 심정으로 서둘러 짐을 쌌다. 경찰의 손짓 안내에 따라 동네를 둘러싸고 있던 바리케이드를 뚫고 나왔다. 뉴욕을 떠나오는 길에 닫힌 차창 밖으로 손에 촛불을 들고 있는 사람들 수백 명을 지나쳤다. 촛불로 환하게 밝혀진 사람들이 얼굴이 길을 따라 둥둥 떠다니고 있었다. 남편과 나는 차로 이동하는 내내 한마디 말도 하지 않았다.

그 후 2주 동안 시부모 댁 서재의 소파에서 지냈다. 사랑과 상실, 삶과 죽음, 기저귀에서 테러리즘에 이르기까지 극단에서 극단으로 이어지는 이야기들이 나를 에워쌌다. 실비아에게 젖을 물리고 기저귀를 갈아 주고 실비아를 안아 달래고 재우는 동안 어두운 거실에는 텔레비전이 계속 켜져 있었다. 텔레비전에서 반복적으로 나오는 파괴적 장면이 비현실적으로 명멸하는 불빛을 만들어 냈다. 나는 텔레비전을 끌 수 없었다. 뉴욕의 아파트로 돌아간 것은 오로지 남은 짐을 싸기 위해서였다. 우리는 짐을 트럭에 싣고 곧바로 아나폴리스로 향했다. 고향이라고 부르던 도시, 사랑하던 뉴욕을 뒤로한 채…….

# 도망칠 수는 있어도 숨을 수는 없다

실비아가 태어나기 전부터 이사를 계획하고 있기는 했지만 9월 11일의 비극은 우리의 새 출발에 예상치 못한 엄숙함을 더해 주었다. 돌이켜 보면 출산과 테러리즘이라는 충격에 연거푸 후려 맞은 남편과 나는 단란하고 안락한 가정이라는 환상에 기대 숨고 싶어 했던 것 같다. 우리는 전후 시기에 지어진 작은 아파트에서 불규칙하게 들어서 있는 빅토리아풍의 주택으로 이사함으로써 대도시의 삶을 소도시의 삶과 맞바꾸었다. 우리가 이사 간 아나폴리스의 집은 마호가니 창틀과 벽에 부착된 미닫이문이 있는, 한마디로 표현하자면 호사스러운 저택이었다. 그 집의 물결무늬 창 너머로는 사우스 강이 보였다. 운이 좋은 날 오후에는 굴절된 햇볕이 금빛 물살을 만들어 내는 경이로운 장면을 목격할 수도 있었다. 대학 입학 전부터 10년 넘게 주택에서 살아 본 적이 없었기 때문에 넓은 공간에 익숙해지기까지는 시간이 필요했다. 남편과 나는 예전 아파트 거실에 있던 모든 가구를 그대로 옮겨 놓은 2층의 작은 방에 몇 주 동안 틀어박혀 지냈다. 이 은신처는 남에게 들키고 싶지 않은 우리만의 은밀하고 수치스러운 비밀이었다. 그런데 어느 날 아버지가 예고도 없이 우리의 '뉴욕' 방문 앞에 들이닥쳤다. 방문 앞에 서서 구석구석을 들여다보고 있는 아버지를 발견했을 때 나는 소스라치게 놀라 비명을 질렀다.

"이 꼴이 뭐냐?" 아버지가 건조하게 말했다.

"네? 우리 보금자리를 만든 거예요." 내가 대꾸했다.

"뉴욕 아파트를 그대로 가져다 놓은 것 같구나." 아버지는 이미 꽉 차 있는 침대 겸용 소파에 비집고 들어가 앉았다. 엠마가 아버지 다리에 기대기 위해 자세를 바꾸었다.

아나폴리스에서의 몇 달이 꿈속을 헤매는 듯 몽롱한 상태로 지나갔다. 그 시기에 대해 기억나는 것이라곤 감상적인 영화에서 본 가족들의 모습을 한데 짜깁기해 만든 역할대로 연기하는 듯 살았던 우리 가족의 모습밖에 없다. 해 질 녘이면 아기 포대 안에서 잠든 실비아를 데리고 강가를 산책했고 저녁이면 새로 산 식탁 위에 어떤 요리를 해서 올릴지 진지하게 고민했다. 엠마를 포함한 우리 네 가족은 난생처음 가족사진이 들어간 크리스마스카드를 만들기 위해 산타 모자를 쓰고 현관 앞 계단에서 포즈를 취하기까지 했다. 나는 그 역할에 몰두했지만 새로운 생활의 신선함이 닳아 없어져 가자 불편한 마음이 고개를 들기 시작했다. 고립된 외톨이가 된 기분이었달까. 일주일에 한 번씩 식료품을 사러 외출했다 돌아오는 길에 우리가 살던 회색 지붕 집이 가까워 오면 뒷목이 뻣뻣해지는 느낌이 들었다. 때로는 계속 차를 몰고 어딘가로 가고 싶다는 충동과 싸워야 했다. 하지만 막상 갈 곳이 없었다. 그리고 정확히 어디에서 탈출하고 싶은 것인지도 몰랐다.

바깥세상과 다시 연결되고 싶다는 소망은 나를 일에 집중케 만들었다. 남편은 1층 주방 옆을 작업실로 점령하고 있었다. 나는 지붕밑 다락방을 안식처로 삼았다. 다락방의 묘한 분위기에는 밝은 깃털의 새와 열대의 꽃이 그려진 화려한 빅토리아풍의 벽지도 일조하는 바가 있었다. 가운데가 솟아 있는 천장은 손을 뻗으면 손가락이 닿을 정도로 낮았다. 동굴 같은 느낌의 다락방은 안정감을 주는 동시에 밀실 공포증을 자아냈다. 작고 둥근 모양의 창 너머로는 강 끄트머리가 보였다. 나는 그쪽 벽에 책상과 전화기와 노트북을 두었다.

실비아가 낮잠에 빠지면 나는 충실하게 계단 두 개 층을 올라와 책상 앞에 앉았다. 그러고는 꼼짝 않고 글쓰기에 집중했다. 하지만 머지않아 종종거리며 일어나야만 하는 경우가 부지기수였다. 실비아가 유아용 침대에서 일어나 버둥대는 소리가 들리면 헐레벌떡 계단을 내려가야 했기 때문이다. 그렇게 짧은 유예기를 보내고 벌떡 일어나 달려가기를 수없이 반복했다. 글쓰기에 집중할 수 있는 시간이 부족해질수록 나는 점점 더 안절부절 못했다. 일감을 중개해 주는 에이전트에게 일거리가 없는지 묻는 이메일을 쉴 새 없이 보냈다.

에이전트는 쇄도하는 이메일에 지쳤는지 전화를 걸어 왔다.

"일에 대해서는 너무 걱정 마세요. 당분간은 편히 쉬면서 아이 돌보는 걸 즐겨 보세요."

나는 편하게 쉴 수 없었다.

어머니가 된다는 것 그 자체가 문제는 아니었다. 나는 고요한 새벽이면 창가 흔들의자에 앉아 실비아를 품에 앉아 재우며 떠오르는 태양에 실비아의 볼이 금빛으로 물드는 것을 지켜보았다. 실비아가 나를 보며 웃을 때마다 내 심장에는 날개가 돋아났다. 세상 사람들이 보기에 나는 어머니가 되기 전의 나와 동일한 사람이었지만 내 느낌으로는 임신 9개월 동안 고치 속에 있다가 새로운 사람으로 다시 태어난 것 같았다. 이전까지는 호구지책으로만 느껴지던 글쓰기가 이제는 주 업무인 육아에서 해방되어 '즐겁고 창의적' 시간을 보낼 수 있게 해 주는 무엇인가를 가리키는 단어가 되었다. 사람들은 나도 아기 엄마가 된 이상 손수 만든 이유식의 장점이나 아기 낮잠 시간 등에 대해서만 이야기하고 싶어 하리라 생각하는 듯했다. 하지만 솔직히 말해 그런 주제는 의미 없고 지겨웠다. 여류 시인 에이드리엔 리치(Adrienne Rich)가 말한 어머니에 대한 고정 관념, 즉 '모성 신화' 때문에 느끼는 고립된 기분을 나는 절절히 이해할 수 있었다. 물론 나는 실비아를 사무치게 사랑한다. 하지만 모성 신화는 흔히 생각하는 것처럼 사랑에 기초하지 않는다. 모성 신화를 떠받치는 기둥은 어머니는 더 이상 자신만의 야심도 호기심도 욕구도 느낄 필요가 없다는 믿음이다.

바꿔 보려 노력하기도 했다. 아나폴리스에 정착하고 처음 1년 동안 집에만 틀어박혀 있지 않겠다는 각오로 음악 강좌를 신청해

듣거나 실비아를 데리고 공원으로 산책 나가는 등 무던히도 애썼다. 공무원과 학생과 은퇴자를 제외하면 아나폴리스의 낮을 지배하는 것은 전업주부들이었다. 뉴욕의 역동적인 다양성과 차가운 익명성은 눈을 씻고 찾아봐도 없었다. 18세기에 설계된 아나폴리스 중심가의 좁은 거리에는 밝은색 연립 주택들이 빈틈없이 다닥다닥 붙어 있었다. 그런 환경 덕에 이사한 지 얼마 되지도 않아 같은 동네 아기 엄마들을 거의 알게 되었다. 아기 엄마들은 아침이면 서너 명씩 무리지어 커피숍에서 만났다. 약속이라도 한 듯 어깨에 하나씩 둘러멘 커다란 베라 브래들리 가방에는 아이들 먹일 치리오스 시리얼과 요베이비 요구르트가 담긴 지퍼락이 들어 있었다. 나는 수다 떠는 그들 옆에서 유모차를 흔들며 멍하니 앉아 있곤 했다. 생존 본능에 따라 그들과 어울리기 위해 최선을 다했지만 그들은 내가 자신들과 같은 부류가 아니라는 사실을 금세 감지했다.

아나폴리스에서 처음으로 친해진 사람 중에 실비아 또래 아들을 둔 매리언이 있었다. 전직 변호사였던 매리언은 같은 동네 아기 엄마들의 모닝커피 모임에 나를 초대하며 호의를 베풀었다. 나는 우리에게 공통점이 많으리라 생각했다. 일 때문에 워싱턴으로 이사하기 전까지 뉴욕에서 지냈다는 얘기를 들었기 때문이었다. 겪어 보니 매리언은 전직 변호사가 맞는지 믿기 힘들 정도로 전형적인 오지랖 넓은 아기 엄마였다. 모임에 참석한 지 얼마 되지 않아 나는 매리언과 절친한 친구가 될 수 없다는 사실을 깨달았다.

어느 날 모임에서 매리언이 내게 물었다. "실비아 방은 어떤 주제로 꾸몄어요?" 그 자리에 참석한 다섯 명은 커피숍 바깥의 이인용 사각 탁자를 중심으로 비좁게 둘러앉아 있었다. 모두의 시선이 내게 향했다.

소맷자락으로 윗입술을 닦고 싶은 충동을 억누르며 커피 잔을 내려놓았다. "주제라니요?" 셔츠 옷단에 삐져나온 실밥을 잡아당기며 말했다.

매리언이 말을 이었다. "테마라고 해야 하나? 아이 방 테마요. 크리스토퍼 방은 야구를 주제로 꾸몄어요. 지난주에 정말 깜찍한 야구 스탠드를 들여놨어요. 특별 주문해서요." 다른 아기 엄마들이 맞장구를 쳤다. 하지만 매리언은 반드시 내 대답을 듣고야 말겠다는 태세로 내 얼굴을 똑바로 쳐다보았다. 나는 궁지에 몰렸다.

"아, 실비아 방의 주제는 '창고'예요." 자신 없는 태도로 농담을 던져 보았다. 물론 없는 말은 아니었다. 이사한 지 어느덧 8개월이 지났건만 실비아의 방 한쪽 구석에는 아직 풀지 않은 짐이 천장 높이로 쌓여 있었다. 웃는 사람이 아무도 없었다. 나는 커피를 홀짝들이켜고는 몇 가지를 급조해 말했다. "실은 상상 속 동물들과 요정을 주제로 딸아이 방을 꾸며 줄까 생각 중이에요. 유니콘이나 숲의 요정 레프러콘 같은 거 있잖아요."

매리언은 그제야 수긍하겠다는 듯 고개를 끄덕였다. 그 일 이후 나는 모닝커피 모임에 발길을 끊었다. 간혹 커피숍에 모여 있는 그들을 보게 되더라도 가볍게 손을 흔들어 인사하고는 실비아의 유모차를 황급히 밀며 달아났다.

* * *

　남편은 아버지라는 미묘한 사회 정치적 위상 변화에 전혀 개의치 않는 듯 보였다. 실비아가 듣는 음악 놀이 수업에 남편이 얼굴을 비추기라도 하면 다른 엄마들은 남편을 둘러싸고 야단법석하며 점심 초대를 했다. 실비아에게 모자를 씌운 후 유모차에 태우고 아나폴리스 중심가를 걷는 동안 마주치는 사람들이 실비아에게 미소를 보내면 남편은 환한 웃음으로 화답했다. 실비아를 낳기 전까지는 낯선 사람과는 말도 섞지 않던 사람이, 이제는 실비아가 귀엽다고 칭찬해 주는 사람이라면 누구하고나 아무렇지도 않게 이야기꽃을 피웠다. 이웃들은 육아에 적극적으로 참여하는 멋진 남편을 두어서 좋겠다며 내 옆구리를 쿡쿡 찔렀다. 틀린 말은 아니었다. 애초에 아나폴리스로 이사 온 목적이 두 사람 모두 집에서 일하면서 아이 양육을 함께 책임지며 여유를 찾자는 거였으니 말이다. 오전에는 내가, 오후에는 남편이 실비아를 돌보기로 했다. 표면적으로 이러한 공동 육아는 놀라우리만치 그리고 어찌 보면 지나칠 정도로 평등했다. 하지만 얼마 지나지 않아 주변 사람들이 우리 부부를 어떻게 바라보는지 깨달았다. 사람들 눈에 내가 실비아를 돌보는 것은 당연한 의무였지만 남편이 실비아를 돌보는 것은 감지덕지한 은혜였다. 그들 눈에 비친 남편은 성자나 다름없었다.

　그러나 내 관점에서 보면 우리 관계는 기대만큼 평등하지 않았다. 하루를 반으로 쪼개 각자 반나절씩 육아를 전담하기로 한 건 사실이었지만 그 외에 식료품을 사고, 소아과 병원을 수소문해 예약하고, 아이에게 필요한 교육 프로그램을 찾아보고, 아이 옷을 고르고, 유치원을 알아보는 등의 수많은 집안일이 당연하다는 듯 내 몫으로 떨어졌다. 게다가 나는 실비아가 돌이 될 때까지 모유 수유를 했다. 즉 나는 1년 동안이나 혼자서는 멀리, 장시간 외출할 수도 없었다. 미리 유축해 놓은 모유를 먹여 보려고도 했지만 실비아는 젖병을 한사코 거부했다. 아이를 울려 가면서까지 억지로 유축한 모유를 먹일 만한 가치가 없다는 생각이 들었다. 남편은 오전 내내, 오후에 실비아가 낮잠 자는 동안, 저녁 먹은 후에 일에 전념할 수 있었다. 하지만 나는 남편만큼 일에 집중할 상황이 못되었다. 저녁을 먹고 나면 실비아에게 젖을 물려야 했으며 간신히 아이를 재우고 나면 벌써 한밤중이었기에 위층으로 올라가 깜깜한 곳에서 홀로 텔레비전을 보는 게 다였다.

남편은 육아에 기여하는 바가 꽤 크기는 했지만 심리적인 면을 따져 보면 나와 동일한 수준의 부모 역할을 경험하고 있지는 않았다. 나는 '어머니'였으며 그 책임은 보람을 느끼게도 해 주었지만 이따금 울컥하는 기분이 들게 하기도 했다. 생활을 일과 가족으로 정확히 분리해 여유롭게 살아가는 듯 보이는 남편과 달리 나는 일과 가족으로 나뉜 내 삶의 조각들을 서로 끼워 맞추기 위해 홀로 고군분투했다. 억울한 기분은 분노를 낳았다.

실비아가 걷고 말하기 시작할 무렵이었을 것이다. 어느덧 남편과 나는 위층과 아래층, 그의 영역과 나의 영역으로 나뉜 동 떨어진 궤도를 돌고 있었다. 생각해 보니 꼭 해야 할 집안일에 대한 이야기를 제외하고는 몇 달째 대화다운 대화도 나누지 못하고 있었다. 하루 이틀도 아닌 몇 달! 우리가 뉴욕을 떠나지 않았더라면, 9월 11일에 벌어진 사건 때문에 트라우마를 겪지 않았더라면, 아니면 내 별자리가 수성이 지배하는 쌍둥이자리가 아닌 금성이 지배하는 천칭자리였더라면 모든 게 지금과 다르지 않았을까. 내가 확실히 아는 것이라고는 바너드 대학 강의실로 들어서는 내가 성찬을 마주한 굶주린 여자처럼 느껴졌다는 점뿐이었다.

# 2부

# 누구를 위한 페미니즘인가요?

오늘 당장 시작하라.

—메리 울스턴크래프트

# 항복이 아닌 저항이다

 

'열성적 학생'이라는 두 단어로도 당시의 나를 표현하기에는 부족했다. 나는 과제와 시험과 학점을 걱정하지 않아도 되는 청강생이었기에 읽은 책에 대해 수없이 곱씹어 사색하고 내키면 과제로 내주지 않은 부분까지 읽는 호사를 누렸다. 첫 시간에 T교수는 「창세기」에 그려진 이브의 모습을 통해 고대부터 여성들에게 복종을 강요해 온 문화적 폭력의 무게를 폭로했다. 그런데 그 강의 내용은 의도치 않게도 모성 신화에 대한 나의 민감성을 깨달은 계기가 되었다. 남은 학기 동안 맞지 않는 옷을 입은 채 불만족스러운 삶을 살도록 강요받던 여자의 운명에 불복종한 수많은 페미니스트에 대해 공부할 예정이었지만 이미 나는 그 이상을 원하고 있었다. 아우구스티누스로 대변되는 남성적 관점을 당시 여자들이 어떻게 받아들였는지 알고 싶었다. 그토록 심각한 속박 속에서 살았던 여자들의 삶을 이해하고 나면 지금 내 운명의 경계를 좀 더 명확히 알 수 있지 않을까 싶었다.

그런 여자들의 삶을 들여다보기 위해서는 시간과 노력이 필요했다. 역사는 옛 여성들의 목소리를 거의 전하지 않는다. 여자들은 대부분 교육을 받을 수 없었기에 당연히 문맹이었고, 따라서 그들의 삶에 대한 이야기는 역사의 장에서 거의 빠졌다. 그들 내면의 두려움과 희망, 생각과 의견은 추측을 통해서만 그려 볼 수 있을 뿐이다. 그런데 페이절스의 『아담, 이브, 뱀』에서 2세기 말경 북아프리카에서 살았던 비비아 페르페투아(Vibia Perpetua)에 대해 짧게 기록한 내용을 보았다. 귀족 가문의 딸이었던 페르페투아는 당시만 해도 주류 종교가 아니었던 기독교의 독실한 신자였다. 그래서 로마 황제 셉티미우스 세베루스(Septimius Severus)를 찬양하는 이교도 의식을 거부하고 그 일로 첫아들을 낳은 직후에 이단자로 몰려 체포당한다. 페르페투아의 몸종이었던 펠리치타도 같은 이유로 함께 끌려가 옥에 갇힌다. 당시 펠리치타는 임신 중이었다. 그리스어와 라틴어에 능했던 페르페투아가 처형당하기 전까지의 수감 생활을 적은 일기는 당대 여성의 삶을 들여다볼 수 있는 귀중한 자료다.

내가 이 유혹을 어떻게 거부할 수 있었겠는가? 인터넷에서 페르페투아가 남긴 일기의 상당 부분을 발췌해 놓은 책인 『페르페투아의 열정: 젊은 로마 여성의 죽음과 기억』을 찾아냈다. 보스턴의 한 헌책방에서 주문한 책이 이틀 후 아나폴리스의 우리 집에 도착했다. 다음 날 아침 실비아를 유치원에 떨궈 놓고 가방에 책을 쑤셔 넣은 후 중심가에서 약간 떨어진 곳에 있는 단골 커피숍으로 향했다. 길을 가다 매리언이 걸음마를 뗀 첫째와 신생아인 둘째를 스테이션왜건에 태우고 있는 모습을 목격했다. 매리언이 나를 먼저 알아보지 못했다면 아마 나는 다른 골목으로 슬쩍 피해 버렸을 것이다. 하지만 때는 너무 늦어 버렸다. 매리언이 나를 보고 손을 흔들었다. 내가 모닝커피 모임에 더 이상 나가지 않는데도 우연히 마주칠 때마다 매리언은 내게 과도할 정도로 깍듯하게 행동했다. 물론 둘 사이에 어색한 기류가 흐르긴 했다. 아마 그 어색함은 매리언이 아닌 내게서 비롯되었을 것이다. 매리언이 둘째를 카 시트에 태우는 동안 나는 첫째를 향해 우스꽝스러운 표정을 지어 보였다. 매리언이 내게 살짝 윙크하며 '둘째'는 언제 가질 생각이냐고 물었다.

"잘 모르겠어요. 아직 하나 키우는 것도 버거워서요." 나는 말끝을 흐렸다.

"동생 생기면 실비아가 무척 좋아할걸요. 그리고 쇠뿔도 단김에 빼라는 말이 있잖아요. 무슨 뜻인지 알죠?" 나무라는 듯한 매리언의 발언에 대꾸할 말을 찾지 못한 채 잠시 침묵이 흘렀다.

화제 전환을 시도했다. "어디 가는 길이에요?" 내가 물었다.

"체조 수업에요. 거기 갔다가 홀 푸드 마켓에 들를 예정이에요. 그쪽은 무슨 일 때문에 외출했어요?"

"저는 책 좀 읽으려고요." 이 말을 내뱉자마자 아차 싶었다.

"그래요? 무슨 책을 읽으려고요?" 매리언이 단조로운 음색으로 물었다.

괜히 책 얘기를 꺼냈다고 생각하며 가방에서 『페르페투아의 열정: 젊은 로마 여성의 죽음과 기억』을 꺼내 건네 주었다.

책 뒷날개를 읽는 매리언의 눈이 동그래졌다. 매리언은 과장되게 몸을 떨더니 내게 책을 돌려주며 말했다. "섬뜩할 것 같네요."

뒷자석에 앉아 있던 매리언의 딸이 버둥거리기 시작했다. 매리언은 머리 위에 얹어 두었던 선글라스를 내려 썼다. "스테퍼니, 당신은 참…… 독특해요. 서두르지 않으면 늦겠어요. 만나서 반가웠어요." 매리언이 내 뺨에 뽀뽀하는 시늉을 했다. 나는 안도의 한숨을 내쉬고 걸음을 다시 재촉해 가던 길을 갔다.

* * *

이후 별다른 사람들의 방해 없이 커피숍에 도착해 창가 쪽 낡은 소파에 자리를 잡고 앉았다. 책 읽는 중간중간 사람들을 몰래 훔쳐볼 수 있어 내가 좋아하는 자리였다. 하지만 얼마 지나지 않아 주위에서 어떤 일이 벌어지고 있는지 인식하지 못할 만큼 페르페투아의 일기에 흠뻑 빠져 버렸다. 페르페투아의 세상은 나를 빨아들였다. 수감 생활을 생생하게 묘사한 그 일기에는 두고 온 어린 아들의 안위를 걱정하는 어머니의 뼈아픈 두려움이 가득했다. 일기의 한 대목을 보자.

"나는 두려웠다. 그렇게 깊은 나락에 떨어져 본 적이 없었다. 얼마나 힘겨운 시간이었던가! 빽빽하게 들어찬 사람들의 열기에 숨이 막힐 지경이었다. 군인들은 우리를 거칠게 대했다. 하지만 무엇보다도 참을 수 없는 고통은 젖먹이 아들에 대한 걱정이었다."

아버지가 수차례 감옥을 찾아와 아이를 생각해서라도 기독교를 버리라고 간청했지만 페르페투아는 확고부동했다.

페르페투아의 일기에는 투옥 생활 중 네 차례에 걸친 생생한 꿈 이야기가 기록되어 있었다. 그중 마지막은 처형당하기 바로 전날 꾼 꿈이었다. 페르페투아는 꿈속에서 원형 경기장에 들어서는 자신의 모습을 본다. 꿈속 페르페투아는 남자의 육신을 하고 있었으며 우락부락한 이집트인과 맞붙어 싸워 승리를 거둔다.

"관중은 환호를 보냈고 부하들이 찬송가를 부르기 시작했다. 교관이 내게 나뭇가지를 하사했다. 그는 내게 입을 맞추며 이렇게 말했다. '딸아, 부디 무사하거라!' 나는 생명의 문을 향해 의기양양하게 걷기 시작했고 그 순간 잠에서 깼다."

실제 처형 날에 페르페투아는 몸종 펠리치타와 함께 3000명이 넘는 관중으로 가득 찬 원형 경기장에 알몸으로 내던져진다. 바르르 떠는 가냘픈 페르페투아와 출산한 지 얼마 되지 않아 젖을 뚝뚝 흘리는 펠리치타의 벌거벗은 모습은 피에 굶주려 있던 관중조차도 차마 계속 보기 어려운 광경이었다. 사람들은 둘을 들여보내고 옷을 걸쳐 준다. 그런 후 최후의 운명이 기다리고 있는 원형 경기장으로 다시 내보낸다. 성난 암소가 페르페투아와 펠리치타를 들이받고 내던지고 짓밟는다. 두 사람 모두 다치기는 했지만 아직 숨은 붙어 있었다. 누구도 둘의 생명이 그렇게 질기리라 생각지 못했다. 하지만 살아 있음은 결코 구원이 아니었다. 짐승의 발길질로도 죽지 않은 사람들에게는 칼이 기다리고 있었다. 그날 마지막으로 처형대에 오른 페르페투아는 의연하게 자신의 목을 내놓는다. 하지만 처형은 신속하지도 자비롭지도 않았다. 검투사가 칼을 너무 낮게 휘두르는 바람에 쇄골에 빗맞은 것이다. 검투사는 페르페투아의 고통에 찬 비명 소리에도 아랑곳하지 않고 떨리는 손으로 다시 목을 쳤다. 페르페투아의 나이 스물둘이었다.

책을 덮은 후에도 창백한 손과 날카로운 칼날과 연약한 목의 영상을 머릿속에서 떨칠 수 없었다. 카르타고에서는 페르페투아의 순교를 기리는 행사를 매년 치렀지만 가톨릭교회에서는 수년에 걸쳐 페르페투아의 역할을 문자 그대로 '고쳐' 쓴다. 그리하여 4세기경부터 페르페투아의 수난과 죽음에 대한 묘사가 상당 부분 수정되어 유포되기 시작한다. 새로운 이야기 속에는 그전까지는 존재하지 않던 페르페투아의 남편에 대한 설명이 들어 있다. 반면 젖먹이 아이를 두고 떠나야 했던 페르페투아 내면의 고통과 번뇌는 삭제되었다. 페르페투아가 직접 남긴 일기와 전혀 딴판으로 개작된 이야기에는 그녀가 젖먹이 아들을 비롯한 가족들을 만나지 않겠다고 밀어냈으며 심지어 그들을 악마라고 불렀다는 말이 적혀 있다. 아우구스티누스 또한 페르페투아를 끊임없이 이브와 비교하며 그녀의 명성에 먹칠을 했다. 신앙을 부인하기보다 죽음을 선택한 순교자 정신에도 불구하고 그녀도 결국 나약한 여자에 불과했다는 식이었다.

어떤 일이 벌어졌는지 고스란히 기록해 놓은 일기가 있는데도 죽음 당시의 상황을 수정했던 일은 모성의 담대함을 무력해 보이도록 만들려는 역사의 횡포를 잘 보여 준다. 넓은 사회적 맥락에서 발휘된 모성의 힘은 신념을 지키기 위해 공개적으로 떨치고 일어나 생명을 걸 정도로 크고 강인했다. 페르페투아를 역사의 뒤안길로 조용히 사라진 이브처럼 취급한 것은 부당했다. 나는 수천 년 동안 질기게 살아남은 페르페투아의 이야기를 통해 어머니가 된 후 머릿속에 뒤엉켜 있던 실타래를 풀어낼 한 줄기 실마리를 찾았다. 어머니가 된 이후 이제 나는 내 운명의 주인이 아니었다. 그전까지 배웠던 모든 내용과 반대로 여자라는 생물학적 특성이 내 운명을 지배하고 있었다.

"다시 생각해 봐." 페르페투아가 내 귀에 대고 속삭였다. 페르페투아를 통해 페미니스트의 이야기가 항복이 아닌 저항과 전투라는, 즉 대항 담론이라는 사실을 깨달았다. 역사는 정해진 틀에 맞지 않는 여성들을 안전하고 전형적인 모습으로 교묘하게 가공하고 난도질하고 날조해 왔다. 역사를 기록하는 사람들은 페르페투아를 냉정하고 잔혹한 어머니로 변형시켜 악인처럼 보이게 만들었다. 하지만 페르페투아는 아들에게 자신이 할 수 있는 가장 위대한 선물을 주고 싶어서 종교적 이상을 그토록 열정적으로 수호했던 것인지도 모른다. 건장한 로마 검투사 앞에서도 당당함을 잃지 않고 의연하게 죽음을 맞이한 것은 모성의 힘 덕분이 아니었을까.

# 모성을 다시 생각하다

---

학기가 시작되고 몇 주가 지난 어느 아침이었다. 존이 몽롱한 상태로 알람 시계의 일시 정지 버튼을 눌러놓은 채 다시 잠에 빠졌다. 삼십 분 후쯤 일어난 나는 화들짝 놀라 복도를 부리나케 지나서 실비아를 깨웠다. 실비아는 더 자고 싶다며 툴툴거렸다. 나는 머리를 내 목에 파묻은 채 원숭이처럼 매달린 실비아를 안고서는 비틀거리며 계단을 내려왔다. 주방에 가서 실비아를 몸에서 떼어 낸 후 의자에 앉혔다.

"치즈 넣은 스크램블드에그 먹고 싶어." 실비아가 잠에서 덜 깬 목소리로 말했다.

"그냥 시리얼은 어때?"

"싫어! 치즈 넣은 스크램블드에그."

"부탁할 때는 어떻게 말해야 한다고 했지?"

"제에에에에발요." 실비아가 말했다.

나는 영화 「매트릭스」의 주인공처럼 한쪽 눈을 시계에 고정시킨 채 잘 짜인 안무를 수행하듯 일련의 동작을 했다. 계란, 우유, 버터를 냉장고에서 꺼낸다. 스토브 위에 프라이팬을 올리고 버터를 소량 두른다. 실비아에게 우유를 한 잔 따라 준다. 포크로 계란을 휘휘 저어 푼다. 매일 아침 정해진 시간이면 뒷문 앞에 와서 낑낑대는 엠마를 마당에 내놓는다. 주방으로 돌아오면 어느새 버터가 지글거리고 있다. 계란을 프라이팬에 붓는다. 키친타월로 조리대에 흘린 우유를 닦는다. 계란을 젓는다. 이제 볼일 다 보고 뒷문 긁는 엠마를 다시 집안에 들인다. 우유, 계란, 버터를 냉장고에 다시 넣고 치즈를 꺼낸다. 계란에 치즈를 뿌린다. 계란을 한 번 더 휘저은 후 숟가락으로 접시에 옮겨 담고 실비아 앞에 놓아 준다.

아침 완료.

숨을 가다듬고 실비아의 도시락을 준비하기 시작한다.

스크램블드에그를 겨우 두 숟가락 입에 넣은 실비아가 배불러서 못 먹겠다고 선언한다.

"뭐? 지금 고작 그거 먹고 배부르다는 거야?" 나는 화가 나서 평소보다 두 옥타브는 높은 목소리로 말한다.

하지만 입씨름할 시간이 없다. 치즈 칠면조 샌드위치 만들 재료를 모은다. 제기랄, 팩에 담긴 주스가 없다.

"열 입 더 먹어." 내가 말한다.

"다섯 입." 실비아가 협상을 시도한다. "그리고 샌드위치는 삼각형 모양으로 잘라 줘."

"알았어. 그럼 일곱 입."

도시락으로 싸 줄 샌드위치를 완성할 때까지 우리의 협상은 몇 차례 더 계속된다. 실비아는 고문이라도 당하는 듯 겨우 세 입 더 먹고는 배를 움켜쥔다. "엄마, 배 아파." 물론 연극이다.

나는 잠시 망설이며 고민한다. 더 입씨름을 할지 아니면 위층으로 올라가 실비아에게 옷을 입히면서 또 치러야 할 전쟁을 위해 에너지를 비축해 둘지를 말이다. 후자를 선택한다. 패배한 나는 남은 스크램블드에그를 개 밥그릇에 쏟아붓는다. 엠마와 실비아 모두 기뻐한다.

위층으로 올라가 십 분 동안 옷 세 벌을 갈아입히노라니 온몸의 기가 다 빠져나가는 느낌이다.

"더 예쁜 옷 없어? 핑크색 옷 입고 싶단 말이야!" 실비아가 소리 지르며 말한다.

"엄마가 핑크색 옷은 다 더러워졌다고 말했지!" 발버둥 치는 네 살배기 아이에게 티셔츠와 청바지를 입히며 나도 똑같이 악을 쓴다. 이건 정말 씨름이라고밖에는 표현할 길이 없다. 실비아가 갖은 인상을 다 쓰며 울부짖기 시작한다.

존이 문밖에서 얼굴을 쑥 들이밀더니 게슴츠레한 눈으로 머리를 긁적이며 묻는다. "무슨 일이야? 뭐라도 도와줘?"

진이 다 빠진 내가 남편을 쏘아본다. 남편은 약삭빠르게 사라진다.

그 후 십오 분 동안 실비아를 진정시키려 노력한다. 그래야 실비아를 카 시트에 앉힐 수 있기 때문이다. 드디어 시동을 걸고 출발한다. 시계를 본다. '제 시간에 도착할 수 있을지도 몰라.' 나는 생각한다. 가속 페달을 밟는다. 하지만 운은 내 편이 아니다. 집에서 유치원까지 가는 동안 빨간불이라는 빨간불은 다 걸린다. 오 분 지각이다. 이는 교무실까지 창피한 걸음을 해야 한다는 의미다. 얼룩덜룩한 얼굴에 빗질도 제대로 하지 않아 산발인 실비아가 침울한 표정을 짓는다. 내 꼴도 그다지 나을 것 없다. 게다가 불현듯 이틀 전 지각했을 때도 같은 옷을 입고 있었다는 끔찍한 사실을 깨닫는다. 멋쩍어하며 교무실에 들어선다.

서류에 이름을 적는 동안 유치원 주사인 마지가 혀를 끌끌 차며 말한다. "또 지각이군요. 부모가 얼마나 시간을 잘 지키는지가 아이들의 시간관념에 얼마나 큰 영향을 끼치는지 잘 아시죠?" 나는 어금니를 꽉 깨문 채 미소 지으며 고개를 끄덕이고는 도망치듯 빠져나온다.

집으로 돌아와 주방 조리대에 앉아 커피 한 잔을 마시며 《뉴욕 타임스》의 파란 비닐 커버를 벗겨 낸다. 신문 1면을 장식한 「전업주부가 꿈인 명문대 여학생들」이라는 표제가 단번에 눈을 사로잡는다. 평소라면 가로세로 낱말 맞추기를 먼저 풀었겠지만 이번에는 헤드라인 기사를 먼저 읽는다. 아이비리그를 졸업한 직장 여성들이 결혼이나 출산 후 일을 그만두는 현상은 1~2년 전부터 언론의 단골 소재였다. 그런데 거기서 한 술 더 떠 여대생들이 학교를 졸업하기 전부터 전업주부를 목표로 세포 생물학이나 르네상스 문학 같은 과목을 수강한다는 것이 그 기사의 주요 골자였다.

예일대에 다니는 여학생들을 대상으로 한 비공식 설문과 인터뷰에 근거했다는 기사는 그러한 최근 경향에 대한 경각심을 불러일으키고 있었다. 나라의 미래를 책임질 동량이랄 수 있는 아이비리그 여대생들이 육아를 우선순위에 두기 위해 졸업 전부터 일을 하지 않거나 중단할 계획을 세우는 현상이 의미하는 바는 무엇일까? 기사에 나온 예일대 2학년생 신시아 리우의 경우를 살펴보자. SAT 점수 1510점에 학점 4.0의 피아니스트이자 육상 선수이자 의료 봉사자인 신시아 리우는 대학을 졸업하고 나면 로스쿨에 진학해 법학 박사 학위를 취득할 계획이라고 한다. 하지만 법조계에 몸담을 기간은 그다지 길게 보지 않고 있다. 결혼과 육아를 위해서라면 법조인으로서 누릴 수 있는 부와 명예를 기꺼이 포기하겠다는 것이다. "어머니는 일에 매진하면서 육아에도 성공하기는 힘들다고 늘 말씀하셨습니다. 하나를 선택하면 다른 하나는 포기해야 한다고 하셨죠." 기사에 인용된 리우의 말이다.

전문가들도 그 부분에 무게를 실었다. 예일대 미국 사학과 교수 신시아 러서트는 여성들이 비로소 '현실'을 깨닫기 시작했다고 말한다. 예일대 여성학과 로라 웩슬러 교수는 일하는 어머니들을 지원하는 사회 기반이 부족하기 때문에 여성들이 과거로 역행하는 현상이 나타나고 있다고 지적하며 다음처럼 말했다. "예전에는 15년 정도 후면 그런 문제들이 모두 해결되지 않을까 생각했는데 25년이 지난 지금도 별로 달라지지 않았다는 사실이 안타깝습니다." 기사에 나온 학생들의 문제의식은 성별에 따라 확연히 차이가 났다. 여학생들은 일과 가정을 모두 놓치지 않으려면 얼마나 안간힘을 써야 하는지 매우 잘 인식하고 있는 반면 남학생들은 별다른 문제의식 없이 전업주부가 되고 싶어 하는 여자들의 생각에 기꺼이 동의한다고 답했다. 한 여학생은 같은 수업을 듣는 남학생이 다음처럼 말하는 걸 들었다며 기함을 금치 못했다. "전업주부라니 생각만 해도 섹시한데." (하아, 그 남학생은 닷새째 갈아입지 못한 티셔츠와 운동복 바지의 음식물 튄 자국을 보게 되면 자신이 얼마나 허튼소리를 했는지 깨닫게 될 것이다.)

커피 한 잔을 거의 다 마셨을 때쯤 전화벨이 울렸다.

"나는 페미니즘이 죽었다고 생각해." 제니가 말했다.

다른 노선의 의견도 있었다.

"미안하지만 그 여대생들은 아이를 낳아 기른다는 게 무슨 의미인지 눈곱만치도 모르는 게 틀림없어." 첫째를 낳고 6개월째 한 번에 세 시간 이상 연속으로 자 본 적 없는 타샤가 말했다.

그 기사 내용은 우리 모두를 씁쓸하게 만들었다. 여대생들이 전업주부를 꿈꾼다는 사실 때문이 아니라 고작 열아홉인 그들이 불평 한마디 없이 전통적 성 역할에 안착할 준비를 하고 있다는 사실 때문이었다. 기사 말미에 나온 예일대 학생 앤지 쿠의 인터뷰 내용이 상황을 압축해 보여 주었다. "저는 현실을 있는 그대로 받아들이기로 했습니다. 현재 상태가 지속된다고 해도 상관없습니다. 굳이 거기에 맞서 싸워야 할 이유를 찾지 못하겠거든요."

나는 이 학생의 말을 곱씹으며 깊은 생각에 잠겼다. 나의 열아홉 살은 어땠던가. 미래에 대한 기대와 설렘으로 가득 차 있던 친구들과 나는 기숙사 휴게실에 둘러앉아 카페인의 힘을 빌려 늦은 밤까지 이야기꽃을 피우곤 했다. 우리 중 결혼이나 출산이나 육아에 관심 있던 사람은 아무도 없었다. 현상 유지? 길이 아니었다. 우리는 아름다움의 신화를 꼬집고 여성을 대상으로 한 지속적 폭력에 일침을 가하자는 취지의 '밤길 되찾기 시위'에 참여하느라 바빴다. 의사, 변호사, 예술가, 작가가 되겠다는 당찬 포부에 젖어 있던 우리는 세세한 부분은 나중에 걱정해도 된다고 생각했다. 우리 앞의 길은 위를 향해 곧게 뻗어 있다고 믿었다.

물론 모두에게 상황이 계획대로 착착 풀린 것은 아니었다. 많은 친구가 결혼을 하고 아이를 낳은 후 일을 그만두거나 비상근직으로 돌아섰다. 직업적 성공을 거두고 하늘 높이 날아오른 친구들도 있었지만 기대에 못 미치는 현실에 실망하고 괴로워하는 친구들도 있었다. 그렇더라도 나는 풋풋하고 무모했던 시절의 꿈을 결코 포기하지 않았다.

아니, 내가 정말 그랬던가? 나의 그런 사상은 '참한 여성상'을 추구하는 보수적 관념만큼이나 자동 반사적인 게 아니었을까? 나는 신문을 덮고 책상 위에 올려놓았다. 그 전주에 참석했던 「모성 다시 쓰기」라는 제목의 공개 토론이 떠올랐다. 어머니의 역할에 대한 흔한 미사여구를 되짚어 보기 위한 목적의 토론회였다. 아이를 낳은 후 직장에 복귀하는 여성들은 자신들의 사회적·생물학적 운명을 배반하는 것일까? 일을 그만둔 전업주부들은 페미니즘의 발전에 역행하는 것일까? 《뉴욕 타임스》 칼럼니스트 리사 벨킨이 사회를 맡고, 베스트셀러 『엄마는 미친 짓이다』의 저자 주디스 워너가 패널로 참석한 토론회는 성황리에 열렸다. 접이식 간이 의자는 일찌감치 모두 찼으며 자리에 앉지 못한 사람들은 벽에 기대서거나 맨바닥에 앉은 채 패널들의 말에 귀를 기울였다. 참석자는 대부분 여자들이었지만 남자들도 뜨문뜨문 있기는 했다.

패널들은 하나같이 어머니라는 역할이 문화 전체와 개인의 삶에 갈등을 자아내고 있다고 웅변했다. 하지만 사회자가 어머니의 역할 때문에 생겨나는 딜레마를 해결하기 위한 최선의 방법이 무엇일지 묻자 패널들의 의견이 엇갈리기 시작했다. 주디스 워너는 자선기금 모금을 위한 식사 자리에서 겪은 일화를 자세히 들려주며 딸들에게 야망을 낮추도록 강요하는 우리 사회의 문화를 비판했다. 딸들에게 어머니 역할을 준비시키려다 보니 큰 꿈을 꾸지 못하게 만든다는 주장이었다. "그때 일을 떠올릴 때마다 제 눈가에는 눈물이 고입니다. 우리 사회에서 가장 바람직하지 못한 일들이 벌어지고 있습니다. 우리는 그런 식으로 딸들의 기를 꺾어서는 안 됩니다. 모두 함께 나서서 변화를 촉구해야 합니다."

그때 『일어나 노래하리』의 저자 세실리 베리가 끼어들었다. 세실리 베리는 하버드대 로스쿨을 졸업한 후 기업 소송 전담 변호사로 일하다 두 아들과 함께하는 시간을 늘리기 위해 일을 그만둔 경험이 있었다. 그런 경험이 있어서인지 그녀는 때론 가혹하기까지 한 현실성의 문제를 끄집어냈다. 육아의 어려움을 토로한 자작 수필 「누구도 말해 주지 않는 사실」을 낭독하면서 그녀의 발언이 시작되었다. 아이를 낳은 후 찾아온 '자아 침식'과 '가족과 섞일 수 없는 혼외 자식'으로서 겪어야 했던 우울증, 그리고 자녀를 향한 절절한 애정과 아이들이 자신에게 준 사랑의 신비에 대해 소리 내어 읽는 동안 청중은 숨죽인 채 세실리 베리의 목소리에 귀를 기울였다. 세실리 베리는 흑인 여성으로서 전문 직업인으로 끝까지 남아 영향력 있는 인물이 되어야 한다는 사회적 의무감 때문에 가정과 일 사이에서 괴로워했다고 고백했다. 사랑과 분노, 죄책감과 좌절감이라는 양가감정이 그녀를 무척 괴롭히는 듯 보였다.

"저는 우리 딸들에게 무한한 가능성이 네 앞에 기다리고 있다고 말할 자신이 없습니다. 어머니가 되어 아이를 양육하는 의미 있는 경험을 하고 싶다는 사람에게 그것이 정말 의미 있는 일이라고 말해 줄 자신도 없습니다."

입을 떡 벌린 채 세실리 베리의 말을 듣던 주디스 워너는 곧 본래의 자세로 돌아와 베리를 응시하며 말했다. "어떤 종류의 직업을 선택하느냐, 그리고 어떤 인생을 살고자 하느냐에 따라 이야기가 달라질 수 있다고 봅니다. 딸들에게 자기 본연의 모습을 찾을 수 있도록 지원해 준다면 그 문제가 일정 부분 해소되지 않을까요."

세실리 베리도 이에 동의했다. "맞습니다. 어떤 종류의 직업을 선택하느냐에 따라 이야기가 달라질 수 있지요. 하지만 바로 그 점이 딸들에게 '네 앞에 무한한 가능성이 있다.'라고 확신에 찬 조언을 해 줄 수 없는 이유입니다. 어머니가 되어 아이를 키우는 동시에 직업적으로 큰 성공을 거두며 정열적으로 활동하는 것이 실제로 가능한 일인지 저는 잘 모르겠습니다."

청중이 웅성거리는 가운데 몇몇 사람이 그에 대해 할 말이 있다는 듯 손을 치켜들었다. 하지만 예정된 종료 시간이 이미 삼십 분 정도 지난 상태였기 때문에 사회자는 발표 기회를 주지 않고 토론을 마무리했다. 아쉽게도 질의응답 시간이 생략되었다. 썩 흡족하지 못한 박수 소리가 퍼지는 가운데 학생 자원봉사자들이 청중을 유리문 밖으로 내보내기 시작했다. 사람들의 행렬을 따라 나온 토론장 밖은 밤바람으로 상쾌했다. 더 큰 세상으로 나가기 위해 나 자신을 갈고닦았던 바로 그 캠퍼스였다. 하지만 지금은 불가능으로 가득한 세상의 무게가 나를 짓누르고 있었다. 불가능으로 점철된 세상에 속한 나는 샌드위치 만드는 데 젬병이었으며 발버둥 치는 아이에게 옷을 입히는 데도 젬병이었고 아이의 코를 풀어 주고 흘린 음료수를 닦아 주는 데도 젬병이었다. 차가운 가을 공기 속에 이루지 못한 꿈에 대한 끓어오르는 욕구가 훌륭한 어머니가 되어야 한다는 욕구와 서로 충돌했다. 그 둘을 조화시킬 방법을 도무지 찾을 수 없었다.

그때 나는 세실리 베리의 말이 맞을지도 모른다고 생각했다. 그래, 우리는 딸들에게 세상의 한계에 대해 알려 주어야 하는지도 몰라. 하지만 그날 아침에 읽은 《뉴욕 타임스》 기사는 그렇지 않다고 나를 설득했다. 내 딸 실비아가 일과 육아 중 하나를 선택해야만 한다고 믿으며 성장할 모습을 그려 보니, 아니라는 강한 확신이 들었다. 나는 세차게 고개를 흔들었다. 내 딸은 그보다 더 많은 것을 누려야 마땅했다. '페미니즘 고전 연구' 수업 시간에 읽은 책들은 우리에게 항상 가능성의 한계를 시험해 보아야 한다고 말하지 않았던가.

＊ ＊ ＊

같이 수업을 듣는 어린 학생들이《뉴욕 타임스》기사 내용을 어떻게 생각할지 궁금해하며 그날도 일찌감치 강의실에 도착해 커피 자국이 있는 뒤쪽 자리에 앉았다. 창가 쪽 그 자리에서는 눈에 띄지 않게 학생들을 관찰하면서 대화를 엿들을 수 있었다. 학생들은 당연하다는 듯 노트북 한 대씩을 가지고 있었다. 검은 대리석 무늬의 노트를 펼쳐 놓은 채 몸을 앞으로 수그리고 있는 내가 너무 튄다는 생각이 들었다. 수업 첫날 그랬던 것처럼 말이다. 이메일이 발명되기 전에 대학에 다닌 세대라는 문구를 등짝에 써 붙이고 다니는 기분이랄까. 게다가 날씬한 인종들만 앉을 수 있게 설계된 의자는 나 같은 구세대에게는 불편하기 짝이 없었다. 학생들이 하나둘 강의실로 들어오기 시작했다. 대화를 들어 보니 이미 다른 수업에서 기사 내용이 화제가 된 모양이었다.

T교수가 종이가 가득 채워져 무거워 보이는 폴더를 안은 채 강의실에 들어섰다. "다들 어떻게 생각해요?" 교수의 질문이 무슨 뜻인지 모르는 사람은 없었다.

재닌이 먼저 대답했다. "정말 울화가 치밀어 오르더군요. 예일대 여학생 몇 명의 믿음을 전체 학생들의 생각인 양 부풀려 놓다니. 여대생들이 다 그런 식으로 생각한다는 오해를 불러일으킬 수 있다고 생각합니다."

마리아가 뒤이어 말했다. "그 기자, 예일대를 갓 졸업한 신출내기라고 들었습니다. 자기 친구 몇 명 만나 인터뷰한 게 고작이지 않을까요."

"전업주부가 되고 싶다는 생각이 잘못된 건 아니지만 기사를 쓴 방식이……."

"전혀 유익하지 않은 기사라고 생각합니다."

"그 기사에 나온 것처럼 생각하는 여자들은 본 적도 없는데 황당했습니다."

"아니에요. 있어요! 바너드 대학에는 없을지 몰라도 조지타운 대학에 다니는 친구가 자기네 학교에 '아내가 되고 싶은 사람들의 모임' 같은 게 있다고 했어요. 그 모임에서는 어떻게 해야 '누구의 아내'라는 학위를 딸 수 있는지 이야기한다나요."

"말도 안 돼! 정말요?"

"정말이에요!"

"정말 힘 빠지는 얘기네요."

"나도 그 얘기 들었어요. 으, 소름 끼쳐."

토론이 과열되면서 다른 방향으로 흐를 낌새를 보이자 T교수가 끼어들어 고삐를 잡아당겼다. "이런 기사는 1~2년에 한 번씩은 꼭 나온다는 걸 명심하세요. 일 대신 가정을 선택하는 여자들이 늘어난다는 말을 들은 게 벌써 몇 번째인지 셀 수도 없네요. 여성학과 교수라는 제 직업이 구시대의 유물이 되기를 항상 바라지만 앞으로도 오랫동안 직장 잃을 일은 없을 것 같네요." T교수가 한숨을 내쉬며 말하자 학생들이 웃음을 터뜨렸다.

의자에 앉아 있던 T교수가 몸을 앞으로 내밀며 강의 시작을 알렸다. "자, 이제 여자들에게 어떤 종류의 교육도 허락되지 않았던 시대로 거슬러 올라가 볼까요. 페미니즘의 어머니라고 불리는 메리 울스턴크래프트를 소개하겠습니다.”

# 여성의 권리를 옹호하다

페미니즘에 대해 조금이라도 아는 사람이라면 메리 울스턴크래프트라는 이름을 들어 보았을 것이다. 그녀는 1792년에 내놓은 『여성의 권리 옹호』에서 여성의 교육권을 처음으로 주장했다. 미국 독립 혁명과 프랑스 혁명의 영향을 받아 이 책을 쓰게 된 메리 울스턴크래프트는 여자들에게 고분고분하기만 한 어리석은 존재가 되도록 강요해 온 당시의 현실을 비판하며 신체를 단련하고 지적 능력을 계발할 기회가 여자들에게도 주어져야 한다고 설파했다. 메리 울스턴크래프트의 논리는 놀라울 정도로 간단했다. "교육받지 못한 여자는 인류 공통의 진리, 즉 지식과 미덕을 키울 수 없기 때문에 남자의 동반자가 될 준비를 할 수 없다."

학부 시절 『여성의 권리 옹호』를 처음 읽었을 때 내 반응은 한마디로 '쯧쯧'에 가까웠다. 여자에게도 이성적 사고를 할 수 있는 능력이 있다는 메리 울스턴크래프트의 발언은 여자들을 모욕하려는 의도가 아니라면 다분히 과장된 표현일 것이라고 생각했다. 뭐, 그때 나는 겨우 대학생이지 않았는가. 여자들에게 교육의 기회를 주어야 한다는 주장의 근거로 그렇게 해야만 여자들이 더 나은 아내와 어머니가 될 수 있다고 말한 점 또한 어이없다고만 생각했다.

그런데 세월이 나를 달라지게 만들었다. 다시 『여성의 권리 옹호』를 읽고 나니 메리 울스턴크래프트가 영웅처럼 느껴졌다. 이 책을 쓰는 데 불과 6주밖에 걸리지 않았다는 책 속의 담론은 폭풍처럼 전개되었으며 시종일관 열정적 기운이 느껴졌다. 이 책은 고집 세고 사악할 정도로 영리하며 정열적인 메리 울스턴크래프트 그 자체였다. 메리 울스턴크래프트는 인정 대신 이성에 호소하는 쪽을 선택했다. 여자들에게 교육받을 기회를 제공하면 남자들에게도 이익이라는 증거를 조목조목 제시함으로써 남성 독자들을 끌어들였다. 단어 선택도 신중했다. 치밀하게 계산해 써넣은 문장을 읽다 보면 메리 울스턴크래프트가 진심으로 그렇게 말하는 것인지, 아니면 여자를 차별하는 부조리한 사회 구조를 교묘하게 비꼬는 것인지 헷갈릴 정도였다. 나는 메리 울스턴크래프트가 고도의 재치를 발휘한 것이라는 데 한 표 던진다.

"여자들을 합리적인 존재로, 자유로운 시민으로 만들어 보자. 그러면 여자들은 좋은 아내와 어머니가 될 것이다. 남자들이 교육을 통해 좋은 남편과 아버지가 되는 것처럼 말이다."

이 대목에서 메리 울스턴크래프트는 '만들다.'라는 단어를 통해 여자란 모름지기 순종적이고 어수룩해야 한다는 틀을 만들어 온 남자들에게 주먹을 날렸다. 내 입가에는 슬며시 미소가 번졌다.

하지만 메리 울스턴크래프트에 대한 나의 새삼스러운 존경을 급우들과 공유할 수는 없었다. 토론이 무르익을수록 이 책을 케케묵은 옛 이야기로만 여기는 학생들의 생각을 분명히 읽을 수 있었다. 그들은 내가 예전에 그랬듯, 교육을 통해 아내와 어머니의 역할을 강화하는 데만 초점을 맞춘 책 내용이 오늘날과 동떨어져 있다고 여겼다.

메리 울스턴크래프트가 어머니의 역할에 중점을 두었으며 육아에 대해서도 진보적 의견을 내놓은 것은 사실이었다. 메리 울스턴크래프트는 유모를 고용해 신생아 돌보는 일을 전담토록 하던 당시의 일반적 분위기에 반기를 들고 어머니가 아이에게 직접 모유를 수유하는 것이 좋다고 주장했다. 또한 아기를 방치해서는 안 되며 끊임없이 안아 주고 만져 주어야 한다고 믿었다. 과거에는 아이가 피로와 배고픔으로 울음을 터뜨릴 때까지 방치하는 경우가 비일비재했으며 안아 주고 어루만져 주는 것은 흔치 않은 일이었다. 하지만 메리 울스턴크래프트는 오늘날이라면 애착 형성에 기여하는 바람직한 방법이라고 칭송받았을 만한 방법을 소개하고도 오히려 '까마귀 엄마'라는 조롱 섞인 별명을 얻었다.

메리 울스턴크래프트는 어머니에게도 자녀의 도덕적 품성을 키워 줄 책임이 있다고 믿으며, 교육을 많이 받은 여자일수록 훌륭한 어머니가 될 수 있다고 주장했다.

"훌륭한 어머니가 되려면 여자들도 독립적이어야 하며 사리 분별을 할 수 있어야 한다. 그런데 남편에게 전적으로 의존한 채 살아가도록 만드는 지금의 교육으로는 여자들의 독립심과 분별력을 기대할 수 없다. 순종적인 아내는 곧 어리석은 어머니를 의미한다. 어리석은 어머니들은 자녀가 자신만을 사랑해 주고 남편을 허수아비로 만드는 데 동참해 주길 은밀히 바란다."

메리 울스턴크래프트가 그다지 급진적이지 않다고 비판하는 학생들의 정서는 어느 정도 이해가 간다. 그도 그럴 것이 메리 울스턴크래프트는 전통적 성 역할을 완전히 뒤집어엎기보다는 살짝 째고 꿰매는 수준의 수술만으로도 족하다고 제안했기 때문이다. 메리 울스턴크래프트 자신도 책에서 그런 언급을 했다.

자연의 질서를 거스를 뜻은 없다. 앞에서도 인정했듯 신의 섭리에 따라 남자의 신체는 여자에 비해 어질고 너그러운 미덕을 추구하기 쉽게 만들어진 것으로 보인다. 하지만 남자와 여자를 모두 통틀어 말해 보자. 나는 성별이 다르다고 해서 추구해야 할 미덕이 다르다는 결론에 동의할 수 없다. 미덕이란 단 하나의 영원불멸한 기준일진대 그것이 어떻게 다를 수 있겠는가? 따라서 신이 존재한다고 믿는 것과 마찬가지로 남녀 모두 동일한 방향을 추구해야만 한다고 결론 내릴 수밖에 없다.

불순한 의도라고는 손톱만큼도 없는 듯 보이지 않는가? 하지만 나는 나열된 단어 너머에 있는 의미와 의도를 보아야 한다고 생각한다. 여자들이 남자들의 여정을 뒤쫓는 고상한 동반자와 어머니가 되도록 하려면 여자들에게도 교육의 기회를 제공해야 한다고 쓰인 단어들 너머에서 체제 전복적인 의도와 의미가 읽히지 않는가? 적어도 내게는 그렇게 보인다. 메리 울스턴크래프트가 살던 시대는 아내와 어머니가 될 운명인 여자들에게 지식이란 아무 짝에도 쓸모없는 것이며 따라서 교육시킬 필요가 없다는 믿음이 만연하던 때라는 점을 잊지 말아야 한다. 당시 여자들에게 지식이란 혼란과 동요와 위험을 초래하는 것으로 간주되었다. 메리 울스턴크래프트는 그런 시대를 살면서 『여성의 권리 옹호』를 통해 세상과 맞서 싸웠다. 『여성의 권리 옹호』는 고결한 도덕적 품성이라는 인류 공동의 목표를 달성하기 위해 여자들에게 교육의 기회를 제공해 사회 전체에 기여할 수 있도록 만들어야 한다는 당돌한 제안이었다.

이 책은 미국 독립 혁명과 프랑스 혁명 이후 꽃핀 계몽주의와 합리주의의 산물이기도 했다. 메리 울스턴크래프트는 다른 합리주의자들과 마찬가지로 도덕적 품성, 이성, 지식 향상을 통해 완벽한 사회를 만들고 싶어 했다. 단지 거기에 남자와 여자 모두를 포함시키고자 한 점만이 달랐다. 메리 울스턴크래프트는 자유로운 사고가 인류를 진리로 이끄는 반면 무지는 가족 구조의 해체, 성적 타락, 도덕성의 마비를 낳는다고 여겼다.

나는 메리 울스턴크래프트가 여자들에게 교육 기회를 제공해야 할 필요성을 남성 독자와 여성 독자 모두에게 납득시키기 위해 결혼과 육아에 대해 이야기하면서 약간의 사탕발림을 했다고 생각한다. 행간을 들여다보면 메리 울스턴크래프트가 진짜 하고 싶었던 말이 무엇인지 읽어 낼 수 있다.

"여자들을 한낱 집안일에만 얽매이게 해서는 안 된다. 시각이 한정된 여자들은 가정에서 해야 할 의무를 충실히 이행할 수 없을 것이기 때문이다. 이는 모든 나라의 역사를 통해 명백히 알 수 있다. 무지에 갇혀 있는 상태로는 남자의 노예가 될 뿐 아니라 쾌락의 노예가 될 수밖에 없다."

메리 울스턴크래프트는 가족에 대한 예속과 강요된 굴종은 아무리 비단으로 포장하더라도 '족쇄'에 불과하므로 여성들을 그 족쇄에서 해방시켜 주어야 한다고 단호히 말했다.

학생들이 메리 울스턴크래프트에 대한 비판을 늘어놓자 T교수가 온화한 태도로 타이르듯 말했다. "이 글이 쓰인 시대를 생각해 보세요. 이제 막 걸음마를 떼던 시절의 이야깁니다."

강의실 안 학생들은 대부분 카고 바지와 탱크톱 차림을 하고 다리를 쭉 뻗거나 팔꿈치를 책상에 올린 채 앉아 있었다. 더없이 편안한 자세로 앉아 있는 그들의 모습을 보다가 문득 메리 울스턴크래프트가 살던 시대, 여자들이 지적으로뿐 아니라 신체적으로 많은 제약을 받던 시대의 젊은 여자들은 어떻게 살았을지에 생각이 미쳤다. 오늘날의 우리는 보톡스 주사를 맞고 원더브라를 입는다. 18세기 여자들은 자연스러운 홍조와 표정을 감추기 위해 인체에 치명적인 납 성분이 들어 있는 파우더를 얼굴에 발랐다. 또 여러 겹으로 된 무거운 코르셋은 여자들의 허리를 조이기 위한 필수품이었다. 메리 울스턴크래프트의 전기를 쓴 린달 고든(Lyndall Gordon)은 당시의 사회 분위기를 다음처럼 전하고 있다.

"여자들은 배와 등을 판판하게 하고 가슴이 더욱 풍만해 보이도록 고안된 고래수염으로 만들어진 코르셋을 입어야 했다. 고래수염 틀로 살을 감싸지 않은 여자는 외설적이라는 손가락질을 받아야 했다. 코르셋은 여자들의 움직임을 제약했다. 몸을 굽힐 수 없었기에 책을 읽으려면 손으로 세워 들어야 했다. 뻣뻣한 등 때문에 몸을 숙이는 대신 무릎을 굽혀 인사했다. 유일하게 움직일 수 있는 부위는 몸을 옥죈 틀 위쪽의 목과 머리였다. 여자들은 머리를 좌우로 돌리거나 눈꺼풀을 내리깔거나 눈을 크게 뜨는 방식으로 계급에 따른 신호를 전달했다."

이것이 메리 울스턴크래프트와 동시대를 산 여자들의 모습이다. 여자들은 의복과 계급이라는 족쇄에 얽매여 있었을 뿐 아니라 남편의 재산으로 간주되어 혼자서는 어떤 법적 권리도 행사하지 못하는 삶을 살았다. 1753년에 제정된 하드위크 법안에 따르면 아내, 아내의 돈, 아내의 귀고리, 자녀들은 모두 남편 소유였다. 남편이 아내를 구타하거나 강간하거나 정신 병원에 가두더라도 이를 처벌할 법적 근거가 없었다. 린달 고든에 따르면 18세기 영국 유부녀들은 어느 날 갑자기 정신 병원에 갇힐지도 모른다는 두려움에 시달렸다. 요컨대 결혼한 여자는 어떤 법의 보호도 받지 못하는 유령과도 같은 존재였다.

메리 울스턴크래프트는 위태로운 여자의 지위를 사무치게 잘 알고 있었다. 어머니를 통해 여자의 고통을 생생히 목격하며 자랐기 때문이다. 메리 울스턴크래프트의 아버지는 상속받은 재산을 모두 탕진하고 괴팍한 술주정뱅이가 되었다. 그런 남편을 둔 메리 울스턴크래프트의 어머니는 굴욕적인 생활을 해야 했다. 어린 메리 울스턴크래프트는 아버지가 폭력적으로 변해 어머니에게 폭행을 가할 때마다 작은 몸으로 아버지를 막아서곤 했다. 가끔은 부모의 방문 앞 층계참에서 자기도 했다. 한밤중에 큰소리가 나면 바로 달려 들어가 어머니를 보호하기 위해서였다. 나중에 여동생 베스가 비참한 결혼 생활을 하게 되었을 때도 발 벗고 나서서 동생이 남편과 헤어질 수 있도록 도와준 것도 메리 울스턴크래프트였다. 당시 메리가 다른 여동생 에버리나에게 쓴 편지에는 이렇게 적혀 있었다. "어서 베스를 참담한 지옥에서 빼내 와야 해." 그런 경험이 지긋지긋했던 메리는 절대로 결혼하지 않겠다고 다짐했다.

하지만 결혼하지 않은 18세기 여자가 할 수 있는 일은 그다지 많지 않았다. 성인이 된 메리는 난관에 봉착했다. 재산이나 지위 면에서 나날이 가세가 기울어 가는 가문 출신에다가 교육도 제대로 받지 못한 메리의 앞날은 그다지 밝아 보이지 않았다. 메리는 필사적으로 난관을 헤치고 나아갈 방법을 찾았다. 재산을 상속받지 못한 미혼 여성이 남부끄럽지 않게 선택할 수 있는 진로는 뻔했다. 교사나 가정 교사가 되거나 유한마담에게 고용되어 이야기 상대가 되는 것 중 하나였다. 메리 울스턴크래프트는 세 가지를 모두 시도해 보았다. 그런 제한된 선택지를 마주한 보통 여자라면 결국 그럭저럭 보통의 인간답게 살 수 있는 환경이 보장되는 결혼을 선택할 것이다. 하지만 메리 울스턴크래프트는 보통 여자가 아니었다. 당시에는 여자가 이룰 수 있는 최고의 성취란 괜찮은 남자의 아내가 되는 것이라는 분위기가 지배적이었다. 그래서 여자아이들은 어릴 때부터 외모를 가꾸고 연약해 보이도록 연기하고 교태를 통해 남자를 꾀어내고 유혹해 자신의 지배권 안에 가두는 법을 배워야 했다. 메리 울스턴크래프트는 '남성을 지배하는 불법적 권력'에 길들여지기를 거부한 채 자신의 운명이 될 수도 있었던 경로에서 이탈해 생기 넘치는 지성과 통명한 매력으로 자신만의 길을 걷기 시작한다.

메리 울스턴크래프트가 선택한 저항의 길은 험난했지만 뜻밖에도 자신과 생각이 비슷한 동지를 만난다. 집을 떠나고 싶어 필사적이었던 그녀에게 한 미망인이 자기 집에 머무르며 이야기 상대가 되어 달라는 제의를 한다. 그 집에 머무는 동안 우연히 블러드 가문 사람들과 교류하게 되고 그 가문의 딸인 패니와 절친한 사이가 된다. 그리하여 메리 울스턴크래프트와 패니, 그리고 메리의 여동생들이 뜻을 모아 여성 공동체를 만들기로 한다. 그들은 진보 학교를 세워 상당한 성공도 거둔다. 그런데 병약했던 패니가 결혼을 하고 임신한 후 몸이 급격하게 나빠지자 메리는 학교도 내팽개치고 친구 간호에 매달린다. 하지만 패니는 끝내 회복하지 못하고 숨을 거두고 만다. 친구의 죽음에 상심한 메리 울스턴크래프트는 아일랜드로 건너가 가정 교사가 된다. 그러고는 얼마 후 글쓰기에 전념한다. 여자가 글쓰기만으로 생계를 꾸려 간다는 것은 들도 보도 못한 일이었지만 특유의 개척자 정신으로 가능성의 한계를 시험해 보기로 한다. 이후 몇 년 동안 겨우 입에 풀칠할 정도의 돈으로 버티던 그녀에게 익명의 후원자가 도움의 손길을 뻗치면서 메리는 어느 정도 안정을 찾는다.

메리 울스턴크래프트는 『여성의 권리 옹호』 이전에도 몇 권의 책을 썼다. 『딸들의 교육의 관한 성찰』, 자전적 소설인 『메리』, 1789년에 벌어진 프랑스 혁명에 대한 지지를 표명한 『인간의 권리 옹호』가 있었다. 하지만 호평과 혹평을 동시에 받으며 그녀의 이름을 널리 알려 준 책은 『여성의 권리 옹호』였다. 그녀는 드디어 이 책을 통해 여성을 장신구 취급하는 세상에 일침을 가하며 그동안 쌓아 왔던 분노를 터뜨린다. 그녀의 단도직입적인 화법은 남성과 여성의 평등한 지위를 촉구하는 대변인 역할을 하도록 만든다. 친구에게 쓴 편지 내용을 통해 메리의 지설적 성품을 엿볼 수 있다. "난 기만을 경멸하는 성미에 시치미 뗄 줄 모르는 표정을 가졌어." 메리 울스턴크래프트가 펼친 개혁 운동은 어마어마한 반대론자들과의 설전을 낳는다.

『사회 계약론』의 저자인 장 자크 루소(Jean Jacques Rousseau)와의 언쟁이 대표적인 사례. 장 자크 루소는 많은 저작을 남겼지만 그 중 논란을 낳은 화제작으로 『에밀』이 있다. 『에밀』은 교육론을 소설에 접목시킨 교육서다. 메리 울스턴크래프트는 평소 루소를 존경했으며 '자연인'은 모두 선성(善性)을 타고나지만 부패한 사회에 의해 왜곡된다는 루소의 이론 또한 존중했다. 하지만 여성의 지위에 대한 루소의 의견에는 동의하지 않았다. 루소는 『에밀』에서 여성의 기본적 역할이 다음과 같다고 설명했다. "기쁨과 도움을 주고 우리로 하여금 그들을 사랑하고 소중히 여기도록 만들고 어릴 때는 우리를 교육하고 성장기에는 우리를 돌봐 주고 조언해 주고 위로를 주고 우리 삶을 편안하고 쾌적하게 만들어 준다. 이 모두가 여자들의 영원한 의무이므로 무릇 여자아이들에게는 유년기부터

이 점을 잘 가르쳐야 한다."『에밀』에는 소피라는 이름의 이상적 여성상이 등장한다. 루소는 나중에 에밀의 아내가 되는 소피를 완벽한 요부로 훈련시키는 과정을 상세히 보여 준다. "사랑에서 권력을 유지하고자 한다면 너의 몸을 허락하는 것을 드물고 가치 있는 일로 만드는 방법을 배워야 한다. 미덕을 얻기 위해 교태를 부리고 이성을 위해 사랑의 기교를 활용할 줄 알아야 한다." 완벽한 요부가 된 소피는 밀고 당기기를 통해 에밀의 마음을 쥐락펴락한다. 하지만 결국 소피의 주인은 에밀이다. 루소는 정치와 교육에 대해 고찰할 때는 대담했는지 몰라도 여성에 대해 고찰할 때는 공격적일 정도로 보수적이었다.

메리 울스턴크래프트는『여성의 권리 옹호』를 통해 자신이 소피와 어떻게 다른지 증명해 냈다. 루소가 여성에 대한 사춘기적 환상에 빠져 있다고 호되게 비판하면서 그런 식의 밀고 당기기 놀음을 통해 맺어지는 결혼은 씁쓸하게 마무리되는 경우가 많다고 지적했다. 남성이 여성을 지배하는 것은 "당연한 자연의 섭리"라는 루소의 안이한 가정 또한 질타의 그물망에서 벗어날 수 없었다. 메리 울스턴크래프트는 성경을 인용해 이브가 아담의 갈비뼈로 만들어졌다는 것은 이브가 아담의 발밑에 바짝 엎드려 굴종하라는 뜻이 아니라 나란히 서서 대등하게 지내라는 뜻이라고 했다. 메리 울스턴크래프트는 독자들에게도 질문을 던졌다. "어떤 남성들이 루소의 책에 나오는 것 같은 여성을 원하겠는가? 육체적 쾌락에 빠져 허우적대는 한심한 족속들일 것이다. 고상한 즐거움이라곤 도무지 알지 못하는 족속들. 자신을 이해해 주는 이에게 사랑받는 기분, 천상의 고요한 이슬 같은 메마른 가슴을 촉촉하게 적셔 주는 잔잔한 만족감을 느껴 본 일 없는 불쌍한 사람들일 것이다." 메리 울스턴크래프트는 여기서 더 나아가 성적 욕망보다는 우정에, 열정보다는 서로에 대한 존중에 무게를 두는 남녀관계를 찬양했다. "여성들의 지위에 혁명을 불러일으켜야 할 때다. 그들의 잃어버린 존엄성을 회복시켜야 할 때다. 그리하여 그들을 인류의 일부로 편입시키고 세상을 복구하는 데 동참하도록 만들어야 할 때다."

당대부터 지금까지 메리 울스턴크래프트는 내숭 떤다는 비판을 받기도 했고 지나치게 외설적이라며 손가락질을 받기도 했다. 메리 울스턴크래프트의 문장에는 성적 쾌락을 즐기는 남성들을 비판하며 자신의 여성성을 부정하는 뻣뻣한 초기 페미니스트를 떠올리게 하는 면이 있기는 하다. 남자와 여자 사이에 찌릿한 화학작용이 오가려는 찰나에 찬물을 냅다 들이부어 산통 깨기를 즐기는 페미니스트들 말이다. 메리 울스턴크래프트는 『여성의 권리 옹호』에서 이성을 강조하기 위해 성적인 욕망의 중요성을 축소한 것이 사실이다. 이러한 방향 전환은 합리적이기는 하지만 때로는 황량하기 그지없게 느껴진다. 하지만 메리 울스턴크래프트는 사랑과 성적 욕망이라는 설명하기 힘든 특성을 의도적으로 소홀히 다룸으로써 결혼의 협력적 특성을 강조하는 데 성공했다. 즉 결혼이란 존중과 친밀감을 바탕으로 해야 한다는 논지를 분명히 하기 위해 사랑과 성적 욕망에 대한 문제는 독자들이 각자 곱씹어 볼 숙제로 남겨 두었다. 『여성의 권리 옹호』는 관련한 모든 문제를 속속들이 다루지는 못했더라도 당연하게 받아들여지던 통념을 반박하고 선동하려는 소기의 목적을 달성했다는 점에서 가치 있는 책이다.

* * *

T교수의 능숙한 진행에 따라 토론이 무르익어 가면서 학생들은 서서히 메리 울스턴크래프트를 '페티코트 입은 혁명가'로 바라보기 시작했다. 그때를 놓치지 않고 T교수가 돌연 태도를 바꾸어 선의의 비판자 역할을 하기 시작했다. "하지만 현대적 관점에서 보면 메리 울스턴크래프트의 생각은 급진적이기보다는 보수적이라 할 수 있습니다." T교수는 메리 울스턴크래프트의 논의 범위가 결혼과 양육이라는 안전한 사회적 패러다임 내에 머물러 있다고 지적했다. 여자들의 태도 변화를 촉구하고는 있지만 '여성의 역할' 자체에 대한 전면적 혁명을 부르짖지는 않았다는 것이었다.

미끼에 걸려든 한 학생이 메리 울스턴크래프트를 옹호하고 나섰다. "시스템을 안쪽에서부터 변화시키려 노력한 여자들을 비난할 수는 없다고 봅니다." 산티도 한몫 거들었다. "아시겠지만 그런 방식으로도 얼마든지 변화를 이끌어 낼 수 있습니다. 점진적이고 더딘 변화일지 모르지만 어쨌든 변화는 변화입니다."

"게다가 메리 울스턴크래프트는 남자들을 논의로 끌어들여 남편과 아버지라는 역할에 대해 생각해 보도록 했습니다. 그런 공로는 인정해 주어야 하지 않나요?" 마리아가 질문을 던졌다.

T교수가 답했다. "그건 생각보다 복잡한 문젭니다. 아내와 어머니라는 여성의 역할을 강조하다 보면 여성의 공적인 역할을 부

정하게 만드는 결과를 초래하기도 합니다. 반면 남자들의 경우 가족 내에서의 역할을 강조하더라도 공적 역할에 새로운 역할을 하나 더하는 정도로 끝나고 말죠. 메리 울스턴크래프트는 그런 불균형의 문제를 놓쳤습니다." T교수는 메리 울스턴크래프트가 간과한 부분을 계속 지적했다. 남녀평등을 촉구하면서도 여자들이 일방적으로 가사 노동을 분담하는 부당한 현실을 전혀 문제 삼지 않았다는 것이었다.

"결혼이 사회를 공교하게 만들어 주는 제도라면 남자와 여자는 같은 방식으로 교육받아야 마땅하다. 그래야만 남녀가 동등한 동료 의식을 전제로 교제할 수 있기 때문이다. 또한 여자가 남자에게서 독립해 계몽된 시민으로서 자유롭게 자신의 생계를 유지하지 않는 한 여자들은 결코 여성 고유의 의무를 완수하지 못할 것이다. 남녀가 함께 교육받을 때에만 여자는 남자의 정부가 아닌 동등한 동반자로서 자리매김할 수 있다. 여자가 남자의 동반자가 되지 못한다면 결혼은 결코 신성한 제도로 남을 수 없다."

학생들은 모두 혼란에 빠졌다. 메리 울스턴크래프트가 어떤 성향의 페미니스트인지, 그보다 더 근본적으로는 페미니스트가 맞기는 한지 헷갈리기 시작했다. 메리 울스턴크래프트는 페미니스트였을까, 혹은 아니었을까?

삭발 머리가 범상치 않은 분위기를 자아내는 푸른 눈의 로언이 손을 들었다. "저는 『여성의 권리 옹호』를 읽고 깊은 감명을 받았습니다." 로언이 고개를 가볍게 흔들며 말하자 귀에 달린 금색 링 귀고리가 달랑거렸다. "그런데 메리 울스턴크래프트가 당시 사람들에게 위선자라고 불렸다는 사실을 알게 되었습니다. 그녀 인생에 벌어졌던 사건 때문에요. 하지만 지극히 개인적 일에 대해 왈가왈부하며 특정 사건만으로 한 사람을 정의 내리려 하는 대중의 시선이 저를 짜증나게 합니다. 사람들은 손가락질할 수 있는 사람이 생겼다는 걸 즐기는지도 모릅니다. '저 여자 미친 페미니스트야. 남자 때문에 자살 시도까지 했대.' 하지만 그 일은 그녀도 결국 인간이었다는 사실을 보여 주는 사건일 뿐이라고 생각합니다."

나도 로언의 의견에 동의했다. 나는 격려의 뜻으로 미소 지으며 고개를 끄덕였다. 그와 관련해 나도 발표해야겠다고 생각하던 참이었다. 그런데 T교수의 반응이 영 신통치 않았다. 보통 T교수는 학생들이 어떤 의견을 말하든 열린 자세로 받아주는 편이었다. 하지만 로언의 발언에 대해서는 퉁명스럽게 고개를 한 번 끄덕일 뿐이었다. 잠시 뒤 짜증을 억누르는 기색이 역력한 목소리로 T교수가 말했다. "그렇군요. 하지만 책에 나오는 내용과 관련해서만 토론을 진행하는 게 좋겠네요. 책 내용으로 돌아가 볼까요."

\* \* \*

도전과 저항에 대해 이야기하자면서 책 내용에만 집중하자는 게 말이 되나? 학교 정문을 빠져나오는 동안 이 생각이 머릿속에서 떠나지 않았다. 지하철 입구 첫 번째 계단에 멈추어 서서 남편에게 전화를 걸었다.

전화기 너머로 실비아가 조잘거리는 소리가 들렸다. 남편은 실비아 귀에 전화기를 대 주었다. "엄마, 오늘 학교에서 코끼리 그렸어!" 오늘 무슨 일이 있었는지 자세히 들려주는 실비아의 흥분된 목소리를 들으니 입가에 미소가 절로 번졌다. "엄마, 집에 언제 와?"

나는 실비아에게 잠든 후에나 집에 들어갈 수 있을 거라고 대답했다.

"하지만 지금 잘 자라고 뽀뽀해 줄게." 수화기에 대고 쪽 소리를 내며 말했다.

"엄마, 보고 싶어. 지금 전화기를 안고 있어." 실비아가 대답했다.

실비아의 사랑스러운 목소리가 귓가에 울리던 그 순간, 무거운 가방을 어깨에 짊어지고 있던 그 순간 불현듯 깨달음이 하나 찾아왔다. 페미니스트의 삶과 글을 서로 어떻게 분리시킬 수 있단 말인가? 그 이후 나는 책장 너머 메리 울스턴크래프트의 삶을 파헤쳐 보기로 했다. 그녀가 운명의 부침에 맞서 자신의 삶을 어떻게 살았는지 알고 싶었다. 한 여성으로서뿐 아니라 딸로서, 여자 형제로서, 아내로서, 어머니로서 어떻게 살았는지 알고 싶었다.

그리고 사랑에 빠진 여자로서도 어떻게 살았는지 알아보기로 했다. 로언이 수업 시간에 언급한 개인적 사건이란 메리 울스턴크래프트가 길버트 임레이(Gilbert Imlay)와 공공연한 연인 관계로 지내다 사생아 딸 패니를 낳은 일을 말한다. 딸의 이름 패니는 하늘나라로 먼저 간 아끼던 친구의 이름에서 따왔다. 메리 울스턴크래프트는 『여성의 권리 옹호』가 출간되고 2년 후 서른넷의 나이에 길버트 임레이와 사랑에 빠져 그에게 순결을 내준다. 이 일은 임레이가 페미니즘의 어머니를 꾀어내 상처 준 나쁜 남자라는 오명을 뒤집어쓰게 된 계기가 된다. 작가였던 임레이는 여성의 교육 문제와 부부 강간 문제를 소재로 한 소설『이민자』를 1793년에 출간한다. 메리 울스턴크래프트가 호쾌하고 잘생긴 데다 가치관이 비슷하기까지 한 이 미국인과 사랑에 빠진 것은 전혀 놀랍지 않은 일이었다. 둘의 감정은 분명 상호적이었다. 임레이는 바람둥이로 유명하긴 했지만 메리 울스턴크래프트를 깊이 아꼈던 것만은 사실이었다. 대혁명이 벌어지던 공포 시대에 프랑스에 거주하던 메리 울스턴크래프트는 영국인으로서 신변에 위협을 느끼고 있었다. 그런 처지의 메리 울스턴크래프트에게 선뜻 손을 내민 사람이 바로 임레이였다. 임레이는 메리가 미국 대사관의 보호를 받을 수 있도록 자신의 아내 신분으로 서류를 꾸며 준다. 메리는 임레이의 너그러운 처사를 자신에 대한 사랑으로 받아들이고 얼마 후 임신해 딸 패니를 낳는다.

하지만 바람둥이라는 임레이의 평판은 결코 거짓이 아니었다. 임레이에게는 또 다른 애인이 있었다. 이 사실을 알게 된 메리 울스턴크래프트는 화가 나서 다른 여자와의 만남을 당장 그만두라고 요구하지만 임레이는 거절한다. 상심한 메리 울스턴크래프트는 임레이와 헤어짐과 만남을 반복하다가 임레이가 자신에게만 충실하게 지내는 일이 결코 없으리라는 사실을 깨닫고 관계를 완전히 끝낸다. 홀로 딸을 키워야 하는 미혼모 생활에 지쳐 우울증을 앓게 된 메리는 템스 강에 뛰어들어 자살을 시도한다. 하지만 천만다행으로 구조되어 목숨을 부지한다. 뒤늦게 소식을 전해 들은 임레이가 혼비백산해 병원을 찾지만 둘의 관계는 이미 예전에 깨진 상태였다. 건강을 회복한 메리 울스턴크래프트는 임레이와의 고통스러운 상황에서 탈출하기 위해 스칸디나비아로 여행을 떠난다. 그리고 그곳에서『스웨덴, 덴마크, 노르웨이 기행』이라는 책을 쓴다.

공교롭게도 이 이별 여행은 메리 울스턴크래프트의 인생에 다시 한 번 사랑을 가져다준다. 이번에 메리가 사랑에 빠진 대상은 여행지에서 만난 영국의 정치 평론가이자 철학자 윌리엄 고드윈(William Godwin)이었다. 윌리엄 고드윈은『여성의 권리 옹호』를 예전에 읽었지만 당시에는 글쓴이에게 그다지 호감을 느끼지 못했다. 하지만『스웨덴, 덴마크, 노르웨이 기행』을 읽으면서 글쓴이에게 매료되어 메리 울스턴크래프트와 사귀기로 결심한다. 곧 둘은 사랑에 빠져 결혼을 약속하지만 전통적 방식은 따르지 않기로 한다. 결혼 후에도 각자의 집에서 따로 살기로 한 것이다. 메리 울스턴크래프트는 고드윈에게 다음과 같은 편지를 쓴다. "남편은 집 안의 편리한 가구와도 같지만 계속 고정되어 있으면 꼴사나워지기 십상입니다. 영혼을 걸고 말하건대 당신을 항상 내 마음속에 간직하고 싶습니다. 하지만 당신이 항상 내 곁에 있기를 바라지는 않습니다."

사회 비평가로서 각각 얻고 있던 평판을 고려하면 결코 어울릴 것 같지 않은 두 사람의 결합은 언론의 집중 포화를 받는다. 둘의 결혼 소식이 알려지자 사람들은 모욕과 야유와 험담을 퍼붓는다. 《타임스》는 결혼 제도에 반대하는 글을 썼던 윌리엄 고드윈이 "여성의 권리를 주장한 그 유명한 메리 울스턴크래프트"와 비밀리에 결혼했다고 대서특필한다. 게다가 결혼 당시 메리 울스턴크래프트가 임신 중이었다는 사실이 알려지자 대중의 경멸은 최고조에 이른다. 둘의 결혼 생활은 채 1년도 지나지 않아 비극적 사건으로 갑자기 끝을 맺는다. 메리가 출산 도중 치명적인 감염으로 사망한 것이다. 윌리엄 고드윈에게는 메리 울스턴크래프트가 데려온 딸 패니와 새로 낳은 딸 메리가 남겨진다. 두 사람의 딸 메리는 16년 후 시인 퍼시 비시 셸리(Percy Bysshe Shelley)와 사랑의 도피를 하고 지금은 고전이 된『프랑켄슈타인』을 쓴다.

학자들은 메리 울스턴크래프트의 생애와 기질이 던져 주고 간 수수께끼를 풀기 위해 오랫동안 매달려 왔다. 아직까지도 메리 울스턴크래프트는 역사상 가장 찬양을 받음과 동시에 가장 매도당한 여성 중 한 명으로 남아 있다. 아직까지도 논란이 되고 있는 그녀의 사생활은 그녀가 남긴 사상의 가치를 오랜 기간 흠집내 왔다. T 교수가 강의실에서 메리 울스턴크래프트의 사생활에 대해 토론하기를 망설인 것도 그 때문이었는지도 모른다. 고딕 소설가 호러스 월폴(Horace Walpole)은 "페티코트 입은 하이에나"라는 유명한 말로 메리 울스턴크래프트를 깎아내리려 시도했다. 1947년에는 심리학자 페르디난드 런드버그(Ferdinand Lundberg)와 메리니어 판엄(Marynia Farnham)이 이미 오래전 사망한 메리 울스턴크래프트의 정신을 분석한 결과를 발표했다. 그들이 내린 진단은 "극도의 강박 신경증"이었다. 강박 신경증에 사로잡힌 메리가 페미니즘을 이용해 남자의 성을 격하시키려 시도했다는 것이었다. 두 사람은 거기에서 한술 더 떠 페미니즘 운동 전체가 메리 울스턴크래프트의 병리에서 비롯된 직접적 결과물이라는 발언까지 한다. 또 1974년에는 옥스퍼드 대학 교수 리처드 코브(Richard Cobb)가 메리 울스턴크래프트의 생애에 대해 다음과 같은 말을 남긴다. "그녀는 항상 유치했으며 자기중심적이었다. 또한 질투심과 악의로 가득 차 있었으며 어지간히도 참견하기를 좋아했다." 비교적 최근이랄 수 있는 2000년에 발간된 영국 잡지 《타임스 리터러리 서플리먼트》에는 메리 울스턴크래프트에 대해 "기괴하다."라고 표현한 문구가 나온다.

사망한 지 200년도 더 된 여자에 대한 적대감이 아직까지 사그라지지 않는 이유가 무엇일까? 자기들 눈에는 사나워 보이기만 하는 여자가 당시 잘나가던 남자 사상가들의 사랑과 찬탄을 받아서 못마땅한 것일까? 그녀가 변덕스러웠던 것은 사실이다. 오만불손했던 것도 사실이다. 하지만 그게 무슨 상관이란 말인가? 그런 사실들이 그녀의 사상까지도 무의미하게 만드는 것은 아니잖은가? 자신의 주장을 실천으로 옮기지 못하고 결혼과 양육의 중요성을 강조한 메리 울스턴크래프트는 젊은 페미니스트들에게 적절한 롤모델이 아닐지도 모른다. 비판자들은 메리 울스턴크래프트가 거짓된 자각으로 사람들을 미혹한다고 여기는지도 모른다. 하지만 메리 울스턴크래프트의 선택에는 내가 성인기에 접어든 이래 수없이 부딪히고 깨지며 배운 교훈이 담겨 있었다. 인간관계란 복잡하기 그지없고 삶이란 예측 불가능한 것이며 정신이 항상 마음을 지배할 수는 없다는 교훈이.

그날 오후 아나폴리스행 기차를 타고 집으로 돌아오면서 T교수가 우리에게 주문했던 내용을 떠올렸다. T교수는 자연의 질서를 보는 시각을 바꾸어 체제 변화를 이끌어 내야 한다고 했다. 메리 울스턴크래프트가 글을 통해, 그리고 인생에 접근하는 방식을 통해 몸소 보여 준 바가 바로 그것 아니었던가. 《뉴욕 타임스》기사에 실린 신시아 리우의 말이 생각났다. 아직 창창한 나이의 여대생인 신시아 리우는 무미건조한 투로 육아와 직장 생활을 동시에 "최고로" 잘하기란 불가능에 가깝기 때문에 장차 둘 중 하나를 선택할 예정이라고 말했다. 늘 폄훼만 받아 온 '페티코트 입은 하이에나', 메리 울스턴크래프트가 내 옆 빈자리에 있었다면 고개를 저으며 혀를 끌끌 찰 노릇이었다. 그녀가 세상을 떠난 지 200여 년이 흘렀는 데도 우리는 아직 육아와 직업을 대척되는 영역에 놓고 있다. 메리 울스턴크래프트는 이미 그 시절에 남자와 여자가 함께 살며 함께 배우는 인간적 세상을 구상했다. 그리고 피나는 노력 끝에 확실한 성공을 거두었다. 남자들이라면 일반적으로 누렸을 교육의 기회를 박탈당하고도 걸출한 작가이자 사상가가 되지 않았는가. 또한 미혼모를 수치로 여기던 시대에 아이를 홀로 키웠다. 사랑하는 사람과 결혼했지만 함께 살기는 거부했다. 그녀는 일과 육아와 결혼 생활에 최선을 다했다. 그녀만의 방식으로.

메리 울스턴크래프트는 불완전한 영웅이었다. 수많은 업적을 쌓았지만 지극히 사적인 사건 때문에 대중의 돌팔매질을 받아야 했다. 그러나 인간적 허점은 그녀를 더욱 굳세게 만들었다. 메리 울스턴크래프트는 미혼모로 살아야 한다는 최악의 두려움 속에서도 자기만의 삶을 살기 위해 노력했으며 결국 살아남았다. 그 안에서 행복을 찾았고 심지어 다시 사랑을 찾았다. 자신의 운명을 전적으로 받아들인 그녀의 삶을 통해 나는 실로 오랜만에 영감을 얻었다. 결혼과 육아의 거부는 혁명으로 가는 유일한 방법은 아닐지라도 가장 확실한 방법임에 틀림없어 보였다.

# 결혼 생활의 운명

메리 울스턴크래프트의 삶과 사랑에 천착한 나는 전기 작가의 시선으로 그녀의 삶을 들여다보았듯 내 삶도 객관적으로 들여다보면 어떨까 하는 생각이 들었다. 우리 가족의 역사가 내게 어떤 영향을 주었는지 알아보고자 여동생 캐럴라인에게 도움을 청했다. 대학 졸업반이던 캐럴라인이 추수 감사절 연휴를 맞이해 캘리포니아에서 날아왔다. 동생이 도착한 날 밤 우리는 1층 소파에 앉아 끝없이 이야기를 나누었다.

열한 살이라는 나이 차에도 불구하고 우리 사이는 매우 각별했다. 역경이 우리를 더욱 뭉치게 만들었다고나 할까. 내가 열세 살, 캐럴라인이 두 살 때 부모님이 이혼하면서 우리 가족은 뿔뿔이 흩어졌다. 캐럴라인은 어머니와, 나는 암 전문의인 아버지와 지내게 되었다. 부모님 모두 일로 바빴기에 캐럴라인이 열여덟 살이 될 때까지 실질적인 부모 노릇을 한 것은 바로 나였다. 그 역할은 내게 무척이나 자연스러웠다. 어렸을 때부터 부모에게 기대지 않고 뭐든 알아서 챙기는 데 익숙해져 있었으니까.

그 모습은 액자 속 일곱 살 소녀의 사진에 고스란히 담겨 있다. 사진 속 나는 오렌지색 코듀로이 나팔바지를 입고 목장 집 현관문 앞에 앉아 빠진 앞니 두 개가 보이도록 활짝 웃고 있다. 목에 둘러맨 은색 열쇠가 유난히 눈에 띈다. '현관문 열쇠'를 목에 걸고 다녀야 했던 세대의 전형, 그게 바로 나다. 10년 넘게 외동딸로 지내다 여동생이 태어나 돌볼 사람이 생기자 나는 무척 기뻤다. 캐럴라인의 기저귀를 갈아 주면서 나의 십 대가 지나갔다. 이십 대의 나는 캐럴라인이 사춘기를 겪는 동안 상담사를 자처했다. 캐럴라인의 고등학교 졸업식에는 반드시 참석해야 한다는 일념으로 만삭의 몸을 이끌고 대륙을 횡단하기까지 했다. 지붕도 없는 구석 자리에 쪼그리고 앉아야 했지만 캐럴라인이 단상에 올라 졸업장을 받는 모습을 보니 어찌나 기특하고 자랑스럽던지. 졸업식 도중 장난기 넘치는 학생 몇 명이 남자 성기 모양의 헬륨 풍선을 공중에 띄워 올렸다. 내 옆에 앉아 있던 어머니는 눈을 가늘게 뜬 채 십 분 넘게 그 풍선을 올려다보았다. "도대체 저게 뭐니? 로켓? 야구 방망이? 튜바?" 어머니의 물음에 나는 초등학교 3학년 아이처럼 웃음을 터뜨리고 말았다.

내게 캐럴라인은 물가에 내놓은 아이처럼 항상 신경 쓰고 보호해 주어야 할 대상이었다. 하지만 캐럴라인이 어른이 되어 가면서 우리 관계의 성질은 차츰 달라졌다. 어느새 캐럴라인은 마냥 어리기만 한 동생인 아닌 동료이자 친구가 되어 있었다. 여행광인 캐럴라인은 1년 동안 태국, 이집트, 그리스를 홀로 여행했다. 그 후 1년은 산타크루스의 삼나무 숲으로 들어가 캠핑카에서 먹고 자며 지냈다. 또 캐럴라인은 듣도 보도 못한 콘서트에 혼자 가곤 했다. 혼자 가야만 음악에 온전히 집중할 수 있다고 했다. 깨알같이 작은 글씨를 쓰는 캐럴라인. 재기 넘치며 감수성 풍부하고 명민한 내 동생 캐럴라인. 부모를 제외하면 유일한 피붙이인 캐럴라인을 향한 내 마음은 정말 애틋했으며 그것은 캐럴라인도 마찬가지였다.

그날 밤 나는 동생에게 그간 어떻게 지내 왔는지 꼬치꼬치 캐물었다. 최근 사귄 남자 친구에 대해 물어보았다. 대학 졸업 후의 진로 계획에 대해서도 물었다. 캐럴라인은 대답하기 싫다는 듯 입을 다물었다. 캐럴라인의 표정이 무엇을 의미하는지 나는 잘 알고 있었다.

"언니한테 못할 말이 뭐 있겠어. 다 말해 봐."

"그러는 언니는 어떻게 지내고 있는데?" 캐럴라인이 낮은 목소리로 물었다. 캐럴라인은 내가 어금니를 꽉 깨물고 있는 이유, 내가 짊어지고 있는 짐의 무게를 물은 것이었다. 캐럴라인의 전공이 신경학이긴 했지만 남편과 나 사이의 삐걱거리는 관계는 굳이 뇌 전문의가 아니더라도 대번에 눈치챌 수 있을 정도로 심각했다. 우리가 공항에서 돌아왔을 때 남편 존은 캐럴라인에게 살짝 포옹을 해 주고는 금세 사라졌다. 최근 남편의 모습은 늘 그런 식이었다.

시인 로버트 프로스트(Robert Frost)가 세상은 불로 끝장나거나 얼음으로 끝장나리라고 했던가. 내가 보기에는 결혼 생활도 마찬가지였다. 결혼한 지 몇 년 되지도 않은 남편과 나의 관계는 빙하기 수준으로 얼어붙었다. 나는 결혼한 후 내 목소리가 개를 부르는 호각 소리처럼 남편에게만 들리지 않는 높이로 바뀌었나 보다고 농담 삼아 말하곤 했다. 처음에는 정말 농담이었다. 하지만 어느 순간부터 그 말은 농담이 아니었고 재미도 사라졌다. 남편은 늘 정신이 딴 데 팔려 있는 듯했다. 내가 서너 번씩 반복해 불러야만 겨우 "응?"이라고 대꾸했다. 결국 나는 남편에 대한 기대를 접었다. 남편은 묵묵히 자기 일에만 집중했고 나 또한 그랬다. 우리는 실비아와 관련된 최소한의 대화만을 나누었다. 언제부터인가 우리는 서로의 눈을 바라보지 않았다. 우리의 위태로운 결혼 생활은 파국으로 치닫고 있었다. 분석하면 그 원인과 증상은 매우 복잡했을 테지만 어쨌든 우리는 일상과 육아의 고단함에 지쳐 각자 수천 개의 작은 상처를 입은 채 서로를 적대시하고 멀리했다.

그 결과 우리의 사랑스러운 빅토리아풍 저택 안에서 고조되어 가던 갈등은 고풍스러운 마호가니 식탁과 책장처럼 당연한 배경이 되었다. 숨 막히는 기분을 참을 수 없을 때면 강아지를 산책 시킨다는 핑계로 집을 빠져나와 휴대 전화를 붙들고 친구들에게 불행을 털어놓았다. 그렇게 여름을 보내던 중 이웃과 함께하던 저녁 식사 자리에서 침묵 아래 잠자고 있던 적개심이 폭발하는 사건이 터졌다. 와인 몇 잔에 취기가 오른 탓인지, 아니면 구경꾼들이 있다는 아슬아슬한 재미 덕분인지 우리는 식탁을 가운데 두고 꼬인 혀로 서로에게 독설을 퍼부었다. 찬물을 끼얹은 듯한 분위기에 손님들이 황급히 집으로 돌아갔다. 나는 손님들이 돌아간 후 주방에 서서 주먹을 꽉 쥔 채 남편에게 헤어지자는 말을 했다. 그 순간만큼은 정말 그럴 작정이었다. 남편도 알고, 나도 알았다. 이러다가는 정말 헤어질 수도 있겠다는 위기감과 공포가 엄습했다. 그 이후 일종의 휴전 협정을 맺은 우리는 억지로나마 서로에게 정중한 태도를 유지했다.

하지만 그 모든 사연을 동생에게 털어놓을 수는 없었다. 바로 다음 날이 추수 감사절이지 않은가. 그래서 나는 대신 한숨을 쉬었다. "나야 잘 지내지. 가끔은 힘들 때도 있지만. 사는 게 다 그렇지 뭐."

캐럴라인은 내 말에 담긴 속뜻을 정확히 파악했다. "나도 알아. 언니가 말하고 싶을 때 말해. 난 언제든 들어줄 준비가 돼 있으니까."

나는 동생에게 웃음을 보냈다. 어리다고만 생각했던 동생이 어느새 내 마음을 헤아릴 줄도 아는 어른이 되어 있었다. 동생이 이렇게 자랐다는 게 기뻤다.

\* \* \*

낭만적 결혼이란 허울만 근사한 껍데기인지도 모른다. 존 스튜어트 밀(John Stuart Mill)은 결혼을 정치적 결합이라 표현함으로써 페미니즘적 관점을 표명했다. 그가 1869년에 쓴 논설문 「여성의 예속」에는 이런 말이 나온다. "겉으로 드러나느냐 그렇지 않느냐의 차이만 있을 뿐 모든 결혼은 양자 간의 상대적 중요도와 욕구의 우선순위에 대한 이해를 바탕으로 정확한 균형을 이루고 있다."

결혼에 대한 페미니스트들의 부정적 시각은 여자들이 역사적으로 부당한 취급을 받아 온 데서 기인한다. 그 정도가 과거처럼 심하지는 않을지 모르지만 최근에 발표된 연구에서도 남자들은 결혼을 통해 상당한 심리적·물질적·실질적 이득을 얻는 반면 여자들은 심리적·물질적·실질적 손해를 본다는 결과를 찾아볼 수 있다.

결혼한 사람이라면 누구나, 특히 아이를 키우는 사람은 타협의 개념에 익숙해질 수밖에 없다. 결혼은 두 사람의 인생, 두 사람의 집, 두 개의 은행 계좌, 두 사람의 운명이 만나는 접점이다. 운이 좋으면 넘어지는 일 없이 이 이인삼각 경기를 잘 해 나갈 수 있을지도 모른다. 하지만 그렇지 못한 대부분의 사람들은 끝없는 밀고 당김과 인내 속에 '너와 내'가 만나 '우리'를 만드는 쉽지 않은 과제를 수행해야 한다. 거기에다 어린 시절의 경험과 가정 교육은 배우자상에 대한 기대와 그에 따른 행동에 영향을 끼쳐 결국 결혼 생활의 양상을 결정짓는다. 결혼에 대한 나의 관념이 어린 시절에 경험한 사건에 의해 형태를 갖추게 되었다는 사실에는 의심할 여지가 없다. 부모의 이혼이라는 그림자 속에 성장한 나는 결혼 생활에 관한 한 그다지 능숙한 사람이라고 할 수 없었다. 부모가 이혼할 당시 나는 낭만적 사랑이 분노와 통제라는 추악한 면모를 드러내는 과정을 똑똑히 읽어 내기에 충분한 나이였다. 하지만 나는 또한 어머니가 짐을 싸서 떠났을 때 내가 유기당했다고 느낄 만큼 아직 어린 나이였다. 어머니는 결혼 생활을 청산했을 뿐이었지만 나는 버림받았다고 느꼈다.

집에 있던 방의 절반이 텅 비게 된 현실에 직면한 아버지는 이

전 삶의 흔적을 모조리 지우기라도 하려는 듯 장기간에 걸쳐 여러 가지 일을 벌였다. 나는 아버지가 가구를 재배치하고 어머니가 골라서 집 안 전체에 깔아 놓았던 붉은색 카펫을 벗겨 내는 과정을 무기력하게 지켜보기만 했다. 아버지는 장장 3개월에 걸쳐 거실 바닥에 타일을 깔았다. 내가 무섭다고 했던 타일 사이의 갈라진 틈을 시멘트로 메우던 아버지의 흰 티셔츠는 땀으로 흥건히 젖어 있었다. 또 아버지는 침실 벽에 배 사진을 붙이고 창을 통해 호스를 연결해 새로 구입한 물침대에 물을 채웠다. 캐럴라인이 쓰던 방의 만화 벽지들 또한 뜯겨져 나갔다. 캐럴라인이 태어나기 전에 내가 직접 벽지를 고르고 도배를 돕기도 했던 방이었다. 휑한 벽에는 무난한 꽃무늬 벽지가 발라졌다. '손님방'이라는 새로운 용도에 어울리는 선택이었다. 하지만 우리 집에 손님이 찾아올 일은 거의 없었다. 늘 보수 공사 중이던 우리 집에 사는 사람은 나와 아버지 둘뿐이었다.

과거와의 연결 고리들이 하나둘씩 끊어져 감에 따라 나 자신도 멀리 사라지는 기분이 들었다. 열세 살이던 나는 변하지 않는 것은 물건밖에 없다고 믿었다. 물건들이 나의 역사와 정체성과 공간을 대표한다고 여겼다. 그래서 내가 할 수 있는 작은 일들에 매달렸다. 나는 모든 편지와 기념품을 보관했다. 열네 살 때 처음으로 남자 친구를 사귀었다. 그 남자 친구와 사귀는 4년 동안 수없이 헤어졌다가 다시 만나기를 반복했다. 하지만 십 대 시절의 연애가 대부분 그렇듯, 그 드라마는 일종의 달콤한 지옥이었다. 결국 졸업 무도회를 몇 주 앞두고 남자 친구와 완전히 끝이 났다. 나는 세상이 산

산조각 난 듯 울어 댔다. 어떤 면에서 그것은 사실이었다. 나는 사랑에 실패했다.

부모의 이혼과 실연의 아픔으로 고통스러워했던 십 대의 나는 다시는 상처받지 않겠다고 굳게 다짐했다. 그 후 녹음 짙던 워싱턴 교외를 떠나 내가 갈 수 있었던 가장 먼 곳인 캘리포니아로 떠났다가 동부의 뉴욕까지 왔다. 뉴욕에서 나는 코에 피어싱을 하고 닥터마틴 신발을 신은 채 여자의 힘을 이용해 남자들의 마음에 상처를 주었다. 친구들과 나는 이른바 손교 부대를 결성해 남자란 아무 짝에도 쓸모없는 존재라고 외치며 다녔다. 모름지기 사랑이란 마음 약한 종자에게나 필요한 몹쓸 것이었다.

하지만 언젠가부터 모든 것이 달라졌다. 친구들은 점점 제 짝을 찾아 떠나갔다. 그리고 결국 나도 같은 수순을 밟았다. 존을 만난 것은 스물네 살 때였다. 나보다 네 살 연상이었던 존은 닷컴 붐이 한창이던 시기에 대학 동기 두 명과 인터넷 회사를 세웠고 나를 만났을 당시에는 꽤 안정적으로 회사를 꾸리며 성공 가도를 달리고 있었다. 젊은 나이에 그렇게 큰 성공을 거두다니 무척 인상적이었다. 존과 만나기 전에 사귀던 남자 친구는 자동차로 전국을 일주하며 엘비스 프레슬리의 문신한 사람들을 찾아 사진을 찍고 싶다고 말하던 사람이었다. 그런 남자 친구에게 익숙했던 내게 아파트 구매와 임대 수익 차이에 대해 논하는 존의 모습은 색다르고 신선하기 그지없었다. 존과 나는 단순한 데이트 상대가 아니었다. 말하자면 우리는 결혼을 전제로 사귀었다. 존은 사무실로 꽃을 보내왔고 우리 부모님을 만날 때면 정성스레 준비한 선물을 들고 왔다. 우리는 레스토랑, 브로드웨이 극장, 미술관을 순례했다. 일요일이면 그 랜지홀에서 브런치를 즐기며 신문을 읽었다. 존은 경제 면을, 나는 서평란을 먼저 읽은 후 계란과 커피 위로 다 읽은 부분을 주고받았다. 존의 부모는 그제껏 결혼 생활을 유지하고 있었을 뿐 아니라 사이가 좋기까지 했다. 파란 눈과 금발의 롱아일랜드 출신의 그 남자는 내게 그저 놀라움일 뿐이었다. 존은 자신감 넘치고 책임감 있는 사람이었다. 명확한 목표를 세우고 그것을 당연히 이루리라 믿는 사람이었다. 그와 함께 있으면 땅에 단단히 뿌리박고 있는 듯 안전하고 평온하다는 느낌을 받았다. 그 전에는 느껴 보지 못한 기분이었다. 우리가 사귄 지 얼마 되지 않았을 때 유니언스퀘어 공원 벤치에서 그가 내 뺨에 두 손을 대고 이렇게 고백했다. "당신에게 스쳐 지나가는 남자로 남고 싶지 않아. 특별한 한 남자가 되고 싶어." 존은 밀고 당기는 연애 놀음에는 관심도 없었으며 결혼해 가정을 꾸리고 싶어 했다. 그리고 고백건대 그런 제의가 싫지만은 않았으며 두렵지도 않았다. 젊은 날의 오만에 가득 차 있던 나는 내가 부모와 달리 품위 있고 우아하게 험난한 결혼 생활을 헤치고 나갈 수 있으리라 믿었다.

하지만 나에게는 건강한 결혼 생활에 대한 청사진이 없었다. 몇 년 동안 쌓여 온 실망과 상처로 우리 관계가 위태롭게 기울어 가고 있었다. 급기야 내 몸의 모든 세포가 비명을 지르기 시작했다. "도망쳐!" 하지만 나는 도망치지 않았다. 적어도 사전적 의미에서는 그랬다. 그런 내면의 울림이 우리 둘 사이의 실질적 문제에서 비롯된 것인지 아니면 나 혼자만의 문제에서 비롯된 것인지는 잘 모르겠다. 나는 감정의 파편 더미에 함몰되려는 나 자신을 감지하면 즉시 마음의 문을 걸어 잠그는 방어적 성향이 있다. 결혼 생활이 삐걱거리기 시작하자 내 방어 기제가 작동하기 시작했다. 몸은 거기에 있되 영혼은 다른 곳에 가 있었다. 반면 일에 대한 칼날 같은 집중력을 자랑하던 존은 나의 변화를 전혀 눈치채지 못했다. 존이 문제를 알아차렸을 때쯤 내 마음은 이미 심각한 상태에 도달해 있었다. 이미 멀리까지 가 버린 나는 원한다 해도 어떻게 되돌아가야 할지 몰랐으며, 내가 정확히 무엇을 원하는지도 더는 알지 못했다.

그런 불확실성 속에 살아가는 것이 나 혼자만은 아니었다. 주위에는 비슷한 일을 겪는 친구들이 많았다. 불과 몇 년 전에 화려한 흰 드레스를 입고 결혼식장에 들어서며 행복에 겨워했던 친구들이 이제는 후회로 땅을 치고 있었다. 나는 동병상련의 처지에 있는 친구들과 뾰족한 해결책 없는 대화를 나누며 시간을 죽이곤 했다. 계속 살아야 할까 헤어져야 할까? 친구의 하소연을 듣다 보면 혼란과 절망으로 수화기가 묵직해지는 기분이 들었다. 기억 속에 생생히 남아 있는 그들의 결혼식이 떠올랐다. 그리고 내 결혼식도 떠올랐다. 결혼식 준비를 위해 쇼핑을 하고 신부 들러리 드레스를 맞추러 갔던 때가 생각났다. 나는 출장 요리 업체를 방문해 피로연 요리를 넙치로 할지 연어로 할지 고르고 버터크림 케이크냐 휘핑크림 케이크냐로 고민했다. 친구들은 피로연 자리에서 익살스럽기도 하고 가슴 저리기도 한 축사를 낭독해 주었다. 신부에 대한 사랑을 고백하며 눈물을 훔쳤던 한 신랑도 떠올랐다. 그 남자는 불과 2년 후 아내에게 생일 카드 주는 것조차 잊었다. 우리는 롱아일랜드에서 결혼식을 올렸다. 피로연을 마치고 맨해튼으로 돌아오는 길에 머리가 핑 도는 기분이 들었다. 밤공기를 쐬기 위해 창문을 열며 우리는 함께 깔깔거리며 웃었다. 그렇게 크게 웃어 본 게 언제였던가.

이런저런 상념에 잠겨 케이트 초핀(Kate Chopin)이 쓴 『각성』을 꺼내 들었다. 불행한 결혼 생활을 청산하고 내면의 열정을 좇기로 결심한 여자의 이야기였다. 흔들리는 내게 이 책이 어떤 울림을 줄지 확신하지 못한 채 표지를 열었고 곧 블랙홀을 만나기라도 한 듯 정신없이 빠져들었다. 『각성』은 불만으로 가득 찬 아내들에게 지독한 후유증을 남길 수도 있는 중독성 있고 위험한 책이었다.

바로 내가 그 증거물 1호다.

# 여자가 '각성'할 때

"지금 몇 시야?" 희미한 불빛 속에 앉아 있는 나를 보며 남편이 툴툴거렸다. 자정이 훨씬 지난 시각이었다. 나는 침대에서 몸을 일으켜 앉아 살그머니 등을 구부린 채 희미한 불빛에 의지해 책을 읽고 있었다. 초편의 책을 읽기 시작하자 도저히 내려놓을 수 없었다. 흡인력 있는 이야기가 내 머릿속을 기습했다. 책을 덮고 침대에 누워 잠을 청해 보았지만 내 마음은 자꾸 19세기 후반 루이지애나의 후텁지근한 여름으로 돌아갔다. 나는 항복할 수밖에 없었다. 손을 더듬어 책을 들고 스탠드를 켰다.

"미안, 거의 다 읽었어. 다시 자." 내가 속삭였다. 남편은 신음 소리를 내뱉고는 등을 돌려 눕더니 베개에 얼굴을 파묻었다. 남편의 행동에 조금 전 읽은 장면이 떠올랐다. 책장을 앞으로 넘겨 그 장면을 찾았다. 우리의 주인공 에드나 폰텔리에와 남편 레옹스가 다투는 장면이었다. 밖에서 달빛을 즐기겠다는 에드나에게 남편 레옹스가 짜증을 낸다. 레옹스는 차가운 공기에 몸이 식고 모기들이 달려들지도 모르니 어서 집 안으로 들어가라고 말하지만 에드나는 거절한다. 마침내 인내심을 잃은 레옹스가 말한다. "이건 무슨 멍청이도 아니고. 밖에서 밤새는 걸 용납할 수 없어. 당장 집으로 들어가."

에드나는 치욕에 몸서리치며 그물 침대 안에서 균형을 잡았다. 불쑥 솟아오르는 반항심에 더 고집을 피우고 싶은 마음이 든다. 그 순간 거절과 반항 이외에 그녀가 할 수 있는 것은 없었다. 남편이 전에도 그런 식으로 말한 적이 있었는지, 그리고 자신이 남편의 명령에 복종한 적이 있었는지 생각해 보았다. 물론 당연히 그런 적이 있었다. 그때의 기억을 떠올려 보았다. 하지만 자신이 어째서 양보했는지 그리고 그때 기분이 어땠는지는 생각나지 않았다. 에드나가 드디어 입을 열었다. "여보, 가서 자요. 나는 여기 있을래요. 들어가고 싶지 않아요. 그러고 싶지 않다고요. 그리고 다시는 내게 그딴 식으로 말하지 마세요. 그런 식의 말에는 대답하지 않을 거예요.

사소한 말다툼이었지만 사실 결혼 생활은 이렇듯 극히 작은 협상과 거절로 가득 차 있다. 레옹스는 들어가 자는 대신 슬리퍼를 신은 채 난간에 기대어 현관에 슬그머니 앉는다. 아내 말대로 할 수 없다는 조용한 거부의 뜻이었다. 그는 시가에 불을 붙이고 와인을 마신다. 두 사람은 낮게 떠 있던 달이 사라지고 동틀 때까지 침묵 속에 앉아 있기만 했다. 일종의 기싸움을 한 것이다. 결국 졸음을 못 이긴 에드나가 그물 침대에서 몸을 일으키고는 비틀거리며 땅을 딛고 선다.

"여보, 안 들어가요?" 에드나가 남편을 향해 묻는다.
"들어갈 거요. 내 사랑." 그가 담배 연기를 뻐끔 내뿜더니 아내를 흘긋 보며 대답한다. "시가 마저 피우고."

두 사람의 미묘한 신경전을 이토록 솜씨 있게 그려 놓다니 초판은 자신의 경험에서 이 장면을 따온 것임에 틀림없다. 옆자리의 존이 다시 잠들었는지 코를 골기 시작한다. 소설이 결말로 치닫자 내안의 활자 중독 성향이 고개를 든다. '이 장 마지막까지만 읽고 덮는 거야. 아니야, 이제 얼마 남지도 않았는걸. 그냥 소설일 뿐이잖아. 내친김에 끝까지 다 읽는 게 낫지 않을까.' 내 안의 일부는 어서 초판의 책을 끝내 중독에서 해방되고 싶어 했다.

나는 『각성』을 통해 결혼 생활의 숨 막히는 현실이 어제 오늘 일이 아니라는 사실을 새삼 깨달았다. 오래전부터 많은 여자의 운명이 어둠 속에 짓밟혔다. 일단 아내라는 이름을 붙이고 나면 그들의 정체성은 사라졌다. 초판의 소설은 숱하게 되풀이되었던 이야기의 변주에 불과했다. 소설 속 이야기는 생명이 잉태되어 세상에 나오기까지 걸리는 9개월의 시간 동안 진행된다. 에드나 폰텔리에는 9개월 동안 상류 사회에 속한 품위 있는 아내와 착실한 어머니로서의 껍데기를 벗어던지고 독립적인 '새로운 여성'으로 탈바꿈

한다. 에드나 폰텔리에의 극적인 변화는 여름휴가차 방문한 뉴올리언스 상류층의 단골 피서지 그랜드아일에서 늠름한 로버트를 만나면서 시작되었다. 그전까지 에드나는 무뚝뚝하기는 해도 자기를 사랑해 주는 레옹스와의 결혼 생활에 충분히 만족하고 있었다. 물론 에드나가 함께 휴가 온 임신 중인 친구 라티그놀레 부인처럼 타고난 어머니 유형이라고는 할 수 없었다. 초핀은 라티그놀레 부인을 다음처럼 묘사했다. "그런 부류의 사람들은 한눈에 알아볼 수 있다. 자기 새끼가 티끌만큼이라도 위협당한다 싶으면 날개를 활짝 펴고 푸드덕대며 새끼를 보호하려 애쓴다. 그들은 자식을 우상화하고 남편을 숭배하며 자신을 지워 없앤다. 날개를 활짝 편 구원의 천사가 되는 것은 그들에게 더없이 신성한 영광이다."

에드나는 끝내 자아를 포기하지 못하고 아내와 어머니라는 운명에도 완전히 빠져들지 못한다. 라티그놀레 부인에게 아이를 위해 자신을 희생하지는 않을 것이라고 말하기까지 한다. 그에 대해 열띤 토론이 오가는 가운데 에드나가 입을 연다. "본질적이지 않은 것은 포기할 수 있어요. 돈과 생명은 아이들에게 내줄 수 있어요. 하지만 나 자신을 내주지는 않을 거예요." 이 말에 비로소 라티그놀레 부인이 흡족한 표정을 짓는다. 그녀의 짧은 생각으로는 자식에게 생명을 내주는 것보다 더 고귀한 희생은 없기 때문이다. "외적으로는 순응하되 내적으로는 회의하는 이중적 삶"이 얼마나 고통스러운지 에드나는 본능적으로 알아차렸지만 라티그놀레가 그것을 이해할 리 없었다. 라티그놀레 부인은 가족이 곧 자신인 삶을 살아가는 데 전혀 불만을 느끼지 않는다. 이와 달리 에드나는 아내와 어머니로서 살아가는 것이 "자신과 맞지 않는 운명"임을 깨닫는다. 그런데 운명은 그녀에게 생각지도 못한 연애 사건을 선사한다. 그 사건은 숨겨져 있던 마음속 욕구와 반항아적 기질에 불을 댕기는 계기가 된다.

뉴올리언스로 돌아간 에드나는 자신의 욕구에 따라 움직이는 여자가 된다. 거드름 피우는 상류 사회 친구들은 이제 만나지 않고 예술가와 인습 타파주의자 친구들을 새로 사귄다. 또 그녀는 그림에 몰두한다. 남편과 두 아들이 해외로 나간 사이에는 가출을 감행하기도 한다. 집 근처의 건물을 빌려 '비둘기 집'이라는 애칭을 붙이고 그곳에 머문다. 아내의 달라진 행동에 당황한 남편은 아는 의사를 찾아가 상담을 한다. 의사는 이렇게 조언한다. "아내에게 성가시게 굴지 말고 아내가 자네에게 성가시게 굴도록 놔두지도 말게. 이봐, 여자란 아주 독특하고 섬세한 존재라고. 내가 알기로 자네 아내도 예민하고 복잡한 성격인 듯해. 아주 유별난 여자지. 그런 여자를 다루려면 전문적인 정신 분석학자가 필요할 게야." 의사는 레옹스에게 에드나가 제정신을 찾을 때까지 그냥 놔두라고 조언한다.

초핀은 어떻게 해야 독자들의 마음을 사로잡을 수 있는지 잘 아는 작가다. 레옹스는 악당도 폭력배도 아니다. 만약 남편을 그런 모습으로 그렸다면 우리는 에드나의 불만족이 그녀 자신의 욕구가 아닌 남편에게서 비롯되었다고 생각했을 것이다. 레옹스는 에드나를 사랑한다. 에드나를 처음 본 순간 사랑에 빠진다. 에드나의 황갈색 머리, 단단하고 균형 잡힌 손, 영리하고 생기 있어 보이는 눈에 반한다. 당시 에드나는 다른 사람을 사랑하고 있었지만 레옹스의 절대적 헌신을 기분 좋게 받아들인다. 그 장면이 책에는 이렇게 씌어 있다. "레옹스와의 결혼은 전혀 뜻밖의 일이었다. 둘의 결합은 가장무도회에서 운명의 흐름에 따라 서로 짝을 짓는 다른 무수한 결혼과 다를 바 없었다." 세상 밖으로 나가 보았자 보잘것없을 자신의 위치를 자각한 에드나는 남편을 적이 아닌 동반자로 여기며 잘 지내 보려고 한다. 단지 마음만은 자유롭고 싶어 했다.

하지만 에드나의 마음을 가져간 로버트가 긴 멕시코 여행에서 돌아오면서 이야기는 새로운 국면에 접어든다. 에드나는 로버트가 찾아오기를 노심초사 기다리지만 로버트는 에드나를 피한다. 마침내 로버트가 에드나를 찾는다. 에드나는 넘치는 사랑으로 어쩔 줄 몰라 하는데 로버트의 반응은 서먹서먹하기만 하다. 로버트는 에드나에게 결혼하고 싶지만 그녀에게는 이미 남편이 있으므로 자신들의 사랑이 파멸을 맞을 운명이며 따라서 떨어져 지내자고 말한다. 이에 에드나가 페미니즘 문학계에 한 획을 긋게 되는 대답을 한다. "당신은 아주 멍청한 아이 같군요. 레옹스가 나를 자유롭게 놔주리라는 허튼 꿈에 대해 논하는 건 시간 낭비에 불과해요! 나는 레옹스가 처분하고 말고 할 소유물이 아니에요. 내 앞날은 내가 선택해요. 만약 레옹스가 '로버트, 자네가 그녀를 데려가 행복하게 해 주게, 그녀를 자네에게 내주겠네.'라고 말했다면 나는 당신들 두 사람을 크게 비웃었을 거예요."

둘의 대화는 라티그놀레 부인의 넷째 아이 분만 소식에 잠시 중단된다. 에드나는 분만을 돕기 위해 허겁지겁 달려갔다가 가쁜 숨을 몰아쉬며 다시 로버트에게 돌아온다. 하지만 기대에 찬 에드나를 기다린 것은 로버트가 남기고 간 쪽지 한 장 뿐이었다. "사랑합니다. 안녕. 당신을 사랑해서 이렇게 떠납니다." 낙담한 에드나는 잠을 이루지 못한 채 동트는 광경을 지켜본다. 에드나는 아침 햇살을 받으며 물가로 나가 옷을 벗는다. 빛나는 나신의 그녀가 물속으로 걸어 들어가 수평선까지 팔을 힘차게 저어 헤엄친다. 그녀는 뒤돌아보지 않는다. 그때 날개 부러진 한 마리 새가 그녀의 머리 위를 난다. 에드나는 "수평선을 향해 힘이 다 빠질 때까지" 헤엄친다. 소설은 이렇게 끝이 난다.

　나는 책을 덮고 스탠드를 껐다. 시간이 늦었다. 눈을 감고 잠을 청해 보려 했다. 『각성』이라는 제목의 책을 방금 덮은 사람에게는 헛된 노력이었다. 몇 분 후 나는 잠자기는 글렀다고 생각하며 몸을 돌려 어둠 속을 바라보았다. 『각성』의 교훈이 뭘까? 소설은 해피엔딩이 아니었다. 마지막 문장이 암시하는 바는 에드나가 의식을 잃을 때까지 계속 헤엄친다는 것이었다. 조금 희망적으로 생각하면 에드나가 이별을 기리기 위해 온 힘을 다해 한바탕 헤엄을 친 후 물가로 다시 나와 씩씩하게 자신의 삶을 살아갔을지도 모른다. 아니, 그럴 리 없다. 사실 문학 비평가들의 중론은 에드나가 자유가 아닌 자살을 선택했다는 쪽으로 기운다. 배를 깔고 엎드려 누워 나는 어느 쪽으로 표를 던질지 고민해 본다. 그 대답에 내 결혼 생활의 운명을 말해 줄 단서가 담겨 있을지도 모른다고 생각하면서…….

\* \* \*

　다음 책에서는 위로를 받을 수 있지 않을까 기대했지만 그것은 아직 요원한 일이었다. T교수는『각성』과 함께 샬럿 퍼킨스 길먼 (Charlotte Perkins Gilman)의『노란 벽지』를 읽어 보라고 했다. 두 소설은 페미니스트들의 암울한 실상을 보여 준다는 점에서 아주 특별했다.『각성』의 여주인공은 (아마도) 자살을 하고『노란 벽지』의 여주인공은 (아마도) 미쳐 버린다. 두 소설 모두 결혼과 출산이라는 여자들의 전형적인 운명이 자유로운 영혼을 가진 여자들에게 막대한 위험을 초래할 수 있다고 경고한다.

　길먼의 소설도『각성』과 마찬가지로 19세기 후반에 씌어졌다. 초핀이 페미니즘이라는 주제를 이야기 속에 잘 숨기는 글을 쓴 편이라면 길먼은 정치색을 공공연하게 드러내는 글을 잘 썼다. 1860년에 태어난 길먼은 일과 결혼과 양육을 주제로 한 논설과 소설을 즐겨 썼으며 거기에는 모두 여자들의 경제적 독립을 촉구하는 내용이 담겨 있었다. 길먼은 수백 편의 단편 소설과 시, 열 권 이상의 책을 남겼다. 그중에는 여자들만 사는 세상을 상상해 쓴『여자만의 나라』도 있다. 그러나 더욱 잘 알려진 책은 1892년에 출간된『노란 벽지』다. 나는『각성』과 비슷한 시기에 나온 이 책을 대학 때 처음 읽었는데 당시에는 괴기스러운 내용이 매력적이라고 생각했다.

　『각성』과 마찬가지로『노란 벽지』에는 공감을 불러일으키는 구석이 있었다. 주인공의 남편 이름이 존이기 때문만은 아니었다. 소설 속 화자인 이름 없는 젊은 여자는 출산을 하고 식민지 시대에 지어진 대저택에 머물면서 3개월간 점점 미쳐 간다. 그녀는 갓 낳은 아이도 손수 돌보지 못할 정도로 몸이 아프다고 호소한다. 하지만 두 사람 다 의사인 남편과 오빠는 그녀의 고통을 지극히 평범한 신경 쇠약과 히스테리로 치부하며 소금과 강장제, 그리고 운동 처방만을 내린다.

화자는 그런 남편에 대해 이렇게 말한다. "남편은 내 고통이 얼마나 큰지 모르고 있다. 내게 아플 만한 하등의 이유가 없다고 생각하며 대수롭지 않게 넘어가려 한다." 작가인 그녀에게 글을 쓰는 등의 지적 활동을 하지 말라는 '금지령'까지 내려진다. 그녀는 저택 맨 위층의 널찍하고 공기가 잘 통하는 침실에서만 줄곧 지내며 몰래 글을 계속 쓴다. 그 방 벽에는 종이 달려 있었으며 창에는 창살이 있었다. 한때 아기방으로 사용된 것 같은 볕이 잘 드는 방이었다. 하지만 그 방은 주인공에게 그다지 좋은 안식처가 되어 주지 못한다. 주인공은 '역겨울' 정도의 노란 무늬 벽지 때문에 마음의 안정을 찾지 못한다.

이 노란 벽지가 이야기의 중심 소재였다. 주인공은 노란 벽지에 역겨움을 느끼다가 차츰 거기에 매료되고 종국에는 무서울 정도로 집착한다. "이 따분한 벽지를 보고 있으면 무수한 눈들이 나를 지켜보는 것 같아. 나를 자극하고 짜증나게 만드는 확연한 무늬에서 어쩐지 눈을 뗄 수가 없어. 금실과 은실로 짜인 곡선이 별안간 무지막지한 각도로 뛰어내려 자살을 하고 있어. 무시와 반박에 지쳐 스스로를 파괴하는 거야." 그녀는 남편에게 벽지를 다시 바르자고 사정한다. 그게 안 되면 다른 방을 침실로 사용하게 해 달라고 사정한다. 하지만 그녀의 표현에 의하면 남편은 그런 부탁을 '변덕'으로 치부해 버리고는 단칼에 거절한다. 침실에 홀로 남아 밤이고 낮이고 벽지를 바라보던 주인공은 무엇인가 결심한다. "특정한 결론으로 이끌고 있는 무의미한 무늬를 따르기로."

혼란스러운 무늬 속에서 창살 뒤에 갇힌 여자의 형체가 보이기 시작한다. 이 여자는 해 질 녘이 되면 나타난다. 주인공은 달빛이 비칠 때면 벽지 속 여자가 탈출이라도 하려는 듯 벽지가 희미하게 일렁이는 것을 본다. 햇빛이 비치는 동안에는 어떤 변화도 없이 차분히 가라앉아 있다. 주인공은 벽지 속 여자가 낮 동안 벽지를 탈출해 주변을 "엉금엉금 기어 다니고 있다."라고 생각한다. 급기야 언젠가부터 집안 곳곳에서 그 여자의 유령 같은 형체를 보기 시작한다. 주인공은 말한다. "엉금엉금 기어 다니다가 햇빛에 잡히면 무척 창피하겠지! 나는 태양이 떠 있는 동안 엉금엉금 길 때면 항상 문을 걸어 잠그지."

주인공은 남편과 집을 떠나기 전에 벽지 속 여자가 탈출할 수 있도록 돕기로 한다. 벽에서 벽지를 뜯어낸 것이다. 그러고는 침실 문을 잠그고 창밖으로 열쇠를 던진다. 주인공은 광기에 사로잡혀 모든 곳에서 엉금엉금 기어 다니는 여자의 모습을 본다. "나처럼 그들이 모두 벽지에서 나온 것일까?" 주인공은 처음으로 자신과 벽지 속 여자를 동일시하며 묻는다. 집으로 돌아온 주인공의 남편은 문을 두드리며 어서 열라고 소리친다. 급기야 열지 않으면 도끼로 문을 부수겠다는 경고에 주인공은 열쇠를 정원에 던져 놓았다고 알려 준다. 열쇠를 찾아서 방문을 연 남편은 바닥을 기어 다니고 있는 아내의 모습을 보고 경악한다. 여자가 울부짖는다. "나는 결국 밖으로 나왔어. 내가 벽지를 모두 뜯어냈거든. 당신이 나를 다시 벽지 속에 집어넣을 수 없게!" 미치광이처럼 구는 아내를 본 남편은 졸도한다. "그래서 나는 매번 엉금엉금 기어서 이 사람을 타넘을 수밖에 없었어!" 길먼은 주인공이 탈출하기 전까지 몇 시간, 며칠, 몇 년, 아니 끝없이 그 방을 기어 다녔다고 암시하기 위해 의도적으로 모호한 문장으로 소설을 끝맺는다. 두 소설의 결말은 당혹스럽기 그지없었고 우리는 그 해석을 놓고 열띤 토론을 벌였다. 『각성』과 『노란 벽지』는 궁극적으로 희망의 이야기일까, 아니면 파멸의 이야기일까?

T교수가 토론을 유도했다. "두 작가가 이야기를 이런 식으로 이야기를 끝낸 이유가 뭘까요? 독자들이 각자 결론 내릴 수 있도록 일부러 모호한 결말을 낸 걸까요?" T교수가 우리에게 시선을 고정했다. "자, 어떻게들 생각하나요? 의견 말해 볼 사람? 에드나는 자살한 걸까요? 『노란 벽지』의 주인공은 미친 걸까요?"

이본이 손을 들었다. "그렇다고 생각합니다. 둘 다요. 두 결말 모두 낙관적으로 보기는 어렵다고 생각합니다. 확실히 에드나는 자율적 선택을 내렸습니다. 하지만 자각한 영혼은 실제 삶과 양립할 수 없었습니다. 그녀는 위대한 자각을 했지요. 하지만 그녀를 지지해 주는 사람은 하나도 없었습니다. 그녀는 너무 지쳐서 스스로를 구원할 수 없었습니다. 『노란 벽지』의 주인공은 또 어떻습니까? 그녀는 광기에 사로잡혀 벽지를 뜯어내고 침대 기둥을 물어뜯었습니다."

T교수가 이본에게 질문을 던졌다. "『노란 벽지』의 주인공이 정말 미쳤다고 생각하나요? 그녀는 사실 속박에서 해방되어 자유를 찾았지만 이 사회가 그녀를 미친 것으로 간주했다는 해석도 가능하지 않을까요? 그리고 또 이건 어떻게 생각하나요? 주인공의 남편은 그냥 졸도한 걸까요? 아니면 주인공이 남편을 죽인 걸까요?" 학생들이 킥킥거리자 T교수가 싱긋 웃었다. "저는 주인공이 남편을 죽였다고 생각하는 쪽입니다. 그녀는 가부장제의 화신인 남편을 죽임으로써 궁극적으로 성공을 거둔 것인지도 모릅니다."

이본이 반박에 나섰다. "하지만 주인공은 방에서 나오지 못한 채 그 안을 뱅글뱅글 돌고 있었습니다. 그것을 어떻게 승리라고 볼 수 있습니까? 남편은 여전히 거기에 누워 있을 테고 주인공은 매번 남편 위를 기어서 넘어가야만 합니다. 이는 가부장제가 결코 사라지지 않았다는 걸 의미한다고 봅니다. 그 남자가 졸도했든 죽었든지 간에요. 주인공이 앞으로 나아가려면 뭔가 노력을 더 기울여야만 할 겁니다."

이때 로언이 대화에 뛰어들었다. "동등한 배우자를 얻지 못한다는 점에서 남자들도 손해 보기는 마찬가지라고 봅니다. 남편이 졸도한 것은 그가 주인공과 같은 수준으로 주저앉았다는 것을 의미한다고 생각합니다. 게다가 주인공의 광기가 반드시 나쁘지만은 않다고 생각합니다. 그것이 스스로 미치도록 허락한 의도된 광기라면요. 당시 많은 여자가 실제로 그랬을 거라고 생각합니다. 어떤 여자들에게는 그것이 자유를 얻는 방식이었을 겁니다." 로언은 이 대목에서 손가락으로 허공을 휘저었다. "그냥 미치든, 결혼을 하든, 수녀가 되든 다 본인의 선택이었던 거지요."

마리아가 입을 열었다. "아, 정말 우울한 이야기네요. 아니, 제 말은 좋은 선택이었다고요. 그런데 남편들은 정말 못 봐주겠네요. 책에 나오는 남편들은 아내를 어린아이처럼 대하더군요. 그러면 여자들은 '남편이 이렇게 잘 해 주는데 나는 어째서 행복하지 않은 걸까?'라고 생각해야만 하죠."

이때 구석에 있던 사만다가 손을 번쩍 들자 모두의 눈이 그쪽으로 향했다. 사만다는 늘 집중하는 표정으로 토론을 골똘히 듣는 편이었으며 대화에 끼어든 적은 없었다. 그녀는 첫날 자신이 수업을 듣기로 한 이유를 다분히 직설적으로 털어놓았다. "저는 여성 문제에 대해 더 많이 배우고 싶습니다. 하지만 솔직히 저는 제 인생에 매우 만족하고 있습니다." 알고 보니 사만다는 정통 유대교 가문 출신이었으며 컬럼비아 대학에 다니는 약혼자도 있었다. 두 사람은 대학을 졸업하면 바로 결혼할 계획이라고 했다. 사만다의 손가락에는 빛나는 다이아몬드 반지가 끼워져 있었다.

사만다의 목소리가 긴장으로 약간 떨렸다. "『각성』에서 주인공은 사랑하지 않는 남자와 결혼했습니다. 애초에 그건 바람직한 선택이 아니었습니다. 그리고 『노란 벽지』에 나오는 남편의 모습은 아내 입장에서 보면 최선이 아니었는지 몰라도 남편 입장에서는 최선이었을 거라고 생각합니다. 잘은 모르겠지만 그 남자도 좋은 남편이 되기 위해 노력했을 겁니다. 그 사람 개인만 보면 그다지 억압적인 면을 찾아볼 수 없습니다. 그 사람이 살던 시대의 맥락을 함께 고려해야 한다고 생각합니다."

일순간 강의실 분위기가 경직되었다.

"하지만 여자들의 역할을 규정한 것은 남자들이었습니다." T교수가 신중한 어조로 대답했다.

사만다는 뺨이 붉어졌지만 포기하지 않고 계속 주장을 이어 갔다. "하지만 일개 남자가 여자들의 역할을 규정한 것은 아니었습니다." 강경한 어조였다.

사만다의 말에도 일리는 있었다. 남자들 또한 문화의 산물이라면 그들에게 어떻게 비난의 화살을 돌릴 수 있겠는가? 여자들도 자신들을 가두는 데 일정 부분 가담한 면이 있지 않을까?

나 자신에게 이런 질문을 던지는 것은 반란에 가까웠다. 학부 시절에 처음 읽은 『노란 벽지』는 여자를 어린아이 취급하며 걱정과 관심으로 위장된 억압을 행사하던 사회에 대한 고발장이었다. 그런데 다시 이 책을 읽고 나니 그때와 사뭇 다른 느낌이 들었다. 길먼이 살았던 시대에 여자들에게 부과된 심각한 제약은 여전히 분노를 불러일으켰지만 한때 내 사고를 점령했던 확고한 생각은 경험에 의해 무뎌졌다. 처음 읽었을 당시 놓쳤던 이야기 속 복잡한 사정이 몇 년이 지난 지금은 확연히 눈에 들어왔다. 『노란 벽지』의 주인공에 대해 생각할수록 그 비일관적인 성격에 점점 더 매료되었다. 그녀는 풀어내기 힘든 모순 덩어리였다. 벽지를 싫어하면서도 거기에서 눈을 떼지 못했다. 집을 떠나고 싶어 하면서도 또 필사적으로 떠나지 않으려 했다. 벽 속에 사는 그림자 여인이 탈출하도록 돕고 싶어 하면서도 한편으로는 그 여인이 떠나려 하면 묶어 버리겠다고 말한다.

『노란 벽지』의 주인공은 결말에서 정말 탈출한 것일까, 아니면 자기 자신의 파수꾼이 되어 버린 것일까?

잠깐. 이때 나의 젊은 자아가 불쑥 끼어들었다. 지금 희생자를 탓하고 있는 거야?

이 물음에 뭐라고 답해야 할지 생각해 보았다. 아니, 희생자를 탓한다는 말은 너무 앞서 나간 발언이다. 나의 젊은 자아는 복잡한 사정을 단순화시켜 성급하게 반응했다. 길먼은 당시 사회 문화의 희생자이긴 했다. 『노란 벽지』에는 첫 번째 결혼에 실패한 후 정신적으로 무너진 길먼 자신의 이야기가 담겨 있다. 길먼은 불면증, 식욕 부진, 정신적 흥분, 과민성 두통 같은 심리적 증상을 보인 빅토리아 시대의 여자들 대부분처럼 히스테리 발작이라는 낙인이 찍힌 채 치료를 받았다. 히스테리라는 단어는 '자궁의 병'을 뜻하는 그리스어 '히스테리코스(hysterikos)'에서 유래했다. 고대 이집트인들은 자궁이 여자의 몸 안에서 자유롭게 돌아다니다 폐를 비롯한 내부 장기들을 압박하여 호흡 곤란이나 흉부 통증 같은 신체적 증상을 유발한다고 믿었으며, 이 믿음이 그리스와 유럽 전체로 이어졌다. 1880년대 여자들은 순결과 순진성을 상징하는 코르셋으로 몸을 압박하도록 강요당했으며 이에 따라 히스테리 환자도 증가 추세에 있었다. 추측건대 그것은 우연이 아니었다.

히스테리 운동을 주도한 것은 프랑스 신경학자 장 마르탱 샤르코(Jean Martin Charcot)와 그의 친구인 내과 전문의 요제프 브로이어(Josef Breuer)였다. 샤르코는 히스테리 치료법으로 최면을 장려했다. 그는 여자 환자들에게 최면을 걸어 히스테리 상태를 유도할 수 있다고 장담하며 동료들에게 직접 시연해 보여 유명세를 얻었다. 하지만 참가자들에게 히스테리 환자처럼 연기하는 법을 지도했다는 사실이 나중에 밝혀져 비난을 받기도 했다. 샤르코는 1886년 빈에 병원을 개업한 젊은 의사 지그문트 프로이트(Sigmund Freud)에게 막대한 영향을 끼쳤다. 샤르코와 프로이트를 비롯한 많은 남자 의사들은 여자들의 우울증과 불안증을 병리학적으로 분류했다. 그들이 처방한 치료법 중에는 전기 요법, 수치 요법, 음핵 소작술 등 고문에 가까울 정도로 극단적 방법도 있었다. 하지만 신경과 전문의나 정신과 의사들은 대개 히스테리를 도덕적 질병에서 비롯된 자아도취적인 건강 염려증으로 치부해 결혼과 임신을 처방으로 내렸다.

그러나 샬럿 퍼킨스 길먼에게 결혼과 임신은 신경 쇠약의 원인일 가능성이 매우 높았다. 저명한 비처 가문 출신이었던 길먼의 아버지는 길먼이 태어난 직후 아내와 아이들을 버리고 떠난다. 그래서 길먼은 찢어지게 가난한 집에서 열아홉 차례나 이사를 다니며 성장한다. 아비 없는 자식과 다를 바 없었던 길먼과 형제들은 비처 가문 친척들에게 불우 이웃 취급받으며 무시당했다. 집안 사정 때문에 정규 교육을 4년밖에 받지 못한 사실 또한 길먼의 열등감과 소외감을 자극한다. 비처 가문 사람들은 대부분 고등 교육을 받은 교양 있는 사람들이었기 때문이다. 『엉클 톰스 캐빈』을 쓴 해리엇 비처 스토(Harriet Beecher Stowe)가 길먼의 종고모다. 똑똑하고 고집센 길먼은 음울한 가정사를 겪고 자라면서 메리 울스턴크래프트처럼 결혼하지 않고 사회적 대의에 자신을 헌신하겠다고 결심한다.

그런데 스물한 살이 된 길먼은 매력적인 젊은 예술가 찰스 월터 스테트슨을 만나 사랑에 빠진다. 길먼은 스테트슨의 열렬한 구애를 받아들이고 둘은 꽤 오랜 기간 교제한다. 하지만 막상 스테트슨이 청혼하자 길먼은 고민에 빠진다. 그와의 관계를 확신할 수 없기 때문이다. 스테트슨은 2년에 걸쳐 길먼에게 애원하지만 계속 퇴짜당한다. 하지만 커져 가던 자기 회의와 설득의 무게에 무너진 길먼은 마지못해 스테트슨의 손을 잡는다. 둘은 그렇게 결혼한다. 길먼은 결혼 후 바로 임신을 하고 9개월 후 딸 캐서린을 낳는다.

스테트슨과의 결혼을 망설이던 길먼의 불안과 의심은 옳은 것으로 밝혀진다. 길먼은 스테트슨이 가부장적인 사람이 아니리라 생각했지만 그것은 예술가로서의 전위적 기질을 착각한 것에 불과했다. 스테트슨은 결혼 직후부터 길먼에게 전통적 아내와 어머니의 역할을 강요한다. 길먼은 끔찍한 기분을 맛본다. 우울증에 빠진 길먼은 점점 쇠약해져 가고 결국 필라델피아의 요양소를 찾아가 신경 쇠약과 히스테리로 인한 탈진 상태라는 진단을 받는다.

'여성 질병'의 전문가라는 의사 실라스 웨어 미첼(Silas Weir Mitchell)은 길먼에게 '안정 요법'을 받게 한다. 안정 요법이란 강제로 잠을 재우고 음식을 과다하게 먹이고 마사지를 하는 등의 치료법으로 나중에 논란의 대상이 된다. 실라스 웨어 미첼은 고등 교육과 과도한 지적 자극이 여자들에게 정서적·신체적 부담을 주어 병을 유발한다고 믿으며 그런 활동을 모두 금지한다. 길먼은 자서전에 의사가 자신에게 '완치' 판정을 내리고 퇴원을 지시하며 다음과 같은 처방을 내렸다고 적었다. "가능한 가정적인 생활을 하는 게 좋습니다. 항상 아이들과 함께하도록 하세요. (아이 옷을 갈아입히는 것만으로도 진이 다 빠져 울음이 날 지경이었다. 이 처방은 아이에겐 좋을지 몰라도 내게는 전혀 그렇지 않았다.) 식사 후에는 반드시 한 시간 동안 누워 있어야 합니다. 지적인 활동은 하루 두 시간으로 제한하십시오. 펜, 붓, 연필은 건강에 백해무익하니 손도 대지 않는 게 좋습니다."

실라스 웨어 미첼의 치료와 퇴원 이후 처방은 길먼을 더욱 더 깊은 좌절로 내몰 뿐이었다. 이에 대해 길먼은 자서전에 이렇게 썼다. "까딱하다가는 정신을 놓아 버릴 것만 같다. 못 견딜 지경으로 커져 버린 번민에 나는 우두커니 앉아 고개만 좌우로 움직일 뿐이다. …… 구석진 곳의 벽장과 침대 밑으로 기어들어 가고 싶다. 끝도 없이 계속되는 압박감과 괴로움에서 숨어 버리고 싶다."

1888년, 벼랑 끝에 선 길먼은 용기를 내 의사의 권위와 전문성에 도전하고 스테트슨을 떠나기로 결심한다. 사회적 관습에 맞선 길먼은 행동하는 사상가와 작가라는 꿈을 이루기 위해 딸 캐서린을 데리고 캘리포니아로 떠난다. 이후 스테트슨이 아내의 가출로 혼인 생활이 파탄에 이르렀다는 이유로 이혼 소송을 제기하면서 이 일은 신문 지상에 오르내릴 정도로 화제가 된다. 《이그재미너》는 「여류 작가는 결혼해서는 안 되는 종족인가?」라는 표제하의 전면 기사를 내보내기도 했다.

길먼은 그 이듬해에 평단의 갈채를 받는 작품을 내놓지만 홀로 아이를 키우기에 충분한 돈을 벌지는 못한다. 그래서 19세기 사회를 다시 한 번 떠들썩하게 만든 결정을 내린다. 아홉 살배기 딸 캐서린을 전남편 스테트슨에게 돌려보내기로 한 것이다. 당시 스테트슨은 길먼의 친한 친구와 재혼해 살고 있었다. 길먼은 그들이 캐서린에게 안정적인 환경을 제공해 주리라 믿었다. 이후에도 길먼은 딸과 가깝게 연락하며 지냈지만 사람들은 길먼에게 경멸을 퍼붓는다. 외적인 멸시뿐 아니라 양육권을 포기했다는 내적인 비탄과 죄책감이 평생 길먼을 괴롭힌다. 길먼의 자서전에는 금발의 딸을 동부에 사는 전남편에게 보내기 위해 대륙을 가로지르는 기차에 홀로 태우고 손을 흔들며 작별 인사하는 장면이 나온다. "30년 전이었다. 그때 이야기를 쓰려니 눈물이 앞을 가려 타자를 잠시 멈추어야 했다. 그때 이후 어머니와 아이가 함께 있는 모습, 그런 그림만 보아도 주체할 수 없을 정도로 눈물이 쏟아졌다. 아무리 세월이 흘러도 아픔은 가시지 않았다."

\* \* \*

길먼의 생애는 결혼 생활의 억압에서 탈출한 여자들 앞에 기다리고 있는 것이 무엇인지를 단적으로 보여 준다. 지금 우리 세대는 결혼하기 전부터 거기에 깊이 드리워진 어둠을 이미 알고 있다. 굳이 페미니즘이 그 사실을 말해 주지 않더라도 말이다. 하지만 모든 사람이 결혼이라는 제도에 냉소를 보내는 것은 아니다. 우리는 애써 결혼 생활의 밝은 면을 보려 한다. 독신주의자들이 늘어나면서 홀로 살아가는 것을 치욕스럽게 여기는 경향이 줄어들고 있기는 하지만 아직도 많은 사람이 위안이나 안정성, 그리고 지지를 갈망하며 계속해서 결혼 생활로 빨려 들어간다. 우리는 살아가는 동안 맞잡을 손을 원할 뿐 아니라 공식적으로 인정받는 관계를 원한다. 이러한 욕구는 달라지지 않았다. 달라진 것은 불행한 결혼 생활의 종식을 불가능까지는 아니더라도 어렵게 만들었던 사회적·정치적·경제적 영향력이다. 길먼 같은 여자들은 결혼 생활을 끝내기 위해 감당하기 힘든 대가를 치러야 했다. 길먼은 딸을 포기해야 했다. 그 시대에 이혼한 여자들 상당수가 같은 운명으로 고통받았다. 가족의 해체로 초래되는 감정적 비용 또한 감수해야 했던 것은 물론이다. 하지만 결혼 생활의 종결이 모든 것을 잃게만 만든다고는 할 수 없다. 내 친구들은 이혼 후 눈물로 얼룩진 괴로운 밤을 보내기는 했지만 그중 상당수가 나름의 행복을 찾았다. 친구들도 나도 예상치 못했던 일이었다. 친구들은 실패로 돌아간 결혼 생활에 애도를 표하면서도 포기하지 않고 다시 사랑을 찾았다. 그것도 더 나은 사랑을 말이다. 길먼이 첫 결혼에 실패했다고 해서 그녀의 인생 전체가 실패했다고는 말할 수 없다. 다른 각도에서 새로운 관점으로 바라보면 어느 누구의 인생에서든 정반대되는 진실을 찾을 수도 있지 않은가.

길먼의 생애를 '억압적인 결혼 생활에서 탈출했다는 이유로 사람들에게 손가락질받은 한 여자의 이야기'라는 문장으로 압축하는 것은 무리다. 결혼이라는 제도에 대한 반발심과 첫 번째 결혼 때문에 겪어야 했던 고난도 길먼의 재혼을 막지는 못했다. 길먼은 서른아홉에 사촌 조지 호튼 길먼과 재혼한다. 조지 호튼 길먼은 우울증적 기질과 타오르는 야망 등 길먼의 모든 면을 있는 그대로 받아 준 점잖고 한결같은 사람이다. 길먼은 남편에 대해 이렇게 적었다. "소설 속이었다면 …… 이것이 바로 해피엔딩이다."

잠깐, 길먼의 인생이 결혼으로 해피엔딩을 맞이했다고? 그런데 어째서 그 사실이 그다지 널리 알려지지 않았던 것일까? 새드엔딩은 해피엔딩보다 더 인기 있다. 그것이 길먼의 첫 번째 결혼 생활을 둘러싼 추문은 선풍적인 관심을 모은 반면 행복한 두 번째 결혼 생활은 잘 알려지지 않은 이유다. 나는 길먼의 첫 번째와 두 번째 결혼의 차이가 무엇일지 비교해 보고, 거기에서 교훈을 하나 얻었다. 배우자를 어떤 사람으로 선택하느냐에 따라 여자의 삶이 완전히 뒤바뀔 수 있다는 것. 페미니스트들은 이러한 진실을 외면한 채 결혼을 억압 형태로만 간주하는 경향이 있다. 누구도 여자들에게 파괴적 관계와 고상하고 멋진 관계를 구별하는 법을 가르쳐 주지 않는다. 결혼하지 않겠다고 맹세했던 길먼은 스테트슨과의 결혼을 통해 자신의 직감을 무시해서는 안 된다는 점을 배웠다. 그리하여 자신을 상자 안에 가두려 하기보다는 최고의 자아를 끌어내 주는 반려자를 찾아 두 번째 결혼을 했다. 길먼은 조지 호튼 길먼과 함께하는 동안 작품 대부분을 펴냈으며 잡지 《포러너(Forerunner)》를 쓰고 편집하고 배포했다. 30년 이상의 동반자 관계는 1934년에 조지 호튼 길먼이 사망하면서 아름답게 끝이 났다. 길먼은 남편 사망 일주기 때 유방암 말기 판정을 받는다. 안락사를 앞장서서 지지했던 그녀는 마취약 클로로포름을 이용해 자살한다. 죽음마저도 평범하지 않았다.

* * *

『노란 벽지』 속에 길먼의 실제 경험이 얼마나 녹아 있는지 이해
하고 나자 두 명의 샬럿이 똑똑히 보이기 시작했다. 두 명의 샬럿
모두 억압받고 우울증에 빠져 있었으며 인생에서 중요한 갈림길을
만난다. 가공의 샬럿은 광기에서 탈출구를 찾는다. 방 안을 끝없이
엉금엉금 기며 맴돈다. "내 어깨는 벽지 속 그 길쭉한 얼룩과 딱 맞
아. 길을 잃어버리려 해도 잃어버릴 수 없지." 현실의 샬럿은 벽지
와 방에서 벗어나 꿈을 이루기 위해 캘리포니아로 향한다. 물론 운
명을 개척하기까지 숱한 핍박과 고난을 겪기는 했지만.

내가 길먼이라면 그렇게 할 수 있었을까? 이 생각은 그 후 몇 주
동안 내 머릿속에서 떠나지 않았다. 딸을 꼭 안고 잘 자라고 인사
하면서 그 부드러운 머리칼을 손가락으로 쓸어내릴 때, 다락방 작
업실에서 밤새워 글을 쓰다 문득 빅토리아풍 벽지에 시선이 갔을
때, 잠을 이루지 못한 채 침대에서 뒤치락거리면서 내 인생을 어떤
방향으로 이끌어 나가야 할지 생각할 때 말이다. 나는 길먼과 전
혀 다른 세상을 살고 있는지 모르지만 스스로를 어떻게 정의 내릴
지 고민하느라 머리를 쥐어짜고 있다는 점에서는 길먼과 다를 바
없었다. 하지만 내 앞에 나와 똑같은 고민을 했던 사람이 있었다는
사실을 아는 것만으로 다소 위안이 되었다. 다락방의 작업실에 앉
아 있노라면 빅토리아풍 주택의 사방 벽이 바람에 흩날려 사라지
고 그곳에 길먼, 메리 울스턴크래프트, 초핀이 함께 있는 기분이 들
었다. 그들은 나를 세상 저편으로 인도했다. 모두 불행의 뿌리가 어

디인지 인식할 줄 아는 통찰력과 눈앞의 거대한 걸림돌에도 삶을 변화시킬 용기가 있던 여성들이었다. 그들의 힘이 내게 전달되고 있었다.

# 운명은 창조하는 것이다

뉴욕과 아나폴리스를 오가는 기차는 다시 집으로 돌아가 일상에 치이기 전까지 수업 시간에 나누었던 이야기를 곱씹어 볼 수 있는 시간을 제공해 주었다. 고백건대 그 시간이 소중했던 데는 유모차도 과자도 장난감도 없이 가볍게 여행할 수 있는 기회가 내게 흔치 않았다는 이유도 있었다. 책은 매번 지니고 다녔지만 기차 안에서 책을 펼치는 일은 거의 없었다. 아이패드도 마찬가지로 전원이 꺼진 채 가방 속에서 잠자고 있었다. 나는 대개 창밖을 바라보며 마음 가는 대로 이런저런 상념을 즐겼다.

학기가 막바지에 이르렀던 무렵의 어느 오후, 기차가 뉴욕에서 볼티모어의 펜역을 향해 질주하고 있을 때였다. 갑자기 애처로운 목소리가 머릿속에 울려 퍼졌다. '언제나 제자리걸음이야.' 창밖으로 풍경이 획획 지나가고 있었다. 늘어선 고층 빌딩과 붉게 물든

나무가 촘촘히 박힌 도심의 복합 상업 지구를 지나고 있었다. 풍경은 다가오는 겨울에 점차 자리를 내주고 있었다. 나무는 벌써 앙상해져 있었다. 가만히 앉아 덜컹거리는 기차 소리에 귀를 기울였다. 칙칙폭폭, 칙칙폭폭. 그 단조로운 리듬은 어느새 단어로 바뀌었다. 왜? 왜? 왜 뉴욕은 안 돼?

안 되는 이유는 많았다. 대대적인 집수리를 마친 것이 불과 얼마 전이었다. 실비아가 그 동네에서 최고로 꼽히는 유치원에 겨우 입학 허가를 받았다. 우리는 이제야 아나폴리스에 적응하고 자리를 잡았다. 뉴욕은 비싸고 붐비고 더러웠다. 안 되는 이유는 끝없이 댈 수 있었다. 아나폴리스에 머물러야 하는 이유는 수천 가지였다. 단 하나만 제외하고……. 아나폴리스로 이사한 지 거의 4년이 지났지만 왠지 그곳은 내 집처럼 마음이 편치 않았다. 나는 뉴욕으로 돌아가고 싶었다. 뉴욕의 활기와 기회가 그리웠다. 뉴욕의 친구들과의 생활이 그리웠다. 그때 메리 울스턴크래프트를 떠올렸다. 여자에게 주어진 자원이 거의 없던 빅토리아 시대에 홀로, 게다가 임신한 몸으로 천천히 자신의 인생을 일구었던 그녀. 그리고 남편이 죽은 후 글쓰기로 생계를 유지하며 여섯 아이를 키워 낸 초핀을 떠올렸다. 그 시대에는 물론이고 요즘도 하기 힘든 일을 해냈다. 가난한 데다 교육도 받지 못했지만 작가가 되겠다는 꿈을 포기하지 않고 서부로 향한 길먼은 또 어떤가. 그런데 내가 정확히 뭘 걱정하고 있었더라? 부동산?

* * *

　그날 밤 기차역에서 집으로 돌아와 보니 남편은 거실 소파에 앉아 컴퓨터로 작업 중이었다. 싱크대에는 저녁 먹은 접시가 그득했다. 실비아는 벌써 자고 있었다. 남편은 문을 열고 들어오는 나를 올려다보고는 인사의 뜻으로 미소를 지었다. 나는 문 옆에 신발을 벗어 놓고 등에 메고 있던 가방을 복도에 내려놓은 후 방을 가로질러 남편 옆자리에 앉았다.

　"뉴욕으로 돌아가야겠다는 생각이 들었어." 내가 말했다. 전에 더 이상 뉴욕에 살지 않아서 아쉽다는 대화를 스치듯 나눈 적은 있지만 한 번도 심각하게 고민해 본 적은 없었다. 처음에 남편은 대수롭지 않은 일이라는 듯 어깨를 으쓱하고는 그냥 넘어가려 했다. 하지만 내 분위기가 심상치 않다는 걸 깨닫고 컴퓨터를 옆으로 치웠다. "내 생각에는 그렇게 하는 게 좋을 것 같아." 내가 덧붙여 말했다.

　기차 안에서 나 혼자 실랑이하며 고민했던 문제들을 이번에는 둘이 함께 토론했다. 지금 사는 집을 어떻게 처분하고 뉴욕의 아파트를 알아볼 것인지, 실비아에게 적당한 유치원을 어떻게 다시 찾을지 등에 대해 신중하게 이야기를 나누었다. 또 직장을 구할 가능성이 있는지와 경제적 부담은 어떻게 감당할지에 대해 의견을 교환했다.

　"당신 정말 그렇게 하고 싶은 거야?" 남편이 물었다.

　나는 고개를 끄덕였다.

남편은 팔을 뻗어 나를 안아 주었다. "그래." 남편은 노트북을 다시 무릎에 올려놓고 작업 중이던 문서 창을 닫았다. "자, 그럼 어떻게 하면 좋을지 계획을 세워 보자."

내가 사랑했던 존이 다시 돌아왔다.

그렇게 몇 시간 동안 우리는 노트북 앞에 나란히 앉아 뉴욕의 아파트 시세와 괜찮은 유치원 목록을 찾아보았다. 남편이 구글로 검색하는 동안 나는 옆에서 연신 감탄사를 내뱉었다. "와! 여기는 어때?" "2개 국어를 쓰는 유치원도 있네?" 메모를 해 가며 아침에 전화 걸어야 할 곳들의 목록을 적었다. 억지웃음은 이제 안녕. 우리는 다시 한 팀이 되었다. 남편이 숫자를 맞추고 예산을 짜는 동안 나는 휴대 전화를 들고 현관으로 나가 흰 고리버들 의자에 앉았다. 니나가 아직 깨어 있기를 바라면서 전화를 걸었다. 밤공기는 소리없이 차가웠다. 전화벨이 세 번 울리자 니나가 받았다.

"여기 집을 팔고 뉴욕으로 돌아갈까 생각 중이야. 이게 미친 짓일까?" 내가 약간 흥분한 목소리로 물었다.

니나가 이 사이로 숨을 내뱉는 소리가 들렸다. "전혀 아니지, 친구." 니나는 이 소식을 예상이라도 한 듯 말했다. "드디어 몇 년 묵은 겨울잠에서 깨어났구나. 귀향을 환영해."

\* \* \*

남은 학기가 빠르게 지나갔다. 미처 깨닫기도 전에 마지막 수업 날이 되었다. T교수는 종강 기념 선물로 '판타지 퍼지'를 가져왔다.

허쉬 초콜릿과 마시멜로로 만들어져 메스꺼울 정도로 단맛이 나는 과자였다. 체온에 녹은 초콜릿이 손가락에 들러붙는 줄도 모르고 단맛에 빠져 있는 사이 T교수가 격려 연설로 수업을 마무리하고 있었다. "사회적 패배 없이 영적 승리를 달성할 수 있는 방법이 뭘까요? 각자의 인생을 살아가면서 기존의 편견에 맞서는 모습을 보여 주면 됩니다. 아직도 갈 길이 멀기는 하지만 희망은 있습니다. 이 자리의 모든 사람이 이 점을 꼭 기억했으면 합니다." 우레와 같은 박수갈채가 터져 나왔다.

수업이 끝난 후 학생들이 작별 인사를 하기 위해 T교수 주위로 몰려들었다. 나도 그 옆에 끼어 무리가 줄어들기를 기다렸다. 마침내 T교수에게 인사말을 전할 수 있게 되었다. "선생님, 수업 정말 재밌게 들었습니다. 수업을 청강할 수 있게 해 주신 것에 대해 다시 한 번 감사드립니다. 정말 많은 것을 배웠습니다."

교수가 말했다. "저도 참 기뻤습니다. 이 강의를 처음 시작했을 때는 오래된 책들이 이렇게 재미있을 줄 몰랐어요. 이제 고전의 가치를 알겠어요. 고전은 아직도 참 유의미한 책들입니다."

나는 고개를 끄덕이며 대답했다. "맞아요!" 순간 충동적으로 발끝을 들고 T교수를 와락 끌어안았다. T교수도 나를 포옹해 주었고 우리는 마지막으로 작별 인사를 나누었다.

건물 아래층 로비로 내려가 정문 유리창 밖을 내다보았다. 조금 있으면 크리스마스를 맞아 가족들이 모일 예정일 터다. 어머니와 여동생이 그날 오후 캘리포니아에서 날아오고 있었다. 내일 아침에는 시댁 식구들이 롱아일랜드에서 차를 타고 올 것이다. '크리스마스카드를 쓰고 쿠키를 굽고 트리를 장식해야지.' 그런 후에 남편과 나는 크리스마스 만찬을 소화시키면서 이사 준비로 미친 듯이 정신없는 시간을 보내야 할 것이다. 하지만 일단은 해야 할 모든 일에 대한 생각들을 옆으로 밀어 놓았다. 대신 강의실과 바깥세상 중간에 있는 공간에서 몇 분간 생각에 잠겼다. 1세대 페미니즘을 불러일으킨 책들을 다시 읽으며 운명을 창조할 수 있다는 사실을 발견했다. 아니 '기억했다.'라는 표현이 더 어울릴 것이다. 그리고 초창기 페미니스트들은 또한 한 인간의 운명을 창조하는 것은 단지 시작에 불과하다는 것을 보여 주었다. 하루도 쉼 없이 운명을 살아가는 것은 별개의 문제다.

바깥으로 나가기 전에 반사적으로 추위에 대비해 스카프를 목주위에 단단히 감았다. 캠퍼스에는 앙상한 가지에 하얀 크리스마스 전구를 달아 반짝이는 나무들로 가득했다. 조금 걷다가 로언과 마주쳤다. 로언은 맨 손가락 사이에 담배를 끼운 채 연기를 내뿜고 있었다. 흰 연기가 입김인지 담배 연기인지 분간하기 어려울 정도로 날씨는 추웠다.

"다음 학기에 뵐 수 있나요?" 로언이 말을 건넸다.

"당연하죠!" 나는 이렇게 대답하고 집으로 향했다.

3부

페미니즘이 집안일을 해 주나요?

오믈렛을 만들려면 달걀을 깨야 한다.

—지그문트 프로이트, 『도라』

# 자기만의 방

뉴욕으로 돌아가겠다는 결정이 어떤 면에서는 가장 어려운 부분이었다. 일단 일을 시작하자 나머지는 순조롭게 착착 진행되었다. 집을 내놓자 곧 사겠다는 제안이 들어왔고, 학기 중간이었음에도 실비아를 브루클린의 유치원에 입학시킬 수 있었고, 그곳에서 몇 블록 떨어진 곳에 있는 방 두 개짜리 아파트도 찾아냈다. 모든 게 지나칠 정도로 완벽했다. 뉴욕 답사 차 방문했던 날 운 좋게도 유치원에서 실비아와 동갑내기인 아이가 다른 도시로 이사 갈 예정이라 마침 자리가 하나 비어 있다는 소식을 들었고, 그날 오후에는 세계대전 이전에 지어진 아파트 임대 계약서에도 서명했다. 그곳은 볕이 잘 드는 데다 애완동물을 키울 수 있으며 거실 밖으로 뜰이 보이고 주방도 분리식이었다. 게다가 주방 옆에 작업실로 사용하기에 적당한 자그마한 공간도 있었다. 뉴욕에 사는 친구들은 우리의 행운에 감탄했다. 우주가 우리를 축복해 주는 듯했다.

그렇더라도 이사가 인생에서 가장 스트레스를 많이 받는 사건 중 하나로 꼽히는 데는 그럴 만한 이유가 있었다. 일단 집을 줄여 이사 가야 했기에 집기들을 상당량 처분해야 했다. 우리는 몇 시간 동안 낑낑대며 앤티크 가구들을 길가에 내놓았다. 내놓은 가구들은 거리 청소부가 우리 집에 지명 수배령을 내리기라도 한 듯 눈 깜짝할 사이에 사라졌다. 쿠진아트 커피메이커와 크레페 메이커는 아버지에게 넘겨주었다. 새로 이사 갈 아파트 주방에는 그것들을 놓을 만한 수납장이나 조리대가 없었다. 아기 용품들은 곧 첫 아이를 낳을 예정인 이웃에게 몽땅 팔았다. 그 밖에 산더미 같은 장난감과 책, 옷가지는 구세군에 기증했다. 그렇게 정리하고 남은 물건들을 두꺼운 종이 상자에 차곡차곡 넣어 운반용 차로 먼저 실어 보냈다.

마침내 집이 비었다. 한가롭게 이 방 저 방을 돌아보노라니 이제 마지막이라는 생각 때문인지 약간의 아쉬움이 밀려왔다. 우리는 군데군데 페인트가 벗겨진 바닥을 다시 칠하는 등 수고를 들였지만 끝내 이 집이 우리 집 같다는 느낌은 들지 않았다. 이 집에 이사 오기 전에 부동산 감정사가 집 구경을 시켜 주며 했던 말이 생각났다. 그 지역 사람인 감정사의 피부는 바닷바람과 햇볕에 단련되어 가죽처럼 반질댔다. 감정사는 지하실에서 몸을 웅크리고 앉아 오래된 보일러를 점검하면서 이런 말을 했다. "이런 집은 어느 한 사람의 소유물이 될 수 없어요. 누구든 다음 사람이 올 때까지 잘 돌보기만 하는 거죠." 그는 보일러를 충실한 말인 양 쓰다듬었다.

여기에서 우리의 시간은 끝이 났다. 우리는 차에 짐을 다 싣고 실비아를 카 시트에 앉힌 후 마지막으로 집을 돌아보았다. 태양이 물속으로 가라앉으면서 집이 분홍빛으로 물들어 있었다. 빛이 반사되어 창들이 반짝이고 있었다. 내 시선이 다락방의 작은 창으로 향했다. 나는 자동차가 달리기 시작하고도 집이 보이지 않을 때까지 고개를 돌린 채 시선을 거두지 못했다. 이윽고 고개를 앞으로 돌렸다.

* * *

그렇게 우리는 다시 뉴요커가 되었다. 뉴욕에서 살아가려면 기가 막힌 부자이거나 믿을 수 없을 정도로 운이 좋지 않은 한 비좁은 공간에 적응해야만 한다. 우리는 뉴욕으로 돌아온다는 것이 무엇을 의미하는지 정확히 알고 있었기 때문에 3층짜리 빅토리아풍 주택에서 방 두 개짜리 아파트로의 전환이 그다지 고통스럽지는 않았다. 게다가 좋은 점도 많았다. 그곳에서 실비아를 유치원에 데려다 주거나 우유 한 팩만 사려고만 해도 운전대를 잡아야 했던 일은 전혀 그립지 않았다. 빈방에 쌓여 가던 먼지 뭉치도, 하룻밤 사이 콩 줄기처럼 무성하게 잡초가 자라났던 뒷마당도 전혀 그립지 않았다.

뉴욕으로 돌아온 첫 주에 우리 가족은 브루클린 하이츠의 산책로를 따라 오후 산책을 나가 맨해튼과 브루클린 다리에서 아름다운 풍광을 감상했다. 강철과 유리로 만들어진 도시의 풍경이 푸른 하늘을 수놓았다. 겨울의 냉기를 품은 바람이 양 뺨을 때렸다. 우리가 이제 막 오즈의 나라에 착륙해 발을 한걸음씩 뗄 때마다 흑백이던 세상이 오색찬란하게 바뀌는 것 같다는 생각이 들었다. 엠마가온갖 냄새에 허공을 열심히 킁킁거리며 연신 꼬리를 흔들어 댔다. 실비아가 비행기처럼 팔을 양쪽으로 쭉 뻗고 주위를 뱅글뱅글 돌다가 끼익 소리를 내며 내 앞에 멈추어 섰다. 실비아의 눈이 반짝반짝 빛나고 있었다. "나는 뉴욕이 좋아!" 실비아가 소리쳤다. 나는 웃으며 몸을 구부려 실비아의 머리에 뽀뽀를 해 주었다. 아나폴리스가 수백 킬로미터 떨어진 것처럼 느껴졌다. 우리가 뉴욕을 떠난 적이 없는 것처럼 느껴졌다.

하지만 서른세 평짜리 집에 살아야 하는 현실은 그다지 녹록지 않았다. 남편과 나는 강제로 동일한 궤도에 놓여졌다. 샤워기 하나를 먼저 쓰기 위해 다투어야 했고 주방이 좁다 보니 내가 아침 식사를 준비하고 남편이 커피를 타다 보면 서로 부딪히기 일쑤였다. 사생활은 아득한 과거의 이야기가 되었다.

"미안, 엄마." 남편은 실비아를 유치원에 데려다 주려고 서둘러 나서던 나와 부딪히고 불쑥 이 말을 내뱉었다. 커피메이커를 닦으면서도 또 남편과 마주쳤다. 욕실에서 양치질을 하고 있을 때도 남편이 불쑥 들어왔다.

"좋아." 나는 치약 거품을 입에 잔뜩 문 채 남편을 향해 칫솔을 흔들며 말했다. 혼란을 바로잡아야 했다. "이런 일은 더 이상 용납 못 해. 그리고 나는 당신 엄마가 아니야." 남편은 그 말이 나를 미치게 한다는 걸 알고 있었다.

실비아가 끼어들며 말했다. "엄마 말이 맞아, 아빠. 엄마는 내 엄마야."

남편이 눈썹을 추켜올리며 말했다. "저 말 들었어요? 엄마? 엄마라고 말해서 미안해요, 엄마."

나는 터져 나오는 웃음을 참지 못했고, 이내 욕실 거울에 치약 거품이 튀었다.

하지만 내가 늘 그렇게 잘 웃는 것은 아니었다. 아파트는 항상 오만 가지 소음으로 시끄러웠다. 이야기 소리와 키보드 두드리는 소리가 늘 울려 퍼졌다. 수다쟁이 네 살배기 아가씨와 목청을 타고난 비글 덕택에 우리 집은 아늑한 은신처라기보다는 미치광이들이 집합해 있는 정신 병원 같아 보일 때가 많았다.

그 모든 소음은 참아 낼 만한 수준이었을지도 모른다. 이 아파트가 내가 작업하는 공간을 겸한 곳만 아니었다면 말이다. 게다가 처음 몇 달간은 남편도 집에서 작업을 했다. 그리하여 나는 아이디어를 떠올렸다가도 수없이 방해받으며 정신적 소음이라고 부를 수밖에 없는 생각의 파편에 시달리게 되었다. 프리랜서로 일해야 하는 압박감과 해야 할 집안일 사이에서 괴로워하던 내게 심각한 건망증이 찾아왔다. 웃음 소재로 자주 쓰이는 깜빡깜빡하는 어머니 이야기가 더 이상 남의 이야기가 아니었다. 약속을 이중으로 하고 열쇠를 잃어버리고 말을 하다 무슨 말을 하려 했는지 까먹기 부지기수였다. 하는 수 없이 포스트잇에 해야 할 일 목록을 적어 붙여두려 했지만 엉뚱한 곳에 두거나 둔 곳을 잊어버렸다. 분명 뭔가 목적이 있어서 방에 들어갔는데 걷는 도중 생각이 새 버린다. 도대체 방에 왜 들어왔는지 기억이 나질 않는다. 제길 ……. 소용돌이치는 일상의 혼돈에 휩쓸려 앞이 보이지 않을 때면 숨 쉴 틈을 찾아헤맸다. 더듬더듬 찾아낸 잠시 동안의 정적은 태풍의 눈과도 같았다. 그토록 많은 어머니가 명상이나 요가를 시작하는 것은 놀라운일이 아니었다.

이사를 한 후 '페미니즘 고전 연구' 수업에 대한 생각이 간절해졌다. 읽기 과제를 뒤적이는데 버지니아 울프(Virginia Woolf)의『자기만의 방』이 눈에 들어왔다. 내 상황에 딱 들어맞는 책 아닌가.『자기만의 방』은 1928년에 버지니아 울프가 케임브리지 대학 강의 발표문을 손보아 발표한 장문의 학술 논술이다. 버지니아 울프는 이 책에서 전 세계가 대공황의 수렁에 빠져 있는 시기에 여자가소설을 쓰려면 자기만의 방과 연간 500파운드의 수입이 갖춰져야만 한다고 간결하게 말한다. 이 기본 진술에서 시작해 역사를 촘촘히 고찰함으로써 여자의 경제적 자립과 동등한 기회를 주장하는오래된 페미니즘 논쟁의 불씨를 지핀다.

책에서 가장 인상적인 부분은 셰익스피어에게 재능 있는 여동생 주디스가 있었다고 가정하고 풀어 놓은 이야기다. 주디스는 여자라는 한계 때문에 천재성을 꽃피우지 못한 채 시들어 버리고 만다. 오빠인 셰익스피어에게는 어느 정도의 교육이 허락되지만 주디스에게는 그렇지 않았다. 재능을 속박당한 주디스는 스타킹을수선하고 스튜를 젓는 등의 가사 노동에 저당 잡힌 삶을 산다. 주디스의 아버지는 딸을 우둔하고 따분한 양모 선별공과 결혼시키려한다. 이에 주디스는 반항하지만 돌아오는 것은 매질이었다. 주디스의 아버지는 구슬과 좋은 페티코트를 사 줄 테니 결혼하라고 꼬드기지만 주디스의 관심은 그런 것이 아니었다. 주디스는 솟구쳐 오르는 재능을 억누르지 못하고 꿈을 이루기 위해 런던으로 도망친다. 런던에서 일자리를 구하기 위해 처음 찾은 곳은 극장이었다. 두드린 극장 문을 열고 나온 남자들은 주디스에게 빈정거리며 뺨에 침을 뱉기까지 한다. 달리 갈 곳도, 천재성을 뒷받침해 줄 지원도 없는 주디스에게 런던은 비정한 곳이었다. 결국 그 극장의 극단 책임자 겸 배우인 한 남자가 주디스를 측은하게 여겨 받아 준다. 하지만 그의 연민은 주디스를 임신하게 만든다. "여자의 몸에 억류된 채 얽혀 있는 시인의 마음, 그 열정과 격렬함을 누가 측정할 수 있겠는가?" 젊은 주디스는 얼음같이 차가운 밤에 자살하고 만다. 그녀의 시신은 엘리펀트 캐슬 교차로 부근의 이름 없는 무덤에 안장된다.

버지니아 울프는 『자기만의 방』 결론에서 가공의 인물인 셰익스피어의 여동생 주디스를 환기시키며 그녀의 '잃어버린 운명'에 대한 책임이 현대 여성들에게 있다고 말한다. 그녀는 이렇게 적었다.

이제 나의 신념은 글 한 줄 쓰지 못한 채 교차로에 묻힌 이 시인이 아직 살아 있다는 것입니다. 그녀는 여러분 안에 그리고 내 속에, 또 오늘 밤 설거지하고 아이들을 재우느라 이곳에 오지 못한 많은 여성들 속에 살아 있습니다. 그녀는 살아 있지요. 위대한 시인은 죽지 않으니까요. 그들은 계속되는 존재들입니다. 그들은 우리 속으로 걸어 들어와 육체를 갖게 될 기회가 필요할 뿐입니다. 이제 여러분의 힘으로 그녀에게 이런 기회를 줄 수 있는 가능성이 커지고 있습니다. 우리가 앞으로 백 년 정도 살게 되고 (우리가 개인으로 살아가는 각자의 짧은 인생이 아니라 진정한 삶이라 말할 수 있는 공동의 생활을 언급하는 겁니다.) 각자가 연간 500파운드와 자기만의 방을 가진다면, 그리고 우리가 스스로 생각하는 것을 정확하게 표현할 수 있는 용기와 자유의 습성을 가지게 된다면, 우리가 공동의 거실에서 조금 탈출하여 인간을 서로에 대한 관계에서만이 아니라 리얼리티와 관련하여 본다면, 그리고 하늘이건 나무이건 그 밖의 무엇이건 간에 사물을 그 자체로 보게 된다면, 아무도 시야를 가로막아서는 안 되므로 밀턴의 악귀를 넘어서서 볼 수 있다면, 매달릴 팔이 없으므로 홀로 나아가야 하고 남자와 여자의 세계만이 아니라 리얼리티의 세계와 관련을 맺고 있다는 사실 ― 그것이 사실이므로 ― 을 직시한다면, 그때에 그 기회가 도래하고 셰익스피어의 누이였던 그 죽은 시인이 종종 스스로 내던졌던 육체를 걸칠 것입니다.

이 글을 읽는 내내 목구멍이 꽉 막히는 기분이 들었다. 버지니아 울프는 한 세기 이내에 셰익스피어의 여동생이 새로운 세대의 여성으로 다시 살아날 것이라 예언했다. 하지만 버지니아 울프 자신은 그것을 보지 못했다.『자기만의 방』출간 12주년이 되던 해에 코트 주머니에 돌을 채워 넣은 채 우즈 강으로 걸어 들어가 자살했기 때문이다. 2차 세계대전이 그녀의 일상에 난입해 파괴의 위협을 가하던 시기였다. 런던의 집과 서재도 폭격으로 내려앉아 폐허가 되었다.

버지니아 울프는 소설을 끝내기는 했지만 깊은 절망감에서는 벗어나지 못했다. 자살한 날 아침에는 남편 레오나드에게 이런 글을 남겼다. "다시 한 번 미칠 거라는 확신이 들어요. 그리고 이번에는 회복하지 못할 것 같아요." 정신병과 극심한 감정 기복은 버지니아 울프 생애 거의 대부분을 난타하며 건강과 대인 관계에 악영향을 끼쳤지만 동시에 그녀의 글에 빛나는 통찰을 불어넣었다. 『자기만의 방』에는 "단일한 상태에 머무르지 못하는 마음의 단절과 대립"에 대한 사색이 나온다. "마음은 항상 그 초점을 전환시켜 세상을 다른 시각으로 보게 해 준다. 이런 마음 상태 중 어떤 것은 자연스럽게 취해지더라도 불편함을 불러일으킨다. 그런 마음 상태를 지속하려면 다른 상태를 억눌러야 하며 점점 그 억제는 노력이 된다."

이러한 관찰은 그녀의 소설에도 나타나 있다. 버지니아 울프가 쓴 소설 중 아무 책이나 꺼내 들어 보라. 그녀의 산문은 광기 어린 듯 정신없이 전개된다. 마음이 무질서하게 방황하며 한 가지 생각이 새로운 생각으로 덜컹거리며 넘어가고 서로 모순되는 사실과 생각이 빈번하게 나온다. 버지니아 울프는 마음이 여러 갈래로 나뉘어 생각, 경험, 감정의 모든 조각들로부터 한 덩어리의 자아의식으로 합치려 발버둥 친다고 적었다.

지금의 나는 비좁은 아파트에 살면서 직업적 기반을 다시 다지려 노력 중이며, 동시에 어린 딸을 돌보고 있다. 버지니아 울프가 말한 여성의 창의성 발휘에 필요한 조건을 내게 적용해 보면 어떨까? 내게 돈이 있다면 ── 물가 상승률을 감안해 500파운드를 미국

화폐 단위로 바꾼다면 ── 그리고 ──주방옆의 작업실 같은 ── 나만의 방이 있다면 그것만으로 충분한 걸까? 이런 생각에 잠겨 있던 찰나 실비아가 작업실 문을 쿵쿵 두드렸다. "엄마, 엄마, 엄마?" 순간 영감을 주었던 뮤즈가 겁을 집어먹고 달아나 버렸다. 생각났던 단어들이 모두 날아갔다. 나는 짜증을 내며 마지못해 문을 열었다. 문 앞에 선 딸은 자작시 한 편이 적힌 종이를 내게 건넸다. 딸의 표정은 자못 진지하고 뿌듯했다.

"엄마, 내가 엄마 주려고 썼어."

# 제2의 성

나는 휴식에 목말라 있었다. 남편이 주말에 딸을 데리고 롱아일랜드의 시부모 댁에 다녀오기로 했다. 나는 그 기회를 와락 움켜잡았다. 수업을 따라가려면 엄청난 양의 책을 읽어야 한다며 나 없이 둘만 다녀오라고 힘주어 말했다. 이제 두 사람이 떠나기까지 두 가지 사소한 문제만 해결하면 만사형통이었다. 첫 번째 문제는 봉제 인형을 다섯 개만 가져가야 한다는 제약에 대한 실비아의 반항이었고, 두 번째 문제는 내가 함께 가지 않는다는 사실 그 자체였다. 마침내 차에 짐을 모두 싣고 차 키도 이미 꽂았다. 그때 실비아가 말했다. "목말라." 나는 남편을 쳐다보았고 남편은 한숨을 쉬었다.

"과자도 챙겼어?" 내가 물었다.

"아니." 남편이 눈동자를 굴리며 대답했다. "가면서 뭐든 사 먹으면 될 거야."

"목말라." 실비아가 다시 말했다.

나는 위층으로 뛰어올라가 주스 박스와 크래커, 치즈 스틱을 봉지에 담았다. 차로 내려오니 실비아는 내가 같이 가지 않는다는 사실을 새삼 깨닫고 흐느껴 울었다. 남편은 핸들을 손가락으로 두드리고 있었다.

"그렇지만 엄마, 엄마가 보고 싶을 거야." 실비아가 부르짖었다.

나는 흔들렸다. 당장 위층으로 달려가 옷가지 몇 개를 집어 들고 자동차에 뛰어들어 두 사람과 함께 떠날 수도 있었다. 쌀쌀한 날씨에도 겨드랑이가 축축했다. 하지만 고작 주말 동안만 떨어져 있는 것 아닌가. 난 단 며칠만이라도 고독하게 보낼 수 있기를 간절히 기다려 왔다.

나는 단호하게 실비아의 눈물을 닦아 주고 뽀뽀를 퍼부으며 꼭 안아 주었다. 죄책감을 느끼면서. 아니 죄책감만으로는 충분치 않았다. 남편은 차에 시동을 걸었고 나는 자동차가 보이지 않을 때까지 세차게 손을 흔들어 주었다. 자동차가 모퉁이를 돌자 나는 안도의 한숨을 내쉬고 느긋하게 계단을 올라 집 안으로 들어왔다. 뭔가 잘못된 것 같다는 기분을 없애기 위해 잠시 현관에 꼼짝 않고 서 있었다. 그때 그것이 찾아왔다.

정적.

나는 한동안 정적의 소리를 잊고 지냈다. 침묵 속에 홀로 있을 때 귓가에 울리는 희미한 고주파 소리 말이다. 고독 속에 이렇게 빠져 있는 게 얼마만인지 감격스러울 정도였다. 일상적 생활과 익숙한 소음의 부재는 그 자체로 오락이었다. 나는 빈둥대며 몽상에 잠긴 채 몇 시간을 보냈다. 순식간에 하루가 지나갔고 그 주의 읽기 과제인 『제2의 성』이 퍼뜩 떠올랐다. 내가 십 대 때 글귀를 적어 표시해 놓은 닳아 해진 그 책은 커피 테이블 위에서 내가 주목하기만을 기다리고 있었다. 표지의 시몬 드 보부아르가 기분 좋은 듯 눈가에 살짝 주름진 표정으로 나를 올려다보고 있었다. 기숙사 방을 옮기고 이사를 할 때마다 이 책을 빼놓지 않고 싸 가지고 다녔지만 10년 넘게 펼쳐 보지는 않았다. 나는 커피 테이블에 앉아 책을 들고 있는 팔을 한껏 뻗어 보부아르의 얼굴을 마주했다. 마치 그녀와 대화를 시작할 참인 것처럼.

대학에 다닐 때 『제2의 성』을 읽고는 시몬 드 보부아르에게 살짝 반했더랬다. 그때 내 눈에 비친 그녀는 재기 발랄하고 매력 넘치는 여성이었다. 시몬 드 보부아르는 항상 유행하는 옷을 입었으며 머리를 뒤로 모아 틀어 올린 헤어스타일을 고수했다. 그녀는 호텔에 살면서 담배 연기 자욱한 파리의 카페에서 작업했다. 그곳에서 그녀는 회고록, 소설, 기행문, 철학서를 썼으며 모두 출간 후 평단의 격찬을 받았다. 굴하지 않는 독립성을 추구한 시몬 드 보부아르는 아마도 역사상 가장 유명한 독신녀일 것이다. 그렇다고 해서 그녀가 사랑받지 못한 여자였다는 뜻은 아니다. 장 폴 사르트르(Jean Paul Sartre)와의 연애와 미국 작가 넬슨 올그런(Nelson Algren)과의 요란한 밀회가 전설로 남아 있지 않은가. 졸업 후의 진로를 모색 중이던 여대생에게 보부아르는 무척 끌리는 롤모델이었다.

학창 시절 읽었던 책을 다시 읽다 보니 불현듯 시간과 공간의 타래가 풀리는 기분이 들었다. 눈앞이 번쩍이며 과거의 내 모습이 바로 내 앞에 나타났다. 당시 나의 등 중간까지 오던 긴 머리는 항상 헝클어져 있었다. (머리칼을 자르고 힘을 잃은 삼손처럼 머리를 자르면 풋내기 정신이 사라질까 봐 그렇게 하고 다니는 것이라 말하곤 했지만 사실은 아무리 노력해도 머리를 차분하게 진정시킬 수 없었다.) 내가 걸친 옷은 대부분 중고품 가게에서 구입한 것이었다. 빈티지 원피스와 투박한 검은 부츠, 체크무늬 플란넬 셔츠가 내 일상복이었다. 코에는 작은 오팔 피어싱을 했으며 내가 하던 화장이라고는 자줏빛이 도는 검붉은 립스틱이 전부였다. 여름이면 해외로 나가 일을 했다. 이탈리아, 에콰도르, 코스타리카로. 설명할 수는 없었지만 외국에 나가 지내노라면 내가 존재한다는 느낌이 들었다. 당시 고국과 나를 이어 주던 가장 강한 끈은 바로 남자 친구였다. 대학생이었던 남자 친구는 나의 가장 친한 친구이기도 했다. 우리는 그리니치 빌리지에 있던 예술 영화 극장인 필름 포럼인에서 오후를 보냈다. 기울어진 동굴 같던 상영관에 손을 잡고 앉아 외국 영화들을 보았다. 영화 상영 중에 우르릉거리며 지나가는 지하철 소리가 들렸다. 영화를 보고 나와서는 카페에 앉아 에스프레소를 앞에 놓고 담배를 피우며 몇 시간 동안 이야기를 나누었다. 그는 속표지에 나만 이해할 수 있는 난해한 암호를 적어 놓은 소설책을 건네 주곤 했다. 나는 그의 영화 프로젝트에 대한 조언을 아끼지 않았다. 그는 내가 쓴 단편들을 읽고 내가 그린 그림들을 칭찬해 주었다. 대학 졸업 후에는 지극히 당연하다는 듯 집을 합쳐 원룸에서 함께 살았다. 결혼이란 부수적이고 쓰잘머리 없는 허식이었다. 우리는 자칭 관습에 얽매이지 않는 사람들이었다. 우리는 예술가들이었다.

그런데 돌연 상황이 달라졌다. 내가 취직해 안정적인 급여를 받고 퇴직 연금 제도인 '401(k)'에 가입해 급여의 일부를 불입하기 시작하면서부터였다. 남자 친구는 그때까지도 영화 제작자의 꿈을 포기하지 않고 밤낮으로 일했다. 오팔 장신구를 빼낸 내 코의 구멍은 금세 막혀 상처 하나 남기지 않고 거의 감쪽같이 사라졌다. 욕실의 얼룩진 거울 앞에 서서 온갖 값비싼 젤과 크림으로 머리카락을 진정시키려 애쓰는 모습을 본 남자 친구는 안됐다는 듯 고개를 저었다. 케케묵은 빈티지 옷가지들은 차곡차곡 접혀 옷장 구석에 보관되었다가 결국 자선 단체로 보내졌다. 나는 그 옷들 대신 무릎 바로 윗선까지 오는 딱 떨어지는 치마 정장을 입었다. 닥터 마틴 신발은 얄쌍한 하이힐로 바뀌었다. 나는 더 이상 오후에 극장을 순례하는 자유를 누릴 수 없었지만 그건 남자 친구도 마찬가지였다. 어쩌다 금요일이나 토요일 밤에 마이크 리나 히치콕 감독의 영화를 보러 가더라도 나는 어두운 극장 안에서 잠이 들어 버리곤 했다.

우리가 함께하는 시간은 뜸해졌으며 간혹 기회가 있더라도 늘 허둥지둥 보내야 했다. 그는 자주 여행을 떠났다. 새 아파트로 이사하기로 약속한 날을 며칠 앞두고 남자 친구가 영화 편집차 로스앤젤레스로 가서 여름을 보내고 올 예정이라고 선언했다. 정말 예의도 배려도 없는 처사였다. 분노가 몇 주 동안 가시질 않았다. 나는 가진 짐을 모두 싸서 새 아파트로 혼자 이사했다. 항상 혼자 남아 집을 지키며 기다리기만 하는 여자는 되고 싶지 않았다. 남자 친구가 전화했지만 받지 않았다. 나중에 연락이 닿았을 때 나는 이런 식으로는 계속 함께 하기 어려울 것 같다고 말했다. 남자 친구는 둘이 함께 잘 헤쳐 나갈 수 있다고 주장했다. 두 사람이 함께 예술가로서의 삶을 꾸려 나갈 수 있다는 것이었다. "아니." 나는 말했다. 수천 킬로미터 떨어진 채 살면서는 그럴 수 없다고 했다. 과거에는 그랬는지 몰라도 이제는 더 이상 그런 종류의 예술가 정신을 가지고 있지 않다고 했다. 나는 항상 같은 자리에 있으며 기댈 수 있는 사람을 원했다. 더 이상 혼자 있고 싶지 않았다. 한바탕 눈물과 비난 세례를 퍼붓고 우리 관계는 끝이 났다.

몇 년 전의 바로 이 지점이 보부아르와 내가 서로 다른 길을 걷게 된 전환점이라는 생각이 들었다.

시몬 드 보부아르는 자유롭지만 고독한 삶을 의도적으로 선택했다. 그녀는 거기에 어떤 장점이 있는지 그리고 어떤 값비싼 대가를 치러야 하는지 잘 알고 있었다. 보부아르는 스스로에게 고독한 삶을 선고한 것이나 다름없었다. 반면 나는 더 많은 사람이 가는 길을 선택했다. 종국에는 결혼과 출산, 그리고 양육으로 이어질 길을 말이다. 물론 나도 장점을 취하는 대가로 희생해야 할 부분이 있다는 사실을 잘 알고 있었다. 나는 정착이 곧 성장이라고, 충동적인 어린 자아에서 벗어나 책임감 있는 어른이 되는 길이라고 나 자신의 선택을 합리화했다. 하지만 마음속 어딘가에는 내가 너무 큰 두려움이나 너무 유약한 신념 때문에 그런 선택을 내린 것은 아닌가 하는 의심이 남아 있었다.

나는 시몬 드 보부아르를 똑바로 쳐다보았고 그녀도 나를 똑바로 쳐다보았다. 그녀의 시선은 도전적이고 매혹적이었다. 그리고 마침내 나는 『제2의 성』을 읽기 시작했다.

"나는 오랫동안 여자에 대한 책을 쓸지 망설였다." 보부아르는 이 문장으로 서문을 시작했다. "이 주제는 여자들에게 염증을 일으키며 새롭지도 않다. 페미니즘과 관련된 논쟁은 이미 숱하게 벌어져 왔고 실질적으로 끝이 났기에 그에 대해 더 이상 이야깃거리가 없는지도 모른다." 보부아르는 이렇게 시작해 이 문장이 참이 아님을 이야기한다. 700쪽 분량의 공들인 분석을 통해 여성성이 생물학적 운명보다는 사회적 구조물이라는 증거를 제시한다. 보부아르는 여성성을 여자들이 강제로든 자발적으로든 겉에 걸치고 있는 가리개로 여긴다. 사실 2세대 페미니즘 물결을 이끈 '경전'이라는 이 책의 별칭에는 빈정대는 투가 약간 섞여 있다. 성이 운명이라는 가정을 체계적으로 공격한 보부아르에 대한 반감 때문이다.

『제2의 성』의 제1권은 1949년에 프랑스에서 출간되었다. 보부아르는 2차 세계대전의 충격 이후 사회에 팽배해 있던 주제에 대해 침묵을 깼다. 프랑스 여성들이 1945년에 투표권을 쟁취한 후 — 미 의회에서 여성들에게도 투표권을 주기로 한 헌법 수정안을 가까스로 통과시킨 지 정확히 25년 후였다. — 페미니즘은 그 목표를 달성했다고 여겨졌다. 싸움은 끝났다! 그때 『제2의 성』이 서점에 상륙했고 첫 주에만 2만 2000부가 팔렸다. 즉시 터져 나온 악평들이 책 판매에 일조한 면도 있었다. 언론은 여자의 성, 피임법, 임신 중절, 결혼, 육아 등의 주제에 대한 솔직한 발언을 강력히 비판했으며 상당수 프랑스 독자들은 분개했다. 보부아르는 당시 분위기를 이런 일기로 남겼다. "나는 불만분자에, 불감증에, 남근 숭배주의자에, 색정광이며, 레즈비언이며, 수백 번 임신 중절한 사람으로 그려졌다. 심지어 내가 미혼모라는 말도 나왔다." (그녀는 미혼모가 아니었다.) 3년 후 출판업자 앨프리드 크노프의 아내인 블랑슈 크노프가 『제2의 성』 요약본을 번역해 대서양 너머 미국에 내놓았고 결국 그 책은 미국 전역 대학 교과 과정에 포함되었다.

『제2의 성』은 우연한 시기에 내 삶에 들어왔다. 뉴욕에 대한 이끌림 때문에 또 여자 대학에서 인문학 수업을 듣어 보고 싶은 마음에 바너드 대학으로 학교를 옮기고 나서였다. 당시 내 마음 상태는 낯선 것에 대한 동경에 가까웠다. 페미니즘에 대한 매우 확실한 신념에 이끌려 바너드로 온 다른 학생들과 달리 나는 성장기에 특별한 남녀 차별을 경험해 본 적이 없었다. 컬럼비아 대학 국제 관계 대학원 1년 속성 과정에 합격한 한 친구가 기억난다. 그 친구는 봄 방학 때 집에 갔다가 아버지에게 더 이상 살찌면 시집도 못가겠다는 말을 듣고 왔다며 한탄했다. 그 친구의 아버지는 딸의 대학원 합격 소식을 듣고도 전혀 대견해하는 기색을 보이지 않은 채 텔레비전 앞에 놓인 편안한 의자에 앉아 어머니가 만들어 준 저녁을 입 안에 한가득 쑤셔 넣으며 살찐 것에 대해서만 타박했다고 한다. 친구는 그때 일을 떠올리며 주먹을 꽉 쥔 채 순도 100퍼센트의 분노를 표현했다. 나는 친구의 하소연에 맞장구쳐 주기는 했지만 사실은 복잡한 기분이 들었다. 친구의 분노가 나의 분노는 아니었기 때문이다. 내 경험은 친구와 반대였다. 저녁 식사를 차려 주고 외모에 신경 쓰지 말라거나 열심히 공부하라고 다독여 준 쪽은 항상 아버지였다.

나는 아버지에게서 "너는 무엇이든 할 수 있어."라는 말을 수없이 들으며 자랐다. 1970년대 초반 내가 태어났을 때 아버지는 의과 대학 재학 중이었고 어머니는 박사 학위 과정을 밟고 있었다. 우리 세 식구는 샌디에이고의 대학원생 기숙사에서 생활했다. 당시 스물다섯 살에 불과했던 젊은 부모님은 아직 가시지 않은 1960년대의 반체제 문화에 흠뻑 빠져 있었다. 기억을 더듬어 보면 성별이 여자라는 것은 머리가 갈색이라거나 눈이 갈색인 것과 다를 바 없는 하나의 특성에 불과했다. 가끔 부모님은 내가 서너 살 때 동네 남자아이들과 어울리며 오줌 멀리 누기 시합을 같이 하겠다고 떼쓰던 이야기를 웃으며 들려주곤 한다. 그 시합에서 이겼는지 졌는지는 모르겠지만 나의 고집만은 감탄스러울 정도였다고 한다. 나는 낮이면 동네 아이들과 몰려다니며 나무에 기어오르고 땅에서 지렁이를 파내 주머니에 넣고 다녔다. 빨래 바구니에 벗어 놓은 옷 주머니에서 나온 지렁이는 부모님을 기겁하게 만들곤 했다. 나는 주말이면 노란색 고물 폴크스바겐을 손보는 아버지 옆에서 보조 일을 하거나 카드놀이용 탁자를 펴놓고 아버지와 장난감 비행기를 조립했다. 외모만 보면 전형적인 아시아 여인이었던 어머니는 나의 학업 성과에 관한 한 엄격한 기준을 적용했다. 어머니는 정기적으로 게임이나 퍼즐로 나를 시험하곤 했다. 내 눈에 비친 부모님은 집 안에서나 바깥에서나 평등했다. 나는 어머니의 연구실에서 보낸 것과 똑같은 시간을 아버지의 연구실에서도 보냈다.

어머니는 여자들이 불리할 때 흔히 내미는 '여자 카드'를 쓰는 일이 거의 없었다. 이는 어머니가 남자들이 득실대는 분야에 몸담고 있었기 때문인지도 모른다. 그래서인지 나는 어머니를 한 여자로 주목한 적이 별로 없었다. 어머니는 자신을 페미니스트라 칭한 적이 없었다. 페미니스트라는 칭호는 오히려 아버지에게 어울렸다. 내가 사춘기에 접어들자 아버지는 나를 또래 문화의 악영향에서 보호하기 위해 홀로 고군분투했다. 중학교 2학년 때 친구들과 우리 집에서 파자마 파티를 열었던 적이 있다. 친구 하나가 열일곱 살 미만 관람 불가인 B급 영화 테이프를 들고 왔다. 십 대가 주인공이었던 그 영화의 제목은 「포키스」였다. 우리가 한창 영화에 빠져 낄낄대고 있을 때 아버지가 성큼성큼 걸어 들어오더니 비디오 테이프를 압수하고 내게 얘기 좀 하자며 위층으로 올라오라고 했다. 아버지는 거실 소파에 나를 앉힌 후 그 영화에 대해 설명해 주었다. 그 영화가 여자들을 물건 취급한다는 거였다. 아버지가 사용한 정확한 단어는 '대상화'였다. 그리고 내가 나 자신을 소중히 여기지 않아서 실망이라는 말도 덧붙였다. 나는 모멸감을 느끼며 아버지가 이야기하는 내내 고개를 푹 숙인 채 매니큐어를 바른 지 얼마 안 된 발톱만 바라보았다.

나중에 내가 고1이 되어 미적분 때문에 골머리를 앓고 있을 때 아버지는 『수학 걱정 뛰어넘기』와 『여학생도 수학을 할 수 있다!』라는 제목의 책을 사다 주었다. 나는 어이없다는 표정을 지으며 말했다. "우리 반에서 제일 공부 잘하는 애들은 거의 다 여자거든."

아버지가 말했다. "남자애들한테는 신경 끄고 공부에만 집중해."

요컨대 나는 대학에서 여성학 수업을 듣기 전까지 여자라는 성별이 제약이 될 수 있다는 생각을 해 본 적조차 없었다. 그런 나에게 여성학 수업은 굉장한 충격으로 다가왔다. 강의를 듣던 다른 학생들 대부분과 달리 전혀 모르던 세계를 접했기 때문이다. 여자로서의 삶 그 자체에 온전히 집중해 보는 것은 새로운 경험이었다. 나는 부모가 이혼한 열세 살 이후 줄곧 아버지와 살았다. 여자의 경험에 대해 조언해 줄 어머니나 언니가 가까이 없었기에 사실상 나는 남자들의 세상 속에 존재했다. 그런 환경은 헤어 드라이기를 사용할 줄 모른다거나 화장을 할 줄 모르는 것 이상으로 나의 자아 개념에 뿌리 깊은 영향을 끼쳤다. 집을 떠나 독립하고 나만의 취향이 생기면서 점점 내 성의 뿌리를 찾아야겠다는 생각이 들었다. 내가 여자인 이유를 찾고 나면 내 자아와 여성성 사이의 균형점을 찾을 수 있지 않을까 싶었다. 그 전까지는 내 안의 여성성을 철저히 무시한 채 지내 왔지만 갑자기 그것이 전혀 무의미하지만은 않다는 생각이 들었다. 보부아르가 『제2의 성』을 쓰게 된 이유에서 진술했듯, 나도 "나 자신에게 나 자신을 설명하고" 싶어졌다.

보부아르는 이를 위해 처음으로 돌아가 "여자란 무엇인가?"라는 의문에서 시작했다. 그 답을 찾기 위해 역사, 생물학, 문학, 철학 등 다양한 분야를 꼼꼼히 살펴 추려 냈다. 분석 끝에 보부아르가 내놓은 답은 "여자는 여자로 태어나지 않으며 여자로 만들어진다."라는 명제였다. 이 급진적 명제는 성에 대한 생각에 혁명을 불러일으켰다. 보부아르의 설명에 따르면 여자들은 여자가 되는 과정을 거치며 엄청난 대가를 치르게 된다. 자아와 날조된 여성성 사이의 갈등 때문에 여자들 내면에는 상처와 공백이 생긴다. 신은 이브에게 저주를 퍼부었고 이브는 자신의 자아를 넘겨주어야 했다.

보부아르는 이렇게 적었다. "여자는 남자를 참고로 하여 정의되고 구별되었지만 남자는 여자를 참고로 정의되지 않는다. 즉 여자는 부수적 존재다. 본질적 존재인 남자들과 달리 없어도 되는 비본질적 존재다." 한 인간으로서 남자가 수행해야 할 역할은 남자의 운명과 잘 들어맞기 때문에 여자들처럼 분열된 자아로 고통받는 일이 없다. 남자들은 자기 몫의 케이크를 받아 들고 맛있게 먹기만 하면 되지만 여자들은 힘들게 얻은 자기 몫의 케이크마저도 한입한입 칼로리를 계산해 가며 어렵게 먹어야 한다.

보부아르는 강인하고 예민하며 날카로웠다. 필요하다면 아무런 거리낌 없이 자기 몫으로 주어진 지성의 케이크를 먹어치우는 사람이었다. 남편과 딸이 오기 전까지 마지막 남은 고독의 시간을 음미하면서 책을 읽는 동안 다시 한 번 경외심을 느꼈다.

\* \* \*

그때 '탁' 하는 소리가 들려왔다. 며칠 후 나는 새 강의실에 앉아 있었다. 울면 도서관 뒤쪽에 자리한 눈에 잘 띄지 않는 곳에 있는 좁고 답답한 강의실이었다. L교수가 『제2의 성』을 탁자에 내려놓는 소리에 정신이 번쩍 들었다. L교수는 허둥대며 가방에서 노트북과 폴더도 함께 꺼내 내려놓았다. 봄 학기 강의를 맡았던 T교수의 차분한 태도와 비교하면 L교수는 활동적인 편인 듯했다. 동시에 유치원에 다니는 아이 둘을 둔 직장 맘의 신경이 곤두선 분위기를 확연히 내뿜고 있었다. L교수가 강의 시작에 앞서 그 사실을 이야기했을 때 나는 약간 실망했다. L교수 같은 부류는 내게 너무 나도 익숙했다. 나와 다를 바 없었고 내가 아는 수많은 아기 엄마와 다를 바 없었다. T교수는 내가 그려 왔던 '페미니스트'의 이미지에 더없이 잘 어울렸는데……. 나는 페미니스트에 어울리는 특정한 이미지가 있을 것이라는 나의 이런 생각이 터무니없다고 여기며 스스로를 꾸짖었다. 반(反)페미니스트의 경우는 있을지도 모르지만.

"간식들 먹어요." L교수가 프레첼이 담긴 봉지를 내밀며 말했다. 학생들은 예의 바르게 과자 봉지를 차례로 넘겼다. "간식 스케줄을 정해야겠어요. 강의 시간이 길어서 중간에 간식을 먹지 않으면 힘들 테니까요. 이 종이에 이름을 적으세요. 돌아가면서 간식을 가져오는 걸로 합시다." L교수는 자기 옆에 있는 학생에게 종이 한 장을 건넸다. "단, 건강에 좋은 음식이면 좋겠어요. 쿠키는 가져오지 말았으면 해요. 참, 알레르기 있는 사람?" 한 학생이 손을 들고 자기에게 옥수수 시럽 알레르기가 있다고 했다. "옥수수 시럽 알레르기요? 처음 들어 보는 알레르기네요. 좋아요. 모두 들었죠? 옥수수 시럽이 안 들어 있는 걸로 가져오세요." 내 생각에는 그 조건에 맞추려면 웬만한 간식 중 95퍼센트는 제외될 것 같았다.

L교수는 학생들에게 돌아가며 자기소개를 하도록 시킨 후 곧장 토론을 유도하기 시작했다. "각자 페미니즘을 어떻게 정의하는지 생각해 볼까요?" 재촉하는 말투였다. "오늘날 페미니스트가 된다는 것은 어떤 의미일까요? 페미니즘 운동의 중심은 어디일까요? 페미니즘은 여러 하위문화의 집합이라 볼 수 있을까요?" 학생들이

미처 대답하기도 전에 L교수가 스스로 답을 했다. 차차 알게 되었지만 이게 L교수의 강의 스타일이었다. "문제는 하위문화의 관심사가 지나치게 구체적이어서 일반 대중에게 의미 있게 받아들여지지 못한다는 점입니다. 이론에 치중하는 학자들에 의해 페미니즘이 주도되다 보니 난해한 용어들이 사용되었고 이것이 일반 대중을 멀어지게 만들고 있습니다." L교수는 숨을 깊이 들이쉬고는 프레첼을 으득으득 씹었다. 아이고, L교수는 말이 빠르기까지 했다.

다니가 먼저 입을 열었다. "고등학생일 때 미네소타에 있는 맥도날드 매장에서 아르바이트를 한 적이 있습니다. 그곳 직원의 98퍼센트가 여자였습니다. 그런데 제가 페미니스트라고 밝히자 그들 대부분이 저를 가소롭다는 표정으로 쳐다보았습니다. 제 생각에는 그 사람들이야말로 페미니즘이 절실히 필요했는데요. 거기에 남자라고는 딱 두 명 있었는데 둘 다 매니저였습니다. 두 사람 모두 주정뱅이에……."

레일라가 다니의 의견에 동조하며 말했다. "제 룸메이트는 항상 자기는 '페미니스트'가 아니라고 말하고 다닙니다. 자기는 그저 거침없는 성격일 뿐이라나요. 그 친구는 거침없이 행동하면서도 한편으로는 '사랑스러움'을 유지하려고 합니다. 제 말이 무슨 뜻인지 이해되시나요?"

"아, 무슨 뜻인지 알겠어요." L교수가 대답했다.

캐서린이 말했다. "그런 것은 모두 의미론과 관계있다고 봅니다. 전에 한 수업을 들었는데 학생들이 항상 '페미니스트처럼 들릴까 봐 조심스럽기는 하지만……'이라는 말로 발표를 시작하더군요. 결국 좌절감을 느낀 교수가 수업을 하다 그냥 나가 버렸어요."

L교수가 고개를 끄덕이며 대답했다. "아, 맞아요. 나도 그 자리에 있었어요. 하지만 페미니스트들도 실패한 적이 있다는 사실을 잊어서는 안 됩니다. 자칫 잘못하다가는 페미니즘을 왜곡하거나 페미니스트들을 박해할 우려가 있기는 하지만 우리는 반드시 다음 질문에 대한 답을 찾아야 합니다. '어떻게 하면 페미니스트에 대한 고정 관념을 없애 버릴 수 있을까요?' 어떻게 해야 페미니즘을 더욱 유의미하게 만들 수 있을까요? 어떻게 해야 페미니즘을 중산층, 그중에서도 특히 백인 중산층에게로까지 확대시킬 수 있을까요?"

L교수는 박자를 놓치지 않고 탁자로 손을 뻗어 강의 시작 전 대충 던져 놓았던 『제2의 성』을 집어 들었다. 나는 의자 등받이에 기댄 채 내가 가져온 『제2의 성』을 손바닥 위에 올려놓았다.

L교수는 책을 흔들며 말했다. "이 책으로 시작하죠. 여기서 저자가 의도한 주제는 뭐였을까요? 보부아르는 무엇을 제시했나요? 보부아르는 이 무미건조한 학술문을 통해 누구에게 말을 걸고자 했던 걸까요?"

L교수는 책을 빨리 없애고 싶기라도 한 듯 탁자에 툭 내려놓았다.

무미건조하다고? 시몬 드 보부아르가?

다음 두 시간 동안 나는 알지 못했던 보부아르의 뒷이야기를 들었다. 보부아르는 여성 비하주의자였으며 자신의 성을 혐오에 가까울 정도로 싫어했다고 한다. 그녀는 또한 '남자의 정체성'에 사로잡혀 거슬릴 정도로 거칠게 굴었으며 위선적이었다. 여성 동성애를 도착 행위도, 저주받은 운명도 아니라고 옹호하면서도 자신에게 동성 애인이 있다는 사실은 숨겼다. 보부아르는 어떻게 자신의 흔적을 그렇게 말끔히 지운 글을 쓸 수 있었을까? 중립적인 지성인인 척함으로써 자신의 여성성을 부정하고 자신은 남들과 다른 존재임을 드러내고자 했던 것일까? 그녀는 흑인 여성과 백인 여성 사이에 엄연히 존재했던 차이를 의도적으로 드러내지 않고 '여자'라는 넓은 뜻의 용어를 사용해 논의를 전개했다. 오만한 태도로 모두를 아래로 내려다보며 지식을 과시한 것이다. 여자를 노예와 유대인에 비유한 부분은 불쾌하기까지 했다. 보부아르는 여성성에 대한 전면 공격만으로는 불충분하다는 듯 여자들 자신이 남녀 차별과 종속 관계에 공모했다며 여자들을 비난한다. 정작 본인은 사르트르에게 뒷방 여인 취급받는 모욕을 감수했으면서도 말이다. 요컨대 보부아르는 여자가 여자이기를 바라지 않았다. 아, 나는 방향 감각을 잃고 혼란에 빠졌다.

강의가 막바지에 이르자 L교수는 기세를 누그러뜨렸다. "좋아요, 좋아. 그러니까 이 책은 지루하고 편향적이며 일부 불쾌한 내용을 담고 있는지는 몰라도 페미니즘의 중요한 개념적 주춧돌이 되었다는 점은 잊지 말아야겠습니다." L교수의 목소리는 자동 비행 장치처럼 단조로웠다. 내가 입으로는 말하면서 머릿속으로 딴생각을 할 때나 하루가 다 지나갔는데 아직 할 일이 산더미처럼 남아 있어 정신이 멍한 상태일 때 내는 목소리와 비슷했다. L교수는 시계를 쳐다보며 말을 이어갔다. "보부아르는 성이 만들어진 특성이라는 점을 강조했습니다. 보부아르의 인생은 여성성에 대한 그릇된 가정을 타파하는 과정이었습니다. 실존주의자였던 보부아르는 개인을 사회 변화의 주도자로 여겼습니다.”

이때 캐런이 질문을 던졌다. “그 부분이 이해가 안 되는데요. 그게 가능한가요? ‘나’라는 한 개인이 어떻게 사회 변화의 주도자가 될 수 있죠?”

L교수는 순간적으로 가수면 상태에서 돌아온 듯 눈을 깜빡이더니 답은 명확하다는 태도로 캐런을 쳐다보며 대답했다. “자, 주위를 돌아보며 이렇게 말할 수 있겠죠. ‘이건 내가 아니야, 이건 쓰레기야.’”

내 옆자리에 앉은 학생이 종이 여백에 교수의 말을 그대로 받아 적고 있었다. ‘이건 내가 아니야, 이건 쓰레기야.’ 그 학생은 이 문장에 줄을 죽 그었다. 두 번.

* * *

보부아르에 대한 비판이 주를 이루었던, 다시 말해 그녀가 지나치게 냉담하고 지나치게 신랄하며 지나치게 명석했다는 강의를 듣고 나자 나는 균형을 잃고 혼란에 빠졌다. 강의 내용이 다소 부당하다는 느낌도 들었다. 할리우드에서 시나리오 작가 일을 하고 있는 친구 크리스틴과 자주 나누었던 대화가 떠올랐다. 크리스틴은 시나리오를 쓸 때 여성 캐릭터를 무력하게 그릴 수밖에 없는 현실을 한탄했다. 여성 캐릭터가 ‘호감’과 ‘공감’을 사도록 하려다 보면 결국 그렇게 된다는 것이었다. 여성 캐릭터를 잡을 때는 칼날처럼 아슬아슬한 경계를 잘 지켜야 한다고 했다. 똑똑하지만 지나친 자신감 때문에 위협적으로 보여서는 안 되며 섹시하되 천박해서는 안 되고 재미있되 '귀여운' 방식으로 그려야만 한다고 했다. (아마 여기에는 레일라라는 학생이 수업 시간에 말한 활기차고 거침없되 페미니스트여서는 안 된다는 항목도 포함될 것이다.) 크리스틴은 데이트와 다이어트, 그리고 쇼핑 외에 다른 것에 흥미를 가진 여자, 분개하는 여자, 복합적인 캐릭터를 표현할 수 없다고 했다. 크리스틴과 나는 그런 현실에 대해 자주 불만을 표했다. 크리스틴은 머리숱이 풍성한 곱슬머리를 흔들며 욕지거리를 내뱉곤 했다. 우리는 함께 만든 주문을 외우기도 했다. "이건 내가 아니야, 이건 쓰레기야." 하지만 말은 쉬워도 행동은 어려운 법이다.

호감을 사기 위한 아슬아슬한 줄타기는 영화에 등장하는 캐릭터를 창조하는 것에만 한정되지 않는다. 현실에서도 여자들은 동일한 줄타기를 해야 한다. 학교에서 '우먼 파워'니 '양성평등'이니 하는 구호를 아무리 힘차게 외쳤던 사람이라도 학교 졸업 후 직장과 책임이라는 야생 세계에 진입하고 나면 전혀 다른 교전 규칙에 적응해야 한다는 현실을 깨닫는다. 이른바 '양성평등'이라는 허울 좋은 구호에 혹해 있던 사람의 말로는 비참하다. 빛 좋은 개살구 같은 덫에 사로잡혀 있던 여자들은 자신들이 승진에서 제외되고 자신들의 성취가 무시되는 경험을 하게 된다. 대학 졸업 후 1년만 지나도 남자들은 이미 여자 동료들에 비해 20퍼센트나 더 되는 급여를 받는다. 이는 부분적으로는 남자들이 급여 인상 요구를 하는 것을 두려워하지 않기 때문이기도 하다. 사람들은 남자들이 "자신의 가치를 알고 있다."라고 하지만 우리네 문화는 원하는 바를 요구하는 당찬 여자들을 비웃으며 '메리 울스턴크래프트의 현신'이라는 꼬리표를 붙인다. 남자처럼 우악스러운 데다 겉으로는 고상을 떨면서 뒤로는 포식 동물처럼 약한 이들을 이용해 먹는다는 것이다. 나오미 울프(Naomi Wolf)도 지적한 바와 같이, 일부 사람이 힐러리 클린턴(Hillary Clinton)을 폄훼하기 위해 사용한 수식어는 메리 울스턴크래프트에 대한 부정적 수식어와 크게 다르지 않다. 둘은 전혀 다른 시대 사람이 아닌가. 어떤 세대에 속하든 어떤 사회적 진보를 달성하든 잘나가는 여자가 있으면 일단 깎아내리고 보려는 사람들의 성향은 짜증 날 정도로 비슷하게 나타난다. '페미니즘 고전 연구' 수업에서도 그런 일이 벌어졌다. 수강생 모두가 여자인 그 수업에서 보부아르가 여성적이지 못하다고 흠을 잡다니. 게다가 보부아르가 너무 똑똑해서 문제라고?

"알았어, 친구. 일단 머리 좀 식혀." 내가 좌절감을 토로하자 제니가 위로를 건네 왔다. "실비아 재우고 나서 영화 한 편 어때? 아무 생각 없이 볼 수 있는 오락 영화로."

우리는 제니퍼 애니스턴이 출연한 「브레이크업」(2006)을 골랐다. 남자 주인공은 촬영 당시 제니퍼 애니스턴과 실제로 사귀었다는 빈스 본이었다. 이별을 주제로 한 독창성 없는 영화였다. 시시하고 그저 그런 영화. 한마디로 「브레이크업」은 주먹을 부르는 영화였다. 줄거리는 이랬다. 동거 중이던 두 사람이 헤어지기로 하면서 시카고의 호화로운 집을 차지하기 위해 수단과 방법을 가리지 않고 상대를 내쫓으려 한다. 그런데 애니스턴이 분한 주인공 브룩은 내심 남자 친구가 다시 돌아오기를 바란다. 나는 특히 이 부분이 영화를 보는 내내 도무지 이해가 되지 않았다. 빈스 본이 분한 개리라는 남자는 전 여자 친구와 함께 쓰는 집에 스트리퍼를 불러들여 자기 앞에서 옷을 홀딱 벗고 춤을 추게 한다. 그런데도 애니스턴은 전 남자 친구의 관심을 끌고 싶어 비키니 왁싱을 한 후 아찔한 차림으로 보란 듯이 거실을 활보한다. 어느 하나 마음에 드는 장면이 없었다. 급기야 나는 스크린을 보며 말대꾸를 하기 시작했고 나의 불평은 옛날 영화에 나오는 거만한 변사처럼 영화 내내 계속되었다. 내가 그러는 동안 제니는 연신 팔꿈치로 나를 찔러 댔다. 영화는 결말에 이르러서야 빈약한 이야기 얼개를 만회한다. 결국 개리와 브룩은 계속 별거 상태를 유지하기로 한다. (제니는 내 옆자리에 앉아 영화를 보던 여자가 마지막 장면에서 울었다고 주장했지만 나는 제니의 말을 믿지 않기로 했다.)

대체 세상이 얼마나 엉망진창이기에 미술관 큐레이터로 성공한 데다 아름답기까지 한 여자가 뚱뚱하고 게으르며 더럽고 인정머리 없고 비디오게임 중독에 술까지 좋아하는 남자 친구와 헤어지고도 그 남자를 다시 잡지 못해 안달이란 말인가? 영화의 기본 자체가 터무니없었다. 그렇지 않은가? 그런데 갑자기 그런 관계들이 여기저기에서 보이기 시작했다. 영화 속에서, 텔레비전에서, 그리고 맞다, 현실에서도. 어째서 매력적이고 능력 있는 여자들이 허접스러운 남자들(정말 허접스럽기 그지없는 남자들 말이다!)을 쟁취하기 위해 혹은 그들과의 관계를 유지하기 위해 발버둥 치는 것일까. 어떤 남자든 상관없이 그저 남자라는 종자와 사귀는 것만으로 감사해야 하는 것일까.

"대체 무슨 일이 벌어지고 있는 거야?" 나보다는 젊은이들의 최신 경향을 훨씬 더 잘 알고 있을 스물두 살의 내 동생, 캐럴라인 에게 물어보았다.

캐럴라인은 한숨을 쉬며 대답했다. "나도 몰라. 하지만 그건 사실이야. 정말 특별할 것 없고 자기에게 잘해 주지도 않는 남자와 사귀는 어이없는 친구들이 있긴 해."

내가 말했다. "너는 절대로 남자 보는 기준을 낮추어서는 안 돼. 너에게 부당한 대접을 하는 남자는 무조건 차 버려. 그런 남자의 행동을 합리화해 줄 생각은 집어치우고. 그런 행동은 손톱만큼도 용납해서는 안 돼!"

나는 남자 친구와의 문제를 털어놓은 한 친구에게 '절대 용납 불가 선전 포고'의 효용성을 실험해 보았다. 그 친구는 나쁜 남자 들만 줄줄이 사귀던 끝에 마침내 온라인 데이트 사이트에서 정말 마음에 드는 남자를 만났다. 친구는 그 남자와 몇 달 동안 사귀었 고 집을 합치자는 말이 오가는 상황이라고 했다. 그런데 노천카페 에서 만나 와인 몇 잔을 마신 후 친구는 실은 남자 친구와 헤어지 기 일보 직전이라는 고백을 했다.

"대체 왜?" 나는 정말 놀라서 물었다. 말썽쟁이 십 대들을 가르 치는 교사이자 기타리스트인 그 남자를 정말 괜찮은 사람이라 여 겼기 때문이다.

친구의 얼굴이 일그러졌다. "우연히 남자 친구 컴퓨터를 사용 하다가 남자 친구가 데이트 사이트에서 소개글을 내리지 않은 걸 발견했어. 나는 벌써 몇 주 전에 내 소개를 삭제했는데." 친구의 목소리가 기어들어 갔다. "게다가 생활 정보 사이트에 섹스 파트너를 구한다는 광고도 냈더라고."

"이런 괘씸한! 속상해서 어쩌니." 내가 말했다.

"그냥……." 친구는 말을 잇지 못한 채 질질 끌었다.

"뭔데?"

"내가 따졌더니 남자 친구가 불같이 화를 내면서 바로 소개 글을 지웠어. …… 내가 너무 심하게 말해서 남자 친구도 기분이 나빴나 봐…… 내가 너무 화를 냈나 봐."

"아니." 나는 고개를 저으며 말했다. "그런 생각하지도 마. 네 남자 친구가 문제라고."

"알아. 그래서 남자 친구랑 끝내려고." 제니는 와인을 한 모금 마시고 한숨을 내쉬었다. "너는 남자 친구 문제로 고민하지 않아도 되니 좋겠다. 운 좋은 줄 알아."

나는 딱히 할 말이 생각나지 않아 냅킨만 만지작거렸다. 제니가 얼른 결혼해서 아이를 낳고 싶어 한다는 걸 알고 있었다. 최근 몇 년간 그 이야기를 자주 했다. 해가 바뀔 때마다 가임기간이 짧아져 간다는 사실에 제니의 걱정은 점점 커졌다.

"친구, 너는 훨씬 더 나은 남자를 만날 자격이 있어. 언젠가는 네 짝을 꼭 찾게 될 거야." 내가 말했다.

"이제 끝낼 거야." 제니는 더 단호한 목소리로 똑같은 말을 했다. 하지만 망설이는 기미를 읽어 낼 수 있었다. 결국 제니는 정말로 남자 친구와 끝냈다. 그 후에도 희망을 품고 몇 번 더 만났다가 상처만 더 커졌다고 나중에 고백하기는 했지만.

* * *

사랑에 빠진 여자의 마음을 이야기한 글은 수없이 많다. 사랑은 카멜레온 같아서 자물쇠도 열쇠도 되었다가 사람을 죽이기도 살리기도 한다. 보부아르는 『제2의 성』에서 사회가 어떻게 여자들을 사랑 지상주의에 빠지게 훈련시키는지 예리하게 고찰했다. "남자들은 너나없이 사랑이야말로 여자가 이룰 수 있는 최고의 성취라고 주장한다." 니체는 사랑이 여자를 더욱 여성스럽게 만든다고 말했다. 발자크는 한걸음 더 나아가 다음과 같은 주장을 펼쳤다. "남자의 인생은 명성이며, 여자의 인생은 사랑이다. 남자들이 끊임없이 행동하듯 여자들은 끊임없이 내주는 삶을 살 때에만 남자와 동등한 지위를 얻을 수 있다." 보부아르는 이 주장에 대해 반대 의견을 내놓았다. "여자들이 자신의 나약함이 아닌 강인함을 사랑하고, 스스로에게서 도망치지 않고, 스스로를 발견하고, 스스로를 비하하지 않고 당당하게 자기주장을 펼치는 것이 가능해지는 날, 그날 비로소 사랑은 남자들에게 그런 것처럼 여자들에게도 치명적인 위험이 아닌 삶의 근원이 될 것이다." 보부아르의 주장은 감격적이다. 하지만 강인함과 나약함이 과연 무엇인지 따지자면 마음의 문제까지 파고들어야 하기 때문에 이야기가 복잡해진다.

보부아르는 사르트르와의 관계 때문에 비난을 받았다. 페미니스트들은 두 사람의 연애담을 목구멍에 걸린 가시처럼 껄끄럽게 여긴다. 그러나 나는 둘의 관계를 역사상 가장 흥미로운 연애 사건 중 하나로 꼽고 싶다. 둘은 결혼을 하지는 않았지만 그 이상의 단단한 유대 관계를 유지했다. 사람들의 숱한 손가락질에도 불구하고 사르트르와 보부아르는 서로를 사랑했다. 이혼이 속출하는 오늘날의 세태를 생각하면 그들의 사랑은 높이 쳐줄 만하지 않을까. 대중의 머릿속에서 둘의 이름은 항상 함께 연결되어 있다. 두 사람의 시신이 파리의 무덤 속에 함께 안치되어 있듯.

나는 보부아르와 사르트르의 관계에 대해 더 알아보고자 헤이즐 롤리(Hazel Rowley)가 쓴 평전인 『보부아르와 사르트르: 천국에서 지옥까지(Tête-à-Tête)』를 구해 읽었다. 롤리는 소설가답게 세심한 시선으로 보부아르와 사르트르가 파리에서 공부하던 학생 신분으로 서로를 만난 1929년부터 이야기를 풀어 간다. 허스키한 목소리의 보부아르는 놀라울 정도로 명석한 스물한 살의 소르본 대학 학생이었다. 사르트르는 키 작은 곰보인 데다 심각한 사시였다. 이러한 점 하나만으로도 비호감을 사기에 충분한 단점을 갖추었지만 사르트르의 경우에는 그런 외적 조건들이 합쳐져 알 수 없는 카리스마를 더해 주었다. 둘이 함께 있는 모습은 미녀와 야수를 떠올리게 했다. 두 사람은 모두 학계에 남고 싶어 했으며 그러기 위해서는 악명 높은 철학 교수 자격 시험을 통과해야 했다. 보부아르에게는 첫 시험이었고 지난해 여름 시험에서 한 번 떨어진 적이 있던 사르트르에게는 두 번째 도전이었다.

사르트르는 수업 시간 중 독일 철학자 라이프니츠에 대해 발언한 보부아르에게 흥미를 느끼고 이 우아하고 총명한 금발 여인을 만나 보기로 한다. 반면 보부아르는 사르트르보다는 그의 잘생긴 친구 르네 마외(René Maheu)에게 더 관심이 있었다. 그러나 결국 사르트르의 열정과 상상력, 그리고 위트가 보부아르의 마음을 사로잡는다. 두 사람은 함께 구술 시험을 준비하면서 늦은 밤까지 카페와 바에 앉아 끊임없이 대화를 나누었고 곧 떼려야 뗄 수 없는 사이가 되었다. 지적인 면에서 두 사람은 막상막하였다. 아니, 아마도 보부아르가 사르트르보다 약간 더 우세했다. 철학 교수 자격 시험에서 사르트르는 1등을 거머쥐었고 보부아르가 불과 2점 차이로 2등을 했다. 보부아르가 철학을 공부한 지 불과 3년밖에 안 되었다는 사실을 고려하면 아주 훌륭한 성적이었다. 반면 사르트르는 7년 동안이나 수업을 더 들으며 철저히 준비했고 시험 도전도 두 번째였다. 나중에야 밝혀진 사실이지만 심사 위원들은 둘의 우열을 가리기 힘들어 상당한 토론과 고심 끝에 사르트르의 손을 들어준 것이라고 한다. 사르트르가 남자이므로 영예를 누리기에 더 적합하다는 생각에서였다. 이 사건은 천하의 시몬 드 보부아르도 어쩔 수 없는 '제2의 성'이었음을 단적으로 보여 준다.

사르트르는 철학 교수 자격 시험을 치른 이듬해 여름 프랑스로 가족 여행차 온 보부아르를 찾는다. 둘은 풀밭에 나란히 누워 게으른 오후를 보내며 장차 함께할 모험과 함께 쓸 책에 대한 공상에 잠긴다. 두 사람은 9시에서 5시까지 일해야 하는 직장이나 결혼과 아이 같은 사회적 구속에 매이지 말자고 맹세한다. 그렇게 자유를 만끽하며 아무리 힘들더라도 미래에 대한 책임을 스스로 지자고 약속한다. 삶에는 정해진 목적이나 의미가 없으며 각자의 현실은 전적으로 각자의 선택에 따라 창조된다는 이러한 믿음은 사르트르를 필두로 한 철학 사조인 실존주의의 토대가 된다. 사르트르는 "실존은 본질에 앞선다."라는 유명한 말을 남기기도 했다.

사르트르는 자유에 대한 이러한 관점을 보부아르와의 관계에
도 적용했다. 사르트르는 자신과 보부아르가 '본질적' 사랑을 공유
하는 '비슷한 부류의 사람'이라고 믿었지만 일부일처제를 따르고
픈 마음은 손톱만큼도 없었다. 보부아르에게도 자신의 그런 생각
을 매우 명확히 밝힌다. 사르트르는 보부아르에게 둘의 친밀한 관
계를 최우선시하되 제3자와의 '우발적' 관계에서 얻게 될지 모르
는 성장과 기쁨의 가능성을 항상 열어 두는 사이로 남자고 제안한
다. 다른 애인을 사귀더라도 서로 묵과하며 지내자는 소리였다. 두
사람은 모든 생각, 비밀, 두려움을 공유하기로 약속한다. 그 약속은
평생 동안 어느 정도 잘 지켜진다.

보부아르가 사망하고 난 후인 1990년 두 사람이 주고받은 편지
가 통째로 출간된다. 어떤 검열이나 편집도 거치지 않은 두 사람의
편지 내용은 비독점적 다자 연애 약속의 추한 실상을 적나라하게
보여 준다. 보부아르와 사르트르는 각자 유혹한 애인에 대해 상세
하게 묘사하며 함께 논평하고 점수를 매긴다. 때로 둘은 애인을 공
유하기까지 했다. 대개 감수성 예민한 젊은 여자들이었다. 두 사람
은 그 여자들에 대해 잔인할 정도로 씹어 댔다.

공개된 편지에서 보부아르의 옹졸하고 비열한 일면을 엿볼 수
있다. 안 그래도 보부아르를 싫어하던 사람들에게는 보부아르와
보부아르의 연애 행각을 더 큰소리로 비판할 거리가 생긴 셈이었
다. 2005년 《뉴요커》는 「남자의 그늘에서」라는 제목의 문예 비평
을 내놓는다. 평론가 루이스 메넌드는 롤리의 『보부아르와 사르트

르: 천국에서 지옥까지』에 대한 논평에서 보부아르가 어떤 동기로 그런 꼴사나운 관계에 합의했는지를 분석한다. 루이스 메넌드는 두 사람 사이가 '평등한 동반자 관계'였다는 기존의 가설을 일축하고, 실은 보부아르가 모든 일의 주도자였을지도 모른다고 가정하면서 논평의 서론을 연다. 하지만 본론에서 그 가정 또한 폐기하고 결국 "전통적인 성차별주의" 논리로 선회한다. 보부아르가 마지못해 사르트르의 바람기를 받아들였다는 것이다. 그런데 우습게도 그의 이런 주장이 사람들에게 널리 받아들여진다. 루이스 메넌드는 다음 글로 평론을 끝맺음한다. "보부아르는 강적이었지만 그런 그녀도 얼음으로 만들어지지는 않았다. 대체로 그녀는 애인들에게 관심이 있었지만 두 사람이 주고받은 편지를 읽다 보면 사르트르를 독점할 수만 있다면 기꺼이 모든 애인을 포기했으리라는 점이 명백하다."

롤리는 루이스 메넌드가 내린 결론에 발끈하여 (나도 마찬가지였다.) 바로 반박문을 발표한다. "보부아르는 용감하고 급진적인 선택을 한 강한 여성이었다. 나는 보부아르가 사르트르의 그림자로 살았다고 생각하지 않는다. 루이스 메넌드의 사고방식은 성차별적이며 오만하다."

롤리의 책에서 보부아르는 명예를 일부 회복한다. 롤리도 지적했듯, 보부아르를 관습적인 잣대로 판단하는 것은 보부아르 생애를 떠받쳐 실존주의적 토대를 완전히 무시하는 처사다. 보부아르는 행복이 아닌 자유의 관점에서 인간의 성쇠를 고려했다. 사르트르와 보부아르는 일부일처제를 단호히 배제한 채 자유를 추구하기 위해 이따금 밀물처럼 찾아오는 안정적 사랑과 성에 대한 욕구와 싸웠다. 보부아르가 남긴 글에서 엿볼 수 있듯, 그녀도 사르트르에 대한 지독한 그리움으로 절망스러운 기분을 느낄 때가 있었다. 또한 사르트르의 애인들을 질투하며 분노하기도 했다. 루이스 메넌드를 필두로 한 사람들이 주장하듯, 보부아르도 때로는 사르트르를 독점하고 싶다는 욕구에 휩싸였다. 하지만 알다시피 보부아르도 사르트르 못지않은 애정 편력을 자랑한다. 주로 남자가 그 대상이었지만 그녀가 동성애를 즐겼다는 추측도 있다. 무엇보다도 우리는 보부아르가 철학적 신념에 따라 인생을 살아가려 노력한 사람이라는 사실을 알고 있다. 신념을 지키기 위한 대가는 외로움이었다. 이에 대해 보부아르는 다음과 같은 일기를 남겼다. "간혹 솟아오르는 나 자신에 대한 긍지는 '사막같이 건조한 세상'을 걷다가 이따금씩 만나는 오아시스와도 같다." 요컨대 보부아르가 진정으로 원했던 것은 사르트르의 성적인 헌신이었으나 사르트르의 권유 내지는 강요 때문에 원하지 않는 삶을 살았다는 주장은 성차별적이다.

나는 오히려 보부아르가 사르트르와의 관계를 통해 얻은 고통과 기쁨의 경험을 창의적 글쓰기의 원동력으로 삼았다고 여긴다. 글쓰기는 보부아르가 사르트르보다도 먼저 사랑한 대상이었다. 보부아르 스스로 그런 내면의 약속을 했던 게 아닐까.

\* \* \*

나는 더 이상 눈이 별처럼 빛나는 몽상적인 독자가 아니었다.

그랬더라면 아직도 보부아르를 존경했을 것이다. 물론 보부아르에 대한 교수의 노골적인 혹평에도 그녀를 단념하기는 쉽지 않았다. 어느 날 오후 수업을 마치고 암스테르담애비뉴에 있는 헝가리페이스트리 숍을 향해 걷기 시작했다. 학창 시절에 자주 들르던 곳이었다. 그곳에서 담배를 피우고 무료로 리필해 주는 커피를 홀짝이며 수많은 오후의 날을 보냈다. 카페는 예전과 크게 다르지 않았다. 벽에 줄지어 달린 고풍스러운 돌출 램프들이 예전처럼 실내를 은은한 노란빛으로 밝혀 주었다. 책 무더기에 둘러싸인 추레한 차림의 학생들이 노트북 자판을 두드리며 나무 탁자 위를 벌써 점령하고 있었다.

또다시 눈앞이 번쩍이며 아득한 과거의 정서가 내 머리를 잠식했다. 뉴욕으로 돌아오고 나서부터 그런 일이 간혹 있었다. 재잘거리는 딸과 함께 거리를 걷다가도 우연히 예전에 친구가 살던 아파트를 마주치거나 예전에 즐겨 찾던 레스토랑이 눈에 들어오면 기억의 창이 열리기라도 한 듯 일렁이는 과거가 현재의 삶에 겹쳐 보였다. 그때 불현듯 시몬 드 보부아르에 고정되어 있는 나의 관심이 실은 보부아르가 아닌 나 자신에 대한 것이 아닐까 하는 생각이 들었다. 과거와 현재로 분열되어 있는 내 자아를 해결하기 위해 그러는 것이 아닐까 하는 생각 말이다.

"스테퍼니?" 몽상에 잠겨 있던 나를 깨우는 목소리가 들려왔다. 고개를 드니 젊은 웨이트리스가 눈에 들어왔다. 몹시 마른 그녀는 해지다 못해 속이 살짝 비치는 티셔츠를 입고 있었다. 팔뚝 아래쪽에는 원시 부족을 떠올리게 하는 문신을 하고 있었다. 내가 손짓하자 그녀는 카푸치노와 크루아상을 양손에 든 채 조심스럽게 균형을 잡으며 걸어왔다.

한 번 덴 탓인지 보부아르가 결혼과 양육에 대해서는 또 어떤 발언을 했을지 마음을 단단히 먹고 책을 펼쳤다. 꽤 흥미로운 주제임에도 읽기 과제로 내주지는 않았던 『제2의 성』 첫 번째 장을 읽기 위해서였다. 예상대로 보부아르는 감정을 배제한 채 결혼과 육아라는 제도에 접근했다. "결혼은 남자들에게 물질적·성적 편의를 제공해 준다. 개인을 외로움으로부터 해방시켜 주며 가정과 아이는 공간적·시간적 안정감을 준다. 결혼은 남자의 생활을 완벽하게 충족시켜 준다." 보부아르는 남자들에게 결혼이란 목적을 달성하기 위한 수단이라고 여겼다. 하지만 여자들에게 결혼은 그 자체가 운명의 결정체다. 결혼은 여자들에게 경제적 안정과 손쉬운 도피처와 고정적인 금요일 밤의 데이트를 제공해 줄지 모르지만 궁극적으로는 비참함에 갇힌 외로운 두 인간을 남길 뿐이다. "얼빠진 한담, 무표정한 침묵, 신문을 펼친 채 하품하다 잠자리에 드는 수천 번의 밤!" 죽음이 둘을 갈라놓을 때까지 한 명의 배우자에게만 헌신하겠다는 약속은 실존주의자에겐 올가미와 다를 바 없다. 보부아르는 이렇게 말했다. "내게 선택이란 수동적으로 주어지는 것이 아니다. 선택은 언제나 내가 능동적인 주체가 되어 내리는 것이다. 내가 하는 선택이 오늘의 자아뿐 아니라 내일의 자아에도 영향을 끼친다면 그 얼마나 두려운 일인가. 그 점이 바로 결혼이 근본적으로 부도덕한 이유다."

보부아르는 출산과 육아에 대해서는 그나마 후한 평가를 내렸

224

다. 여자와 남자의 본질적 정의를 살펴보면 '타고난 어머니', 즉 모성애 같은 것은 존재하지 않는다고 했다. 출산은 선택적인 의무일 뿐 생리적인 운명도 특권도 아니라는 것이 그녀의 믿음이었다. "확실히 육아는 헌신적인 노력을 기울여 볼 만한 사업이다. 하지만 다른 사업들과 마찬가지로 합리화하기에 적당한 이유가 이미 존재할 뿐이다. 육아는 그 자체를 목적으로 해야 하며 다른 가상의 이득을 목적으로 해서는 안 된다." 나는 이 문장들을 곱씹으며 오늘날 널리 퍼진 문화를 그때 이미 예견하고 비판한 보부아르의 통찰에 감탄했다. 주위에 여성 잡지가 있다면 한 번 들춰 보라. '아이를 키우며 달라진 내 인생' 같은 제목의 연예인 홍보 기사를 심심치 않게 찾아볼 수 있을 것이다. 어떤 기사에서든 그 연예인의 몸매는 절대로 달라지지 않는다. 대신 지면의 상당 부분은 그녀가 어떻게 출산 몇 주 이내에 비키니를 입어도 손색없을 정도의 몸매를 되찾았는지에 할애한다. 이런 잡지를 읽다 보면 아기가 새로운 패션 액세서리라도 되는 것 같다. 보부아르는 출산과 육아를 어머니 중심의 시각으로 바라보아서는 안 된다고 주장했다. "출산과 육아는 엄숙한 의무를 행하는 일이다. 이 의무를 태만히 하는 것은 실존주의자의 원칙, 즉 독립적인 인간의 원칙을 위배하는 것이다."

창밖을 바라보았다. 유리창에 비친 불빛과 카페 안 사람들의 모습이 어른거렸다. 어두운 카페에 홀로 앉아 보부아르의 책을 읽던 나는 그녀의 날카로운 시선을 빌려 내 삶을 돌아보았다. 떠나지 않은 여행, 어느 순간 시들해진 불장난, 포기해버린 모험들이 생각났다. 다른 사람들의 기대에 맞추어 살아온 수많은 순간이 보였다. 저녁을 차리고, 무릎 꿇은 채 입맞춤하고, 이마를 쓰다듬고, 귀 뒤쪽에 비누칠을 하고, 개를 산책시키고, 설거지를 하던 수많은 밤이 떠올랐다. 쓰다 만 소설, 놓쳐 버린 전시회, 잠 못 이루던 밤, 싸움, 좌절, 빨래, 생일 파티, 무엇인가 걱정하며 보낸 시간들이 보였다. 아내와 어머니로서 마땅히 져야 할 책임들이었지만 그 순간만큼은 놓친 기회들이 유난히 날카롭게 가슴을 후벼 팠다.

가야 할 시간이 왔다. 소지품을 챙긴 후 탁자 위에 팁을 올려 두고 지하철로 어퍼 웨스트사이드에서 브루클린으로 돌아왔다. 유치원이 파할 시간이었다. 실비아는 나를 보자마자 소리 지르며 품 안으로 달려들었다. 아스팔트 도로 위에 무릎을 꿇은 채 딸을 안고 있자니 보부아르가 미처 깨닫지 못한 다른 면이 있다는 생각이 들었다. (물론 내 안의 일부는 보부아르로 대변되는 자유를 언제든 환영할 것이다.) 보부아르는 결혼, 그리고 그 결과 이어질 출산과 육아를 여자들의 자아를 속박하는 족쇄로 여겼다. 보부아르의 관점에서 결혼은 돌이킬 수 없는 선택이었다. 하지만 사실 우리는 결혼 이후 아내와 어머니라는 역할을 어떻게 수행할지 그리고 자신을 어떻게 정의 내릴지에 대한 수많은 작은 선택을 끊임없이 내리며 살아간다.

실비아의 작은 손을 잡고 집으로 걸어오던 도중 갑작스레 새로운 깨달음이 찾아왔다. '출산과 육아가 나를 완전히 변화시켰다.'라는 말로는 어딘가 부족하다. '출산과 육아가 끊임없이 나를 시험하고 변화시킨다.'라는 말이 훨씬 더 정확하다. 소설가 레이철 커스크(Rachel Cusk)는 『생명의 작업』이라는 제목의 회고록에서 "어머니가 된 후 아이들과 함께하는 '나'는 결코 진정한 나 자신이 아

니었다. 하지만 아이들과 함께하지 않는 '나' 또한 진정한 나 자신
이 아니었다."라는 말을 남겼다. 어머니로서 우리는 이렇듯 분열된
상태로 사는 법을 배운다.

# 여성의 신비

『제2의 성』으로 시작했던 '페미니즘 고전 연구' 수업은 학기가 후반부로 접어들자 여자들에게 세상이 어떻게 달라지고 있는지를 이야기했다. 페미니스트들의 숙원이었던 교육권과 투표권 확보 같은 굵직한 문제들은 2차 세계대전 당시에 해결되었다. 전쟁이 한창이던 시기에 부족한 일손을 메우기 위해 공장에서 일하던 여자들을 상징했던 '리벳공(工) 로지'는 사회적으로 큰 영향력을 발휘했다. 버지니아 울프와 시몬 드 보부아르는 남자들 일색이던 서구 사상계에 신선한 바람을 불러일으켰다. 하지만 달라지지 않은 점도 많았다. 나는 뭔가 해 보려 할 때마다 시간이 왜곡되기라도 한 듯 밀실로 순간 이동해 그 안에서 메아리처럼 울리는 케케묵은 문제들에 맞닥뜨려야 했다.

예를 들어 『제2의 성』에서 보부아르는 페미니스트와 반페미니스트 진영이 다음 문제를 놓고 대립하고 있다는 말을 했다. "반페미니스트 진영은 오늘날의 해방된 여성들이 세상에 어떤 기여도 하지 못하고 있으며 더 나아가 스스로의 평정도 찾지 못하고 있다고 주장한다. 페미니스트들은 전문직 여성들이 달성한 업적을 과장하고 있으며 자기들 내부의 혼란을 깨닫지 못하고 있다. 페미니스트들이 그릇된 길을 가고 있다고 손가락질할 합당한 이유는 없다. 하지만 페미니스트들이 자신들의 왕국에 평온하게 안착하지 못하고 있는 것만은 확실하다. 그들은 아직 절반밖에 가지 못했다." 이 단락을 읽는 동안 절로 고개가 끄덕여졌다. 그런데 잠깐, 보부아르가 이 글을 쓴 것이 1949년이었다는 사실을 까맣게 잊고 있었다. 교외 시가지가 확산되고 우드스톡 페스티벌이 열리고 시민 평등권 운동이 펼쳐지고 1세대와 2세대 페미니즘 운동이 시작되기도 전이었다. 그렇다. 보부아르는 내게 거의 증조할머니뻘이었다.

L교수가 『여성의 신비』에 대해 설명하다 나와 비슷한 실수를 저질렀을 때 나는 다소 위안을 받았다. 수백만의 미국 주부층을 대상으로 쓰인 이 책은 1963년에 출간되어 바로 베스트셀러가 되었다. 개인적으로 이 책은 '페미니즘 고전 연구' 수업을 다시 듣고 싶다는 욕구를 일깨워 준 계기이기도 했다.

L교수가 학생들에게 질문을 던졌다. "궁금하군요. 여러분의 어머니 세대 사람들은 대부분 이 책을 읽었겠죠?"

루시가 대답했다. "우리 할머니가 읽으셨다던데요. 우리 엄마 세대에게는 이미 옛날 책이었을걸요."

L교수가 고개를 저었다. "맙소사, 맞아요. 여러분 나이가 얼마나

어린지 잊고 있었네요. 음, 누구 이 책에 대해 의견을 발표해 볼 사람? 모두들 이 책이 까마득한 옛날이야기를 하고 있다고 생각하나요?"

"저는 사실 책의 내용이 소름끼칠 정도로 오늘날과 비슷하다고 생각했습니다." 전업주부 어머니 밑에서 오 남매의 맏이로 자란 맨디가 말했다. 별 생각 없이 그냥 끌리는 대로 '페미니즘 고전 연구' 수업을 신청했다고 고백한 학생이었다. 맨디는 자의식의 기미는 전혀 보이지 않은 채 순수한 호기심이 엿보이는 목소리로 질문했다. "제 말 뜻은, 우리는 오늘날에도 프리단이 말한 것과 동일한 전업주부에 대한 환상을 가지고 있는 듯합니다. 맞벌이에 대한 압박이 더해지긴 했지만요."

루시가 말했다. "엄마는 항상 아빠보다 더 많은 일을 했습니다. 저는 이런 이야기를 접해 본 적이 없었기 때문에 책을 읽으며 재미를 느꼈습니다."

"제 고향에서는 그렇지 않았어요." 네바다 출신의 캐서린이 말했다. "여자들은 집에서 살림만 해야 한다는 분위기가 팽배했습니다."

학생들의 말을 듣자니 『여성의 신비』이후 무려 50년이 지났는데도 아직 여자들이 평등의 왕국에 '평온하게 안착하지 못했다.'라는 사실이 분명하게 다가왔다.

『여성의 신비』는 획일성에 대한 순응을 미덕으로 여기던 1950년대 사회를 발칵 뒤집으며 새로운 페미니즘 물결을 예고했으며 오늘날 가장 잘 알려진 '페미니즘 고전'이 되었다. 프리단은 처음에 「여성 연대」라는 제목의 논문을 쓰기 위해 스미스 대학 동창들을 15년간 추적 조사했다. 설문 결과를 훑어보던 프리단은 성공한 남편의 아내이자 '완벽한' 자녀들을 둔 어머니라 할 수 있는 상류층 백인 여성 상당수가 전혀 '연대'하지 못하고 있으며 좌절감에 괴로워하고 있다는 사실을 알게 된다. 기자의 본능으로 거기에 뭔가가 있다는 감을 잡은 프리단은 그 후 5년에 걸친 연구와 저술 끝에 『여성의 신비』를 탄생시킨다. 그 5년간 프리단 자신의 세 아이는 베이비시터의 손에 맡겨야 했다.

프리단의 책은 새로운 혁명의 불씨가 되기는 했지만 사실 책의 기본적 내용은 "여자들 또한 사람이다."라는 전혀 새롭지 않은 주장의 반복이었다. 프리단은 여자들이 여성성에 대한 고정 관념뿐 아니라 이상적인 전업주부에 대한 기대를 거부해야 한다고 촉구했다는 점에서 메리 울스턴크래프트, 길먼, 보부아르와 크게 다르지 않았다. 하지만 여성의 정체성 문제를 풀어 가는 방식은 기존과 확연하게 달랐다. 보부아르가 니체, 헤겔, 스탕달 사상에 대한 고찰을 통해 결론을 이끌어 냈다면 프리단은 더 접근성이 뛰어난 근거를 기반으로 결론을 이끌어 냈다. 펜과 종이를 들고 거리로 나가 실제 주부들을 인터뷰한 것이다. 또 프리단은 아직 정체성이 확립되지 않은 젊은 여자들이 전통적 여성상을 따르도록 유도하는 문화, 마케팅 담당자들, 교육자들, 여성 잡지들에 휘둘리고 있다는 주장도 했다. 여자들이 스스로를 이해할 수 있도록 돕기 위해 보부아르는 역사와 철학을 이용했지만 프리단은 정신 분석 이론을 이용했다.

프리단은 여자들을 아내와 어머니 역할에만 안주하도록 만든 당시의 문화를 꼬집기 위해 '여성의 신비'라는 용어를 고안해 냈다. '여성의 신비'를 칭송하는 문화가 야심이란 쪼글쪼글한 노처

녀로 가는 지름길이라는 믿음을 널리 퍼뜨림으로써 여자들을 일에서 멀어지게 만들었다는 것이 프리단의 주장이다. 프리단은 이 주장을 뒷받침하기 위해 경험적·실증적 증거를 모두 제시한다. 1950년대 중반 당시 대학을 다니던 여자들 중 60퍼센트는 졸업 후 바로 결혼을 했다. 프리단은 훌륭한 교육을 받은 자신의 동년배들이 '여성의 신비'라는 거짓에 속아 넘어가 의사나 예술가가 되고 싶다던 학창 시절의 꿈을 폐기 처분하고 결혼과 출산 행렬에 합류하는 모습을 수없이 목격했다. 하지만 수년 후 그 여자들에게 남은 것이라고는 교외 주택의 얼룩 한 점 없는 주방뿐이었으며 그들은 까닭 모를 박탈감에 괴로워했다. 이런 현실에 프리단은 의문을 제기했다. "예로부터 지금까지 출산과 양육은 신성시되며 절대적 삶의 방식으로 받아들여져 왔다. 여자들은 그 방식을 따르기 위해 자신 앞에 열려 있는 세상과 미래를 스스로 부정해야만 하는가? 아니면 세상이 여자들을 어머니가 되도록 강제해 왔다는 사실을 부정해야 하는가? 신비와 현실 사이의 경계선이 용해되어 없어지고 있다. 현실의 여성들은 그 분열을 몸소 체험하고 있다." 철학적이기보다는 실용적이기를 택한 프리단은 이러한 내면의 분열을 치유하기로 작정한다.

"이 문제를 일거에 해결해 줄 단 하나의 명확한 처방은 있을 수 없다." 프리단은 이렇게 말하면서도 여자들에게 매우 간단한 문제 해결의 열쇠를 일러 준다. 그 처방은 다름 아닌 여자들도 교육을 받고 직업을 가져야 한다는 것이었다. 그리하면 만사가 이치에 맞게 딱딱 떨어질 것이라는 게 프리단의 생각이었다. 여자들이 행복해지면 남편과 아이들도 덩달아 행복해진다. 여자들이 고귀한 목표에 집중하다 보면 집안 유지에 신경을 덜 쓰게 되어 자동적으로 집안일도 줄어들 것이다. 필요하다면 집을 대신 청소해 줄 누군가를 고용하면 될 일이다. 프리단은 이렇게 적었다. "일과 가정을 결합하는 것은 전혀 어렵지 않은 일이다. 한 여자의 일생을 고려한 새로운 인생 계획을 요할 뿐이다."

프리단의 진단과 처방은 여성 독자들의 심금을 울렸다. 300만 부 이상 팔린 『여성의 신비』는 많은 여자의 인생을 바꾸어 놓았다. 이 책은 프리단 자신의 인생에도 큰 영향을 끼쳤다. 그녀는 책 발간 이후 전미(全美) 여성 기구(NOW) 창립 회원이 되었으며 1969년에는 남편과 이혼하고 뉴욕의 고층 콘도로 거처를 옮겼다. 프리단은 남편과의 이혼에 대해 이렇게 적었다. "정신 분열증적인 삶을 계속 유지할 수 없었다. 다른 여자들에게는 어서 황무지에서 벗어나라고 충고하면서 정작 나 자신은 자존감을 파괴시키는 결혼 생활을 유지하고 있다는 모순을 견딜 수 없었다." 이 책은 거의 반세기 전에 출간되었지만 아직까지도 그 폭발적 반향이 이어지고 있다. 일과 가정의 균형에 대한 논의에는 항상 베티 프리단의 이름이 거론되고 있다.

그런데도 프리단이 남긴 유산은 종종 비판의 대상이 된다. 『여성의 신비』 출간 이후 몇 년 동안 프리단은 거칠고 오만하며 동성애를 혐오한다는 소문에 시달렸다. 또한 책 내용이 고등 교육을 받은 백인 여성들에게만 적용되는 데도 모든 여자에게 적용되는 양 뭉뚱그려 이야기했다는 비판도 감내해야 했다. '페미니즘 고전 연구' 수업을 듣는 학생들은 '여성의 신비'에 대한 그녀의 해법 그 자체에 문제가 있다고 했다.

"죄송하지만 이 말은 꼭 해야겠네요." 학교를 자퇴했다가 학위를 취득하기 위해 다시 돌아온 삼십 대 학생이자 딸이 있는 어머니인 노라가 격앙되어 떨리는 목소리로 말했다. "이 책을 읽다가 울분을 삭힌 적이 한두 번이 아니었습니다. 심지어 울기까지 했습니다. 힘들어서요. 정말 힘듭니다. 제 딸이 지금 아픕니다. 하지만 저는 이 자리에 있어야만 하죠. 그래서 힘이 듭니다. 친정 엄마가 딸을 봐주고 있지만 그게 제가 돌보는 것과 같을까요? 분명 다를 겁니다." 노라는 말을 마친 후 들고 있던 『여성의 신비』 단행본을 허공에 대고 흔들었다. "프리단은 그런 중대한 문제를 간과했습니다."

L교수가 안됐다는 듯 혀를 차며 탁자에 놓인 자신의 휴대 전화를 가리켰다. "제 아이도 지금 아픕니다. 그래서 휴대 전화를 꺼내 놓고 있는 겁니다. 급한 연락이 오면 당장 달려가야 하니까요. 정말 힘듭니다." L교수는 노라에게 깊이 공감했다.

일순간 강의실 분위기가 침울해졌다. 힘든 육아의 현실을 엿본 학생들은 겁을 먹은 듯했다. 평소 조용했던 루시아가 손을 들고 자기 어머니의 이야기를 들려주었다. 루시아의 어머니는 유모로 일을 하다 청소 업체를 차렸다고 했다. 루시아의 눈에 비친 어머니는 항상 피곤해 보였다고 한다. "어머니를 통해 직장에 다니면서 가정을 꾸린다는 게 얼마나 힘든 일인지 똑똑히 알게 되었습니다. 저는 그래서 둘 중 하나만을 선택하려고 합니다. 친구들에게도 그런 얘길 자주 합니다. 일과 가정의 두 마리 토끼를 잡는 게 말처럼 쉽지 않습니다."

당시 여성들은 일과 가정을 모두 소홀히 하지 않으려면 얼마만큼의 노력이 필요한지 잘 알지 못했다. 반면 오늘날의 우리는 그 어려움을 지나칠 정도로 잘 알고 있다. 강의실 분위기가 무거웠다.

# 혁명의 딸

내 어머니는 굳이 『여성의 신비』를 읽어 볼 필요가 없는 사람이었다. 잃어버린 꿈에 대한 억울함을 가슴에 품은 채 집에 머무르며 유행이 한참 지난 화려한 브로치 같은 자기의 소망을 딸들에게 강요하는 어머니들의 모습은 우리 어머니와는 거리가 멀었다. 어머니는 대학을 우등으로 졸업하고 분자 생물학 박사 학위를 받은 후 그 분야에서 최고의 자리에 올랐다. 내가 아직 십 대였을 때다. 그런 어머니를 보고 자랐기 때문인지 나는 1990년대 초반에 『여성의 신비』를 읽고도 여전히 흔들림 없이 대학생 특유의 자신만만하고 무심한 태도를 유지했다. 프리단이 설명한 '여성의 신비'는 나 자신이나 내 어머니에게 전혀 적용되지 않는다고 생각했다. 내가 생후 1개월 무렵일 때 어머니는 일터로 다시 돌아갔다. 그때부터 가족 이외의 사람들과 지내는 내 삶이 시작된 셈이다. 나는 대학생에서부터 노인, 이웃의 전업주부에 이르기까지 다양한 연령대와 경험 있는 베이비시터들을 만났다. 그들 중 몇몇에게는 애착을 느꼈고 몇몇에게는 그렇지 못했으며 한둘에게는 학대당한다는 느낌을 받았다. 부모와 지속적으로 떨어져 지내야 했던 경험은 내게 외적인 영향과 내적인 영향 모두를 끼쳤다. 아버지에 따르면 내가 돌 무렵일 때 어머니가 2주 동안 나를 떼어 놓고 출장을 다녀온 일이 있는데 그 후 며칠간 내가 어머니를 거부해서 난감했던 적이 있다고 한다. 나는 나를 낯선 이의 손에 맡겨야 했던 부모가 어떤 대가를 치러야 했는지는 말할 수 없지만 남의 손에 자란 내가 어떤 대가를 치러야 했는지는 말할 수 있다. 어머니와 아버지 중 한 분이 출장을 떠날 때마다 나는 원인 모를 고열에 시달렸다. 학교가 파한 후 빈집에 들어갈 때 귓가에 울리는 내 발자국 소리가 왠지 서글펐던 기억, 초등학교 학예회 때 꽉 찬 관중석 어디에도 부모님이 없다는 사실을 알면서 「주여 오소서」를 부를 때 느낀 외로움 등이 내가 치러야 했던 대가였다. 나는 연극이 끝난 후 무대 뒤에서 한 이웃 아주머니가 자기 자식에게 주려고 가져온 꽃다발에서 뽑아 낸 꽃 한 송이를 건네받은 적도 있었다.

하지만 내게 어머니와 아버지는 자부심의 원천이기도 했다. 내 눈에 비친 어머니와 아버지는 정말 중요한 일을 하는 분들이었다. 두 분은 생명을 살리는 일을 하고 있었다. 나는 두 살 때 메릴랜드 주 베네스다의 국립 보건원 부속 유아원에 입학했다. 그곳은 어머니가 일하던 곳이었다. 어머니의 손을 잡고 국립 보건원을 걸어 들어가며 나는 내가 정말 특별한 존재라고 생각했다. 나는 어머니의 세상에 속해 있었다. 내가 다른 아이들과 놀던 유아원에서 몇 걸음만 걸어가면 어머니가 하루 대부분을 보내던 연구실이 나왔다. 그곳은 세상을 경험한 지 몇 해 안 된 내게 처음으로 공동체 의식을 맛보게 해 주었다. 어머니는 점심시간이면 바로 옆 건물에 있던 나를 찾아왔다. 네 살 생일 때는 어머니가 케이크에 촛불을 켜서 들고 왔던 일도 생각난다. 그 케이크에는 광대 얼굴이 그려져 있었다. 아마 그날 느낀 행복은 영원히 내 머릿속에 남아 있을 것이다.

하지만 행복은 그리 오래가지 않았다. 내가 초등학교에 입학하면서 어머니와 함께하는 시간이 대폭 줄어든 것이다. 아침마다 어머니와 함께 차를 타는 일도, 점심시간에 어머니가 들르는 일도 점점 줄어들었다. 나는 열쇠를 목에 건 채 혼자 학교까지 걸어갔다가 혼자 걸어 돌아와야 했다. 때로는 부모님이 퇴근할 때까지 친구들과 놀면서 오후를 보내기도 했다. 그렇지 않은 날이면 13인치 텔레비전 앞에 배를 깔고 누워 「비버는 해결사」나 「유쾌한 브래디가(家)」 재방송을 질리도록 보았다. 거기 나오는 단란한 가족의 모습은 어린 나의 혼을 쏙 빼놓곤 했다. 물론 그런 대가족의 생활은 상상 속에서나 가능하다는 걸 알고 있었다. 내 어머니는 준 클리버나 캐럴 브래디처럼 앞치마를 두른 채 갓 구운 초콜릿칩 쿠키 접시를 들고 문 앞에서 나를 반기는 어머니상과 거리가 멀었다. 내 어머니는 나를 낳은 후 어서 연구실로 돌아가고 싶어 모유 수유도 하지 않았다. 어머니는 출산 후 집에서 지내야 했던 몇 주가 지옥이었다고 했다. 아버지는 그때 어머니가 사나운 곰 같았다고 했다. "네 엄마가 연구실로 돌아가게 되었을 때 얼마나 기쁘던지. 퇴근해 돌아오면 네 엄마가 내 앞에 접시를 쾅 내려놓곤 했지. 내 목을 베기라도 할 기세였다니까."

어머니는 당신이 육아보다 자신의 일을 더 사랑하는 사람이라고 공공연하게 말했다. 그 말은 전혀 과장이 아니었다. 나는 그런 어머니에게 전혀 서운함을 느끼지 않았다. 어머니가 사람들 앞에서 강의하는 모습은 빛이 났다. 강의하는 어머니의 목소리는 강력하고 자신감 넘치는 멜로디로 바뀌었다. 나는 어머니가 어머니로서의 상제성보다 당신이 열심히 노력해 쌓아 온 전문가로서의 정체성을 더 편안하게 여긴다는 것을 잘 안다. 어머니는 주방에서 일하거나 학부모 모임에 참석하거나 바닥에 앉아 어린 자녀와 몇 시간 동안 블록 쌓기를 하는 것보다 자기 일을 더 좋아하는 분이었다. 나는 어머니가 이룬 성취를 분명 존경한다. 그런데도 내 안에는 잃어버린 어린 시절을 애도하는 또 다른 내가 있다. 내 안에는 학교 연극 주인공이 되어 무대에 섰을 때 혹시라도 어머니가 저 뒤쪽에서 환하게 웃으며 나를 보고 있지 않을까 기대하며 이리저리 두리번거리던 어린 내가 여전히 남아 있다.

\* \* \*

실비아를 낳을 때 어머니는 분만실에 함께 있어 주었다. 뉴욕에 온 것은 벌써 2주 전이었다. 어머니는 내 옆에서 첫 손주의 탄생을 초조하게 기다렸지만 예정일이 훌쩍 지나도록 아무런 기미가 보이질 않았다. 결국 어머니가 떠나기 하루 전에야 진통이 시작되었다.

내가 병원 침대에 누워 자궁 수축 때문에 치아를 드러내며 신음하는 동안 어머니는 안절부절 못하며 간호사를 볶아 댔다. "딸이 아프대요. 어떻게 좀 해 주세요." 어머니의 목소리는 거의 고함을 치는 수준이었다.

"엄마, 괜찮아." 간호사는 마취과 의사가 급한 일을 처리하고 나면 바로 이쪽으로 올 예정이라고 퉁명스럽게 대답했다. 우리는 사람들을 우리 편으로 만들지 못했다. "엄마, 병원 내 상점에 가서 간식거리라도 좀 사오는 게 어때요?"

그다음 몇 시간 동안 진통은 점점 세졌고 마취 때문인지 이가 덜덜 떨릴 때마다 어머니는 나를 꼭 안아 주고 팔을 문질러 주기도 했다. 어머니는 나를 위해 서점에서 사 온 잡지의 기사도 읽어 주었다. 물론 어머니가 읽어 주는 내용은 내 귀에 하나도 들어오지 않았다. 마침내 힘을 주어야 할 시간이 왔고 어머니와 남편이 내 넓적다리를 한쪽씩 단단히 눌렀다. 나는 둘의 격려 합창을 들으며 있는 힘을 다 짜냈다. 이윽고 실비아가 내 몸 밖으로 나왔고 남편이 탯줄을 자르는 동안 어머니는 실비아의 축축하고 주름진 몸을 담요로 감쌌다. 나는 고개를 들어 실비아의 미끈거리는 검은 머리칼과 어머니가 실비아를 보며 활짝 웃는 표정을 보았다. 어머니는 그날 밤 면회 시간이 끝날 때까지 옆에 있어 주었다. 다음 날 아침에는 비행기 시간 전에 서둘러 차이나타운까지 택시를 타고 가서 내가 좋아하는 아몬드 티와 중국인 산모들이 원기 회복을 위해 먹는다는 돼지족탕을 사다 주었다. 어머니가 캘리포니아행 비행기를 타기 위해 떠나는 뒷모습을 보며 나는 눈물을 흘렸다. 병원 분만실에서 우리 가족은 거대한 지각 변화를 경험했다. 나는 어머니가 되었고 어머니는 할머니가 되었다. 그 변화는 어머니와 내 관계에 깊은 영향을 끼쳤다.

실비아를 낳고 나자 어머니를 더 잘 이해하게 된 면도 있지만 그 반대인 면도 있었다. 일을 생각하면 실비아에게 조금 소홀해지더라도 더 넓은 세상에서 직업적 성공을 거두고 싶다는 마음이 들때도 있었다. 아이를 키우려면 얼마나 손이 많이 가는지 피부로 체험하고 나자 가슴에 맺혀 있던 어린 시절의 상처가 어느 정도 씻겨 나가기도 했다. 하지만 나는 아이의 기대에 찬 눈빛에 매번 녹아 내리고 마는 엄마였다. 해야 할 일들을 옆으로 밀어 놓은 채 책을 읽어 주거나 실비아가 만들었다는 노래를 들어주기 일쑤였다. 나는 아이들이 세상을 원색으로만 본다는 사실을 끊임없이 나 자신에게 주지시켰다. 정규직을 버리고 프리랜서를 선택한 데는 다른 이성적 동기도 영향을 주었지만 사실 감정적 동기가 가장 큰 영향을 끼쳤다. 시간을 유동적으로 쓸 수 있는 일을 하면서 실비아가 필요로 할 때마다 옆에 있어 주는 엄마가 되고 싶었다. 어린 시절의 나처럼 부모님의 부재로 인한 결핍을 느끼게 하고 싶지 않았다.

그러나 내가 결국 『여성의 신비』에 나오는 여자들과 동일한 길을 걷게 되리라고는 꿈에도 생각지 못했다. 하지만 나도 별 수 없이 비슷한 처지가 되었고 아나폴리스의 서점에서 운명처럼 『여성의 신비』를 다시 만났다. 당시 내 삶은 프리단의 책에 나오는 여자들과 위험할 정도로 비슷했다. 인류학 박사이자 (내 학부 전공도 인류학이다!) 자녀 셋을 둔 네브래스카의 한 주부 이야기를 보자.

우리 집의 아침 풍경을 영상에 담으면 고전 코미디 영화인 「마르크스 형제들」 못지않은 희극이 탄생할 것이다. 나는 보통 설거지를 한 후 큰 아이를 서둘러 등교시키고, 마당으로 튀어나가 국화에 물을 주고, 다시 달려 들어와 위원회 회의 건으로 전화 통화를 하고, 요새 만들기 놀이 중인 막내를 도와주고, 정보에 뒤처지지 않기 위해 십오 분 동안 신문을 후다닥 넘겨 보고, 세탁실로 질주해 원시 부락에서라면 족히 1년은 입고도 남을 양의 옷가지들을 주 3회 빨아서 넌다. 오후가 되면 나는 이미 정신 병원에 갈 준비가 되어 있다.

당시 내 인생의 그 지점에서 맞닥뜨린 『여성의 신비』는 마치 고발장처럼 느껴졌다. 그러나 내 나이의 절반밖에 되지 않는 학생들과 함께 다시 그 책을 읽고 나니 이번에는 책에 나오는 여자들과 나 사이의 공통점보다는 차이점이 더 눈에 띄었다. 프리단은 『여성의 신비』를 통해 사회가 백인 중산층 여성들에게 전통적인 성 역할을 강요하고 있다는 문제를 제기했으며 불행히도 그 문제는 오늘날에도 이어지고 있다. 그러나 그런 사회적 강요는 획일성에 대한 순응을 미덕으로 여겼던 1950년대 문화의 산물이기도 했다. 프리단이 지적한 '이름 없는 이 문제들'은 겉으로는 드러나지 않은 채 속으로만 부글부글 끓으며 스모그처럼 1950년대 사회를 감돌았다. 남자들 또한 교외 주택 지구에서 획일화된 삶에 순응하며 지내는 게 대부분이었다. 이는 당시 시대상을 그린 슬론 윌슨(Sloan Wilson)의 『회색 플란넬 양복을 입은 남자』나 리처드 예이츠(Richard Yates)의 『레볼루셔너리 로드』 같은 소설에 잘 나타나 있다. 오늘날의 우리는 적어도 획일성에 대한 순응을 강요받지 않는다. 또한 오늘날에는 여자들이 따끈한 저녁을 차려 놓고 차가운 진 칵테일을 손에 든 채 주방 창밖을 힐긋거리며 남편이 직장에서 돌아오기만을 기다리지 않듯, 남자들도 더 이상 육아와 가사 노동을 아내에게만 전적으로 미루지 않는다.

존과 함께한 내 인생은 여러 가지 면에서 프리단이 묘사한 1950년대의 삶과 다르다고 할 수 있다. 남편은 나 못지않게 육아에 열성적이었다. 아침마다 실비아를 학교까지 데려다 주고, 학예회가 있을 때마다 빠지지 않았고, 학부모 모임에도 참석했다. 그럼에도 일과 가정이라는 두 마리 토끼를 놓고 협상해야 할 시점이 왔을 때 남편과 나는 상이한 선택을 내렸다. 나는 집 밖의 사무실로 출퇴근할 수도, 정교한 노력이 필요한 일에 많은 시간을 할애할 수도, 실비아의 학교에 자원봉사를 하러 갈 수도 없었다. 나는 중간지대에서 길을 잃고 헤맸다. 내 기분을 알아 주는 사람이라고는 비슷한 처지의 전업주부나 집에서 일하는 다른 엄마들뿐이었다. 프리랜서 작가의 길을 선택한 나는 점점 늘어 가고는 있지만 눈에는 잘 띄지 않는 재택근무 엄마들의 행렬에 합류했다.

실비아가 24개월 되었을 때 근처 유아원 반일반에 보내기 시작했다. 오전 시간이 자유로워지면서 집 밖으로 나가는 일도 할 수 있게 되었다. 고립과 불안정성에 지친 나는 동지애에 굶주려 있었다. 집안에 틀어박혀 혼잣말하며 지내는 날이 계속되다 보니 동료와 하찮은 일로 옥신각신하는 사내 정치가 그리울 지경이었다. 게다가 통장 잔고도 점점 줄어들고 있었다. 이제껏 열심히 기사를 써

왔건만 받은 고료는 건강 보험료를 내고 나면 그다지 남는 게 없었다. 나는 성인이 된 이후 줄곧 스스로 벌어서 생활을 꾸려 왔다. 대학생일 때도 웨이트리스로 일하며 생활비를 벌었다. 그런데 프리랜서로 일하기 시작한 이후 찔끔찔끔 버는 돈은 가정 경제에 그다지 큰 보탬이 되지 못했다. 무엇보다도 꾸준한 수입이 없다는 게 괴로웠다. 지금 상황이 계속되다 보면 내 몸 하나 부양하는 것도 힘에 부칠 날이 올지 몰랐다. 비록 남편일지라도 누군가에게 경제적으로 의존하며 사는 것은 내게 끔찍한 공포이자 수치였다.

그래서 나는 어떤 직장이든 일단 들어가 보자는 의욕에 차서 이력서와 자기소개서를 여기저기에 뿌렸다. 몇 년 전 직장을 그만두기는 했지만 내게는 어느 정도의 경력과 석사 학위가 있었다. 그러나 어떤 기회의 문도 열리지 않은 채 몇 주, 몇 달이 흘러갔고 통장 잔고는 점점 줄어들고 있었다. 두려움이 엄습했다. 전기에 감전이라도 된 듯 배의 움푹 들어간 부분이 찌르르 했다. 밤이면 연신 하품을 해 대면서도 미래에 대한 걱정으로 잠을 이루지 못했다. 이제 내가 할 수 있는 일이라고는 카페에서 커피 파는 것밖에 없지 않을까 하는 생각도 들었다. 대학에서 열심히 공부하고 직장에 들어가 죽도록 일하고 대학원까지 졸업한 마당에 결국 이 모양 이 꼴이 되었다는 구역질 나는 회의에 사로잡혔다. 나는 잘못된 선택 때문에 사다리의 맨 마지막 칸으로 미끄러져 내려온 게 아닐까 하는 생각이 들었다. 나는 프리단 세대 이전의 가정주부에 가까워져 가고 있었다. 나는 늘 심사가 뒤틀려 있었으며 수시로 짜증을 냈고 강박증 걸린 사람처럼 바닥 청소에 열을 올렸다.

내가 선택한 직종도 문제에 일조한 면이 있었다. 컴퓨터 엔지니어인 남편에게는 고소득 일거리가 항상 쏟아져 들어왔다. 일을 맡아 달라며 간청하는 사람들이 늘 대기하고 있었다. 반면 나는 '창의성'이 요구되는 일을 했다. 다시 말해 잔일은 많고 보수는 낮았다. 남편 수입의 몇 분의 일이라도 벌려면 나는 두 배의 시간을 투자해야 했다. 하지만 딸린 아이가 있는 나로서는 그럴 만한 시간이 없었다. 나는 상황이 어떤 식으로 흘러갈지 일찌감치 파악했다. 필요한 돈이 늘어 갈수록 남편은 더 오래 일할 것이었고 그러면 내 몫으로 돌아오는 가사 노동과 육아 부담이 더 늘어나 나의 일을 할 수 있는 시간은 더 줄어들 것이었다. 악순환이 계속되다 실비아가 다 커서 대학에 입학하고 나면 어떻게 될까? 그때서야 비로소 나는 시간적 자유를 얻겠지만 나이 든 데다 별다른 경력도 없는 나를 환영하는 직장은 세상 어디에도 없을 것이었다. 절대 이런 비극적 결말을 맞지 않겠다고 다짐한 나는 편집과 교육 일에까지 손을 뻗어 점점 더 많은 프리랜스 일을 떠맡기 시작했다. 나는 의뢰 들어오는 일은 무조건 맡고 보는 프리랜서의 개미지옥에 빠져 하루 열두 시간씩 일하는 지경에 이르렀다.

\* \* \*

그 개미지옥 속에서 어느새 나는 캘리포니아의 어머니 집 주방 탁자에 앉아 귀에는 휴대 전화를 대고 손으로는 미친 듯이 노트북 자판을 두드리고 있었다. 추수 감사절 바로 다음 날이었다. 나는 새벽 여섯 시에 기상한 이후 계속 깨어 있었다. 아일랜드 식탁 중앙에는 전날 저녁때 먹고 남은 음식들이 접시째 널브러져 있었다. 통화 소리와 자판 두드리는 소리를 제외하면 집안은 조용했다. 남편이 실비아를 데리고 뒷마당에서 들어왔다.

"엄마, 엄마, 내가 뭐 찾았게." 딸이 거실을 가로질러 달려오며 소리쳤다. "애완용 달팽이야!" 실비아가 작은 손을 내밀며 내 얼굴 앞에 달팽이를 보여 주었다. 갈색의 작은 달팽이가 딸의 손바닥 위를 기어가며 끈끈한 흔적을 남겼다. 딸에게 자포자기한 웃음을 지어 주었다. 나는 귀와 어깨 사이에 위태롭게 끼고 있는 휴대 전화 송화구를 한 손으로 감싸 쥔 채 다른 손으로는 여전히 자판을 두드리고 있었다.

"와, 멋진걸." 나는 속삭였다.

강제 결혼에 대한 기사 건으로 취재를 하기 위해 이틀 동안 수없이 전화한 끝에 겨우 통화하게 된 인권 변호사와 이야기를 나누던 중이었다. 한 잡지 편집자가 미안한 기색이 묻어나는 다급한 목소리로 자동 응답기에 남긴 메시지를 듣고 추수 감사절 직전에 맡은 기사였다. 편집자는 불발된 다른 건을 대체할 기사가 급하게 필요하다고 했다. 일주일밖에 남지 않은 마감 기한을 늦출 여건이 되지 않았다. 그래서 나는 연휴 동안 자료를 수집하고, 관련 기사를 읽고, 전문가들을 인터뷰하고, 초안을 작성해야 했다. 편집자도 아이가 있는 엄마였다. 우리는 각자 아이들을 재운 후 밤늦게 통화하며 기사에 대해 논의했다.

변호사는 내 딸보다 겨우 몇 살 위인 아홉 살 여자아이들이 여든 살 먹은 남자들과 강제 결혼하는 사례에 대해 이야기해 주었다. 강제 결혼을 당한 아이들은 학교도 가지 못한 채 강간당하고, 맞고, 학대당한다고 했다. 또 그 아이들 중 상당수가 임신을 하고 그로 인해 심각한 신체적 문제를 겪게 된다고 했다. 몸이 작은 데다 뼈도 아기 새처럼 연약하기 때문에 생기는 문제였다. 그런 일은 여자를 소유물로 여기는 전통 때문에 벌어진다. 하지만 그 아이들 부모들은 그것만이 어린 딸이 배불리 먹고 편히 살 수 있는 유일한 길이라고 믿기 때문에 딸들에게 그 처참한 운명을 지우기도 한다. 변호사가 내게 이런 이야기를 들려주는 동안 나는 실비아가 자르기를 한사코 거부하는 금색 머리카락을 쓸어내렸다. 실비아는 내게서 몸을 떼면서도 달팽이 껍질을 사랑스럽게 쓰다듬으며 달팽이에 대해 계속 종알거리고 있었다. 내가 전화 통화 중이라는 사실을 알지 못하는 것일까, 아니면 알면서도 신경 쓰지 않는 것일까. 아니, 어느 쪽이든 상관없다. 내 전화 통화에 실비아가 굳이 신경 써야 할 필요는 없다. 실비아는 고작 다섯 살이지 않은가.

"나는 달팽이 이름을 루이라고 지을 거야." 실비아가 내 무릎에서 빠져나오려고 애쓰면서 말했다. 나는 남편에게 애원의 몸짓을 했고 남편은 나를 노려보며 걸어왔다. 여섯 시간 동안이나 대륙을 가로질러 와서 이런 추수 감사절 연휴를 보내다니……. 나는 이곳에 온 후 집 밖으로 한 발자국도 나가지 못한 채 스트레스가 머리 끝까지 차오른 상태로 일만 했다. 남편은 며칠간 혼자 친정 식구들의 이야기 상대 역할을 했으며 실비아도 혼자 보았다. 남편이 눈을 가늘게 뜨고 나를 째려보았다.

"제발." 내가 입을 뻐끔거렸다.

"이리 와." 남편이 약간 큰소리로 말했다. "루이에게 먹일만한 것이 있나 찾아보자." 남편은 신문을 집더니 나를 다시 한 번 쨰려 보고 쿵쾅거리며 뒷문으로 나갔다.

"엄마, 엄마는 맨날 일만 해." 실비아도 내게 불만을 내뱉고 아빠 뒤를 따라 나갔다.

통화 중이던 변호사에게 사과를 하고 취재를 마쳤다. 등을 따라 못이 줄지어 박혀 있는 것 같은 느낌이 들었다. 못들은 각각 죄책감, 좌절감, 분노, 기진맥진이라고 써진 깃발을 맹렬히 흔들고 있었다. 손가락으로 관자놀이를 눌렀다. 아직 자료 조사가 더 필요했다. 전화 걸어야 할 곳도 남아 있었다. 이 기사를 끝내야 했다. 커피 두 잔 때문인지 입안에서 시큼한 맛이 났다. 카페인 탓인지 잠을 못 잔 탓인지 위장도 쥐어짜는 듯 아팠다. 창밖에서 신이 나서 꺅꺅 소리 지르는 실비아의 목소리가 들려왔다. 실비아가 언제나 재미있어하는 스프링클러를 켠 모양이었다. 실비아가 아침에 말했던 대로 하늘은 "완벽히 파란 종이처럼" 파랬다.

잠시 뒤 실비아가 뒷문으로 머리를 비죽 내밀었다. "엄마, 제발 밖으로 좀 나오면 안 돼? 보여 줄 게 있단 말이야. 엄마 안 나올 거야? 안 나올 거야? 엄마?"

풀 죽은 실비아의 목소리에 엄마를 꼬드기다가 곧 체념하곤 했던 어린 시절의 내 모습이 떠올랐다. 나는 한숨을 내쉬며 의자를 뒤로 밀었다. "될 대로 되라지." 나는 생각했다. 나는 실비아를 도와 빌어먹을 달팽이에게 먹일 만한 것을 찾아야 했다. 기사를 마치려면 밤을 꼴딱 새야 할 판이었고, 결국 실제로 그렇게 되었다.

새벽 두 시, 주방 식탁에 앉아 컴퓨터 자판을 두드리고 있을 때 어머니가 실크 소재의 잠옷을 입고 슬리퍼를 신은 채 대리석 바닥에 소리 나지 않게 조심조심 걸으며 아래층으로 내려왔다. 어머니는 잠에서 덜 깨 반은 감긴 눈으로 나를 바라보며 웅얼거리는 목소리로 물었다. "아직 안 자니? 차 한 잔 마실래?"

"네, 고마워요." 나는 계속 자판을 두드리며 말했다.

어머니는 쿵쾅거리면서 물 부은 주전자를 불 위에 올려놓고 비스킷을 찾느라 선반을 뒤졌다. 주전자의 물이 끓기 시작하자 정적을 뚫고 삑삑 소리가 났다. 어머니는 찻잔 두 개를 들고 내 옆에 앉았다. 어머니는 한동안 나를 물끄러미 쳐다보았다. "실비아가 안됐구나." 어머니가 한숨을 쉬었다.

"네?" 내가 건성으로 물었다.

"기껏 가족끼리 연휴를 즐기러 왔는데 엄마는 코빼기도 못 보잖니." 어머니는 차를 한 모금 마시더니 식탁에 놓여 있는 신문을 뒤적거렸다.

나는 자판 두드리던 것을 멈추고 피로로 따끔거리는 눈을 비볐다. 엄마가 농담을 하는 건가? 다른 사람도 아닌 '엄마'가 내게 그런 말을 하다니? 갑자기 분노가 목구멍까지 차올랐다.

"무슨 뜻이에요?" 나는 위험할 정도로 낮게 으르렁대는 목소리로 물었다.

"그냥 실비아가 안됐잖니. 별 뜻은 없어." 대답하는 어머니의 눈은 여전히 신문에 고정되어 있었다. "실비아가 널 그리워하는 게 느껴지더구나."

어머니에게 비수 꽂을 말을 준비하던 중 갑자기 전투적인 마음이 싹 가셨다. 우리 대화가 사실은 실비아에 대한 것이 아닌 나에 대한 것이라는 사실을 깨달았기 때문이었다. 어머니는 내가 어렸을 때 함께 해 주지 못한 시간들을 간접적으로 사과하고 있는 것이었다.

나는 차를 한 모금 홀짝이며 말했다. "나도 자길 그리워한다는 걸 실비아도 알아요." 어머니는 내가 기사를 마무리할 때까지 조용히 신문을 읽으며 옆에 있어 주었다. 그리고 우리는 함께 위층으로 올라가 침대 속으로 들어갔다.

# '행복할' 시간

추수 감사절 연휴 내내 내가 쓴 기사는 마감일에 맞추어 전해 졌고 마침내 잡지로 나왔다. 나는 내가 쓴 글자들이 인쇄되어 나온 것을 보며 성취감과 만족감, 그리고 안도감을 느꼈다. 실비아는 눈을 크게 뜨고 슈퍼마켓 선반에서 잡지를 끌어내렸다. 나중에 실비아가 친구들에게 자기 엄마가 작가이며 자기도 작가가 되고 싶다고 자랑스럽게 말하는 걸 우연히 들었다. 학교에 실비아를 데리러 갔다가 담임 교사에게 실비아가 책 읽고 그 내용 이야기하길 좋아한다는 말을 들었다. 실비아는 학교에서 만든 책을 가져오곤 했다. 적어도 지금으로선 내가 어머니와 작가라는 두 정체성을 봉합하는 쉽지 않은 과업을 잘 해내고 있다고 감히 믿는다.

살다 보면 좋은 날도, 나쁜 날도, 그리고 그 중간쯤 되는 날도 있는 법이다. 때로 나는 나 자신도 무서울 정도로 불같이 화를 낸다.

견디기 힘들 정도로 신경이 곤두선 날도 있다. 실비아가 학교에 늦었는 데도 신발을 신지 않겠다고 떼를 썼던 날 나는 거칠게 실비아의 발을 신발에 구겨 넣었다. 실비아가 크래커 한 상자를 방금 먹어 치우고도 컵케이크를 또 먹겠다며 징징거렸던 날 나는 지나칠 정도로 화를 퍼부었다. 실비아가 새로 산 거실 탁자에 끈적거리는 주스를 엎질렀던 날에는 분노에 차서 실비아를 방에 가두기도 했다. 나는 이런 내 성향을 잘 알기에 내 안의 헐크가 튀어나오지 않도록 온 힘을 다해 화를 억누르려 노력한다. 부모 노릇이란 시도 때도 없이 욱하고 치밀어 오르는 소소한 분노와 좌절감의 폭발을 다스려 가며 나 자신에 대한 책임과 아이에 대한 책임 사이의 올바른 균형을 끊임없이 찾는 과정이다. 바로 이 점이 『여성의 신비』를 통해 얻은 핵심 교훈이었다. 나는 이 교훈을 마음 깊이 새겼다.

그럼에도 불구하고 반세기가 지난 지금의 관점에서 다시 평가해 보면 프리단의 책은 많은 여자를 해방의 길로 인도하는 계기가 되기는 했지만 한편으로는 여자들을 단일한 이론적 틀에 가두는 결과를 낳기도 했다. 우리는 그때 이래로 프리단이 만들어 놓은 이론적 모래 늪에서 탈출하기 위해 발버둥 쳤지만 번번이 실패했다. "여성의 신비는 여성성의 실현이야말로 여자들이 추구해야 할 가장 고귀한 가치와 업적이라고 말한다." 프리단은 여기에 반대하며 여자들에게도 여성으로서만이 아니라 한 인간으로서 자아실현을 할 수 있는 기회를 주어야 한다고 주장했다. 『여성의 신비』 이후 수십 년 동안 일과 가정의 균형에 대한 논쟁이 벌어질 때마다 자아실현, 만족, 행복 같은 공통의 후렴구들이 반복해서 나왔다. 하지만 사실 이 무지갯빛 단어들에는 손에 잡히는 어떤 의미도 담겨 있지 않다.

보부아르도 『제2의 성』에서 이 문제를 언급했다. "'행복'이라는 단어가 의미하는 바는 명확하지 않으며 거기에 담긴 가치 또한 분명하지 않다. 타인의 행복을 객관적으로 측정하기란 불가능하며 고작해야 어떤 상황이 행복을 불러일으킬 가능성이 높은지 묘사할 수 있을 뿐이다." 일과 양육이 주는 만족도가 얼마나 큰지, 두 가지가 자아실현에 얼마나 기여하는지 비교해 보려는 시도는 허울만 그럴듯할 뿐 애초부터 불가능하다. 두 가지가 서로 다른 종류의 경험이기 때문이다. 인쇄되어 나온 내 이름을 보는 경험과 실비아의 무용 발표회를 보는 경험은 서로 비교할 수 없다. 어느 한쪽이 월등히 더 좋거나 더 중요하기 때문이 아니라 두 가지가 서로 다른 욕구에 부응하기 때문이다. 아이를 키워 본 사람이라면 내 말에 동의할 것이다. 그런데도 언론은 '직장 맘 대 전업 맘 전쟁' 같은 자극적 기사들을 내보내면서 그런 중요한 차이를 언급하지 않은 채 오만하게 넘어가 버린다.

오늘날의 여성들은 프리단이 지적한 '여성의 신비', 즉 여성성을 추구해야 한다는 문화적 강요보다는 다른 문제 때문에 고통받는 경우가 더 많다. 『여성의 신비』가 출간된 지도 어언 50여 년이 흘렀다. 그 세월 동안 우리는 '여성의 신비'가 어째서 문제가 되는지 속속들이 이해하게 되었으며, 일과 육아를 동시에 완벽히 해낼 수 없다는 현실을 너무나도 잘 알게 되었다. 우리는 결국 일과 육아 중 하나를 포기해야만 한다. 1970년대부터 지금까지 꾸준히 실시된 설문 조사 결과를 보면 자신이 불행하다고 답하는 여자들의 숫자는 늘어나는 반면 자신이 행복하다고 답하는 남자들의 숫자는 늘어나는 혼란스럽고 경악스러운 통계치를 확인할 수 있다. 여자들에게 끈질긴 불행을 야기하는 원흉은 무엇일까? 불안감, 소비지상주의, 죄책감, 직장일과 집안일의 이중고 등 그 이유는 아마 끝도 없을 것이다. 그 결과는? 우리는 어느 비평가의 말마따나 원인 분석만 하다 피로감에 나가떨어질 지경에 처했다. '여성의 신비'는 곧 여성성에 대한 비판이 되었다. 그래, 자신뿐 아니라 다른 모든 여자도 같은 고통을 겪고 있다는 깨달음은 다소 위안을 줄지 모른다. 하지만 '동병상련'의 위안을 얻기 위해 계속 그 고통 속에 머무를 수는 없는 노릇이다. 1950년대의 번쩍번쩍한 잡지 광고에 그려진 '행복한 주부'가 프리단이 말한 유령이었다면 1980년대에 등장한 '슈퍼 맘'은 우리를 괴롭히다 그 힘을 소진하고 구겨진 채 바닥에 나뒹굴고 있는 또 다른 유령이었다. 이제 그 자리를 차지한 것은 하루살이처럼 간신히 살아가고, 항상 정신없고, 늘 기진맥진한 상태에서 항상 뭔가가 부족한 평범한 소시민들이다.

\* \* \*

그러나 다음 사실만은 확실하다. 육아는 우리에게 엄청난 기쁨을 주기도 하지만 여자들의 잠재 수입에 막대한 손해를 입힌다. 모두가 귀를 막고 싶어 하지만 이것이 바로 현실이다. 사람들은 신성한 영역인 모성에 경제 논리를 들이대는 것은 무엄한 일이라 여긴다. 출산과 육아로 야기되는 수입 감소, 기회 비용 증가, 의존성 심화에 대해 언급하는 것은 부모로서 해서는 안 될 품위 없는 짓이다. 부모가 된다는 것은 이타적이고, 초월적이며, 의미 있는 경험이어야 마땅하니 말이다. 전직 경제 전문 기자 앤 크리텐던은 여자가 아이를 하나 낳을 때마다 평생 100만 달러가량의 수입을 손해 보는 셈이라는 계산 결과를 내놓았다. 남자들도 나름의 대가를 치르기는 한다. 가족과 더 오랜 시간 함께하기 위해 일하는 시간을 줄이거나 반대로 가족과의 감정적 유대를 희생시켜 가며 일하는 시간을 늘린다. 그러나 양육에 참여하는 남자들이 늘고 있는 것이 사실이라 해도 출산 후 경력을 계속 이어 가느냐 마느냐의 기로에 놓이는 것은 오로지 여자들이다. 남자들에게는 그 문제가 고민할 거리도 되지 않는다. 남자들이 경제적 부분을 맡는 것은 당연하게 받아들여진다. 우리 가족에게도 마찬가지 일이 벌어졌다. 실비아를 키우는 동안 주위 사람들은 하나같이 남편에게 언제 다시 직장에 나갈 계획이냐고 물었다. 내게 그렇게 물어본 사람은 별로 없었다. 사람들은 자녀 양육이 무척 중요한 일이라는 데는 동의하지만 그 책임은 응당 여자들의 몫이라 여긴다.

모성 신화를 까발리고자 시도한 페미니스트 작가들도 있었지만 그들은 모두 사회의 근간을 뒤흔들려 한다는 비난에 시달려야 했다. 프리단이 그랬고 『일을 하자』라는 선언서를 쓴 린다 허쉬먼(Linda Hirshman)도 그랬다. 직장에서 인정받으며 승승장구하는 여자들이 흔한 오늘날에도 '전문적인 일을 하는 엄마'라는 개념은 위협적으로 받아들여지는 듯하다. 칼럼니스트 데이비드 브룩스

(David Brooks)는 《뉴욕 타임스》 지면을 통해 허쉬먼의 책에 혹평을 퍼부었다. 브룩스는 허쉬먼의 책에 나온 다음 대목에 대해 꼬투리를 잡았다. "가정을 유지하려면 반복적이고 물리적인 노동을 투자해야 하지만 그 사실은 겉으로 잘 드러나지 않는다. 가정은 삶의 필수적 영역임에도 시장이나 정부 같은 공적 영역에 비해 홀대받고 있다." 브룩스는 이에 대해 반론을 펼쳤다. "직장에 나가 돈을 벌어오는 것만큼 힘들고 단조로운 일이 또 어디 있겠는가. 로펌에서 일하는 변호사들에게 물어보라." 그는 진정한 기쁨과 행복은 '부모(라고 쓰고 어머니라고 읽는다.)'에게서 찾을 수 있다고 주장했다. 미래의 기둥을 키워 내는 역할을 하는 가정이 실질적 힘의 원천이라는 것이다. 게다가 브룩스는 남자와 여자가 "타고나길 다르게 생겨 먹었다."라는 편리한 말을 덧붙인다. 여자들은 관계 능력이 뛰어난 반면 남자들은 추상적 개념 처리에 능하므로 여자가 육아를 담당하는 것이 훨씬 효율적이라는 것이다.

브룩스는 허쉬먼의 선언서를 읽고 1975년으로 시간 여행한 듯한 기분이 들었다고 비꼬았지만 정작 브룩스 자신의 글은 여자들에게 더 큰 대의를 위해 개인적 야망을 포기하도록 장려하는 1949년의 성차별주의자 선동을 떠올리게 한다. 그의 글은 "위대한 남자들에게는 위대한 어머니가 있었다."라는 진부한 도식을 따른다. 나는 논의를 더 긍정적인 방향으로 이끌 수 있지 않을까 하는 기대로 그의 칼럼을 읽었지만 결국 시간만 낭비한 꼴이 되었다. 브룩스는 부모 역할의 중요성을 상기시키고 남자와 여자가 합심해 육아라는 난관을 헤쳐 나가기를 촉구하는 쉬운 길 대신 판에 박힌 성차별주의자 관점을 설파하는 어려운 길을 선택했다. "권력은 주방에 있다."라는 그의 발언은 여자의 활동 범위를 '아이, 주방, 교회(Kinder, Kuche, Kirche)'에 한정시킨 구시대적 성차별주의자 관점과 전혀 다를 바 없었다. 브룩스는 진보주의자인 양 행세하며 마음에도 없는 다음 말로 칼럼을 마무리했다. "문제는 주방에 있는 여자들이 아니라 그곳을 떠난 남자들이다."

같은 《뉴욕 타임스》에 일요일마다 「현대인의 사랑」이라는 제목의 칼럼을 기고하는 테리 마틴 헤커(Terry Martin Hekker)와 브룩스가 만나 일과 모성에 대한 담화를 나눈다면 아마 참 볼 만할 것이다. 브룩스가 주방에 남아 묵묵히 자기 책임을 다하는 어머니들에 대한 칭찬을 진실성 없이 쏟아 내면 테리 마틴 헤커는 아직 주방에 남아 있는 여자들에게 대체 거기서 뭘 하고 있냐며 어서 빠져나오기를 권할 것이다. 테리 마틴 헤커가 처음부터 페미니스트였던 것은 아니다. 1970년대에는 2세대 페미니즘 물결에 대해 노골적 반감을 표하기도 했다. 당시 그녀는 전업주부들을 변호하는 다음과 같은 사설을 남겼다. "나는 베티 프리단보다는 옛날 연속극 「우리는 한 가족」에 나오는 순종적인 아내 이디스 벙커에 가까운 사람이다. 이런 여자들은 '자아실현'이라는 말에는 별 관심이 없으며 사실 자신이 자아실현을 하지 못하고 있다는 사실도 깨닫지 못한 채 살아가는 게 대부분이다. 그들이 행복한 삶을 살고 있는지 증명할 수는 없지만 그들은 분명 밝고 활기차다. 그들에게는 '사회적으로 의미 있는 관계'가 부족할지도 모르지만 적어도 그들은 주변 사람들과의 관계를 소중히 여긴다. 그들은 깨끗하고 안락한 가정에 자부심을 느끼며 정성껏 차려 놓은 저녁 식탁에 만족을 느낀다. 누구도 그들에게 돈 버는 일만이 가치 있다고 설명해 주지 않았다."

테리 마틴 헤커는 이 사설을 발전시켜 『아담과 이브 이후 오랫동안』이라는 적절한 제목의 책을 냈으며, 이를 계기로 토크 쇼에도 출연했다. 하지만 세월은 그녀를 달라지게 만들었다. 30년이 훌쩍 지나간 후 헤커의 남편은 젊은 여자와 눈이 맞아 쥐꼬리만 한 위자료만 남긴 채 떠나 버렸다. 위자료는 수십 년간 가정에 헌신하며 다섯 아이를 키운 대가치고는 너무하다 싶을 정도로 적었다. 이혼한 지 4년 만에 헤커의 돈은 모두 바닥났다. 노동 시장에 내놓을 만한 특별한 기술도 없이 홀로 남은 육십 대의 헤커는 집세를 내기 위해 전당포를 찾아야 할 신세로 전락했다. 그동안 그녀의 전남편은 새 여자 친구와 멕시코의 휴양지인 칸쿤으로 놀러 다니기 바빴다. 소득세 신고를 하러 간 헤커는 자신이 저소득층 대상 복지 혜택을 받을 수 있는 자격이 된다는 사실을 알고는 충격에 빠진다. 자신의 처지를 깨달은 헤커는 전남편에게 양육비를 더 청구하기로 마음먹는다. 하지만 판사는 헤커에게 불평은 그만두고 직업 교육 프로그램이나 들으라고 조언한다. 헤커는 거기에서 다시 한 번 어떤 경력도 없는 육십 대 여자가 할 수 있는 일은 거의 없다는 잔혹한 현실을 깨닫는다. 우리 사회는 출산과 양육을 신성시하지만 이력서에 쓸 만한 경력으로 쳐주지는 않는다. 또 출산과 양육은 돈이 되지도 않는다. 그리하여 헤커처럼 나이 들어 이혼한 여자들 앞에 기다리는 것은 빈곤층으로의 추락뿐이다. 헤커는 자신의 경험에 대해 다음과 같은 글을 남겼다. "나의 시대착오적인 책은 행복한 결혼 생활이 영원히 지속되리라 믿던 시기에 쓰였다. 슬프게도 그 책 내용은 현대 여성들에게 전혀 들어맞지 않는다. 책을 처음 썼던 때의 의도와는 전혀 상관없지만 타산지석의 교훈은 줄 수 있을지도 모르겠다." 보부아르의 표현을 빌리면 헤커는 페미니스트로 타고나지는 않았지만 불행한 경험을 통해 페미니스트가 된 사람이었다.

* * *

여자들이 프리단 이전 시대보다 '불행'하다는 설문 결과는 여자들의 행복 지수보다 행복에 대한 개념 틀과 더 관련 있는지도 모른다. 여자들의 행복 지수 하락에만 초점을 맞추려다 보면 본질을 놓친 채 오늘날 우리가 어디까지 왔는지 보지 못하게 될 수도 있다. 백인 남자에게 모든 권리가 주어지고 각종 사회적 차별이 당연하게 여겨지던 1960년대를 실감나게 그린 드라마 「매드 맨(Mad Men)」 시대로 회귀하고 싶은 사람은 아마 거의 없을 것이다. 우리는 현실에 대해 불평하며 과거에 대한 부적절한 향수에만 젖어 있기보다는 그 부정적인 에너지를 승화시켜 남자와 여자 모두의 삶을 개선시키는 데 도움이 될 정책과 법률 체계를 구축하는 데 사용해야 한다. 목마른 사람이 우물을 판다는 속담도 있지 않은가. 이 속담은 프리단 이후 등장한 페미니스트들에게는 확실히 적용된다.

# 성의 변증법

데이비드 브룩스가 린다 허쉬먼의 책을 비판하기 위해 1970년대의 페미니즘을 들먹인 것은 비열하기는 해도 효과적인 전략이었다. 독자들은 브룩스의 글에서 브래지어를 벗어 던지고 제모도 하지 않은 채 폭주하는 여자의 이미지를 떠올리고 즉각적인 거부 반응을 보였다. 브룩스의 전략이 맞아떨어진 것이다. 이상하게도 이러한 1970년대 페미니스트들의 이미지는 유령처럼 집요하게 남아 페미니스트에 대한 고정 관념으로 자리 잡았다. 내가 들은 '페미니즘 고전 연구' 수업의 강의 첫날은 모두 놀라울 정도로 비슷했다. (물론 이후 전개되는 방식이나 분위기는 수업에 따라 판이하게 달랐다.) 먼저 교수가 학생들에게 전형적인 '페미니스트'의 이미지를 묻는다. 그러면 학생들은 공중에 떠다니는 1970년대의 유령을 떨쳐 내려 노력하면서 돌아가며 의견을 말한다.

버지니아 울프의 단편 소설 「홍가」의 주인공이 천사들에 맞서 싸웠다면 우리는 페미니즘을 배우는 강의실에서 남자를 증오하고 제모도 하지 않은 레즈비언들의 유령과 싸워야 했다. 그녀에 대해 잘 알고 있지 않은가. 어떤 남자도 자신을 원하지 않으리라는 사실을 감추기 위해 자신이 페미니스트라 외치는 여자. 유머 감각이라고는 눈곱만큼도 없으며 결국 비통하게 독신이 될 운명인 여자. 벗어 던진 자신의 브래지어를 그냥 태우는 것도 아니고 뒷마당에 활 환 타오르는 모닥분에 태운 여자. 그런 여자 말이다. 하지만 우리 중 누구도 이런 종류의 페미니스트는 아니었다. 게다가 자신은 페미니스트가 아니라는 다소 이상한 발언을 하는 학생도 있었다. 그런 페미니스트들이 21세기에 과연 존재할까? 아니, 과거에라도 존재한 적이 있기는 했나? 교수들도 지적했듯, 페미니스트들이 분개에 차서 브래지어를 공개적으로 태운 적은 없었다. 그것은 단지 이미지에 불과했지만 언론에게는 써먹기 좋은 먹잇감이었고 곧 대중의 머릿속에 페미니스트의 상징으로 남았다.

그렇다면 진실은 무엇이었을까? 격동의 시기였던 1960년대와 1970년대에, 그러니까 『여성의 신비』가 화제를 모으고 민권 운동이 활발히 전개되고 베트남 전쟁과 워터게이트 사건이 한창이던 때에 비교적 적은 수의 여성이 공개적으로 소리 높여 분노를 표출했던 것뿐이다. 그들은 눈을 떴고 의식 수준도 높아졌으며 그래서 착한 여자 노릇은 더는 하지 않겠다고 선언했다. 그들은 그럴 필요가 없었다. 획일성에 대한 순응을 강요하던 1950년대 문화가 서서히 분열의 용광로 속에서 용해되고 있었기 때문이다. 사람들은 흑인과 백인, 젊은이와 노인, 남자와 여자로 나뉘어 각자의 주장을 펼치기 시작했으며 각 집단 내에서도 무수하게 소소한 분열이 일어났다. 사람들은 이전까지 덮어 두기만 했던 부조리한 현실을 고발하기 위해 인종 차별주의, 성차별주의, 가부장제, 억압 같은 단어들을 새로이 만들어 냈다. 이렇듯 정치적 자각이 커 가는 가운데 여자들도 분연히 떨치고 일어나 자기들만의 목소리를 내기 시작했다. 이때 나타난 페미니즘은 이제 베티 프리단을 비롯한 소수의 엘리트가 주도하는 방식이 아니었다. 새로운 페미니즘은 더 대담하고 거칠고 급진적이었다. 이들 여성은 단순히 사회 체제를 비트는 데 그치지 않았다. 그들은 사회 체제를 찢어발기고 그들의 표현을 빌리면 강한 인상을 남기고자 했다.

21세기가 동트던 때에 등장한 급진적인 2세대 페미니즘은 긍정적으로 보면 색달랐고 어떻게 보면 공상 과학 소설처럼 무서웠다. 급진파 페미니스트인 슐라미스 파이어스톤(Shulamith Firestone)이 1970년에 쓴 베스트셀러 『성의 변증법: 성 해방을 통한 인간 해방 역설』 말미에는 사회적 개혁 전략과 이를 설명하기 위한 그래프와 도표가 나온다. 출산을 "호박 낳는 것"과 비슷하다고 묘사한 것으로 유명한 슐라미스 파이어스톤은 남녀 간의 진정한 평등을 이루려면 핵가족을 폭발시켜야 한다고 믿었다. 수세기 동안 이어진 성차별을 역전시키려면 그렇게 해야만 한다는 것이 슐라미스 파이어스톤의 주장이다. 핵가족 해체를 위해 슐라미스 파이어스톤이 제안한 방법은 실험실에서의 인공 생식이었다. 이를 통해 여자들을 "번식 생물학의 압제"로부터 해방시키면 아이들은 더 이상 누군가에게 "속하지" 않을 것이며 혈연 관계도 용해되어 없어져 사람들은 자신의 "가정"을 선택하여 요리나 자녀 양육 같은 집안일을 균등하게 나누어 할 수 있을 터였다. 슐라미스 파이어스톤의 예상대로만 된다면 결혼과 일부일처제는 구시대의 유물이 될 것이며 성적 관계는 쾌락만을 목적으로 추구될 것이고 그리하여 결국 우리의 성차별적 문화는 사라질 것이었다. 만약 그랬더라면 웨딩드레스 디자이너로 유명한 베라 왕이나 임부복 디자이너로 유명한 리즈 랭은 지금 탄생하기 않았을 것이다. 인공 생식 기술을 주류화시켜야 한다는 슐라미스 파이어스톤의 주장은 획기적이기는 했지만 그녀의 예측 가운데 현실이 된 것은 단 하나도 없었다. 오히려 『성의 변증법』 시대 이후 결혼식과 후세에 대한 집착은 더욱 커진 듯 보인다.

슐라미스 파이어스톤의 책이 출간되었을 때 나는 아직 태어나지도 않았더랬다. 하지만 그녀가 말한 공동체와 자유연애에 대한 쿡쿡 쑤시는 그리움은 내게도 있었다. 나는 다리털을 밀고 데오도란트를 사용하기는 해도 내 안에는 히피의 불꽃이 있다. 급진적 페미니즘에 대해 토론하는 동안 L교수의 눈가도 촉촉해졌다.

L교수는 주먹으로 탁자를 탁탁 두드리며 학생들에게 소리쳤다. "아직 남은 사람? 여러분 중 아직도 자신이 급진적 페미니스트라 생각하는 사람 있나요?"

학생 한두 명이 자신 없는 태도로 머뭇거리며 손을 들었다. "대체 급진적 페미니스트들에 무슨 문제가 있었기에 이런 일이 벌어지는 걸까요?" L교수는 답을 요구했다.

『성의 변증법』에 대해 토론하는 동안 나는 우리가 작고 상처 입은 외계인처럼 보이는 생명체를 둘러싸고 있다는 상상을 했다. 우리는 호기심 어린 눈으로 차례대로 돌아가며 긴 막대로 그것을 찔러 보았다. 예상대로 학생들마다 의견 차이가 있었다.

"출산이 싫다는 것은 자기 역사의 근본을 부정하는 말입니다!"

"임신을 좋아하는 여자들도 많습니다!"

"우리 엄마는 치과 의사에게 가느니 다시 임신을 하겠다는 말을 한 적이 있습니다!"

"양육의 책임을 사회로 돌리면 공립 학교 대 사립 학교 문제가 더욱 심화되지 않을까요?"

"개인이 선택할 수 있는 문제로 남겨 두어야 한다고 생각합니다."

"가족이라는 제도의 뿌리를 뒤흔드는 일은 없어야 합니다!"

"저는 아버지를 좋아합니다!"

"그녀는 너무 급진적이라 효율성이 떨어집니다!"

"심하게 비현실적입니다!"

"지나치게 적대감을 불러일으킵니다. 너무 적대적입니다!"

L교수는 발표하는 학생들의 얼굴을 하나하나 똑바로 쳐다보았다.

"알겠습니다. 다들 잠깐만요." L교수의 목소리는 도전적이었다. "분노라는 감정을 좋아하는 사람 있나요? 저는 시류에 영합하지 않고 분노하는 사람을 좋아합니다."

나도 슐라미스 파이어스톤의 굽힐 줄 모르는 열정과 명료한 안목이 보는 사람에게 일종의 활기를 느끼게 해 준다는 데 동의한다. 학생들의 의구심과 거리낌도 이해는 되지만 그들은 급진적 페미니즘에 대한 논의의 핵심을 놓치고 있었다. 슐라미스 파이어스톤이

"인공두뇌 사회주의"라고 부른 체제는 오늘날의 시각으로 보면 진부한 아이디어일지 모르지만 『성의 변증법』은 희망과 분노를 연료로 하여 반짝 타올랐던 이상주의 시대의 결과물이었다. 이 책은 어느 길목 귀퉁이에서 팔리던 비주류 소책자가 아닌 대형 출판사에서 야심차게 내놓은 책이었다. 마르크스주의적인 분석과 반(反)사랑, 반(反)결혼, 반(反)체제적인 논지를 담은 『성의 변증법』은 내놓기 무섭게 수천 부가 팔리면서 수십 차례 재판을 찍었고 2세대 페미니즘 물결을 주도했다. 협력과 타협의 시대인 오늘날을 사는 우리는 급진적 페미니즘의 파괴적이고 분노 어린 측면에만 초점을 맞추는 경향이 있다. 급진적 페미니즘이 어떻게 나라와 가족을, 그리고 남자와 여자를 분열시켰는지 이야기하는 동안 그 덕분에 여자들이 누리게 된 기회는 잊고 있다. 분노는 행동이라도 이끌어 내지만 애매모호함은 혼란을 초래할 가능성이 다분하다.

"분노도 때로는 유용할 수 있다고 봅니다." 조금 전까지만 해도 급진적 페미니즘의 행동 방식에 맹렬한 비판을 퍼부었던 사라가 수긍의 말을 내뱉었다. "하지만 그건 가끔만 그렇습니다." 사라는 재빠르게 덧붙였다.

나는 L교수와 시선을 교환했다. 순간이었지만 우리는 나머지 학생들과의 세대 차이를 공감했다.

\* \* \*

'급진적'이라는 의미의 영어 단어 '래디컬(radical)'은 '뿌리'를 뜻하는 라틴어에서 파생했다. 즉 '급진적'이란 깊숙이 자리 잡은 믿음과 행동을 뿌리 뽑기 위해 그 토대를 철저히 검사하는 것을 의미한다. 보수주의자들은 페미니스트들이 합당한 이유 때문에 급진적으로 변모했다는 사실을 이해하지 못한다. 그들의 분노는 허공에서 나타난 것이 아니었다. 생생한 경험이 그들을 분노케 만들었다. 슐라미스 파이어스톤에게 책을 쓰도록 만든 분노는 진짜였다. 1969년 리처드 닉슨이 대통령으로 취임하기 전날, 다시 말해『성의 변증법』이 출간되기 1년 전 슐라미스 파이어스톤과 '민주 학생 연합' 소속 메릴린 살즈먼 웹은 워싱턴에서 열린 대통령 취임 반대 및 베트남전 반대 시위에 참가했다. 두 사람은 시위 주최자들에게 여성 해방 운동에 대한 연설을 해 달라는 요청을 받고 그 자리에 함께한 것이었다. 그 시대의 연대기를 담은 책『쪼개진 세계』를 쓴 역사학자 루스 로젠(Ruth Rosen)은 두 여성이 단상으로 올라갔을 때 벌어진 일을 다음처럼 전했다.

좌파에 속하던 메릴린 살즈먼 웹은 다음 선언으로 연설을 시작했다. "우리 여자들은 억압받고 있습니다. 이 사회에서 가장 대우받아야 마땅한 우리 여자들은 팔과 다리가 잘린 채 자본주의 체제 내에서 한 인간으로서 제대로 기능하지 못하고 있습니다." 갑자기 단상 아래가 아수라장으로 변했다. 하지만 웹은 소란에도 아랑곳하지 않고 여자들을 물건 취급하는 체제를 맹렬히 비난했다. 남자들은 주먹으로 위협하는 동작을 하며 오싹한 말들을 내뱉었다. "미친년!", "저년 끌어내!", "뒷골목으로 끌려가 강간당하고 싶냐!", "벗겨 버려!"

이미 좌파 운동가들에게 정나미가 떨어진 슐라미스 파이어스톤은 자본주의와 더불어 남자들을 규탄하기 위해 단상 위로 성큼성큼 걸어 올라가 소리쳤다. "여러분, 우리가 살고 있는 세상에 대해 이야기해 봅시다. 우리 여자들은 여러분들이 무슨 뜻으로 혁명을 외치는지, 그저 권력을 더 얻으려는 목적으로 그러는 것은 아닌지 의심하게 됩니다." 남자가 대부분이었던 청중은 욕설과 야유를 퍼부었다.

남자들에게 이런 모욕을 당한 것이 백인 선교사들로 구성된 조사 위원회에 맞서 "나는 여자가 아닌가요?"라고 물었던 소저너 트루스(Sojourner Truth)가 아니라는 점에 주목하라. 메릴린 살즈먼 웹은 체제를 바꿔 보자고 함께 싸우던 진보적인 동료들에게 그런 꼴을 당했다. 몇몇 여성은 민권 운동 단체인 '학생 비폭력 조정 위원회'의 지도부에서 여자를 찾기 힘든 이유를 분석한 보고서를 발표하기도 했다. 그 보고서에는 민권 운동 단체 내에서 여자가 할 수 있는 유일한 역할은 "엎드려 있는 것"이라는 민권 운동가 스토클리 카마이클(Stokely Carmichael)의 발언에 대한 고발도 담겨 있었다. 이 발언을 들은 여자들은 분노를 표했지만 유머도 이해하지 못하는 거친 여자들이라는 평판만 돌아왔다. 여자들의 항의에도 불구하고 스토클리 카마이클은 비슷한 농담을 계속 반복했다. 그는 웃자고 한 농담이었는지 몰라도 횟수가 반복되면서 그 의도는 완벽하게 길을 잃고 부정적 결과를 낳았다. 그의 발언은 운동권 내 남자와 여자 사이의 갈등을 부추겨 페미니즘 진영의 극단적 행동을 불러일으키는 촉발제가 되었다.

어느 시민운동에서든 급진성을 선호하는 광신도가 있게 마련이다. 급진파 페미니즘이 활활 타올랐던 짧은 시기 동안 '남성 근절 협회(Society for Cutting Up Men: SCUM)'라는 풍자적 이름의 단체가 등장한다. 이 단체를 설립하고 선언문을 쓴 발레리 솔라나스는 예술가 앤디 워홀(Andy Warhol)을 집요하게 따라다니다가 그에게 총격을 가해 중상을 입히는 사건까지 일으킨다. 하지만 대부분의 여자들은 정당하게 분노를 표출할 방법을 찾고 있었다. 그들은 진정한 사회 변혁을 이루어 낼 수 있다는 희망을 품고 민권 운동에 참여하지만 아무리 진보적 단체라 해도 여자들을 소외시키고 배신하기는 마찬가지였다. 고대부터 여자들은 차별과 모욕의 대상이 되어 왔지만(사실 요즘도 여전히 그렇다.) 이 여자들은 역사의 흐름에 맞추어 떨치고 일어나 저항할 때가 왔다고 믿었다. 그 시기는 오래 지속되지 않았지만 오명은 오래도록 남았다. 우리는 지금도 이 반항적 여자들을 불편하게 여긴다.

　　후일담에 따르면 1970년대의 급진적인 페미니즘을 주도했던 행동가들은 대부분 사람들의 기억 속에서 사라지거나 미쳐 버린다. 불과 스물다섯의 나이에 『성의 변증법』을 썼던 파이어스톤은 정신 병원을 들락날락하는 비참한 말로를 맞는다. 솔라나스 또한 앤디 워홀에 대한 살인 미수죄로 수감 생활을 한 후 정신병과 싸우다 생을 마감했다. 몇몇 페미니스트는 영혼과 정치를 맞바꾸어 남성에 대한 여성의 우월성을 주장하는 문화적 페미니즘으로 전향한다. 작가이자 행동가였던 글로리아 스타이넘(Gloria Steinem)과 《미즈(MS.)》의 전 수석 편집자였던 로빈 모건 같은 사람들은 끝까지 남아 잘 싸웠다. 그들을 제외한 많은 사람은 스스로를 페미니스트라 부르기를 포기했다. 저널리스트 수전 팔루디(Susan Faludi)가 『역풍(Backlash)』이라는 제목의 책에 기록했듯, 1980년대에 불어닥친 역풍은 가공할 수준이었으며(여자들 스스로 자신의 운명을 정의할 수 있어야 한다는 관념을 기본으로 하는) 페미니즘은 다시 한 번 욕설 비슷한 단어가 되었다.

\* \* \*

내가 대학에 입학한 1989년에는 차별적 단어를 사용해서는 안 된다는 분위기가 캠퍼스 내에 팽배했다. 당시 대학생들은 '우먼(woman)'이라는 단어 대신 '위민(wimmin)'을 사용했으며, '히스토리(history)'를 '허스토리(herstory)'로 바꾸어 말했다. 전국 대학생들은 기존의 차별적 문화를 상징하는 '죽은 백인 남성'의 형상을 만들어 교수형에 처하기도 했다. 친구 중 하나는 가부장제에 대한 저항의 뜻으로 고전으로 분류된 남자들의 책을 일절 읽지 않겠다고 선언했다. 나는 친구의 뜻에 공감하기는 했지만 그 일에 동참하지는 않았다. 활자 중독인 나로서는 어쩔 수 없는 선택이었다. 하지만 고전 목록에 더 많은 다양성과 자각이 필요하다는 데는 동의했다. 말 한 마디 잘못했다가는 캠퍼스 곳곳에 깔려 있는 지뢰를 건드릴 수 있었다. 그 결과는 무시무시했다. 골절상은 물론 고막이 찢겨 나갈 수도 있었다. 대학 캠퍼스는 두 운동권 세력으로 양분되었다. 한쪽이 무해한 연설로 먼저 치고 나가면 다른 쪽에서는 상대가 치명적 무기를 휘두르기라도 한 양 열을 올리며 반박 연설을 했다. 두 세력은 선동적이고 증오에 찬 연설을 주고받기 일쑤였다. 우리는 규칙을 깨부수고 새로운 것을 만들어 내려 했지만 그 성과는 미미했다. 냉전은 종식되었고 엠티비(MTV)가 투표에 막대한 영향을 끼쳤으며 정치의식으로 무장한 우리 세대는 인종 차별, 계급 차별, 성차별을 주요 이슈로 삼았던 1960년대와 1970년대의 급진주의를 비판했다. 우리는 체제 안에 불평등이 존재한다는 사실을 인식하고 있었지만 베를린 장벽이 무너진 판에 다른 벽들도 무너지지 말라는 법은 없다고 믿었다.

대학 3학년 여름 방학 때였다. 의회에서 일하던 친구 바버라가 점심시간에 전화를 걸어 왔다. "연방 대법원 최초 흑인 판사인 서굿 마셜(Thurgood Marshall)이 곧 물러날 거래." 바버라는 속삭였다. 베이지색 소파에 앉아 손가락으로 전화선을 비비 꼬고 있던 나는 그 말을 듣고 창자가 꼬이는 듯한 느낌을 받았다. 연방 대법원의 정의를 상징하는 마지막 인물이 사퇴를 하다니. '가족의 가치'를 신봉하는 41대 대통령 부시가 다음 후보를 지명할 터였다.

몇 달 후 마셜의 자리를 대신할 아프리카계 미국인 후보자 클래런스 토머스(Clarence Thomas)에 대한 청문회가 상원에서 열렸다. 클래런스 토머스의 성희롱 혐의가 청문회에서 불거졌을 때 내 창자의 꼬임은 분노로 바뀌었다. 분개한 이는 나만이 아니었다. 나는 기숙사 친구들과 학생 휴게실 구석의 텔레비전 앞에 모여 경악스러운 청문회를 지켜보았다. 클래런스 토머스와 함께 일한 적이 있는 애니타 힐이 나와 토머스의 성희롱 전력을 낱낱이 까발렸다. 애니타 힐은 그가 얼마나 자주 성적인 제의를 하고 얼마나 자주 사무실에 포르노물을 가지고 왔는지 이야기했다. 클래런스 토머스가 음료수 캔에서 음모를 발견했다는 농담을 했다고 고발하는 장면에서는 역겨움까지 느꼈다. 그 별난 사건은 대중의 분노를 들끓게 했다. 토머스는 자신이 흑인이라서 차별을 받는 것이라 화를 내며 피해자 행세를 했다. 토머스를 고발한 애니타 힐은 보수적 저널리스트 데이비드 브룩스에게 "정신 나간 헤픈 여자"라는 말까지 들어야 했다. 성별과 인종이 충돌한 사건이었다. 애니타 힐을 지지했던 우리는 클래런스 토머스가 대법원 판사로 임명되는 일은 없을 거라 확신했다. 하지만 우리의 확신은 틀렸다.

클래런스 토머스가 경멸 어린 시선에도 굴복하지 않고 대법원 판사가 되자 여자들은 경악했다. 이 일을 계기로 여자들은 캠퍼스 내 강간에서 여성 차별적인 국회 의원에 이르기까지 여자들에게 악영향을 끼치는 문제들에 대해 공개적으로 이야기하기 시작했다. 다시 급진적인 노선으로 갈아탄 여자들은 거리로 나와 시위를 주도했다. 대통령 선거가 목전에 있었다. 후보자 빌 클린턴과 그의 아내 힐러리 클린턴은 백악관에 새로운 바람을 불러일으킬 신선한 인물로 여겨졌다. 그들은 식료품점의 최신 기술에 경이로워하는 아버지 부시나 치마 길이로 자신의 의견을 드러내는 (예컨대 놀라움을 표할 때는 무릎 아래까지 오는 치마를 입는 식의) 영부인과 거리가 멀어 보이는 사람들이었다. 그들은 따분한 귀족 가문의 부시가 아니었다. 예일대 법대생일 때 만나 결혼까지 한 클린턴 부부는 젊었으며 자기 감정에 솔직해 보였다. 클린턴은 심야 프로그램 「아르

세니오 홀 쇼」에 나와 색소폰을 연주했다. 젊은 사람들은 앞다투어 선거인 명부에 이름을 등록했다. 1992년 투표일 날, 남자 친구와 저녁을 먹고 집으로 돌아오던 길이었다. 지하철의 한 승객이 클린턴이 아슬아슬하게 승리를 거머쥐었다고 선언했다. 96번가 지하철역에서 승객들은 일제히 함성을 내질렀고 플랫폼에 서 있던 나와 남자 친구는 기쁨에 겨워 포옹했다.

하지만 새로운 시대는 낯설었다. 분노에 차서 클래런스 토머스의 인준 청문회를 지켜보던 내가 어느새 모순으로 가득한 「앨리 맥빌」을 시청하고 있는 짝이었다. 대학 졸업 무렵 페미니즘은 힘을 잃어 가고 있었다. 권위자들은 종말을 알리는 종소리를 울리며 우리가 이제 후기 페미니즘(혹은 후후기 페미니즘)에 해당하는 립스틱 페미니즘 시대에 접어들었다고 말했다. "저는 페미니스트는 아닙니다만……."으로 시작하는 학생들의 발언은 이를 단적으로 보여 주었다. 나는 다른 곳에 신경 쓰느라 이런 변화를 미처 알아차리지 못했다. 일하고, 데이트하고, 결혼을 준비하느라 정신없었다. 어깨 위에 책임이 하나둘 쌓여 가면서 페미니즘은 나보다 어린 여자들, 《비치 오어 컨트(Bitch or Cunt)》 같은 파격적인 잡지를 구독하며 몸 여기저기에 문신을 한 젊은 여자들에게나 어울리는 것이라 여기기 시작했다. 나 자신을 여전히 페미니스트라 부르기는 했지만 그 의미에 대해서는 더 이상 확신하지 못했다.

그 모든 분노는 어디로 간 것일까? 달라진 것은 나 혼자만이 아니었다. 나와 함께 '페미니즘 고전 연구' 수업을 듣는 학생들에게서는 불의에 분노하는 젊은 혈기를 찾기 어려웠다. 나는 대학생 때 그렇지 않았다. 세월이 내 시야를 흐리게 만든 탓도 있을지 모르지만 확실히 이 어린 학생들은 내가 그 나이였을 때보다 더 머뭇거리고 더 체념하고 더 갈등하고 있었다. 이들이 성차별의 상처에 움찔하지 않게 되었기 때문이라고는 할 수 없었다. 원인은 이들의 주된 격전지가 달라졌다는 데 있었다. 지난 몇십 년 동안 여자들은 사회에서 믿을 수 없을 정도의 진전을 이루어 냈다. 하지만 가정 내에서의 위상이나 모습은 그다지 달라지지 않았다.

개인이 정치화될 필요가 있다면 정치 또한 개인화될 필요가 있다. 여자들은 매일 가정과 직장에서 평등을 이루어 내기 위해 소규모 접전을 벌인다. 직장에서는 상사와 임금 인상이나 근무 시간 선택제를 놓고 총력전을 벌이고 가정에서는 남편을 집안일과 육아에 끌어들이기 위해 반복적인 군사 작전을 펼쳐야 한다. 이런 전쟁은 전혀 재미있지 않다. 사회학자 앨리 혹실드(Arlie Hochschild)도 지적했듯, 여자들은 직장일과 가사일의 이중고를 모두 끝내고 나면, 그러니까 아이들을 재우고 설거지 마친 그릇을 선반에 가지런히 진열해 놓고 나면 손 하나 까딱할 정도의 힘도 남아 있지 않아 대의를 추구하는 집회에 참석하기는커녕 어디에서부터 시작하면 좋을지 생각하기도 어려운 상태가 된다. 여자들 자신이 변화의 주체라고 주장한 자유주의 페미니즘은 그러한 심오한 책임의 짐과 더 넓은 사회적 변화를 위한 싸움의 무게를 저울질하는 데 실패했다. 슐라미스 파이어스톤 같은 급진적 페미니스트들이 안에서부터 시작해 바깥으로 체제를 붕괴시키고자 했던 것은 당연한 일이었다.

# 페미니스트가 빨래하는 법

존이 앤티크 서랍장과 상자 몇 개, 꽉 찬 빨래 가방을 끌고 내가 살던 웨스트 빌리지 아파트로 이사를 들어왔을 때 가사 분담에 대한 고민은 우리 머릿속에 한 톨도 들어 있지 않았다. 우리는 젊었고 사랑에 빠져 있었다. 주말 동안 그의 짐을 함께 풀었고 욕실의 내 세면도구 옆에 그의 세면도구를 늘어놓으며 '우리 집'이 생겼다는 사실에 환희를 느꼈다. 그런 흥분 상태는 식료품 구입이나 설거지, 청소 같은 재미없는 일도 마법의 빛에 휩싸이도록 만들었다. 우리는 그 모든 것을 둘이 함께 해냈다. 하지만 어느 때인가부터 일상이 행복의 틈을 비집고 들어오기 시작했다. 나는 고작 스물넷, 존은 스물여덟 살이었다. 밖에서 일에 모든 에너지를 소비하고 집으로 돌아와 우리가 다시 만날 때쯤이면 둘 다 녹초가 되어 있었다.

곧 우리는 판에 박힌 일상의 덫에 걸려들었다. 혼자 살 때는 텔레비전을 본 적이 없었지만 존과 함께 살고부터는 항상 텔레비전을 틀어 놓아서 안 그래도 비좁은 아파트에 제3의 존재가 있는 듯했다. 존은 항상 일을 마치고 돌아오면 문 옆에 신발을 아무렇게나 벗어 놓고 좁은 소파로 직진해 널브러져 있었다. 곧 리모콘 누르는 소리가 들렸고 아파트에는 텔레비전 방청객들의 웃음소리가 울려 퍼졌다. 나는 그것이 존의 스트레스 해소 방식이라 이해하며 그냥 눈감고 넘어갔다. 존이 소파의 한쪽 팔걸이를 차지하고 있으면 나는 다른 쪽 팔걸이에 기대 몸을 웅크린 채 읽던 원고에 집중하려 노력했다. 양보와 타협이야말로 공생의 길 아니겠는가? 하지만 나는 결국 타협의 원칙에 의문을 제기하기 시작했다. 나는 존이 커피 테이블 위에 며칠째 방치하고 있는 피자 상자를 (그 안에는 짓이겨진 피자 조각도 몇 개 들어 있었다.) 쓰레기통에 넣으며 이렇게 말했다. "자기야, 피자 다 먹고 나면 상자 좀 버려 주면 안 돼?" 나는 애써 달콤한 말투로 물었다. "응, 알았어. 미안." 존은 멍하니 고개를 끄덕이며 대답하고는 내게로 와서 이마에 뽀뽀를 해 주었다. 하지만 그 이후에도 여전히 커피 테이블 위에는 피자 상자가 그대로 쌓여 있었다. 언젠가는 여자라면 한 번쯤 해보는 실험도 했다. 더러운 그릇들을 싱크대에 그대로 둔 채 존이 언제 수세미를 드는지 기다려 보았다. (실험 결과: 보송보송한 초록색 곰팡이가 피고 고약한 냄새에 눈이 시큰할 지경이 되었는 데도 존은 눈 하나 꿈쩍하지 않았다.)

결국 돌돌 말린 양말을 계기로 내 신경은 폭발하고 말았다. 혼자 살 때 존은 매주 한 번씩 빨랫감을 집 근처 빨래방에 맡겼다. 그 빨래방에서는 하루 만에 깔끔하게 세탁해 산뜻하게 개어 놓은 옷을 돌려주었다. 반면 나는 주말마다 지하실까지 빨랫감을 잔뜩 끌고 내려가 세탁기가 비기를 기다렸다가 빨래를 돌리고 다시 건조기에서 옷이 마르기를 기다려야 했다. 그런 나와 비교하면 존의 방식은 훨씬 더 체계적이고 멋져 보였다. 내게 빨래는 항상 하루를 다 잡아먹는 소모적인 일이었다. 그런데 존과 함께 살기 시작한 이후 상황이 더 악화되었다. 신기하게도 존은 빨래방 오가던 것을 그만두고 자신의 더러운 빨랫감을 내 빨래 바구니에 아무렇게나 던져 놓기 시작했다. (수정: 그는 자신의 더러운 빨랫감을 빨래 바구니 주변에 마구잡이로 던져 놓았다.) 왜 그런지 모르겠지만 그 냄새 나는 작은 생물들은 바구니에 얌전히 쏙 들어가 있지 못했고 나는 그것들을 엄지와 검지를 이용해 바구니 안에 퐁당 던져 넣곤 했다.

"빨래 좀 바닥에 늘어놓지 말고 바구니에 넣으면 안 돼?"

존의 대답은 늘 같았다. "아, 알았어. 미안."

하지만 결과도 같았다.

나의 짜증은 더러운 그릇의 곰팡이보다 더 빠른 속도로 자라났고 동거의 달콤함은 씁쓸함으로 바뀌었다. 나는 집안일을 공평하게 나누어 하기 위해 갖은 노력을 다했다.

"오늘 빨래 좀 해 줄 수 있어?" 나는 일요일 아침마다 내가 듣기에도 날카로운 목소리로 묻기 시작했다. 일요일자 《뉴욕 타임스》에 몰두한 존은 머리를 들지도 않은 채 부루퉁한 목소리로 대답했다. "알았어, 나중에 할게." 나는 존이 신호를 알아차리기를 바라며 그의 주위에서 베개, 책, 종이 뭉치를 조용히 정리하곤 했다. 고작 스물네 살에 잔소리꾼이 되고 싶은 사람이 어디 있겠는가? 게

다가 나는 결벽증과는 거리가 먼 사람이었다. 아버지가 증언하듯 나는 생애 대부분을 게으름뱅이라는 딱지를 얻기에 부족함이 없는 방식으로 살았다. 하지만 내가 보낸 미세한 신호들은 물거품으로 돌아갔고 결국 둘의 빨래는 모두 내 차지가 되었다. 나는 저주의 주문을 중얼거리며 건물 지하실까지 내려갔다 올라오기를 반복했다. 그러다 말 그대로 뚜껑 열리는 장면을 목격하고 말았다. 나는 월요일까지 읽어야 할 원고 두 편을 미루어 둔 채 빨래하느라 시간을 허비했다. 존이 하겠다고 약속했던 그 빨래였다. 존이 샤워 후에 욕실 바닥에 차곡차곡 쌓아 두었던 축축한 수건에서는 곰팡내가 났다. 시뻘게진 얼굴로 땀을 뻘뻘 흘리면서 팔 한가득 빨래를 안고 아파트를 세 번째 오르락내리락하고 있을 때였다. 소파에 앉아 텔레비전을 보며 깔깔거리는 존의 모습이 눈에 들어왔다. 존 옆에는 더럽고 역겨운 양말이 뒤집어진 채 나뒹굴고 있었다. 해도 해도 너무 했다. 이미 다섯 번 넘게 그 양말을 집어서 빨래 바구니에 넣어 달라고 말했건만 그 양말은 나를 모욕하듯 그 자리에 그대로 있었다. 순간 그 양말은 내 좌절감의 상징이 되었다. 나는 내가 할 수 있는 가장 기분 나쁜 눈빛으로 존을 쏘아보았지만 존은 전혀 알아차리지 못했다. 분노로 몸이 부르르 떨렸다. 나는 빨랫감이 들어 있던 가방을 소파에 던진 후 존이 지켜보는 가운데 그의 옷을 꼼꼼하게 골라내 따로 쌓아 놓았다. 그러고는 놀랍도록 침착하게 팔 한가득 그의 옷을 안고 창밖으로 던져 버렸다. 혁명보다는 탈수기에 가까운 행동이었다.

존은 벌떡 일어나 나를 쳐다보았다. 그제야 내게 관심을 보인 것이다. "왜 그래?" 그가 정말 어리둥절하다는 듯 물었고 그 말은 나의 화를 더욱 돋웠다.

나는 양손을 허리에 얹고 그를 마주보았다. "이제부터 빌어먹을 당신 빨래는 당신이 직접 해." 나는 소리쳤다. 그런 후 몸을 휙 돌려 쿵쾅거리며 침실로 들어가 문을 쾅 닫았다. 침대에 몸을 던져 눕고는 한동안 벽만 쳐다보았다. 내게 이런 일이 벌어졌다는 현실을 믿을 수 없었다. 대학에서 느꼈던 남녀차별에 대한 분개와는 차원이 다른 내 분노의 깊이와 속도에 불안해하며 생각했다. 어둡고 사람을 무기력하게 만들며 솔직히 말하면 당혹스러운 이 기분에 나는 전혀 준비되어 있지 않았다. 가사 노동의 억압에 대해 읽어 본 적이 있지만 그것을 다른 여자들의 문제로만 생각했다. 나와는 거리가 먼 촌스러운 주부들의 문제로만 여겼던 것이다. 그런데 더러운 그릇과 양말 때문에 징징거리는 나 자신을 발견하고 나니 굴욕감마저 다소 들었다.

나는 침대에 누워 방금 벌어진 일을 되새기며 이것은 내가 항복할 수 없는 혹은 항복하지 않을 전쟁이라고 굳게 다짐했다. 침대에서 일어나 느릿느릿 거실로 나갔다. "화내서 미안해." 밖에서 옷을 가져와 개고 있던 존에게 일단 사과의 말을 건넸다. "하지만 내가 한 말은 진심이었어. 나는 당신 엄마가 아니야. 당신 하녀도 아니고. 그리고 당신이 앞으로도 계속 집안일을 하지 않겠다면……." 나는 숨을 깊이 들이쉬었다. "더 이상 함께 살 수 없어."

그가 대답했다. "나도 미안해. 그런 줄 몰랐어." 그 일이 있은 후 가사 분담은 극적으로 개선되었고 존이 자기 빨래를 내게 맡기는 일은 없어졌다.

　이 '빨래 사건'은 존과 내가 이십 대일 때 벌어졌으며, 당시는 해야 할 집안일이 비교적 단순했다. 그러나 실비아가 태어난 후 우리의 가사 분담 협상은 완전히 새로운 국면에 접어들었다. 일의 부담이 훨씬 커졌으며 위험 수위 또한 훨씬 높아졌다. 우리는 결혼을 했다. 우리는 아이를 낳았다. 우리에게는 집이 있었다. 어느새 나는 집에 들어앉아 아이만 들여다보고 있는 신세가 되었다. 재택근무하며 아이를 돌보는 엄마는 먹이기, 기저귀 갈기, 빨래하기, 장보기, 밤마다 목욕시키기, 재우기 같은 육아에 딸려 오는 추가적인 집안일을 맡게 되기 십상이다. 조금만 지나면 그 책임은 당연한 엄마의 몫이 된다. 마음속에는 분노와 적개심이 쌓여 가지만 입 밖으로 내기는 어려워진다.

　처음에 남편과 나는 성차별적 노선에 따라 집안일을 분담했다. 의도는 나쁘지 않았다. 나는 설거지, 조리대 정리, 장난감 정리, 냉장고 정리, 각종 공과금 처리, 화장실 휴지 채우기 같은 사소하지만 꼭 필요하며 하다 보면 어느새 하루를 다 잡아먹는 무수한 일을 맡기로 했다. 반면 존은 더 크고, 드물며, 다소 '매력적인' 일을 맡았다. 일주일에 두 번 쓰레기를 버리고, 가끔 막히는 배수구와 지붕의 홈통을 뚫고, 한 달에 한 번 덩치 나가는 쓰레기들을 끌어다 내놓고, 가끔 전구를 갈아 끼웠다. 나는 너무 지쳐 조수의 흐름에 맞서 싸울 여력이 없었다. 하지만 그렇게 하루하루 침식당하며 살 수는 없었다. 나는 지긋지긋한 집안일에 신물이 났다. 한시도 가만히 있지 못하는 아이를 겨우 재우고 나서 싱크대에 기다리고 있는 설거지 감을 마주하는 것보다 결혼 생활의 설렘을 빠져나가게 하는 데 영험한 효과를 발휘하는 묘약은 없다. 우리는 큰 그림을 보지 못한 채 하루하루를 겨우 버티며 살았다. 둘 다 서로는 안중에도 없었다.

언제부터인가 존은 내 글이 잘되어 가고 있는지 묻기는커녕 기사가 나와도 읽어 볼 생각도 하지 않았다. 그가 아침을 먹는 동안 시리얼 씹는 소리가 주방에 울려 퍼질 때마다 그의 머리통에 그릇을 던져 버리고 싶은 충동을 억눌러야 했다. 나는 존이 비누나 치약, 타이레놀이 어디에 있냐고 물어보아도 대답하지 않았다. 그러면서도 나의 분노가 나를 영구적으로 뒤틀리게 만든 것은 아닐까 걱정했다. 나는 본시 어떤 농담에도 잘 웃는 사람이었는데 항상 쏘아보는 표정으로 굳어 가고 있었다.

* * *

그렇게 적대감을 억누른 채 몇 달이 흘렀고 우리는 누군가의 도움을 받아야겠다는 결론을 내렸다. 당시 우리는 아나폴리스에 살고 있었고 한 친구가 부부 상담소 한곳을 추천해 주었다. 우리가 문제를 인정하고 상담소를 제 발로 찾아가기로 결심했다는 것은 상황이 그만큼 심각했다는 얘기였다. 우리는 둘 다 부부 문제만 아니라면 개인적으로 상담소를 찾을 가능성이 극히 낮은 사람들이었다. 우선 남편은 언어보다는 수리 쪽이 발달한 사람이었다. 친구들은 나같이 수다스러운 사람에겐 상담이 필요 없을 거라고 했더랬다. 게다가 나는 "문제를 다른 사람에게 떠벌리느니 조용히 고통받는 편이 낫다."라는 집안 분위기 속에서 자랐다. 아버지는 영국 출신이었고 어머니는 중국 출신이었다. 두 나라의 문화는 각각 '불굴의 정신'과 '체면 세우기'로 요약된다. 그래서인지 우리 가족은 모두 극기심이 강했다. 어렸을 때 열이 오르거나 토하거나 오한이 나더라도 어린이용 아스피린 몇 알이면 치료 끝이었다. 아버지는 말하곤 했다. "나아질 게다." 어머니도 만만찮은 분이었다. 십 대가된 여동생에게 공황 발작 증세가 나타나 심리 상담사를 찾았을 때 어머니는 여동생에게 문제에 대해 이러쿵저러쿵 떠들지 말고 조용히 있으라는 말도 안 되는 주문을 했다.

그래서인지 상담소 소파에 존과 나란히 앉아 있어야 하는 상황은 나에게 일종의 지옥과도 같았다. 나는 바츠 박사를 똑바로 쳐다보기 위해 의식적으로 노력했다. 관자놀이에 회색 반점이 있는 바츠 박사는 안경을 쓰고 있어서 무슨 표정을 짓고 있는지 읽어 내기 힘들었다. 그래서인지 긴장으로 나도 모르게 어금니를 꽉 깨물었고 나중에는 턱까지 아파 왔다. 나는 긴장을 풀어야 한다고 스스로에게 되뇌었다.

"무슨 일로 여기에 오셨습니까?" 그가 물었다.

나는 시간을 벌기 위해 숨을 깊이 들이쉬었다가 내쉬면서 어깨를 뒤로 쫙 폈다. 바츠 박사는 시간당 120달러를 버는 사람의 인내심을 보여 주었다. 그는 가죽 의자 등받이에 몸을 기댄 채 조용히 우리를 응시하며 우리 부부의 입이 열리기를 기다렸다.

"음." 내가 잠긴 목소리로 시작했다. 힐긋 보니 존은 자기 손만 뚫어져라 내려다보고 있었다. "우리는 박사님의 도움이 필요합니다."

나는 우리 상황을 모두 털어놓았다. 바츠 박사는 고개를 끄덕였다. 파충류처럼 꼼짝 않고 우리를 쳐다보는 바츠 박사의 시선에 마음이 불편했다. 저 사람은 눈도 안 깜빡이나? 나는 머뭇거리며 우리 이야기를 주저리주저리 늘어놓으며 트위드 소재로 만들어진 거대하고 흉물스러운 올리브색 소파에 손가락으로 계속 원을 그렸다. 바츠 박사는 분명 이런 이야기를 숱하게 들어 왔을 것이다. 점점 소원해지다가 결국에는 서로 부딪히는 일 없이 일정 거리를 둔 채 서로 맴돌기만 하는 부부들의 이야기 말이다. 나는 안정과 안전을 찾아 뉴욕에서 도망치듯 빠져나와 아나폴리스로 왔지만 예상치 못한 고립감과 친구들에 대한 그리움으로 욕구 불만을 느끼게 되었다고 말했다. 이 이야기를 하고 있는데 갑자기 얼마나 많은 부부가 시들해진 관계를 다시 되살리기 위해 노력하면서 혹은 돌이킬 수 없는 지경으로 갈기갈기 찢기면서 이 자리에 앉아 있었을지 궁금해졌다. 또 바츠 박사의 가족이(그의 책상에 놓인 액자 속 사진으로 판단컨대 그에게는 아내와 두 아이가 있다.) 위층에서 생활하는 동안 얼마나 많은 부부가 3층 주택의 1층을 차지한 이 작은 상담실에 봉쇄된 채 탁자 양 끝에 놓인 상자에서 티슈를 뽑으며 절망스러운 심정을 털어놓았을지 궁금해졌다.

내가 말하는 내내 남편은 금발 머리칼을 한쪽 눈 위에 늘어뜨린 채 입을 꾹 다물고 있었다. 이곳에서 빨리 벗어나고 싶어 하는 티가 역력했다. 내 독백이 잠잠해지자 드디어 바츠 박사가 입을 뗐다.

"남편 분이 술을 마시거나 약을 하나요?"

"아니오. 그런 건 전혀 하지 않습니다." 내가 답했다.

"남편이 신체적 학대를 한 적이 있습니까?"

나는 고개를 세차게 저었다. "아니오, 그런 적 없습니다."

"남편이 부정을 저지른 적이 있나요?"

"제가 알고 있기로는 없습니다, 없어요." 이 대답을 할 때부터 스멀스멀 불안해지기 시작했다.

"남편이 당신과 딸에 대한 부양의 의무를 게을리하고 있나요?"

도대체 이게 무슨 소리야? 얼굴이 다 화끈거렸다. "아니오, 남편은 좋은 아버지입니다." 나는 차분히 대답했다.

바츠 박사가 어깨를 으쓱하며 말했다. "그런데 대체 뭐가 문젠가요? 남편 분은 잘생긴 데다 썩 괜찮은 분인 것 같은데요……."

이쯤 되자 소심했던 태도는 온데간데없어지고 성질이 나기 시작했다. "비유적으로 말씀드리면 도움이 될지도 모르겠네요." 나는 의식적으로 밝은 목소리를 내며 팔꿈치를 무릎에 기댔다. 몸이 앞으로 저절로 기울어졌고 옆에서 남편이 못 말리겠다는 표정 짓는 걸 느낄 수 있었다. 나는 우리 관계를 책에 비유해 설명했다. "우리에게는 책이 많이 있는데 그걸 꽂아 놓을 책장은 부족합니다. 제가 책을 몇 권만 버리자고 제안할 때마다……." 나는 강조하기 위해 두 손을 무릎에서 뗀 후 손으로 남편을 가리켰다. "남편이 거절합니다. 그걸 읽으려는 것도 아니고 그저 선반 위에 쌓아 둔 채로 놓아두고 싶다는 거죠. 제 말이 이해되시나요?" 나는 바츠 박사의 눈을 똑바로 응시하며 반응을 살폈지만 그는 미동도 하지 않았다. 나는 말을 이어 갔다. "어쨌든, 지금 제 기분이 딱 그렇습니다.

남편이 선반 위에 계속 쌓아 두고는 있지만 읽을 마음은 눈곱만치도 없는 그 책이 된 기분입니다."

바츠 박사의 표정이 마침내 약간 달라졌다. 그는 내게 어정쩡한 미소를 지었다. "「크레이머 대 크레이머」(1979)라는 영화 본 적 있나요?" 그가 물었다.

뭐라고? "네." 나는 이 기이한 화제 전환에 낚여 조심스럽게 대답했다. 극중 아들 정도의 나이인 일곱 살 때 엄마와 극장에 가서 이 영화를 보았던 게 또렷이 기억났다. 그 영화는 내게 강한 인상을 남겼다. 당시 어린 나는 이혼하는 부모 중 한쪽을 선택해야 하는 상황보다 끔찍한 일은 없다고 생각했다. "왜요?" 내가 물었다.

"아, 그냥 그 영화 속 메릴 스트리프의 캐릭터와 비슷하신 것 같아서요. 그게 답니다. 그 영화를 다시 한 번 보시면 어떨까 하는 생각이 드네요." 그는 시계를 내려다보았다. "음, 죄송하지만 이제 시간이 다 되었습니다."

남편은 총알처럼 소파에서 일어났다.

바츠 박사는 우리를 뒷문으로 안내했고 남편과 나는 상담소 앞 진입로에 세워 놓은 스테이션 왜건을 향해 걸었다. 상담소 옆에 둥글게 깔아 놓은 돌길을 따라 걷는데 잔디밭에 아무렇게나 놓여 있는 십단 변속 자전거가 눈에 들어왔다. 눈이 따가울 정도로 강렬한 햇살에 자동차 그늘이 반가웠다. 가슴에 안전벨트를 매면서 사이드 미러에 뭔가 보였다고 생각했지만 알고 보니 그것은 거울에 비친 내 모습이었다.

존은 진입로 바깥으로 차를 빼면서 킬킬거리기 시작했다. "의사가 「크레이머 대 크레이머」에 대해 말할 때 당신 정말 화난 것 같던데, 맞지?" 그러고는 덧붙였다. "그런데 그 사람 완전히 잘못 짚었어. 당신은 전혀 메릴 스트리프 같지 않은데. 바츠 박사보다는 내가 당신을 더 잘 알지."

나는 미소를 지었다. 나도 킬킬대며 웃기 시작했다.

* * *

바츠 박사의 상담은 이상한 방식으로 우리 부부를 가까워지게 만들었다. 공통의 적이 생기면 똘똘 뭉치게 되는 원리가 있지 않은가. (이게 바츠 박사의 비밀스러운 상담 전략이었을까? 그랬다면 그 전략은 맞아떨어졌다.) 우리는 몇 차례 더 상담을 받고 나서 바츠 박사의 값비싼 도움 없이도 힘든 결혼 생활을 헤치고 나갈 수 있겠다는 판단을 내렸다. 바츠 박사가 뚫어지게 쳐다보고 있는 가운데 불만을 털어놓은 덕분인지 모르겠지만 어쨌든 당장은 밝고 희망찬 기분이 들었다. 우리는 곧 뉴욕으로 이사 간다는 사실에 흥분 상태에 있었으며 이사 준비로 정신없는 서로에게 더 조심하고 있었다. 남편은 낮 동안 내가 잘 지내고 있는지 챙겨 물어보았고 저녁이면 컴퓨터에서 손을 떼고 가족과 함께 시간을 보내기 위해 노력했다. 나는 비난 섞인 말로 신랄하게 맞대응하는 대신 상담에서 배운 대로 "당신이 이렇게 할 때 나는 ……한 기분이 들어."라는 화법을 이용해 감정을 표현했다. 그러면 남편은 내 말에 귀 기울이며 다정하게 대응해 주었다. 바츠 박사는 그다지 호감 가는 사람이 아니었지만 확실히 우리에게 도움이 되기는 했다. 모든 상황이 서서히 개선되었다. 특히 뉴욕으로 이사 온 후 그랬다.

브루클린의 아파트로 이사하고 몇 달이 지난 어느 금요일 밤 우리는 저녁을 먹고 실비아를 재운 후 둘이 볼 만한 영화 디브이디를 빌리기 위해 대여점에 들렀다. 드라마 칸을 훑어보는데 「크레이머 대 크레이머」가 눈에 들어왔다. 나는 참지 못하고 디브이디를 선반에서 꺼내 들고 남편을 향해 흔들었다.

"이거 어때? 봐도 괜찮을까?" 나는 눈썹을 올렸다.

"그래, 그거 보자." 존이 말했다.

그날 밤 우리는 침실에서 두 시간 넘게 더스틴 호프먼이 아버지의 즐거움을 찾는 모습을 감상했다. 극 중 아내로 나온 나의 도플갱어, 메릴 스트리프는 자아를 찾겠다며 어린 아들과 남편을 두고 떠난다. 남겨진 더스틴 호프먼은 아들에게 난생처음으로 엉망진창인 프렌치토스트를 만들어 준다. 가슴 시리면서도 재미있는 훌륭한 영화였다. 부끄럽지만 영화를 보는 동안 화장지 한 통을 다 썼다. 하지만 영화 내용보다도 주목한 부분은 바츠 박사가 나와 비슷하다고 말한 메릴 스트리프의 출연 시간이 고작 십오 분밖에 되지 않는다는 점이었다. 바츠 박사가 나를 아들을 버리고 떠난 비정한 어머니와 비교했다는 것보다도 나를 주인공도 아닌 캐릭터와 비교했다는 것이 더 분통 터졌다.

기분이 상한 나는 남편 옆에 큰 대자로 누운 채 엔딩 크레딧이 올라가는 걸 보고 있었다.

남편이 먼저 말을 걸었다. "바츠 박사는 어째서 당신이 메릴 스트리프랑 비슷하다고 한 걸까? 사실 당신은 주방에서 바보짓하는 더스틴 호프먼이랑 더 비슷한데."

"무슨 소리야? 나처럼 훌륭한 요리사한테." 나는 남편의 팔을 찰싹 때렸다.

"내가 당신 아파트에 처음 왔을 때 오븐 안에서 오븐 설명서 찾아냈던 거 기억 안 나?"

"10년도 더 된 얘기잖아."

"당신, 그 아파트에 산 지 2년이 넘었는 데도 오븐 안에 설명서가 들어 있다는 걸 몰랐잖아." 남편이 지적했다. "그리고 당신이 예전에 구웠던 베이컨 쿠키는 어떻고 ……."

나는 내가 망쳤던 요리에 대해 말하려는 남편의 얼굴에 베개 한 방을 먹였다. 남편은 반격했고, 곧 바츠 박사와 그의 시대착오적인 비교에 대한 기분 나쁜 생각들은 모두 사라졌다.

* * *

우리는 매일 밤 누가 설거지를 할지 옥신각신하는 일이 매우 사소해 보일지 몰라도 실은 결혼 생활에 심각한 결과를 초래할 수도 있는 중요한 문제라는 사실을 경험을 통해 알게 되었다. 내 친구 중 하나는 사용하고 난 수건 거는 문제 때문에 남편과 헤어지기까지 했다. 이후 친구는 전남편처럼 젖은 수건을 똑바로 걸어 놓을 줄 모르는 사람은 아무리 똑똑한 고학력자라도 절대 사양이라고 했다.

친구가 그 문제 때문에 폭발해 짐을 싸던 날 전남편이 이런 말을 했다고 한다. "고작 수건 거는 것 때문에 이러는 거야? 별 문제도 아닌 걸 가지고 이 유난을 떠는 거야, 지금?"

음, 그렇다. 수건 거는 일이 별 문제는 아닐 수도 있다. 하지만 사회 과학자들이 말하는 '티핑 포인트'와 '집적 효과'라는 것이 있다. 어떤 현상이 계속해서 쌓이다 보면 아주 작은 마찰이라도(친구의 경우에는 젖은 수건, 내 경우에는 더러운 양말이) 예기치 못한 변화를 폭발적으로 불러일으킬 수 있다는 것이다. 친구는 수건을 쓰고 나면 제자리에 다시 걸어 달라고 수없이 부탁하고 요구했지만 수건은 전혀 영향을 받지 않은 듯 몇 년 동안 지속적으로 바닥에 놓여 있었고 언제 터질지 모르는 일촉즉발의 상황을 만들어 냈다. 이렇듯 많은 부부가 시한폭탄을 안고 살아가던 시대에 등장한 2세대 페미니즘은 가사 분담 문제의 중요성에 주목하고 가정 내 평등을 기치로 내걸었다. 2세대 페미니스트들은 가사 분담이 곧 권력과 존중의 지표라는 사실을 이해했다. 남자들은 여자들을 비꼬기 위해 공공연하게 집안일을 들먹인다. 사회생활을 하는 여자들에게 '집에 가서 밥이나 하라.'거나 '남편 와이셔츠나 다려라.'는 식으로 말하는 걸 들어 본 적이 없는가? 요리와 세탁은 안정감과 만족을 주는 일이기도 하지만 우리의 논점은 봄맞이 대청소를 했을 때 느끼는 뿌듯함이나 맛있는 음식을 만들어 누군가에게 먹이는 기쁨에 대한 것이 아니다. 유전적 운명처럼 여자들에게만 지워진 가사 노동을 말하는 것이다.

가사 노동 때문에 비슷한 분노와 좌절감을 맛본 적이 있다면 팻 메이너디(Pat Mainardi)가 쓴 『가사 노동의 정치학』을 읽어 보기 바란다. 팻 메이너디는 1970년에 내놓은 이 수필에서 "참여 민주주의는 가정에서 시작된다."라고 적었다. 책에는 메이너디 부부가 어떤 과정을 거쳐 집안일을 공평하게 나누어 하게 되었는지가 나온다. 두 사람은 맞벌이 부부였기에 가사 분담은 당연한 일이었다. 그녀의 남편도 처음에는 기분 좋게 가사 분담에 동의했지만 막상 해야 할 일들을 앞에 두고는 온갖 핑계를 대며 의무에서 빠져나가려 들었다고 한다. 팻 메이너디는 남편의 우스꽝스럽기까지 한 핑계들을 모아 정리헤 두었다.

"집안일을 나눠서 하는 것까지는 괜찮아. 그런데 난 아직 일에 서투르니까 어떻게 하면 되는지 당신이 먼저 보여 줘."

숨은 뜻: 앞으로 나는 일을 할 때마다 당신에게 방법을 물어볼 거고, 그럴 때마다 당신이 나에게 일하는 법을 처음부터 끝까지 보여 주어야 할 거야. 왜냐하면 나는 기억력이 그다지 좋지 않으니까. 또 내가 일을 하고 있는 동안 앉아서 책이나 읽을 생각은 꿈에도 하지 않는 게 좋을 거야. 왜냐하면 당신이 직접 하는 게 편하겠다는 생각이 들 때까지 당신을 약 올리며 괴롭힐 테니까.

"우리는 일의 성과에 대한 기준이 서로 달라. 그런데 어째서 내가 당신 기준에 맞추어 일을 해야 해? 그건 불공평해."

숨은 뜻: 먼지와 쓰레기가 쌓여 괴로울 지경이 되면 나는 이렇게 말할 거야. "집이 돼지우리 같네." "이런 곳에서는 도저히 못 살겠어." 그리고 나서 나는 당신의 반응을 기다릴 거야.

"집안일은 당연히 우리 둘이 공평하게 해야지. 그런데 내가 무조건 당신 스케줄에 맞출 수는 없잖아?"

숨은 뜻: 수동적 저항. 집안일을 하더라도 내가 하고 싶을 때만 할 거야. 설거지는 일주일에 한 번, 빨래는 한 달에 한 번이면 족하다고 생각해. 바닥 청소는 1년에 한 번이면 되지 않을까? 이게 당신 마음에 들지 않는다면 나에게 뭐라고 하지 말고 당신이 직접 해. 그러다 보면 나는 아예 손을 놓고 있어도 되겠지.

이 밖에도 남자들의 핑계는 많다. 메이너디 같은 2세대 페미니스트들은 여자들이 단체로 나서서 불공평한 가사 분담에 이의를 제기해야 한다고 주장했다. 반면 3세대 이후의 페미니스트들은 가사 노동에 대해 더 조심스러운 접근법을 취하면서 정치화를 경계하는 태도를 보이고 있다. 이러한 변화는 더 합리적으로 보인다. 이제 집안일을 얼마나 잘하느냐는 여자들의 정체성이나 자아의식을 정의하는 데 필요한 잣대가 아니다. 그런데도 우리 앞에는 어머니 세대가 해결하려 했던 것과 똑같은 문제가 아직도 남아 있다.

# 여자에게도 아내가 있었으면 좋겠다

남편과 나는 뉴욕으로 돌아온 이후 큰 직업적 변화를 겪었다. 새로이 인터넷 회사를 차린 남편은 초심으로 돌아갔다. 우리 가족이 짐을 풀고 새 집에 적응하는 동안 남편은 사업을 시작하기 위해 필요한 회의, 전화 회의, 맨해튼 지역 사무실 임대, 그 밖의 예상치 못한 문제들로 바빴다. 밤낮을 가리지 않고 비상 전화가 걸려 왔으며 때로는 장비 고장 때문에 한밤중에도 사무실로 나가야 했다. 여러 날 밤, 잠에서 깨어 보면 남편은 노트북을 무릎에 올려놓은 채 폭풍우 속 번쩍이는 번개처럼 자판을 두드리고 있었다. 무서울 정도로 집중하고 있는 남편의 모습이 컴퓨터 화면 불빛에 비쳤다. 사업을 시작하려면 처리해야 할 소모적인 일들이 많은 법이다. 나는 이 점을 십분 이해했으며 남편을 돕고 싶었지만 항상 쉽지는 않았다. "우리 침대에 한 사람이 더 있는 것 같은 기분이야." 나는 남편의 노트북에 '롤라'라는 이름을, 휴대 전화에는 '로리타'라는 이름을 붙여 주고 농담을 던지기도 했다. 힘든 남편에게 잠깐이라도 웃을 수 있는 틈을 주려는 나의 미약하고도 사소한 시도였다.

한편 나는 기존에 하던 원고 집필과 강의 외에 영국의 독립 출판사에서 고정적으로 편집일을 받아서 하기로 했다. 이 말은 나 또한 프린터와 팩스를 갖춘 재택 사무실을 차려야 한다는 의미였다. 페덱스에 회원 가입을 하자 원고들이 날아들었다. 남편이 맨해튼의 사무실로 출근하고 실비아가 유치원 종일반을 마친 후 다섯 시까지 방과 후 프로그램을 듣기 시작하면서 나는 낮 동안 일에만 집중할 수 있게 되었다. 하지만 나도 남편도 새로 시작한 일 때문에 압박감을 느끼고 있었다. 그 전까지 겪었던 집안일과 직장일의 이중고는 아무것도 아니었다. 어느새 나는 남편의 편의를 최대한 봐주는 동시에 내가 일할 시간도 확보하고 실비아와 가능한 오랜 시간 함께하기 위해 노력하고 집안일도 건사해야 하는 사중고에 시달렸다. 해야 할 일들을 모두 마치고 나면 보통 새벽 두 시쯤 되었다. 나는 하루 평균 네 시간을 잤고 남편도 다르지 않았다. 당시 우리의 생활은 그런 식이었지만 적응의 동물인 인간답게 우리는 그런대로 살아갈 수 있었다. 하지만 타격이 없는 것은 아니었다.

나는 크리스틴과 통화하다가 우리 부부가 얼마나 힘들고 피곤하게 살고 있는지 하소연을 늘어놓았다. 사정을 들은 크리스틴은 놀란 목소리로 말했다. "너의 부부 정신이 회까닥하지 않은 게 이상할 정도다. 힘들면 사람을 써서라도 도움을 받아. 넌 좀 쉬어야 돼. 부부끼리 밤에 나가 데이트도 하고 그러면서 살아야지. 지금 인터넷 접속해서 너한테 전화번호 몇 개 보내 줄게. 정기적인 베이비시터를 고용하거나 그게 안 되면 매주 집에 와서 청소해 주는 사람이라도 구해. 내 말대로 해 봐. 돈 아깝단 생각 안 들걸."

크리스틴의 말은 옳았다. 거기 드는 지출이 사치일지라도 그게 완전히 말도 안 되는 소리는 아니었다. 어째서 나는 도와줄 사람을 구하지 않았던 것일까? '내가 모든 것을 해야 한다.' 혹은 '내가 모든 걸 할 수 있다.'는 구태의연한 생각 때문이었을까? 거기 드는 비용을 감당할 수 있을 정도의 수입이 없다고 생각했기 때문이었을까? 진보주의자의 죄책감에 사로잡혀 나보다 불우한 여성을 착취하는 것은 못할 짓이라 여겼기 때문이었을까? 그 이유가 무엇이든 나의 저항감은 페미니즘의 치부, 이른바 '숨기고 싶은 비밀'과 관계있었다.

* * *

베티 프리단은 일단 여자들이 일터로 나가기만 하면 만사가 매끄럽게 맞아떨어질 것이라고 주장했지만 거의 반세기가 지난 지금 실증적·일화적·통계적 증거는 그녀의 주장이 틀렸음을 보여 준다. 간단히 말해 우리는 부부 모두 일을 하러 나가면서 항상 집을 말끔하게 정돈하고, 아이들을 잘 보살피며, 몸에 좋은 음식을 직접 요리해 먹고, 깔끔하게 세탁된 이불을 덮고 매일 여덟 시간 숙면을 취하는 특전을 누리기란 불가능에 가깝다는 것을 알게 되었다.

"나한테도 아내가 있었으면 좋겠어." 내가 어렸을 때 어머니가 자주 하던 농담이다. 나중에 알게 되었지만 이 농담은 주디 사이퍼스(Judy Syfers)가 1972년에 발표한 에세이에 있는 말이다. 온갖 시중을 다 들어주고, 음식을 만들어 주고, 아이를 돌보고, 집 안을 청소하고, 성적 욕구까지 충족시켜 주는 누군가를 뜻하는 암호. 바로 '아내'다. 사이퍼스는 다음 문장으로 에세이를 마쳤다. "아아, 세상 누군들 아내를 원하지 않겠는가?"

'아내'에 대한 수요는 가정의 문을 박차고 나와 사회로 진출하는 여성들의 숫자가 기록적으로 늘어난 최근에야 발생했다. 아내의 공백은 가족의 생활을 윤택하게 꾸려 가는 데 지장을 초래했다. 경제적 능력이 있고 그럴 의향이 있는 사람들은 프리단의 조언에 따라 전통적으로 여자들에게 떠넘겨졌던 가사와 육아를 수행할 다른 여성들을 고용한다. 하지만 그런 방식은 불운한 계층의 여자들에게 의존해야만 한다는 점에서 소수만을 위한 페미니즘이라는 비판을 받는다. 지난 20년 동안 가사 노동에 대한 수요가 늘어나면서 제3세계 여성들의 유입도 점진적으로 증가해 왔으며 이는 세계화 추세와도 꼭 들어맞았다. 하지만 문제는 그 여성들 중 상당수가 미국으로 오기 위해 자신들의 어린 자식을 고국에 남겨 두어야 했다는 점이다.

「메리 포핀스」(1964)나 「내니 다이어리」(2007) 같은 인기 영화들은 유모 사업에 얽혀 있는 인종과 계급 문제를 전혀 다루지 않는다. 이 관계에 내재된 권력 구조는 미국에 온 많은 여성을 열악하거나 심지어 폭력적인 환경에 밀어 넣는다. 그들은 법적인 배우자의 권리를 부여받지 못하며 많은 경우 정당한 피고용자의 혜택도

받지 못한 채 고용주의 사적인 생활에 상당 부분 관여하는 일을 한다. 사실상 이방인임에도 가족의 내밀한 사생활을 공유하며 내부자와 외부자의 아슬아슬한 경계를 줄타기하며 지내는 것이다. 유모, 어머니, 아이로 이루어진 이 삼각관계는 섬세하기 짝이 없다. 일하는 어머니들은 의존과 죄책감이 뒤범벅된 이 삼각관계 속에서 수용 가능한 행동이 어디까지일지 정확히 판단을 내리지 못한 채 살아간다. 게다가 사람들은 은연중에 그들이 좋은 어머니가 아니라는 평가를 내린다. 월트 디즈니표 영화 「메리 포핀스」에 등장하는 어머니는 변덕이 심한 여성 참정권 운동가로 그려졌다. 「내니 다이어리」에 등장하는 어머니는 책략에 능한 사교계 명사로 그려졌다.

내 어머니와 아버지는 두 분 모두 자신의 일로 바빴다. 나는 자라면서 유모의 손에 맡겨진 적은 없었지만 여러 명의 베이비시터와 여러 곳의 탁아소를 거쳤다. 그런데 내가 열 살 정도 되었을 때 어머니는 갓 태어날 동생의 육아와 가사일을 맡길 입주 도우미를 구했다. 도우미는 중년의 중국 여성이었는데 나는 그녀가 내 옆방에 들어와 지내면서 내가 이해할 수 없는 활기찬 대화로 어머니의 관심을 앗아 가는 것을 다소 못마땅하게 여겼다. 반면 어린 시절의 대부분을 이 여성의 손에서 자란 여동생은 그녀를 가족처럼 친밀하게 여겼다. 여동생과 어머니는 캘리포니아로 이사하면서 도우미와 헤어지게 된 후에도 이따금씩 전화 통화를 하며 계속 연락하고 지냈다. 하지만 세월이 흐르면서 그 빈도는 뜸해졌고 결국 여동생을 갓난아기 때부터 키워 준 이 여성은 동생의 삶에서 지워졌다.

1990년대에 '페미니즘 고전 연구' 수업을 처음 들었을 때 가사 노동업 종사자들, 즉 유모, 식모, 매춘부의 비참한 처지는 나의 주된 관심사가 아니었다. 하지만 10여 년이 지나는 동안 가사 노동 업종은 미국과 해외 곳곳에 존재하는 실용적·경제적 필요에 의해 점점 활성화되었다. 수업을 같이 듣는 학생들 중 상당수는 내 동생처럼 유모의 손에 길러졌거나 고정적인 가사 도우미 곁에서 자랐으며 그렇지 않더라도 언론과 주변 문화의 영향으로 그와 관련된 문제들을 잘 알고 있었다. 오래 지나지 않아 토론은 가사 노동을 다른 사람에게 맡기는 것과 관련된 감정의 미적분학으로 흘러갔다. L교수가 읽기 과제로 내주었던 책은 바버라 에런라이크(Barbara Ehrenreich)와 앨리 혹실드가 지은 『글로벌 우먼』이었다. 이 책은 세계화가 개발 도상국 여성들에게 미친 영향을 다루고 있었지만 L교수는 토론 주제를 국소적인 방향으로 유도했다.

"제 친구 하나는 유모에게 초과 근무를 부탁했다가 다음 날 그 유모가 말도 없이 나오질 않는 바람에 울었다고 합니다. 친구는 제게 한탄했습니다. '어떻게 내 아이에게 그럴 수 있지? 이렇게 사랑스러운 아이가 눈에 밟히지도 않나?' 그래서 저는 친구에게 물었죠. '왜? 왜 그 여자가 네 아이를 사랑해야 하는데?'"

"저도 비슷한 일을 겪었습니다. 엄마가 유모에게 일을 좀 많이 시켰더니 통보도 없이 그만둔 적이 있어요. 엄마는 유모에게 나와 동생을 돌보면서 바닥 걸레질까지 하라고 했었죠." 리사가 말했다.

L교수가 고개를 끄덕였다. "한 사람에게 너무 많은 일을 요구하는 경우가 많죠." 교수의 목소리에는 힘이 실려 있었다. "이제 명확하게 하고 넘어가죠. 우리는 지금 손과 무릎을 써서 땀 흘리며 일

해야 하는 가장 낮은 형태의 가사 노동에 대해 이야기하고 있습니다. 먼지 털기 수준의 노동이 아니라고요. 과거에는 여자의 일로 간주되지 않았던 종류의 노동 말입니다. 이런 노동은 성차별뿐 아니라 계급 차별의 문제까지 건드리고 있습니다. 여자들이 남편에게 그런 일을 해 달라고 부탁하거나 잔소리하느니 돈을 주고 다른 여자에게 시키는 게 낫다고 생각하는 거죠."

유모를 겪어 본 적이 없다는 맨디가 이에 대한 의견을 피력했다. "그럴 경우 아이들에게 불이익이 갈 거라는 생각이 듭니다. 제 말씀은, 죄송합니다만, 유모의 손에 자라는 것은 부모의 손에서 키워지는 것보다 아이들에게 부정적인 영향을 끼칠 수밖에 없습니다. 육아에는 '사랑'이 결부되기 때문입니다. '사랑'은 이와 관련된 문제들을 복잡하게 만듭니다."

"고백할 게 있습니다. 저는 크리스마스 시즌이면 어머니에게 특별 선물로 가사 도우미를 구해 드립니다. 말이 좀 이상하게 들릴지 모르지만 어머니 대신 집 청소를 해 줄 사람을 몇 달 동안 고용하는 거죠. 그게 잘못되었나요?" 다니가 말했다.

다니의 말에 다른 사람들이 미처 반응하기도 전에 캐런이 뛰어들어 말했다. "저는 나쁜 사람은 아닙니다만 유모나 가사 도우미의 도움을 받는 것에 반대하는 사람들은 '나는 축산업을 믿을 수 없기 때문에 고기를 먹지 않을 거야.'라고 말하는 사람과 비슷한 것 같습니다. 그 사람들이 고기를 먹지 않는다고 해서 축산업이 사라지지는 않습니다. 마찬가지로 내가 집안일을 다른 사람에게 맡기지 않는다고 해서 유모나 가사 도우미가 사라지는 일도 없을 겁니다."

L교수는 굳은 표정으로 캐런을 쏘아보며 논리의 허점을 지적했다. "하지만 학생의 의견은 불공정한 체제를 바로잡으려는 시도를 무시해야 한다는 주장의 근거로는 미흡하게 들리는데요."

캐런이 동요하는 목소리로 대꾸했다. "이봐요, 우리는 몇 년째 한 사람에게 집 안 청소일을 계속 맡기고 있습니다. 우리는 그 도우미 분에게 보수도 두둑이 줄 뿐 아니라 보너스도 챙겨 주고 있습니다. 맘 상하는 일 없도록 신경 써서 대하는 건 물론이고요. 거기에 문제될 게 뭐가 있습니까? 친절하게만 대한다면……."

L교수가 캐런의 말을 싹뚝 잘랐다. "아니오! 친절하게 대하는 것만으로는 충분하지 않습니다!"

그때 루시아가 역겨운 대화 내용을 더 이상 들어주지 못하겠다는 표정으로 손도 들지 않고 끼어들었다. "저기요, 우리 엄마가 유모였습니다. 아시겠어요?" 루시아는 강의실 안의 몇 안 되는 유색 인종 중 한 사람이었다. "어머니는 항상 보수에 대해 불평하셨습니다. 얼마나 많은 사람이 약속했던 돈 주는 것도 아까워 치사하게 구는지 치가 떨릴 정돕니다. 게다가 생색들은 얼마나 내는지……."

캐런이 이에 대답했다. "음, 그래요. 그건 확실히 잘못된 일입니다. 하지만 그 사람들에게 그런 일마저도 없다면 어떻게 될까요?"

수업 시간이 거의 끝나 가고 있었다. 나는 L교수가 거대한 결론을 무리하게 이끌어 내려 애쓴다는 생각이 들었다. "아시다시피 이런 종류의 노동에 종사하는 여성들을 보호해 줄 수 있는 더 나은 규제 방식이 있습니다. 우리나라뿐 아니라 다른 나라의 방식도 살펴본다면요. 스웨덴의 예를 들어 볼까요. 스웨덴에서는 보편적 데이 케어 정책과 출산 및 육아 휴직 제도를 실시하고 있습니다. 스웨덴의 이민자들은 정부 지원을 받아 언어 교육을 받고 교육 보조금의 혜택을 누릴 수도 있죠. 그래서 비숙련 직종으로 내몰리는 일이 없습니다……."

캐런은 얼굴을 찌푸린 채 친구 안야에게 몸을 기대더니 귀에 대고 뭔가 속삭였다. "스웨덴과 비교하다니 말도 안 돼!" 이 비슷한 말이 들린 것 같다. 안야는 캐런의 어깨를 토닥였다.

L교수는 마지막 당부를 했다. "하지만 그 밖에도 생각해 보아야 할 문제가 있습니다. 한때 육아와 가사 노동은 여자들을 연대하게 만들어 주는 주제였습니다. 2세대 페미니즘은 그러한 연대의 힘을 바탕으로 탄생했습니다. 하지만 이제 가사 노동은 인종과 계급을 나누고 이민자와 비이민자를 가르는 요인으로 작용하고 있습니다. 무엇인가를 얻기 위해 다른 사람을 억압하는 '남자들의 방식'을 추구하는 것이 여자들을 진정으로 해방시켜 주고 있는지 생각해 볼 문제입니다."

# 성의 정치학

읽기 자료에 '여자 대 여자'의 싸움과 섹스를 주제로 한 책들이 늘어 가면서 여자들 간의 통합보다는 분열에 대한 토론이 자주 벌어졌다. 미국 식품 의약국(FDA)은 1960년에 피임약을 처음으로 승인했다. 이로써 여성들은 비교적 안전하고 예측 가능하게 자신의 출산을 통제할 수 있는 수단을 가지게 되었다. 그리고 침실에서뿐 아니라 법정에서도 성 혁명이 일어났다. 1965년에 대법원이 결혼한 부부에게 피임약 판매를 금지한 코네티컷 주 법이 부부의 사생활을 침해한다며 위헌 판결을 내린 것이다. 그 후에는 '아이젠스타트 대 버드' 판결을 통해 모든 사람이 혼인 여부와 상관없이 피임권을 누릴 수 있게 되었다. 1973년에는 남자 일색인 검은 법복의 판사들이 피임권을 헌법의 보호 대상인 사생활권의 하나라고 인정하는 판결을 내렸다. 간발의 차로 이루어 내기는 했지만 미국 내 생식의 정치 판도를 전환시킨 거대한 페미니스트들의 승리였다.

하지만 승리에 도취되어 있던 그 순간에도 페미니즘 운동 내에는 균열이 생기고 있었다. 2세대 페미니즘은 포르노물이라는 단층선을 따라 자유적 페미니즘과 문화적 페미니즘으로 분열되었다. 여성 해방과 성 혁명이라는 목표는 분열된 페미니스트들이 서로 다른 의견을 잠시 접어 두고 피임약과 낙태 합법화를 이루기 위해 일시적으로나마 다소 기이한 동침을 할 수 있게 해 주었다. 페미니스트들의 결집을 가능케 한 또 다른 공신은 《플레이보이》를 창간한 휴 헤프너(Hugh Hefner)였다. 1970년대 후반에 들어와 포르노물에 적극적으로 맞서 싸운 페미니스트로는 글로리아 스타이넘, 로빈 모건, 수전 브라운밀러 등이 있었다. 이들 반(反)포르노물 진영은 포르노물에 참여하는 여자들이 비하당하고 있으며 그 이미지들 또한 여자들에 반하는 폭력을 낳는다는 입장을 취했다. 로빈 모건은 이렇게 말했다. "포르노물이 이론이라면 강간은 실제다." 하지만 이와 약간 다른 길을 걸으며 여자들에게 자신의 성(性)을 탐색하고 표현하길 권하는 페미니스트들도 있었다. 이 노선의 행동가들은 포르노물에 대한 공격이 곧 성(性)에 대한 공격이라고 여겼다. 언론은 급진적 페미니스트 안드레아 드워킨(Andrea Dworkin)이 말한 "모든 성적 교류는 강간이다."와 같은 자극적 문구만 반복해 찍어 내며 도움이 전혀 되지 않는 행태를 보였다. 내가 대학에 입학할 무렵 반(反)포르노물 진영은 그 입지를 탄탄히 다진 상태였다. 우리 세대는 그 문제에 대해 다소 우유부단한 태도를 보였다.

내가 포르노물을 처음 접한 것은 6학년 때였다. 친한 친구 집에 놀러 갔다가《플레이보이》와 책장 귀퉁이가 군데군데 접혀 있는『조이 오브 섹스: 성에 대한 가장 놀라운 책』을 처음 보았다. 친구 아버지가 침대 밑에 숨겨 둔 책들이라고 했다. 우리는 친구 부모님의 침실 양탄자 위에 배를 깔고 엎드린 채 친구 어머니가 복도를 걸어오는 발자국 소리가 들리지 않는지 귀를 쫑긋 세우고 손으로는 킥킥 소리가 나지 않게 얼굴을 가린 상태로 오후 내내 그 사진들을 보곤 했다.

이미 그 나이에 우리는 성적 매력을 발산하는 것과 성적 대상이 되는 것 사이의 경계를 잘 알고 있었다. 전자는 추구해도 좋았지만 후자는 피해야 했다. 성적 매력이란 참으로 난해하고 혼란스러운 가치였다. 때는 아직 1980년대 초였다. 그러니까 포르노의 여왕 제나 제임슨, 지스트링스, 브라질리언 비키니 왁스 같은 단어를 식구들끼리 아무렇지도 않게 언급하게 되기 훨씬 전이었다.

나는 성인에 한 단계 더 가까워지는 것을 의미하는 중학교 입학이 짜릿하면서도 한편으로는 두려웠다. 중학생이 되어 등교한 첫날이 지금도 선명하게 기억난다. 손바닥은 땀으로 흥건했다. 나는 얼룩이 남지 않기를 바라며 연신 치마에 땀을 닦아 냈다. 그 전날 밤에는 완벽한 옷차림으로 첫 등교를 하기 위해 옷장의 모든 옷을 꺼내 입어 보며 몇 시간을 보냈다. 내 방 벽에 걸려 있던 길쭉한 타원형 거울 앞에서 수백 번 빙그르르 돈 끝에 한쪽 어깨가 드러나는 '플래시 댄스' 스타일 에스프리 티셔츠와 무릎까지 오는 청치마, 그리고 보송보송한 흰 양말과 리복 운동화를 골랐다. 하지만 다음 날 아침 나는 그 선택을 후회했다. 새로운 학교의 복도는 암모니아 냄새와 감귤 향이 혼합되어 눈을 따갑게 하는 악취로 가득 찬 터널 같았다. 그 터널 안에서 수많은 얼굴에 둘러싸였다. 친숙한 얼굴도 몇몇 있었지만 대부분은 낯설었다. 나는 드러난 어깨를 가리기 위해 목 쪽으로 티셔츠를 계속 잡아당겼다.

2교시 생물학. 나는 지나 옆 두 번째 줄에 앉았다. 지나는 같은 초등학교를 나온 친구였다. 우리는 둘 다 이 낯선 바다에서 함께할 수 있는 짝을 만났다는 사실에 안도하며 나란히 앉아 시간표를 비교했다. 기분이 한결 나아졌다. 낯익은 얼굴들이 몇몇 더 눈에 들어왔고 교실은 떠드는 소리로 윙윙거리다가 선생님의 모습이 보이자 바로 조용해졌다. 중년의 루이스 선생님의 눈은 희부연 안경알 너머로 움푹 들어가 반쯤 숨겨져 있었다. 선생님의 외모와 교실을 훑어보는 눈은 나를 긴장시켰다. 그 순간 선생님의 푸른 눈이 내게 고정되었다.

"너, 이리 나와 봐." 선생님은 손가락으로 정확하게 나를 가리키며 날카롭게 말했다. 나는 지나에게 영문을 모르겠다는 눈빛을 보내며 공손하게 일어나 교실 탁자 앞으로 나갔다. 선생님의 눈이 다시 움직였다. "그리고 너도." 선생님은 피터라는 남학생을 가리키더니 앞으로 나오라고 손짓했다. 루이스 선생님이 양손을 내 어깨에 올려놓자 내 피부에 직접 닿은 그의 손바닥이 느껴졌다. 선생님은 다른 아이들이 내 얼굴을 볼 수 있도록 내 몸을 앞쪽으로 돌렸다. 옆에는 피터가 있었다. "이 두 사람이 뭐가 다를까?"

나는 공포에 질려 지나를 쳐다보았고 지나는 연민의 뜻으로 고개를 흔들었다. 서른 쌍의 눈이 나를 향하고 있었다. 온 몸이 화끈거리는 기분이 들었다. 목덜미와 얼굴이 화끈거렸다.

바로 그때 지나가 손을 들더니 대담하게 말했다. "그 친구 이름은 스테퍼니입니다. 그리고 그 옆 친구의 이름은 피터입니다." 나는 훨씬 나중에 여성학 수업을 듣고 나서 내 이름을 불러 주었던 지나의 본능적 행동이 얼마나 뛰어난 대처였는지 알게 되었다. 그 여성학 수업에서는 내가 외적인 특성들로 축소된 채 물건 취급받으며 친구들 앞에 섰을 때 어째서 무방비 상태인 듯한 기분이 들었는지 설명해 주는 용어들도 배웠다. 하지만 그것은 나중 일이었으며 그 일을 겪은 당시의 나는 선생님에게 충동적인 대응을 했다. 내 자리로 돌아가 앉아 이렇게 말한 것이다. "죄송합니다만 선생님께서 뭘 하시려 하는지 잘 모르겠습니다. 저는 빠지겠습니다."

루이스 선생님은 눈썹을 추켜올리며 나를 쳐다보았다. "음, 그래? 너도 자리로 돌아갔으니 수업이나 계속하지."

나는 분노와 당혹감으로 수업이 끝날 때까지 몸을 부들부들 떨었다.

이후 3년 동안 나와 루이스 선생님은 앙숙으로 지냈다. 나의 노골적인 비호감은 오히려 루이스 선생님을 끌어당기는 힘으로 작용한 듯했다. 루이스 선생님은 치어리딩팀 담당교사여서 볼 때마다 짧은 치마를 입은 여학생들에게 둘러싸여 있었다. 그 여학생들 중에는 방과 후에 루이스 선생님의 무릎에 앉은 채 귀에 대고 뭔가 속삭이는 학생까지 있었다. 물론 나는 그런 학생과는 거리가 멀었다. 내 신체를 도구나 무기로 사용하는 것은 절대 사절이었다. 루이스 선생님은 수업 시간에 이런 말을 하곤 했다. "너희에게 만약 무슨 일이 생기면 선생님한테 와서 다 털어놓으렴. 나한테는 무슨 말이든 해도 괜찮아. 부모님에게 말할 수 없는 것도. 선생님은 다 이해할 수 있단다." 그는 때로 장난처럼 여학생들의 브래지어 끈을 잡아당겼다가 탁 놓기도 했다.

한번은 수업 중에 내 치마 뒤쪽을 더듬는 루이스 선생님의 손이 느껴졌다. 그런 용기가 어디서 나왔는지 모르겠지만 나는 즉시 몸을 휙 돌리고 소리를 질렀다. "그만두시지, 이 변태 새끼야!"

"너, 그게 무슨 뜻인지 알고나 말한 거니?" 루이스 선생님이 놀리듯 말했다.

나는 몸을 다시 돌리고는 책상에 있던 고무로 된 심장 모형을 만지작거리며 그를 무시하려 애썼다.

하지만 그의 주문에 걸려 지배당하는 여학생들이 도처에 깔려 있었다. 그 여학생들은 그가 멋지고 위트 있으며 현명하다고 이야기했다. 그는 여학생들에게 눈이 촛불처럼 빛난다는 둥 아름답다는 둥의 말을 했다. 나는 그런 선생님이 소름 끼친다고 생각했지만 내게 동의하는 아이들은 많지 않았다.

어느 오후였다. 복도에 있던 내 뒤로 그가 살금살금 다가와 숨결이 느껴질 정도로 머리를 내 귓가에 바싹 대고 속삭였다. "치어리더가 되고 싶지 않니? 한 번 도전해 봐. 내가 심사 담당이라는 건 알지?"

나는 로커 문을 쾅 닫으며 대답했다. "아니오, 됐습니다."

그 순간 그가 소리 없이 웃으며 내게 덤벼들더니 나를 잡고 자기 어깨 위로 들어 올렸다. 그는 족히 180센티미터가 넘는 덩치 큰 남자였고 나는 160센티미터 될까 말까 한 소녀였다. 나는 어서 내려 달라고 그의 등을 때렸지만 막무가내였다. 종이 울렸고 나는 미친 듯이 발버둥 치며 다음 수업에 늦는다고 소리쳤다. 다른 학생들이 우리를 쳐다보았다. 하지만 그는 전혀 동요하지 않았고 나를 들쳐 업은 채 다음 수업 교실까지 걸어가 문 앞에 나를 내려놓았다. 나는 즉시 교실로 달려 들어갔다. 그는 모퉁이 쪽으로 고개를 돌리더니 스페인어 선생님과 눈이 마주치자 씩 웃으며 말했다. "저 때문에 애가 늦었네요." 그런 후 내게 윙크를 했다. 욕지기가 났다.

나는 교장 선생님을 찾아가 이 일에 대해 항의했지만 내가 "너무 예민하다."라는 말만 들었다. 그랬다. 루이스 선생님의 교수법은 "특이하기는 했지만 놀라울 정도로 효과적이었다." 물론 이 일은 지금과는 다른 시대의 얘기다. 나는 어쩔 수 없이 그 문제를 덮어 두기로 하고 루이스 선생님의 사정권에서 벗어나기 위해 노력하며 중학교 시절을 보냈다. 그 후 시간이 흘러 나는 고등학교로, 그리고 그 너머로 이동해 갔다. 루이스 선생님에 대해 마지막으로 들은 소식은 그가 미성년자 강간죄로 체포되었다는 것이었다.

생각해 보면 루이스 선생님은 이브의 시대 이래 존재해 온 저급한 형태의 '성의 정치학'을 부적절한 방식으로 소개한 장본인이었다. 그때 나는 영어, 생물학, 수학도 배웠지만 또한 여자의 몸이 권력이 될 수 있으며 동시에 몰락의 원인이 될 수도 있다는 사실을 (그리고 치마 길이가 짧을수록 몰락 기간이 길다는 점도) 빠르게 터득했다. 당시에는 깨닫지 못했지만 (우리 중 누구도 그렇지 못했겠지만) 나는 여성의 고전적 모순에 발을 들여놓은 것이었다. 사춘기의 시런이 남자 여자를 막론하고 누구에게나 혼란을 초래한다는 데는 의심의 여지가 없다. 우리에게는 그 확연한 모순을 알아챌 만한 준비가 되어 있지 않았다. 그런데도 서로에 대한 판단은 재빨랐으며 나름의 교전 규칙을 만들기 위해 허둥지둥했다.

사춘기에 접어든 여자아이들은 점점 더 날씬해지면서 매력을 발산하게 되었고 한편으로는 교활해졌다. 남자아이들은 멍청해지고 시끄러워지고 불쾌해졌다. 내가 초등학교 때부터 알던 한 여자아이는 눈에 띄는 변화를 보이기도 했다. 포동포동한 데다 안경까지 써서 유순해 보이던 초등학생이 바싹 마른 몸에 꼭 끼는 옷을 입고 파마기 있는 곱슬머리에 입술을 빨갛게 칠하고 다니는 중학생으로 변모했다. 다른 아이들은 그 친구가 학교 주차장에서 돈을 받고 몸을 팔았다는 소문에 대해 입방아를 찧고 다녔다. 하지만 쉬는 시간이면 그 친구는 다른 아이들이 수근거리는 소리가 전혀 들리지 않는다는 듯 고개를 빳빳이 들고 앞만 보며 걸어 다녔다. 조용히 그 친구를 지켜보기만 했던 나는 그저 그 아이에게 무슨 일이 벌어졌는지 궁금할 따름이었다. 아직도 그 궁금증은 남아 있다. 세상 누구도 도마 위에 오르내리는 사람이 되고 싶지는 않을 것이다. 아무개가 술에 취해 약을 했다거나 모군과 모양이 헤어졌다는 뒷얘기는 학교의 녹색 복도를 따라 바이러스처럼 빠르게 퍼져 나갔다. 사실상 같은 이유로 '걸레'라는 딱지가 붙은 여자아이도 있었으며 '매력' 있다는 칭송이 따라붙는 여자아이도 있었다. 둘을 가르는 경계는 종이 한 장 차이였다. 사귀는 사람과의 섹스는 수용 가능했다. 그러나 닥치는 대로 하는 섹스는 그렇지 않았다.

사실 그것은 섹스 그 자체보다는 다른 문제들과 관련이 있었다. 적어도 내가 아는 여자아이들에 한해서는 그랬다. 남자 고등학생들과의 섹스는 쾌락을 위한 크루즈 여행이 아니었다. 그것은 재미, 우정, 동지애, 호기심, 질투, 어울림, 극적인 사건, 특별하다는 느낌, 그리고 무엇보다도 통제와 관련이 있었다. 우리의 몸은 이 모두를 달성하기 위한 도구이자 이용 대상에 불과했다. 우리는 그 사실을 말로 명료하게 표현하지는 못할지라도 머리로는 분명 이해하고 있었다.

* * *

그런 일련의 과정을 설명해 주는 권력, 소외, 대상화 같은 용어를 배운 것은 대학에 들어가고 나서였다. 내가 친구들과 성에 대해 미숙한 논쟁을 벌이고 있는 동안 남자와 여자가 나누는 섹스를 묘사한 극히 평범한 문학적 표현에도 성차별이 내포되어 있다는 페미니스트들의 주장이 학계에 등장했다. 헨리 밀러(Henry Miller)의 장편소설 『섹서스』에 나온 한 대목을 보자.

그녀에게 목욕을 해야 하니 욕조에 물을 받아 달라고 부탁한다. 그녀는 싫은 척하지만 결국 욕조에 물을 받아 준다. 하루는 욕조에 앉아 몸에 비누칠을 하다가 그녀가 수건을 깜빡했다는 걸 알아차렸다. 나는 그녀를 소리쳐 불렀다. "아이다! 수건 좀 가져다 줘!" 그녀는 욕조 안으로 들어와 수건을 건네주었다. 그녀는 실크로 된 목욕용

가운과 신발을 신고 있었다. 그녀가 선반에 수건을 올려놓기 위해 욕조 위로 몸을 굽히자 가운이 스르르 미끄러져 벌어졌다. 나는 무릎을 굽히고 그녀의 음부에 얼굴을 파묻었다. 순식간에 벌어진 일이라 그녀가 반항하거나 반항하는 척할 겨를이 없었다. 그녀를 욕조 안으로 끌어당겼고 스타킹과 옷이 모두 흥건히 젖었다. 나는 가운을 벗기고는 바닥에 내던졌다. 스타킹만은 남겨 둔다. 화가 크라나흐의 작품에 나오는 나체 여인처럼 더 도발적으로 보이기 때문이다. 뒤로 몸을 기대고 그녀를 내 위로 당겨 눕혔다. 그녀는 꼭 달아오른 암캐처럼 헐떡이면서 내 온몸을 물어뜯고 갈고리에 걸린 지렁이처럼 꿈틀거렸다. 그녀는 물기를 닦고 나서 몸을 굽힌 채 나의 음경을 잘근잘근 깨물기 시작했다. 나는 욕조 가장자리에 앉았고 그녀는 무릎을 꿇고 나의 그것을 게걸스럽게 핥았다. 잠시 후 나는 그녀를 일으켜 세우고 허리를 구부렸다. 그런 후 뒤쪽으로 나의 그것을 넣었다. 그녀의 작고 축축한 성기가 장갑처럼 내게 꼭 맞았다. 나는 그녀의 목덜미, 귓불, 그녀 어깨의 민감한 지점을 깨물었고 내 것을 빼내면서 그녀의 아름다운 흰 엉덩이에 이빨 자국을 남겼다. 우리는 아무 말도 하지 않았다.

케이트 밀렛(Kate Millett)은 컬럼비아 대학교 박사 학위 논문을 발전시켜 1970년에 『성의 정치학』을 출간한다. 책은 이 대목을 발췌하여 글을 시작한다. 이 책은 곧 베스트셀러가 되었다. 케이트 밀렛은 문학 작품에 숨어 있는 성차별적 관념을 고발하기 위해 헨리 밀러, 노먼 메일러, D. H. 로렌스 같은 남성 작가들, 그리고 남창 경험이 있는 장 주네의 작품들이 성행위를 어떻게 묘사하고 있는지 독자들에게 보여 준다. 케이트 밀렛의 주장에 따르면 이들 남성 작가는 단지 성에 대해서만 글을 쓴 것이 아니었다. 그들은 남자의 성욕을 미화하기 위해 여자를 인간 이하의 존재로 취급하며 희생시켰다. 책 서문에 밀렛은 이렇게 적었다. "독자들은 이 책을 통해 초자연적인 권력을 대리로 경험한다. 독자는 남자가 되어야만 한다. 헨리 밀러는 상황, 세부 내용, 맥락의 생생한 묘사를 통해 성교의 자극을 불러일으킬 뿐 아니라 약하고 고분고분한 데다 다소 우둔하기까지 한 여자를 남자가 지배하는 것은 당연한 일이라는 인식을 주입한다. 따라서 헨리 밀러의 이 책은 가장 기본적 수준의 성교에 대한 성의 정치학 사례라고 할 수 있다."

요약하면 성에는 정치적 면이 있다. (오늘날에는 보편적으로 받아들여지는 개념이지만 당시로서는 파격적이었다.) 성과 정치는 창세기 이래 서로 얽히고설켜 왔지만 최근까지도 이 문제를 공개적으로 제기한 사람은 없었다. 페미니즘이 토대를 쌓은 시기였던 1970년대에 성(性)은 무대 중심으로 떠밀려 나왔으며 이는 억압의 증거이기도 했지만 해방의 증거이기도 했다. 케이트 밀렛은 성과 정치를 드러내 놓고 짝지음으로써 우리가 아직까지도 수습하지 못한 혼란의 소용돌이를 창조했다.

케이트 밀렛 이전까지 문학 작품에 스며든 가부장제 문화를 지적한 사람은 없었다. 『성의 정치학』이 나오기 전까지 페미니스트들을 포함한 학계의 누구도 페미니즘의 시각을 철저히 적용해 문학 작품을 들여다보아야겠다고 생각하지 못했다. 공격적 남성과 복종적 여성의 조합은 남자와 여자의 본성에 따른 자연스러운 역학 관계로 간주되었으며, 따라서 누구도 거기에 이의를 제기하지 않았다. 그런데 케이트 밀렛이 감히 이의를 제기한 것이었다. 그 장면을 읽는 여자들은 어떤 느낌을 받을까? 그리고 말없이 꿈틀거리는 아이다가 남자들의 환상이라면, 그런 환상은 여자들에게 어떤 영향을 끼치는가?

『성의 정치학』에 대해 토론하던 중 안야가 물었다. "여자가 자신을 붙들고 있는 남자에게서 벗어나려 애쓰다가 결국 남자의 품에 녹아드는 빤한 영화 속 장면을 본 적이 없는 사람이 우리 중 몇이나 될까요? 그런 이야기는 대체 누가 쓰는 거죠? 제 말은, 그게 섹시한가요? 아마도 그렇겠죠. 하지만 그런 장면은 여자의 주체성을 앗아 갑니다. '아니'라고 거절할 수 없게 만드는 거죠. 그게 여자들의 진정한 욕망에서 나온 걸까요? 저는 이런 장면들이 여자들에게 그렇게 행동하도록 강요한다고 생각합니다."

윤기 나는 검은 곱슬머리가 한쪽 눈 위에 드리워진 바네사가 나른하게 다리를 꼬며 말했다. "저는 '아니'라고 말하면서 정말 거절하는 것과 '아니'라고 말하면서도 실은 거절하지 않는 것의 차이가 있다고 생각합니다. 아이다는 낭만적인 사랑은 배제한 채 그저 쾌락을 좇아 성교한 것인지도 모릅니다. 그것을 성차별적이라 비판한다면 무엇이 옳고 무엇이 그른지에 대한 도덕적 판단을 내리는 것이 됩니다. 사회 체제에 의해 창조된 욕망이라고 해서 그것을 가짜라고 할 수는 없습니다. 이런 장면을 보고 항상 여자가 남자에게 굴복했으며 남자가 거기에서 이득을 얻었다고 해석하는 것은 억측입니다. 어떤 여자들은 권력을 얻기 위해 의도적으로 수동적인 여성의 이미지를 이용하기도 합니다." 바네사의 느린 말투에는 확신이 묻어 있었다.

방금 바네사가 여자들의 '아니오.'가 실은 '아니오.'를 의미하지 않을 수도 있다고 말한 건가? 나는 이에 대한 반론이 앞 다투어 나오리라 예상했지만 반대 의견을 말하는 학생은 하나도 없었다. 신음 소리가 나오려는 걸 참았다. 우리가 다시 이 지점으로 회귀했다는 걸 믿을 수 없었다. 젠장, 메리 울스턴크래프트가 무덤에서 통곡할 노릇이로군. 성적인 매력에서 나오는 권력은 다른 사람들의 시선을 바탕으로 스스로에 대한 평가를 내려야 한다는 점에서 제한되고 굴절된 권력이다. 시대를 막론하고 페미니스트들은 '성적인 매력에 기초한 여성의 권력'에 왜곡된 면이 있다는 사실을 잘 인식하고 있었다. 헨리 밀러의 『섹서스』에 나온 이 특정 장면에서 아이다 또한 애정 없는 쾌락을 좇은 것일 뿐인지 모른다고 말한 바네사의 의견은 터무니없었다. 밀러는 의도적으로 아이다의 목소리를 박탈했다. 책 속에서 그녀의 욕망은 전혀 중요하지 않았다. 남자의 쾌락은 중요했지만 아이다는 남자가 사용할 육체에 불과했다. 『섹서스』에서 앞의 대목에 이어진 대화를 보면 화자와 여자 사이의 관계가 어떤지 잘 알 수 있다.

"당신은 나를 별로 안 좋아하죠? 아니에요?" 아이다가 물었다.

나는 그녀를 뻑뻑하게 찌르며 말했다. "나는 이게 좋아. 나는 당신의 여기가, 아이다…… 당신에게 있는 최고의 것이오."

강의실 안 누구도 이런 문제에 동요하지 않았으며 그래서 나는 적잖이 당황했다. 갑자기 X세대와 Y세대 간의 차이가 거대하게 느껴졌다. 성과 권력에 대해 토론하다 보니 이 세대가 얼마나 즉각적이고 손쉬운 성(性)에 물들어 있는지 새삼 느껴졌다. 솔직히 말하면 나 또한 그 영향에서 자유롭지 못했다. 출산을 앞두고 비키니 왁스를 하거나 집 안에 스트리퍼용 봉춤 기둥을 설치하는 정도는 아니지만 최근 한 친구의 꾐에 넘어가 약간의 음탕한 재미를 기대하며 토요일 밤에 충동적으로 벌레스크 댄스 수업을 들었다. 벌레스크 댄스란 술 달린 코르셋 모양의 의상과 야한 스타킹, 서스펜더 벨트 차림으로 추는 섹시 댄스를 말한다. 하지만 친구가 섹시하다고 추는 동작이 내게는 바보처럼 느껴졌다. 나는 거기에서 빠져나올 때를 놓치는 바람에 야구 모자를 푹 눌러쓴 채 춤을 배워야 했다. 그날 밤 내가 얻은 깨달음은 사람들이 정말 다양한 방식으로 섹시함을 표출하고 느낀다는 사실이었다. 배배 꼬인 술 장식, 실룩거리는 엉덩이, 손바닥만 한 끈팬티는 확실히 내가 생각하는 섹시함과는 거리가 멀었다.

개방적이고 야성적인 유형의 섹시함을 받아들이라는 압력은 거세다. 일부 사람들은 스트리퍼와 포르노 스타를 여성 권리 쟁취의 롤모델로 여기며 그들을 흉내 내지는 않더라도 그들의 행동에 갈채를 보내도록 선동한다. 저널리스트 아리엘 레비(Ariel Levy)는 『돼지 같은 열혈주의 여자들』이라는 책에서 외설적 문화를 사랑하는 여자들이 증가 추세에 있다고 말했다. 그 대척점에 있는 "여성스러운 여자들"보다 거칠고 현명하고 멋진, 이른바 "여성 우월주의자들"은 남자들과 어울려 스트립 클럽에 가고 《플레이보이》를 읽고 여자들을 대상화시키는 모든 통상적 의식에 참여한다. 그러나 남자들과 달리 이 "여성 우월주의자들"은 감정사의 역할과 피감정사의 역할을 동시에 해내야 한다. "여성 우월주의자들은 자신이 외설적인 비디오나 빅토리아 시크릿 카탈로그에 나오는 여성스러운 여자들과 다르다는 점을 남자들에게 어필하면서 그런 여자들에게 감탄하는 남자들을 인정해 주어 자신이 속 좁은 여자가 아님을 증명해 보여야 한다. 또한 위트와 공격성 아래에 다른 여자들 못지않은 섹시한 에너지와 속옷을 숨기고 있음을 은연중에 드러내야 한다. 이 모든 까다로운 과업을 완수할 때에만 외설에 대한 열정을 추구할 수 있다." 레비는 이렇게 적었다.

젊은 여성들 중 상당수가 '성 해방'을 최우선 과제로 삼고 있는 듯 보인다. 1991년 무렵 컬럼비아 대학교 학보인 《스펙테이터》에서 가장 유명했던 기사는 인기 드라마 「비벌리힐스의 아이들」에 대한 분석 칼럼이었던 반면 현재 대학 신문에서 가장 인기 있는 기사는 '섹스퍼츠'라는 제목의 섹스 상담이다. 또 젊은 블로거들은 캠퍼스를 배경으로 펼쳐지는 섹스 여행기와 섹스 편력을 공개적으로 세세하게 드러낸다. 이런 종류의 이른바 '섹스포저'는 운이 좋으면 언론사의 일자리나 정기적인 칼럼 혹은 도서 집필 계약 등으로 이어지기도 한다. 외설적 거래는 항상 수익성 좋은 산업이었다. 이번에는 페미니즘의 이름을 달고 있었다는 점만이 달랐다고나 할까.

# 이토록 뜨거운 포르노그래피

우리는 믿을 수 없을 정도의 금발에 가슴에는 공기를 잔뜩 주입한 여자가 남자와 몸을 부비며 신음을 내뱉는 장면을 보고 있었다. 남자의 구릿빛 피부 위에 펼쳐진 여자의 탈색된 머리카락이 충격적 대비를 이루었다. 그들의 섹스는 착암기를 떠올리게 했다. 강의실 안은 신경질적인 웃음소리로 시끄러웠다. 학생들은 대부분 허세로 무장한 채 서로에게 소곤거렸으며 이따금 화면에 나오는 장면에 대해 논평했다. 입술을 오므린 채 불편한 자세로 초조하게 앉아 있는 학생들도 있었다. 엘리자라는 학생은 토마토처럼 새빨개진 얼굴을 가린 채 말했다. "저는 도저히 못 보겠어요."

포르노그래피에 대해 토론하기 위해 포르노물을 직접 보기로 한 날이었다. 학부 시절 '페미니즘 고전 연구' 수업을 들었을 때는 지금보다 훨씬 더 학문적으로 접근했다. 중세 암흑기와 견줄 만한 수준이었다고나 할까. 교수가 영상이 아닌 말로 메이플소프, 플레이보이, 스너프 필름 등에 대해 설명하고 나면 학생들은 포르노그래피와 다른 예술의 차이가 무엇인지 토론했다. 하지만 이제는 그런 차이에 대한 안목이 더 이상 흥미의 대상이 되지 않는 듯 보였다.

다니가 소장하고 있던 포르노물 중 「끈이 달린 비서들」이라는 제목의 영화를 가져왔다. 제목에서 알 수 있듯 시작 몇 분 만에 끈이 달린 딜도를 몸에 넣은 여자 주인공이 등장했다. 고맙게도 우리는 영화를 끝까지 보지 않았다. L교수가 영화를 중단시켰을 때 나는 이미 메스꺼움을 느끼고 있었다. 그런 나와 달리 주위 분위기는 축제처럼 떠들썩했다.

이게 바로 페미니스트들이 꿈꿔 온 권력 이양인가? 나는 수없이 자문했다. 이게 페미니즘인가?

천만에! 미시간 대학 캐서린 매키넌 교수라면 아마 이렇게 대답했을 것이다. 캐서린 매키넌은 『온리 워즈』에서 포르노물이 언론의 자유라는 보호막의 수혜를 입어서는 안 된다고 주장했다. 그는 포르노그래피를 학대의 연장으로 여겼다. 거기 등장하는 행위와 후에 남은 자료가 한 여성을 반복적으로 그녀의 신체와 분리시킨다고 말했다. "일단 시작하고 나면 멈추지 못한 채 계속 보고만 있어야 하는 영화처럼 당신의 경험은 더 이상 당신에게 실제가 아니게 된다. 당신의 인생이 예술이 되어 버리는 것이다. 즉 당신의 삶은 포르노그래피 제작자의 도구가 되어 버린다. …… 더는 참을 수 없는 지경에 이르면 당신은 육체를 떠나 당신을 대체할 누군가를 창조한다. 환심을 사기 위해 비굴하게 아첨하고, 모방적이고, 공격적일 정도로 수동적이고 조용한 자아를 만들어 낸다. 요컨대 당신은 여성성을 학습한다." 캐서린 매키넌은 특히 젖꼭지에 들이부어진 뜨거운 촛농과 피와 신체 결박에 대해 말하며 열변을 토했다. 그녀의 주장은 「끈이 달린 비서들」에는 해당되지 않을 것이다. 거기에 나오는 여자는 가짜 남근을 휘두르니까. 하지만 폭력적이든 그렇지 않든, 딜도가 나오든 안 나오든 포르노물은 여전히 여성을 대상화한다. 그렇지 않은가?

「끈이 달린 비서들」의 조달자 다니는 조명이 켜지자 참기 힘들었다는 듯 의견을 쏟아 냈다. "솔직히 저는 매키넌을 그다지 좋아하지 않습니다. 포르노에 나오는 여자들은 모두 엄연히 성인으로서 동의하에 그런 영화에 참여한 것입니다. 그러니 누구도 그게 잘못이라고 말할 수 없습니다. 매키넌은 이상과 현실의 차이를 무시하고 있습니다." 다니는 잠시 쉬며 생각을 다듬었다. "저는 이런 토론을 한다는 거 자체가 우습다고 생각합니다. 게다가 포르노는 그 일을 하지 않았을 경우 최저 임금을 받으며 햄버거나 뒤집고 있었을 여자들에게 경제적 기회를 제공합니다." 많은 학생이 동의의 뜻으로 고개를 끄덕였다.

나는 다니가 의견을 쏟아 내는 모습을 천천히 뜯어보았다. 어깨까지 오는 머리를 하나로 묶고 뿔테 안경을 쓴 그녀는 외모만 보면 도서관 사서 같았다. 종종 격자무늬 스커트를 입고 무릎까지 오는 양말을 신은 케케묵은 차림으로 학교에 왔으며 대개는 낡은 잔 스포츠 색(Sack)을 걸친 운동복 차림이었다. 요컨대 다니는 「끈이 달린 비서들」 같은 포르노물을 소장하고 있으리라 생각될 만한 인물이 아니었다. 그러니 강의 시작 첫날 소개 시간에 다니가 타임스 스퀘어 광장 부근의 변태 성욕자 전용 업소에서 시간당 250달러를 받으며 일한다고 밝혔을 때 내가 얼마나 놀랐을지 그림이 그려지는가. 시간당 250달러를 받는다는 말에 흥분한 학생들은 거기에 어떻게 지원하면 되는지 검은 가죽옷을 입는 것 외에 정확히 어떤 일을 하는지 등의 질문 세례를 퍼부었다. 다니는 지배자 역할을 맡는 종업원들이 창녀는 아니라고 서둘러 말했다. 고객들과 섹스는 하지 않으며, 고문하고 채찍질하고 필요하다면 고객에게 오줌을 누는 정도의 일을 한다고 했다. 다니의 부모는 딸이 급여가 두둑한 인턴일을 하는 줄 안다고도 했다. 다니는 이 모든 것을 솔직하게 털어놓았으며, 학생들은 드러내 놓고 감탄을 표했다.

다니가 갑자기 심각한 목소리로 말을 이었다. "저는 거기 출입하는 남자들이 매우 용기 있다고 생각합니다. 가족이 있고 지위가 높은 사람들이 성(性)을 탐구하기 위해 그런 곳에 드나드는 위험을 감수한다는 것이요." 나는 이 말에 실소를 금할 수 없었다. 정말 용기 있다고 생각되는 행동이 머릿속에 줄줄이 떠올랐다. 교전 지역에서 사진을 찍는 행동, 노부인을 인질로 삼고 있는 강도에게 달려드는 행동, 무대 공포증이 있음에도 불구하고 무대에 오르는 행동. 이들 행동과 비교해 아내와 아이들이 기다리고 있는 웨스트체스터의 집으로 가기 전에 타임스스퀘어의 변태 성욕자 전용 업소에 들르는 일을 용기 있다고 할 수 있을까? 기가 찼다. 나는 누군가 반대 의견을 내놓기를 기다렸지만 아무도 없었다. 적어도 큰소리로는 말이다. 학생들은 모두 다니를 선망의 눈으로 바라보았다. 낮에는 여성학을 공부하고 밤에는 여성 지배자로 일하는 다니는 선구자이자 영웅이었으며 그 사실을 그녀 스스로 자랑스러워했다. 학생들은 최전선에서 겪은 무용담을 계속 듣고 싶어 했다.

L교수도 감탄을 내뱉었다. "여성학을 전공하면서 여성 지배자로 일하다니, 학생은 경이에 가까운 탈근대적 인물이에요."

"신기하게도 여성 지배자들은 대부분 여성학 전공자들이에요." 다니가 대답했다.

물론 그렇겠지.

다니의 과외 활동에 이렇게 흥미를 보이는 학생들이 포르노그래피를 주제로 한 토론에 얼마나 열심이었을지 상상이 갈 것이다. 나는 한 시간 내내 포르노의 긍정적인 면과 "그것이 어떻게 성적인 소통의 장을 열어 주었는지" 그리고 "정상의 경계를 확대시켜 주었는지"를 들었다. 그러나 내가 가장 흥미 있다고 여긴 부분은 토론하는 내내 강의실 안의 누구도 '대상화'라는 단어를 입 밖에 내지 않았다는 점이었다. 학생들은 성교 그 자체만큼이나 대상화를 당연하게 받아들이는 듯 했다. 내 또래 세대들은 사적인 공간과 정체성을 마음껏 누리며 자랐지만 이 세대는 인생 자체가 거대한 장편 리얼리티 쇼처럼 여겨지는 대중 소비의 시대에서 성장했다. 그들은 마이스페이스와 페이스북에 올린 사진과 글로 내밀한 생각과 감정을 미주알고주알 드러내며 사춘기를 보냈다. 오늘날은 많은 여자가 먼저 나서서 스스로를 대상화하는 시대다. 이제 '대상화'를 경계하는 외침이 공감을 얻을 자리는 없다.

포르노 문화를 긍정적으로 받아들이는 사람이 많아졌다는 사실을 이해하고도 남을 정도로 토론 내용은 노골적이었다. 레즈비언들은 남성 역할을 하는 동성애자라는 뜻의 '다이크'라는 단어를 회수했으며 여자들은 적극적으로 포르노물에 가담하고 있었다. 페니스를 끈에 매달아 몸에 걸친 그들은 은유적으로나 실제적으로나 그 과정을 완전히 장악하고 있었다. 하지만 거기에는 뭔가 찜찜한 구석이 있었다. 포르노물의 범람과 그에 대한 열광적인 찬사에도 불구하고 상업화된 포르노물에서는 여성들이 권력을 되찾았다는 어떤 징후도 찾아볼 수 없었다.

"포르노가 실제 섹스는 아니라는 걸 잊지 말아야 합니다. 내 말 뜻 이해가 되나요?" 학생들이 그 둘을 같은 것으로 간주하려 들 때마다 L교수가 둘은 다르다는 걸 상기시켰다.

마침내 강의실 뒤쪽에 앉아 있던 타마라가 손을 들었다. 곱슬머리에 약간 수척한 외모의 학생이었는데 자주 의견을 발표하지는 않았지만 한 번 입을 열면 그 부드러운 목소리 속에 강철 같은 심지가 느껴졌다. "저는 매키넌을 좋아했습니다. 그녀는 현실과 환상 관계를 복잡하게 만들고 있습니다." 단호하면서도 방어적인 타마라의 말을 듣고 있자니 오늘날의 젊은 여성들에게 얼마나 선택의 여지가 없는지 명확히 보였다. 매력적으로 보이고 싶지 않은 여자가 어디 있겠는가? 하지만 그들에게 주어진 선택지는 단 두 가지뿐이다. 성적 자신감을 현란하게 드러내 보이는 포르노 스타나 스트리퍼를 찬양하거나, 포르노를 성차별이라 주장하는 자의식 강한 매키넌의 편에 서거나. 내가 '페미니즘 고전 연구' 수업을 처음 들었던 1990년대에는 성 표현에 대한 반대와 포르노그래피에 대한 찬성이라는 낡은 이분법에 의존하지 않고도 포르노물을 비판하는 책들이 많았다. 레비가 쓴『완고한 여성 우월주의자 벽창호들』도 그중 하나였다. 그 많은 책은 대체 어디로 사라진 것일까?

타마라는 자신의 주장을 뒷받침하기 위해 상당히 괴로웠을 법한 조사를 해 왔다.『온리 워즈』에서 매키넌은 잡지《펜트하우스》에 동양인 모델들이 "밧줄에 묶인 채 매달려 있는" 사진이 게재된 후 벌어진 사건에 대해 언급했다. 1984년에 발행된 그 잡지에 다리가 밧줄에 묶인 채 매달려 있는 한 모델의 사진이 실렸다. 그 동양인 모델은 마치 어린아이처럼 보였다. 이 잡지가 시중에 유통되고 얼마 지나지 않아 여덟 살배기 동양계 여자아이가 노스캐롤라이나에서 숨진 채 발견되었다. 그 아이는 성추행을 당한 후 살해되었으며 발견 당시 잡지 속 사진과 유사한 상태로 묶여 있었다고 한다. 매키넌은 포르노가 성폭력을 조장한다는 주장을 뒷받침하기 위한 근거로 이 사건을 들었다. 내가 대학에 다닐 당시에도 이 사건에 대해 겁에 질린 목소리로 토론하긴 했지만 잡지 사진을 직접 보지는 못했다. 타마라가 컴퓨터를 조작하자 방금 전까지 딜도를 매단 거대한 유방의 여자들이 나왔던 화면에 잡지 사진이 나타났다. 사진은 또렷했다. 무방비 상태의 벌거벗은 여자가 교수형을 당하고 있는 듯 보이는 사진이었다. 여자들의 멍한 표정은 죽음을 암시했다.

컴퓨터의 윙윙거리는 소리가 배경음으로 깔린 가운데 학생들은 숨죽인 채 화면 속 사진을 응시했다. 강의실 안이 어두워서 학생들의 표정을 확인할 수는 없었다. 타마라는 화면 왼쪽에 서 있었

다. 얼굴 한쪽을 비추는 빛 때문에 타마라의 뺨에 그림자가 드리워
졌다. 그녀는 무언가 기대하는 눈빛으로 눈을 크게 뜨고 있었다.

그때 다니가 말을 꺼냈다. "생각보다 괜찮은데요. 저는 훨씬 더
끔찍할 거라고 생각했거든요."

* * *

고대 그리스인들이 몸과 마음의 관계를 처음 인식한 이래 인류
는 그 관계의 본질을 파악하기 위해 애써 왔다. 여성의 신체는 유
행하는 문화에 의해 납치당하고 뜯어고쳐지기 일쑤였다. 여자들
은 목소리와 욕구를 박탈당한 채 힘겨운 시간을 보내왔다. 포르노
그래피라는 단어는 '창녀에 대해 쓴 글'을 뜻하는 그리스어에서 유
래했다. 이 단어의 원래 의미가 '성에 대한 글'이 아닌 '돈을 위해
섹스하는 사람에 대한 글'이라는 점에 주목하라. 요즘 사람들이 그
단어를 아무리 좋게 꾸며 말하더라도 포르노그래피는 원래 남자들
에 의해, 남자들을 위해 만들어진 돈벌이 사업이었다. 많은 여자가
포르노 산업에 동참함으로써 경제적 이득을 얻었다는 사실은 부인
할 수 없지만 시급을 받기 위해 성적인 쾌락을 느끼는 척 연기하며
낯선 사람에게 자신의 신체를 제공하는 행위는 사실 여자의 욕구
와는 아무런 상관없는 경제적 선택이다.

그런데 어떻게 포르노가 여자들에게 권력을 되돌려주는 수단
으로 여겨지고 있단 말인가? 물론 모든 포르노물이 같지는 않다.
여성 관객의 구미에 맞춘 포르노물인 '칸디다 로열'이나 자칭 페미

니스트 제작자들이 만든 영화를 비롯해 세상에는 다양한 사람의 취향에 맞는 수많은 포르노물이 존재한다. 포르노 시청을 정말로 즐기며 거기서 배운 것들을 유쾌한 방식으로 자신들의 성생활에 적용하는 여자들도 분명 있을 것이다. 그들의 건투를 빈다. 하지만 나는 남자들이 주도하는 포르노그래피 산업에 의해 창조된 '섹시함'의 열악한 정의에 자신들을 짜 맞추려 하는, 누군가 자신의 매력을 알아주었다는 덧없는 승리감에 도취되어 왁스로 음모를 제거하고 거짓으로 침실에서 신음 소리를 내며 오르가슴을 연기하는 여자들이 훨씬 더 많다고 생각한다. 거기에는 어린 여학생들도 포함된다. 수업 시간에 목격한 포르노물에 대한 찬양은 그것이 정말 젊은 여성이 성생활에 더 큰 목소리를 낼 수 있게 해 주는 원동력이 되었는지, 아니면 정반대 효과를 낳았는지 의문을 품게 만들었다.

내가 대학에 다닐 당시에는 포르노물이 지금처럼 널리 퍼지지 않았다. 여럿이 함께 포르노를 보기 위해 누군가의 기숙사 방에 모이기도 한다는 얘기를 듣기는 했지만 그런 모임은 보통 철학과 학생들이 패러디물을 분석하자는 취지로 주최한 것이었다. 학생들은 함께 모여 「쉰들러 리스트」를 패러디한 「쉰들러의 주먹」이나 명작 영화 「애정의 조건」의 제목을 따서 지은 「애정의 정액」 같은 영화를 보고 토론했다. 나는 그런 것에 흥미가 없었기 때문에 한 번도 참석하지 않았다. 내가 대학을 졸업할 무렵 사회 전반적으로 포르노그래피에 대한 강경한 태도가 서서히 누그러지고 있었다. 여자들은 1970년대의 청교도식 엄숙주의를 거부하며 자신들의 성생활을 공개하기 시작했다. 그들은 여자들에게도 남자들 못지않은 욕구와 성에 대한 관심이 있다는 걸 증명하고자 했다. 여자들이 스스로의 쾌락을 통제하고자 한 시도는 전혀 나쁘다고 할 수 없다. 하지만 나는 자신의 섹시함과 성에 대한 관심을 증명하는 데 가장 몰두한 듯 보이는 여자들이 실은 성을 가장 덜 즐긴다는 사실을 알게 되었다. 그들은 포르노에 의해 강제된 '섹시함'의 틀에 자신을 맞추기 위해 너무 열심히 노력한 나머지 자신의 욕구에 솔직해지지 못했다.

진정한 성적 욕구, 그 도저히 이해할 수 없는 화학 작용은 지저분하고 즉흥적이며 때로는 거북하기도 하고 흥분을 불러일으키며 절정의 순간에는 애정이 깃든 욕망의 춤을 추게 만든다. 그런데 포르노그래피는 교묘한 책략과 조명, 그리고 카메라에 의존한다. 그러나 21세기 미국에서는 진정한 성적 욕구와 포르노그래피의 차이가 점점 희미해져 둘을 구별하기 어려워졌다. 매키넌은 포르노그래피에 나오는 행위가 여자를 신체로부터 소외시킨다고 맹렬히 비난했다. 포르노그래피가 자신의 행위를 텔레비전에 나오는 장면처럼 멀찍이 떨어져 경험하게 만든다는 것이다. 하지만 이제는 그 방정식이 뒤집혀 사람들은 자신의 섹스가 텔레비전에 나오는 장면과 비슷하게 보이지 않으면 뭔가 잘못되었다고 생각하는 지경에 이르렀다.

포르노그래피를 주제로 한 수업은 다음 세대 여성들, 그러니까 내 딸 세대가 선정성에 동조하도록 강요하는 문화 속에서 중심을 잡고 살아가기 어려워지는 세태에 대한 걱정을 남겼다. 나는 성적 대상으로서 협조하라는 압력이 커져서 젊은 여성이나 여학생들이 감당하기 힘든 수준이 될까 봐 두려웠다. 그들의 욕구는 혼란스럽고, 무정형이며, 미성숙하다. 이미 많은 여학생이 자신의 신체에 대한 불만족으로 고통받고 있다. 우리는 여자들에게 '섹시'하다는 명목으로 창녀 같아지기를 부추기는 세상에 살고 있다.

L교수와 함께한 '페미니즘 고전 연구' 수업은 이렇듯 불협화음으로 끝맺었다. 나는 그렇지 못했지만 내 딸만큼은 페미니즘을 통해 더 빠른 길을 찾을 수 있기를 바라며 강의실에서 빠져나왔다. 그곳에서 우리는 성의 정치학, 성의 권력, 성의 약속에 대해 토론했다. 성행위에 대한 우리의 토론은 길고도 격렬했지만 성의 열정이나 쾌락은 건드리지도 못했으며 무엇보다도 그 본질인 '욕구'에 대해서도 다루지 못했다.

4부

페미니즘의 미래는 무엇인가요?

문제는 어떤 위험도 감수하지 않으려고 하면 더 큰 위험이 닥친다는 것이다.

—에리카 종

# 비행 공포

캠퍼스에 봄이 찾아왔다. 나뭇가지에 연두색 싹들이 움을 틔웠다. 벽돌 보도 옆 잔디밭과 그 위에 자리한 로 메모리얼 도서관 계단에 몸을 축 늘어뜨리고 기대앉은 학생들이 여기저기 눈에 띄었다. 버틀러 도서관 건너편 운동장에서 셔츠를 벗어 던진 남학생 셋이 원반던지기를 하고 있었다. 반바지 허리춤에서 펄럭이는 흰색 티셔츠 자락이 마치 하얀 솜털꼬리 토끼가 매달려 깡충거리는 모양새였다. 들춰진 티셔츠 자락 사이로 겨울 동안 희멀개진 살갗이 언뜻언뜻 비쳤다. 한쪽에서는 한 쌍의 연인이 남들 시선에 아랑곳없이 서로의 몸을 어루만지며 다정하게 키스를 나누었다. 따스한 바람이 다리를 감싸고 눈부신 햇살이 온몸에 내리쬐었다. 나는 교정을 거닐며 혼자만의 달콤한 시간을 음미했다. 갑자기 따뜻해진 날씨, 만개한 벚꽃과 라일락 향기에 취해 모든 사람이 바쿠스 제의에 가담한 공모자가 된 기분이었다.

춘곤증 탓에 다음 과제로 주어진 프랑스 페미니스트 엘렌 식수(Hélène Cixous)의 철학 논문 대신 커리큘럼과 전혀 상관없는 에리카 종의 『비행 공포』에 빠져들었다. 이 책은 혁신적인 페미니즘 고전으로서 여성이 여성의 욕구를 탐색하며 쓴 최초의 연애 소설이다. 게다가 『성의 정치학』을 비롯해 앞서 보았던 온갖 포르노물 이후 나에게는 정서적 해독이 절실했다. 나는 삶의 미묘한 차이를 보여 주는 현실적 묘사를 갈망하고 있었다. 그것은 오직 소설만이 제공할 수 있었다. 1973년에 출판된 『비행 공포』에는 여성으로서의 욕구와 그 역할을 변명 없이 받아들인 여주인공 이사도라 윙이 등장한다. 그녀는 바람을 피우고 섹스를 즐기며, 그런 자기 이야기를 세상에 들려주는 삶을 산다. 기쁘게도 『비행 공포』를 통해 '페미니스트'와 '재미'라는 두 단어가 한 문장 안에 연결되었다. 성격이 예민하기는 해도 사회적으로 성공하고 성생활을 즐기는 여성 캐릭터의 물꼬가 트인 것이다. "봐, 나는 나만의 페미니스트 여정을 걷고 있는 거야. 나만의 방식으로 말이지." 나는 3층 강의실로 향하는 계단을 오르면서 이렇게 나 자신을 안심시켰다. 리놀륨 바닥에 샌들이 탁탁 부딪치는 소리가 들렸다. 마음 한편으로는 수업 전에 식수의 논문을 대충이라도 읽어 봤어야 하지 않나 걱정하며 슬그머니 강의실로 들어갔다.

자리에 앉으면서 나만 과제를 읽어 오지 않은 것이 아니라는 사실을 알아차렸다. 모두들 춘곤증의 고통에 더해 학기 중반 슬럼프에 빠진 것이 틀림없었다. 학기 초 생기 넘치던 얼굴과 말끔한 옷

차림은 트레이닝 바지와 반바지로 바뀌었다. 강의실로 들어오는 여학생들은 눈 밑에 짙은 다크서클을 드리우고 두 손에는 깨어 있기 위한 생명줄이라도 되는 듯 커피를 꼭 쥐고 있었다. 그런 우리를 토론에 참여케 만든 사람이 있다면 그것은 바로 H교수였다. 영어 전공인 H교수는 페미니즘 같은 인권 운동이 한창 탄력을 받던 1968년에 대학에 입학한 세대였다.

H교수는 학생들이 공동으로 프로젝트를 수행하고 아이디어를 내는 방식을 적극적으로 권했다. 강의실 밖에서도 매주 토론을 계속하도록 격려했다. 또한 학생들의 입장을 충분히 고려하여 우아한 태도로 수업의 모든 대화를 이끌었다. "저는 여러분의 그룹 활동을 지지합니다." 그녀는 이 말을 수없이 강조했다. H교수에게 페미니즘은 단순한 연구 주제가 아니라 모든 의미에서의 '운동'이었다. 무엇보다 그녀는 학생들이 가치 있는 삶의 청사진을 발견하는 데 힘을 보태기로 다짐한 듯 보였다.

나와 비슷한 또래인 Y교수나 L교수와 달리, H교수는 1960년대와 1970년대를 겪어 왔다. 그녀는 자기보다 어린 세대들이 책으로 읽거나 텔레비전 미니 시리즈를 통해 극화된 상황을 볼 수밖에 없는 2기 페미니즘 사건을 직접 목격했다. 그래서인지 다른 교수들에 비해 다소 냉소적인 날카로움이 부족했다. 반면 다른 교수들은 민권 운동, 베트남 전쟁, 우드스톡 페스티벌 같은 10년 동안의 주요 사건을 줄줄이 읊을 수는 있어도, 수년간에 걸쳐 그들의 분노와 희망이 뒤엉켜 만들어 낸 그 시대의 선동적 분위기를 온전히 전달할 수는 없었다. 우리는 형광등이 비추는 강의실에 격리되어 잘 알지도 못하는 운동에 대해 어설픈 부검을 실시하고 있었다. 그런 우리에게 필요한 것은 우리 삶에 그 시절을 접목시켜 줄 사람이었고, H교수가 바로 그 적임자였다.

그런데도 H교수는 상당히 힘겹게 강의를 끌어가고 있었다. 우리의 읽기 과정은 점점 더 난해해지고 추상적이 되어 갔으며 때로는 모순적이기까지 했다. 우리가 이론적인 오지를 더 깊이 파고들 때는 수업에 활기를 불어넣느라 애를 먹기도 했다. 페미니즘 물결 초기의 목표들은 교육, 투표권, 교육의 기회 균등같이 비교적 단순했던 반면 후기의 목표들은 좀 더 애매하고 정의 내리기 까다로웠다. 1970년대의 급진적 페미니즘과 자유주의 페미니즘은 여성 탄압 분석을 목표로 하는 포스트구조주의와 포스트모던 페미니즘 같은 최근의 트렌드에 자리를 내주었다. 결과적으로 우리의 논의는, 그 둘을 하나로 결합시키고자 했던 H교수의 의욕적인 시도에도 불구하고, 우리의 일상적 경험에서 점점 더 멀어져 갔다.

그날 아침 그녀는 세 단어를 칠판에 적는 것으로 수업을 시작했다.

남근(Phallus)　남근 중심주의(Phallocentrism)
남근 이성 중심주의(Phallogocentrism)

그리고 이런 설명을 덧붙였다. '남근'은 남성의 성기가 나타내는 추상적인 힘을 의미했다. '남근 중심주의'는 '남근'에 대한 문화적 숭배를 가리킨다. '남근 이성 중심주의'는 그 자체로 남성 중심적인 언어의 본질을 나타낸다. 언어학적으로 분석해 보면 여기에는 '기호' 또는 문자 언어(예를 들어 '페니스')와 기표(記標)를 의미하는 '시니피앙(또는 실제 남성의 성기)', 그리고 마지막으로 기의(記意)를 의미하는 '시니피에(또는 남성의 성기라는 개념)'가 있다. 지그문트 프로이트가 "여성은 진정 무엇을 원하는가?"라는 여성 문제의 핵심적 질문에 남성의 성기를 그 해답으로 제시한 이래로, 남성의 성기는 말 그대로나 비유적으로나 여성이 여성으로서의 욕구를 되찾기 위해 싸우는 페미니즘 전쟁터의 주요 쟁점이 되었다. 왜 남성의 성기인가? 물론 여자들에게는 남성의 성기가 없다! 당연한 말이지만 남근 선망이라는 비현실적이고 어설픈 프로이트의 가정은 지난 수백 년 동안 수많은 페미니스트 학자를 화나게 만들었다.

하지만 모든 정신 분석학자가 프로이트 이론에 동의한 것은 아니었다. 저명한 프로이트 반대론자 가운데 한 사람인 프랑스 정신 분석학자 자크 라캉(Jacques Lacan)은 남근 숭배에 대해 좀 더 언어적 측면에서의 접근법을 시도했다. 라캉은 인간이 언어를 사용하기 시작하면서, 혹은 그의 표현대로 "언어로 들어가면서" 심각한 분열을 경험하게 되었다고 믿었다. 그 결과가 '외재성' 또는 '낯설게 하기'였다. 언어는 언제나 비유적이기 때문에 욕구의 표현, 그 표현에 대한 반응, 언어라는 부적절한 표현 방식으로 자기 욕구를 표현할 수밖에 없는 현실 사이에 균열이 생길 수밖에 없다. 라캉에 따르면 인간의 욕구는 언제나 쾌락을 얻는 것이 목적이다. 여기서 쾌락이란 성적으로 절정에 이르는 것뿐 아니라 인간이 언어로 들어감으로써 생긴 '분열'을 치유하여 더없이 행복하고 황홀한 통합 상태에 도달하는 것까지 아우르는 의미다. 하지만 이러한 욕구는 희망 사항에 불과하다. 프로이트가 지적했듯, 여성은 실제 남성의 성기를 원하는 것이 아니라 거기에 따라오는 상징적 힘을 원한다. 그런데 그 힘은 여성뿐 아니라 남성도 원한다. 실제로 남성의 성기를 가지고 있다고 해서 그 힘을 상징하는 남근까지 가지고 있는 것은 아니기 때문이다. 남근을 갖고 태어나는 사람은 아무도 없다. 따라서 남성과 여성 양쪽 모두 영원히 끝나지 않을 남근 찾기 경쟁에 휘말린 것이다.

강의실 공기를 가득 채운 실제 남성의 성기와 상상 속의 남근으로도 아직 우리의 정신을 혼란스럽게 하기에는 부족하다는 듯, 우리 앞에는 언어 자체를 페미니스트의 전쟁터로 규정한 포스트구조주의 페미니스트 식수가 기다리고 있었다. 식수는 1975년 『메두사의 웃음』이라는 책에서 여자들을 향해 "자기 자신을 글로 표현하는 것을 자기만의 운동으로 삼으라. 역사 속으로, 세상으로 나아가라."라고 촉구했다. (이 책은 처음에 프랑스에서 출간되었다.) 그녀가 쓴 글의 전파력은 실로 대단했다. 그녀는 여성들에게 쓰고, 쓰고, 또 쓰라고 외쳤다! 프로이트의 말처럼 여성이 어둠의 대륙이라면 여성은 반드시 그 어둠의 힘을 누려야 한다고 했다. 프로이트가 공언한 대로 만약 여자들이 "어머니의 성을 발견한 아이에게 거세와 그것의 거부 이미지를 제공하는 최고의 부적"으로서 메두사 역할을 맡은 것이라면, 식수는 그러한 가정을 받아들이고 메두사의 머리에 초점을 맞추라고 요구한다. 메두사의 머리를 정면으로 마주하면 그녀가 아름답다는 사실을, 게다가 그녀가 웃고 있다는 사실을 깨닫게 될 것이라고 말이다.

이 신화를 받아들이고 새로운 해석을 수용하는 여성의 도전에는 여성에게 힘을 부여하는 무언가가 있었다. H교수는 언어를 예로 들어 설명했다. "프랑스어 '볼레(voler)'에는 '날다.'라는 의미와 '훔치다.'라는 의미가 모두 담겨 있습니다." 학생들의 눈빛이 초롱초롱해졌다. "페미니즘을 보도에 자라는 풀 한 포기라고 상상해 보세요. 이 풀을 계속 자라게 내버려 두면 결국 보도가 갈라지고 맙니다. 식수가 하고 싶었던 말이 바로 이것이었습니다. 식수는 언어 자체를 바꾸고 그 균열을 탐색하자고 주장했지요." 스무 쌍의 눈이 물끄러미 그녀 뒤를 쫓는 동안 H교수는 어떤 식으로 이야기를 진행시킬지 결정하기 위해 잠시 말을 끊었다. "식수는 우리에게 긍정적인 여성성을 찾으라고 촉구합니다. 그녀는 여기에 일종의 선언문을 작성했지요. 그녀는 근본적으로 언어 자체에 불평등이 구체화되어 있다고 생각했습니다. 그래서 여성들이 몸으로부터 나오는 글을 쓰기를 원했지요. 몸에 대한 권리를 되찾고 역담론을 뛰어넘기 위해서 말이지요. 그녀는 하얀 잉크, 즉 어머니의 젖으로 글을 쓰라고 말합니다."

'장난하는 거야?' 울컥 짜증이 치밀었다. '내가 내내 고민하던 것이 여성성의 긍정적 모델이었고, 그걸 찾겠다고 다시 학교로 돌아왔는데 이제 와서 나보고 어머니의 젖으로 글을 쓰라고? 그리고 대체 어머니의 젖으로 글을 쓴다는 게 무슨 의미야?'

열린 창문을 통해 과일 향과 자동차 매연 냄새가 뒤섞인 산들바람이 불어와 마음을 싱숭생숭 흔들어 놓았다. 창밖을 내다볼 때 다시 여러 가지 생각이 맴돌기 시작했다. 노트로 부채질을 하며 모유

성분의 불투명한 잉크로 글 쓰는 장면을 머릿속에 상상했다. 글을 쓰고 난 이후의 일들이 내 문학적 상상력을 자극했다. '어찌 됐든 그 글은 아무도 읽을 수 없을 거야. 글이 보여야 말이지. 게다가 하루 이틀 지나면 쿰쿰한 냄새가 풍기기 시작할걸?' 나는 혼자 코를 틀어쥐고 입술 사이를 비집고 나오는 웃음을 꾹 참았다.

한편 H교수는 학생들이 이해를 했는지 확인하려고 기대에 찬 눈빛으로 강의실을 둘러봤다. 나는 진심으로 그녀의 말을 이해하고 싶었다. 나는 그녀가 아주 좋았고, 지금이 그녀를 기쁘게 해 주어야 할 결정적 순간이라고 느꼈기 때문이다. 이런 기분은 분명 차고 넘치는 내 모성애 탓이었을 것이다. 하지만 내가 그녀의 이야기를 이해하지 못했다는 사실을 부정할 수는 없었다. 강의실 안에 있던 모두가 마찬가지였다.

내 마음이라도 읽은 듯한 학생이 불쑥 말을 꺼냈다. "솔직히 여성학 강의를 들을수록 제게 혼란만 가중되는 기분입니다." 그녀는 이렇게 말하며 떨군 고개를 손으로 감쌌다.

H교수는 참을성 있게 미소를 지으며 목에 느슨하게 두른 연한 청록색 실크 스카프를 매만졌다. "자, 이번 학기가 끝나기 전에 그 혼란스러움을 어느 정도 해결할 수 있을지 한 번 봅시다."

\* \* \*

이후 며칠 동안 식수의 글을 읽으려 시도해 봤지만 헛수고였다. 글 자체가 추상적이고 난해해서 그런 것도 있지만 평범한 일상이 계속 독서를 방해했다. 이론과 실제의 간극을 메우겠다는 목표를 이루기 위해 모교로 돌아가야겠다고 결정한 뒤 나는 '페미니즘 고전 연구' 수업을 듣는 동안 평소 생활을 그대로 유지해 나가리라 굳게 마음먹었더랬다. 하지만 그게 생각처럼 쉽지 않았다. 소파에 편하게 자리를 잡기만 하면 갑작스럽게 무슨 일이 생긴다든지 내가 나서지 않으면 안 될 상황이 생겨서 책을 제대로 읽을 수 없었다.

이런 식으로 나는 아이를 겨우 재우고 나서 식수의 책을 펼쳐 들었다가 다시 식료품점에 들러 장을 보고 나서 프로이트의 책 펼치기를 쉴 새 없이 반복했다. 이 양극단을 하나로 연결시키려 하자 그 결과가 일종의 인지 부조화로 나타났다. 식수는 나를 이렇게 몰아붙였다. "닭장에서 날아올라 우주의 질서를 뒤섞고, 그것을 어지럽히고, 가구의 위치를 바꾸고, 사물과 가치를 전도시키고, 그 모든 것을 깨뜨리고, 구조를 걷어 내고, 사회적 규범을 전복시키는 데서 기쁨을 찾아라." 나는 식탁에서 제대로 저녁 식사를 하기도 힘들었다.

같은 주 금요일 밤 사람들로 북적대는 소호의 한 식당에서 타샤, 제니와 만나기로 약속이 되어 있었다. 우리 셋은 같은 도시에 살았다. 하지만 타샤가 이제 막 걸음마를 배우기 시작한 첫째 아이와 젖먹이 둘째에 매여 있어서 남편과 애들을 떼어 놓고 우리끼리 만날 시간을 마련하기가 너무 어려웠다. 하지만 이번만은 예외였다. 제니는 그동안 결혼 상담소를 수없이 들락거리고 여러 번 화해를 시도한 끝에 결국 1년 전쯤 남편과 헤어지기로 결정을 내렸다. 그들 부부는 한동안 떨어져 지내고 있었는데 마침내 오늘 이혼 절차가 마무리된 것이다. 저녁 식사 전 나는 타샤와 함께 제니를 기다리며 그녀에 대해 이야기를 나눴다.

"제니는 좀 어떤 것 같아?" 내가 물었다.

"나랑 얘기할 때는 괜찮은 것 같았는데, 잘 모르겠어."

마침 제니가 식당 문을 열고 들어왔다. 블랙 스키니에 실크 셔츠를 받쳐 입고 자연스러운 웨이브 머리에 화장까지 완벽했다. 제니는 정말 멋있었다. 나는 우리 옆에 앉아 있던 두 남자의 대화가 거의 끊어질 듯 느려지더니 고개를 비스듬히 돌려 그녀에게 시선이 꽂히는 것을 눈치챘다. 제니가 우리를 발견하고 손을 흔들며 활짝 웃는 얼굴로 다가왔다. "걱정 안 해도 되겠는걸." 타샤가 바 의자에서 미끄러지듯 일어나면서 말했다.

우리는 빵 접시를 다 비우기도 전에 다시 이십 대로 돌아간 듯 킬킬거렸다. 에피타이저를 끝낼 무렵 우리 대화는 이성 관계와 섹스에 관한 주제로 넘어가 있었다. 제니가 몇 주 전 한 파티에서 영화감독이라는 남자를 만났다고 털어놓았다. 두 사람은 요 며칠 동안 조심스럽게 이메일을 주고받는 사이가 되었는데 남자 쪽에서 데이트를 약간 강하게 밀어붙이는 모양이었다. 제니는 그 남자에게 상당히 관심은 있지만 이혼한 직후여서 약간 겁이 난다고 고백했다. "먼저 헤어지자고 한 쪽은 나였지만 그 모든 과정을 거치는 동안 내 자존감이 아주 엉망이 됐거든. 지금도 내가 좀 더 섹시하고 괜찮은 여자였다면 전남편이 그렇게 일에만 빠져 살지는 않았을 거라는 생각이 들어."

"말도 안 돼!" 타샤와 내가 동시에 외쳤다.

"이 영화감독이라는 남자 꽤 괜찮은 것 같아. 같이 나가서 좀 즐겨 봐. 너한테 그 정도 즐길 자격은 충분해! 좋은 경험이 될 거야." 타샤가 말했다.

"그럴 생각이야. 하지만 새로운 남자 앞에서 홀딱 벗고 있는 내 모습을 생각하면 좀 겁이 나." 제니가 대답하며 몸을 앞으로 기울였다.

타샤와 내가 고개를 끄덕였다. 제니의 망설이는 심정도 충분히 이해가 갔다. 하지만 우리는 그녀를 부추겼다. 이제 제니는 나와 타샤의 하나밖에 없는 대리 자아이자 성적 가능성의 영역을 탐험해 줄 대리 모험가였다.

"음모를 밀지 않은 여자가 세상에 나 하나뿐이면 어떻게 하지?" 제니가 물었다.

"안 그렇기를 바라야지." 타샤가 대답했다.

"있지, 지퍼를 내릴 틈도 없이 해치우는 지플리스 섹스. 너한테 필요한 게 바로 그거야." 와인을 꿀떡꿀떡 넘기며 내가 말했다.

제니가 반색을 하며 외쳤다. "에리카 종! 아, 세상에, 중학교 때 읽었던 기억이 나!" 그녀는 의자 뒤로 물러앉았다. "지플리스 섹스라……." 제니가 머리를 가로저으며 중얼거렸다.

내가 『비행 공포』를 읽은 것도 중학교 때였다. 열린 지퍼 사이로 균형 잡힌 몸매의 나체 여인 토르소가 보이는 그림이 앞표지를 장식하고 있었다. 어느 토요일, 그 표지에 이끌려 책을 집어 들고 도서관 밖으로 나가 재키 콜린스의 섹스 장면을 찾아보던 기억이 난다. 나중에 침대 이불 속에서 드디어 그 장면을 찾아냈지만 나는 크게 실망하고 말았다. 책 속의 여주인공 이사도라는 건달 같은 애인 에이드리언 굿러브의 품에 안기기 위해 과묵한 남편을 버리고 떠나야 할지를 놓고 지루할 정도로 심각하게 고민했다. 하지만 당시 열네 살이던 나는 그런 그녀의 고민을 받아들일 준비가 전혀 되어 있지 않았다. 이 책에서 내가 제일 좋아하는 대목 중 하나는 이사도라가 남편을 처음 만나 그의 과묵함에 반한 상황을 설명하는 장면이었다. "그런 남편하고 몇 년만이라도 살면 빌어먹을 헬렌 켈러가 된 기분이 들 줄 내가 어떻게 알았겠어?" 성에 대한 과장 광고와 선정적인 표지가 내건 약속에도 불구하고, 마지막 장을 덮은 나는 『비행 공포』 속에는 말만 많고 행동은 적다는 사실을 깨달았다. 20년이 지나 『비행 공포』를 다시 꺼내 읽는 나는 이제 열네 살 소녀가 아니었다. 수많은 선택의 갈림길을 통해 현대 여성들의 갈망을 밝은 곳으로 끌어내고 시험에 들게 한 이사도라의 사색이 만족스러울 만큼 친숙한 나이였다. 이제 나는 그녀에게 공감할 수 있다. 종이 그토록 유명하게 만든 지플리스 섹스에는 생각은 적고 행동은 많았다.

'지플리스 섹스'라는 이름은 다음 대목에서 나왔다. "포옹이 시작되면 지퍼가 장미 꽃잎처럼 사라지고 속옷이 민들레 홀씨처럼 사람의 숨결로 벗겨져 나간다. 혀가 서로 얽혀 물처럼 변한다. 온 영혼이 혀를 통해 흘러넘치고 당신의 존재가 사랑하는 연인의 입으로 흘러든다." 지플리스 섹스는 이야기가 진행되는 내내 우리 여주인공의 끊임없는 환상으로 맴돈다. 하지만 결코 실현되는 법이 없다. 『비행 공포』에서 사실 섹스는 여성의 욕망을 그린 전체 지형에 대한 비유로서 부차적 소재일 뿐이다. 욕망의 그림자를 통해서만 확인할 수 있는 비상, 날아오름에 대한 갈망은 마치 이카루스처럼 태양에 너무 가까이 다가갔다가 땅으로 추락하여 멍들고 부서지는 것에 대한 두려움, 온 마음을 사로잡는 공포와 일맥상통한다. 물론 땅에 머무는 것이 훨씬 더 안전하다. 하지만 놀라운 세상이 하늘에서 우리를 기다리고 있다면 어떻게 할 것인가? 이렇게 결국 우리는 '돌고 돌아' 내면에서 갈등하는 모순된 욕망으로 갈가리 찢어진다.

타샤는 『비행 공포』를 읽지 않았다. 그래서 제니와 내가 그녀에게 대강의 줄거리를 들려주었다. 이사도라는 대학원을 중퇴하고 첫 결혼에 실패한 후 재혼을 했다. 섹시하고 예민하며 지적인 그녀는 「섹스앤더시티」에 나오는 캐리 브래드쇼의 원조 격 인물이다. 이사도라는 멈춰 버린 작가 경력과 정신 분석가 남편과의 시들해진 결혼 생활로 괴로워하던 중 남편과 함께 참석한 빈 콘퍼런스에서 한 남자를 만나고(공교롭게도 빈은 프로이트의 고향이다.), 곧 두 남자 사이에서 갈팡질팡하게 된다. 그녀는 둘 중 한 남자가 자신을 영원히 행복하게 해 줄 거라고 생각했다. 다만 그 한 사람이 누구인지 확인할 도리가 없다는 것이 문제였다. 사실 이사도라는 자기 자신이 어떤 사람인지, 그리고 자기가 앞으로 어떤 삶을 살고 싶은지 알아내기 위해 고심 중이었다. 어퍼 웨스트사이드에 사는 부자 사모님이 되고 싶은 걸까? 아니면 떠돌이 시인? 1970년대 여성인 이사도라는 멋진 왕자님이 나타나 자기 머릿속의 혼란으로부터 벗어나게 해 주기를 기다리는 것이 얼마나 어리석은 일인지 잘 알고 있었다. 하지만 그런 생각을 멈출 수가 없었다. 그녀는 자기가 무슨 짓을 하는지 잘 알고 있으면서도 의식적으로 남편 베넷과 애인 에

이드리언 사이를 시계추처럼 미친 듯이 오갔다. 그리고 결론이 애매하기는 하지만 마침내 두려움 없이 자신의 불확실성에 직면할 수 있게 된다.

"시대는 바뀌었어도 여자들을 위해 바뀐 것은 별로 없다는 생각이 자주 들어." 제니가 말을 꺼냈다. 그리고 잠깐 뜸을 들이더니 다시 말을 이었다. "그래서 하는 말인데, 너희한테 할 얘기가 있어."

무슨 이야기가 나올지 궁금해하며 우리는 그녀가 다시 입을 열 때까지 기다렸다.

"나 L. A.로 이사 가."

"잠깐, 기다려 봐. 뭐라고?" 내가 물었다.

"텔레비전 방송 작가 쪽을 뚫어 보려고. 내가 항상 해 보고 싶어 했던 일이잖아. 지금이 아니면 기회가 없을 것 같아. 몇 달 있다가 돌아올지도 모르지만 일단 부딪혀 보려고."

"와우." 타샤가 잔을 내려놓으며 탄성을 내뱉었다.

"이혼한 뒤로 나 자신에 대해서 많은 것을 깨달았어. 결혼을 또 하고 싶지는 않아. 아이를 낳고 싶지도 않고. 그런 것들을 원한다고 나 자신에게 거의 설득당할 뻔하기도 했어. 물론 남자를 만나고 싶기는 해. 조카들에게 고모 노릇 하는 것도 좋고. 하지만 그런 삶은 나한테 안 맞잖아. 안 그래?" 제니가 말했다.

"이거, 술을 더 마셔야겠는걸." 내가 손짓으로 웨이트리스를 부르며 말했다. 제니가 일어나 기지개를 켰다. "잠깐 담배 좀 피우고 올게."

"제니가 떠난다니 믿을 수가 없어." 제니가 담배를 피우러 밖으로 나가자 타샤가 말했다.

우리는 창밖을 내다봤다. 제니가 옆에 있는 남자에게 불을 빌렸다. 그녀가 남자에게 무언가를 말하자 남자가 웃었다. 그가 제니 쪽으로 바짝 다가섰다. 그러더니 머리를 그녀 쪽으로 기울여 무슨 말인가를 건넸다. 제니는 고개를 뒤로 한껏 젖히며 시원하게 웃었다.

"미친 소리 같겠지만 제니한테 약간 질투가 나네." 타샤가 말했다.

"응. 나도 그래." 고개를 끄떡이며 내가 대답했다.

* * *

저녁 식사를 마친 뒤, 타샤와 나는 지하철을 타기 위해 브루클린으로 향했다. 제니는 맨해튼에 남았다. 나는 제니의 말을 듣고 난 뒤부터 괜히 마음이 심란했다. 길에서 타샤와 헤어진 뒤 곧장 집으로 가지 않고 프로즌 요구르트 가게에 들렀다. 가게 안은 있는 대로 멋을 부리고 뽐내듯 걸어 다니는 십 대 아이들과 대학생들로 정신이 없었다. 모두들 내가 오래전부터 잊고 지낸 굶주린 영혼들의 짝짓기 단계를 거치는 중이었다. 스피커에서 록 음악이 쾅쾅 터져 나왔다. 밝은 조명 아래서 프로즌 요구르트를 한 스푼 떴을 때 '이제 다시는 저렇게 친밀감과 섹스를 탐색하는 스릴을 경험하지 못하겠지.'라는 생각이 스쳤다. 이 깨달음에 나는 흠칫했다. 생기 넘치는 군중 틈에서 갑자기 내가 늙고 하찮은 존재가 된 것 같았다. 하지만 그 순간도 지나갔다.

확실히 임신과 출산, 양육에 따르는 육체적 시련은 내 몸은 물론 내 성생활까지 바꿔 놓았다. 섹스가 여전히 중요하기는 해도 십 대 후반이나 이십 대 때만큼 삶의 중심에 있지는 않았다. 실비아가 태어나고 얼마 후 어퍼 웨스트사이드에 있는 한 서점에서 책을 낭독한 일이 있었다. 그때 나보다 몇 살 어린 한 친구가 다가와 인사를 건네며 딸의 출산을 축하해 주었다. 그녀가 얼굴을 내 귀 가까이 대더니 사람들 다 들으라는 듯 속삭였다. "근데…… 섹스는 언제 다시 시작했어요?" 그녀는 너무 어렸고, 생기 넘쳤으며, 염려스러운 듯했다. 그녀의 질문이 아픈 데를 쿡 찔렀다. "음, 마지막이 몇 주 전이었어." 몸서리치지 않으려 애쓰며 내가 대답했다. 하루에도 몇 번씩 젖을 물려야 하는 3.6킬로그램짜리 아기를 배 속에서 밀어낸 이후로 가장 생각하고 싶지 않은 일이 바로 섹스였다. 그녀가 안타깝다는 표정을 지으며 말했다. "아, 오래됐네요."

'그렇게 오래된 건 아닌데.'라고 나는 생각했다.

그날 밤, 집에서 실비아를 돌보는 남편 대신 정신적 지원을 해 주겠다고 찾아온 존의 두 친구와 함께 택시를 탔다. 우리가 뒷자리에 나란히 자리를 잡고 앉자 택시가 비가 와 미끌미끌해진 브로드웨이 도로 위를 미끄러지듯 출발했다.

"좋아 보여요." 에드가 나에게 말했다. "존이 그러는데……." 그가 말꼬리를 흐렸다. 에드와 나 사이에 앉은 폴이 에드의 옆구리를 슬쩍 찌르는 눈치였다.

"뭐라고 그랬는데요?" 낌새가 수상해서 내가 몸을 앞으로 쑥 내밀고 에드를 쳐다보며 물었다.

"어휴, 생각 없는 놈." 폴이 머리를 가로저으며 중얼거렸다.

"말해 봐요." 내가 따지듯 대답을 재촉했다.

"에이, 나쁜 얘기는 아니에요." 에드는 어떻게든 뱉은 말을 주워 담아 보려고 애썼다.

"잘 모르겠어요. 그냥 아줌마 티가 좀 난다고……."

"뭐라고요?" 내가 째지는 목소리로 외쳤다.

"정확히 이렇게 말한 건 아니었는데……." 에드가 말했다.

폴이 계속 고개를 가로저으며 에드에게 속삭였다. "야, 이제 그만해. 입 좀 다물라고."

우리 대화는 거기서 끊겼다. 택시에서 내려 씩씩거리며 아파트로 들어가자 거실 한가운데 실비아를 안고 서 있는 남편이 보였다. 실비아는 엎드린 자세로 배를 아빠 팔뚝에 걸치고 가느다란 팔다리를 축 늘어뜨린 채 허공에 대롱대롱 매달려 있었다. 잠이 깊이 든 모양이었다. 그는 손가락을 입에 갖다 대며 조용히 하라는 신호를 해 보였다. 나는 까치발로 살금살금 다가가 솜털 같은 실비아의 이마에 뽀뽀를 한 뒤 입을 다물었다.

며칠이 지나자 내 인내심도 한계에 다다랐다.

"정말이야, 당신? 정말 내가 아줌마 같다고 말했어?"

"그렇게 말한 건 아니야."

"아, 그래서. 그럼 뭐라고 했는데?"

"그러니까 그게 말이지, 이제 당신이 엄마 같다고 한 거야." 그리고 이렇게 덧붙였다. "당신은 엄마잖아. 엄마 같아 보이는 건 좋은 거라고."

나는 잠시 혼란스러웠다. 남편의 말은 옳았다. 나는 엄마다. 그것도 젖먹이 아이가 있는 엄마. 즉 깨어 있는 시간 대부분을 아기와 꼭 붙어 있어야 한다는 의미였다. 이런 지속적인 접촉, 나를 향한 집요한 욕구는 이전에는 결코 경험해 보지 못한 것이었다. 나는 어머니로 지내야 할 앞으로의 시간 동안 섹스에 대한 생각은 물론 내가 섹시해질 가능성까지 머릿속에서 싹 지워 버렸다. 대중 매체에는 섹시한 엄마들이 판을 치지만 엄마가 되는 것과 성적인 욕구는 적어도 나에게는, 애초에 모순처럼 보였기 때문이다. 실비아가 태어난 첫해에 그런 성적 욕망 대부분은 신체적으로나 정신적으로 부모로서 해야 하는 압도적 요구에 매몰되었다. 그렇다고 해서 내 성적인 자아를 은연중에 거부하는 것이 아무렇지 않다는 의미는 아니다. 오히려 나는 그 부분이 영원히 사라져 버릴까 봐 두려웠다. 다행히 그렇게 되지는 않았다. 어머니라는 표식을 아름다운 명예의 배지로 받아들이면서 나는 다시 욕망을 일으킬 수 있는 사람으로서, 성적으로 매력적인 여자로서, 내 몸의 주인으로서, 내 육신 안에 살 수 있게 되었다. 이사도라도 이렇게 말했다. "멋진 몸이야. 내 몸은. 나는 이 몸을 지킬 거야."

\* \* \*

마침내 소파에 앉아 식수를 다 읽고 나자 에리카 종과 함께 수행한 나의 비밀 과제는 뜻밖의 행운이었다는 결론에 도달했다. 사실 식수와 에리카 종은 서로 잘 어울렸다. 식수는 여성들에게 자신의 목소리를 찾으라고, 자기 욕망의 주인이 되라고 독려했다. 그녀는 "쾌락과 현실이 공존하는 모순의 장에서 자기 자신을 위해 자신의 위치를 결정하라."라고 촉구하며 이렇게 덧붙였다. "내가 글을 쓸 때 가장 중요하게 생각하는 것은 내가 쓴 글이 나 자신이 될 수 있다는 사실을 우리가 모르고 있다는 점이다. 여기에는 예외도 없고, 조건도 없다. 여성들이여, 사랑을 찾아 도저히 가라앉힐 수 없는 열병을 앓는 사람처럼 쉼 없는 탐색에 나서라. 서로 함께하면 절대 부족하지 않을 것이다." 여성들이 글을 써야 하는 까닭을 식수식으로 표현하면 아마 '비상하라.'가 될 것이다. 에리카 종은 『비행 공포』를 통해 여성이 글을 쓰는 데 수반되는 감정의 여정을 시간 순으로 정리했다. 자신의 욕망은 온전히 자기 것인가, 아니면 남성이 바라는 여성의 성적 취향의 잔상인가. 이사도라가 이 의문의 답을 알 수는 없었겠지만 그럼에도 불구하고 그녀는 자기만의 언어로 자기 욕망에 대한 글을 더듬더듬 써내려 갔다.

# 프로이트의 의자에 앉은 도라

욕망. 욕망이란 무엇일까? 어느 날 강의 시간에 이 질문이 던져졌다. H교수는 칠판 쪽으로 다가가 이렇게 적었다.

요구(demand) − 욕구(need)＝욕망(desire)

우리는 다시 라캉으로 돌아갔다. 겉으로 보기에 그의 등식은 변덕스럽고 수수께끼 같은 욕망의 본질이 허위임을 보여 주듯 수학적으로 깔끔하게 정리되어 마음에 위로를 안겨 주었다. 여기서 말하는 욕망은 성적 욕망에 한정된 것이 아니다. 결국 욕망은 인간의 모든 경험에 발을 걸치고 있다. 욕망은 다양한 충동과 함께 바퀴와 체인을 이루어 시계태엽 돌아가듯 단단히 맞물려 동시에 오르락내리락한다. 게다가 우리의 '유기적' 욕망은 문화적 기대, 사회적 압

력, 상업적 광고 등을 통해 만들어진 수많은 '인공' 욕망으로 층이
나뉘어 있다. 우리 일상생활의 무대에는 이렇게 크고 작은 욕망들
이 배경 음악처럼 고동친다. 이따금 우리는 그 소리를 듣는다. 때로
는 듣지 못한다. 하지만 문제는 둘 이상의 욕망이 서로 충돌할 때
더 커진다. 당신은 휴가를 가고 싶기도 하고 돈을 아끼고 싶기도
하다. 직장에서 승진을 하고 싶기도 하고 집에서 아이들과 함께 더
많은 시간을 보내고 싶기도 하다. 아내나 남편을 염려하고 가족에
게 상처를 주고 싶지 않지만 직장 동료와 지독한 사랑에 빠지기도
한다. 당신은 알고 있다. 서로 다른 욕망이 제각각 다른 방향으로
내달릴 때 나에게 요구되는 것보다 내가 진정 원하는 것을 알아내
기가 훨씬 어렵다는 것을…… . 하지만 여기 의외의 결론이 있다. 라
캉의 등식은 우리에게 요구가 언제나 욕구보다 커야 한다고 말한
다. 그렇지 않으면 욕망이 채워져도 그것은 결코 욕망이 아닌 것이
되기 때문이다.

　물론 프로이트는 여성의 욕망에 대해 자기만의 관점이 있었다.
그는 성 억압과 불감증을 히스테리, 오이디푸스 콤플렉스, 나아가
남근 선망에 이르는 수많은 심리 장애의 원인으로 보았다. 여성 히
스테리를 주제로 한 프로이트의 고전적 연구『도라』는 교수요목
에 끊임없이 이름을 올렸다. 학부생 시절에 들었던 '페미니즘 고전
연구' 수업에서도 논의된 바 있었다. 이 연구를 다루는 주된 이유
는 후기 페미니스트 비판에 맥락을 제공하기 위해서였다. 에리카
종의『비행 공포』여주인공 이사도라도 프로이트를 비판하기 위해
창조된 인물이었다. 나는 프로이트의 여러 저작물을 좋아하지만

그때나 지금이나 『도라』의 팬이 아닌 것만은 분명하다.

『도라』는 이다 바워, 일명 '도라'라고 하는 열여덟 살의 소녀 내담자의 정신 분석을 시간 순에 따라 기록한 것이다. 도라는 20세기 초에 프로이트의 치료를 받기 시작했다. 그녀는 여덟 살 이후로 수차례의 우울증과 편두통, 만성 기침 발작 등 다양한 '신경증 증상'을 경험했다. 특히 기침 발작은 몇 주 동안 목소리를 내지 못하는 증상으로 이어지기도 했다. 도라의 아버지 바워 씨가 프로이트를 찾아와 딸의 정신과 치료를 부탁했을 때는 이미 수많은 치료와 검사를 거친 뒤였다.

바워 씨는 마지막에 딸이 발작을 일으킨 것이 사춘기 소녀의 환상 때문이라고 주장했다. 하지만 도라는 자기 가족과 친하게 지내는 가족의 가장인 K씨를 노골적으로 비난했다. 도라의 식구들이 호숫가 근처의 K씨 집에 머무는 동안 그가 도라에게 섹스를 하자고 제안했다는 것이다. K씨는 오히려 도라가 성적으로 문란한 것 아니냐는 뜻을 은근히 내비치며 도라의 이야기를 단호하게 부인했다. 바워 씨는 어렸을 때부터 불안정했던 딸의 정신 상태에 비추어 친구의 말을 믿고 호숫가 사건을 그냥 넘기기로 했다. 하지만 도라가 그렇게 내버려 두지 않았다. K씨가 부적절한 행동을 했으니 그 가족과 인연을 끊어야 한다고 우겼다. 바워 씨는 그녀의 상상이 만들어 낸 일이라며 딸의 요구를 받아들이지 않았고, 도라는 히스테리를 일으키며 자살하겠다고 협박했다. 그래서 결국 바워 씨가 프로이트를 찾아오게 된 것이다.

"제발 제 딸이 정신 좀 차리게 도와주십시오." 바워 씨가 프로이트에게 애원했다.

그래서 프로이트는 도라의 히스테리를 치료하기로 했다. 프로이트는 우선 진실이 무엇인지 알아내기 위해 도라에게 이런저런 질문을 던졌다. 도라가 입을 열기 시작하자 프로이트는 조각나 있던 이야기의 단편들을 한데 모아 이 "똑똑하고 매력적인 소녀"에 대한 거대한 한 편의 이야기를 완성했다. 프로이트는 사례사에서 도라가 여섯 살 때 처음으로 아버지의 보호자 역할을 했다고 적고 있다. 도라는 나이가 들어서야 알게 됐지만 당시 그녀의 아버지가 앓던 병은 '19세기 말 빈'에 창궐했던 매독이었다. 아버지의 병을 계기로 아버지와 딸 사이에 비정상적으로 친밀한 관계가 형성되었다. 한편 프로이트는 도라의 어머니에 대해 차갑고 거리감이 느껴진다고 표현했는데, 당시 도라의 어머니는 프로이트식 표현으로 "전업주부 정신병(미국인 여성 운동가 베티 프리단은 이것을 "이름 붙여지지 않은 문제"라고 했다.)"으로 소리 없이 고통받고 있었다. 게다가 결벽증까지 있어서 집 안이 더러운 것을 참지 못해 한시도 가만히 있지 못하고 강박적으로 청소를 해 댔다.

어느 날 도라는 자기 아버지와 K씨의 아내가 바람을 피우고 있다는 사실을 알게 되었다. 그래도 도라는 K씨네 가족과 그 집 아이들에게 꽤 애착이 있었다. 하지만 호숫가 사건 이후 그런 애착도 사라져 버렸다. 도라가 열네 살 때 K씨는 그의 사무실에 도라와 단둘이 남게 되자 그녀를 붙잡고 키스를 했다. 도라는 치를 떨며 그를 밀치고 달아났는데 프로이트는 도라의 이런 행동을 그녀가 자신의 진정한 감정을 억압한 것이라고 해석했다. 프로이트는 '아니오.'가 실제로 거절을 의미하는 것이 아니라 단지 무의식적인 욕망을 혼란스럽게 하는 것이라고 생각했다. 프로이트는 이렇게 적고 있다. "성적으로 흥분할 만한 상황에서 압도적으로 또는 유일하게 불쾌감을 드러내는 사람은 의심의 여지없이 히스테리 상태라고 생각해야 한다." 프로이트는 도라의 사례와 두 가지 꿈을 깊이 파고들면서 꿈으로 나타난 표면적 상징과 그녀가 들려준 이야기를 관통하는 일관된 분석을 끌어낼 수 있었다. 나중에 이 분석을 정리하여 엮은 것이 바로 『도라』였다.

언젠가 도라는 프로이트에게 아버지가 발기 불능이라고 말했다. 그러면 어떻게 K씨의 아내와 바람을 피울 수 있느냐고 프로이트가 묻자, 도라는 정확히 프로이트가 기대한 대답을 내놓았다. 프로이트는 이렇게 적고 있다.

도라의 말에 따르면 그녀는 성적 만족감을 얻는 방법이 한 가지 이상이라는 사실을 아주 잘 알고 있었다.……나는 그녀에게 성관계를 하기 위해 성기가 아닌 다른 신체 기관을 사용하는 것을 떠올린 적이 있는지 물었고, 그녀는 긍정적으로 대답했다. 그렇다면 도라는 신체의 특정 부분을 떠올렸어야 했을 것이다. 따라서 나는 그녀의 상상 속에서 그 부위가 목구멍과 입이라고 결론 내릴 수 있다. 그녀는 분명 성기가 아닌 다른 신체 부위를 사용하여 성관계를 맺는 것에 대해 들어 본 적이 없었다. 하지만 머릿속에 계속 맴도는 연애 사건의 두 주인공이 입으로 성적 만족감을 얻는 장면을 상상했고, 그것이 목구멍을 자극해 경련성 기침 증상으로 나타난 것이다. 이러한 결론에는 이론의 여지가 없어 보인다. 그녀가 이 설명에 암묵적으로 동의한 후 이내 기침 증상이 사라졌기 때문이다. 이는 나의 관점과도 아주 잘 맞아떨어진다.

나는 인간의 정신이 신비하고 낯선 방식으로 작동한다는 사실을 기꺼이 인정한다. 그럼에도 아버지의 오럴 섹스 장면을 상상한 것이 기침 증상의 원인이라고 보는 관점은 받아들이기 힘들다. 프로이트도 예외가 아니었듯, 어둠 속에서 조용히 손을 뻗어 와 커다란 고통을 안겨 주는 불쌍한 도라의 애정으로부터 무사한 사람은 아무도 없었다. 예외가 있다면 그녀의 어머니 정도였을 것이다. 도라는 거의 강박적으로 아버지, K씨, K씨 부인, 심지어 프로이트와 사랑에 빠졌다. 물론 의사 대 환자 관계에서 도라는 프로이트의 날카로운 분석에 저항했다. 하지만 프로이트에게 그런 저항은 그녀의 성이 근본적으로 억압받고 있다는 확신을 뒷받침해 주는 증거일 뿐이었다.

프로이트는 도라가 무슨 말을 하고 어떤 행동을 하든 이 소녀를 물과 불, 분노와 복수의 온상으로 묘사했다. 결국 그녀는 3개월 동안 치료를 받다가 갑자기 치료를 중단하는 것으로 프로이트에게 '복수'를 했다. 후기에서 프로이트는 도라가 K씨를 직접 찾아가 자기에게 성적으로 부적절하게 행동한 것을 인정하라고 요구했는데, 그녀는 이런 행동을 통해 K씨에게 돌아간 것이라고 설명했다. 어린 환자가 상담 내내 말했던 진실은 프로이트와 무관했다. 그는 도라가 자기보다 나이가 배 이상 많은 아버지의 친구에게 애무받는 것을 진심으로 혐오했을 가능성을 염두에 두지 않았다. 진실을 말했음에도 불구하고 아빠에게 미친 거짓말쟁이라는 소리를 듣는 것이 그녀를 절망의 나락으로 떨어뜨릴 수 있다는 사실도 인정하지 않았다. 정말 짜증 나는 것은 도라의 사례 연구가 불완전하고 부분적임을 프로이트가 직접 경고했음에도 불구하고 그가 도라의 히스테리의 근본 원인을 성공적으로 밝혀낸 점이다. 빌헬름 플라이스라는 외과 의사 친구에게 썼듯, 도라의 사례가 그의 "자물쇠여는 도구 콜렉션에 무리 없이 들어갔다."라는 사실이다.

프로이트의 업적은 나도 순순히 인정한다. 그는 수많은 금기를 깨뜨리고 직설적인 용어를 사용하여 성과 성기에 대한 담론을 수면 위로 끌어올리는 데 크게 공헌했다. 사람들이 다양한 성관계에 대해 좀 더 솔직해지도록 격려하기도 했다. 그는 『도라』에서 다른 사람들의 성적 취향을 판단하지 말라고 경고한다. "우리는 각자 자신의 성생활에서 우리에게 '정상'이라고 강요된 비좁은 경계선을 이번에는 이쪽, 다음번에는 저쪽 식으로 약간씩 벗어난다. 도착적 행동이란 이 말이 내포하는 정서적 의미에서 야만적이지도 않고 퇴폐적이지도 않다." 그러나 성에 대한 그의 다소 진보적 관점에도 불구하고 나는 프로이트를 '여성의 성' 분야의 최고 자리에 올릴 생각은 없다. 특히 식수와 라캉, 그리고 프로이트의 업적에 대한 두 사람의 비판을 읽고 나서는 더욱 그렇다. 이들 두 사람은 여성이 자기 의사를 표현하는 것, 그리고 나아가 자신의 욕망을 표현하는 것과 관련한 프로이트의 이론에 흠집을 냈다. 심지어 오늘날에도 여성의 욕망에 대한 페미니스트의 논의는 프로이트를 풀어놓는 악마의 입을 틀어막는 싸움으로 번지기 십상이다. 이날 토론을 거칠게 몰고 간 것도 바로 프로이트였다.

질리언이 말했다. "프로이트는 도라에게 욕망의 대상으로서 남자에게 봉사하는 것을 넘어 적극적인 성 정체성이 있다는 사실을 부인하려고 했던 것 같습니다. 하지만 한편으로는 도라의 히스테리 원인을 K씨에게 굴복하지는 않았지만 그를 원했다는……."

이에 사라가 과장된 의문을 제기했다. "어떻게 프로이트를 가부장제의 총체가 아니라고 할 수 있죠? 맥락상 그렇게 보는 것이 맞지 않나요? 가령, 고대 그리스인들은 여자에게도 성욕이 있다고 믿었습니다. 하지만 그들은 자기들 믿음과 정반대 극단에서 그것을 배가 고픈 것으로 간주했습니다. 심지어 여자들에게는 간통에 대한 책임도 묻지 않았습니다. 여자들이 통제할 수 있는 일이 아니라고 생각했기 때문입니다."

"그래서 여자들은 배가 고픈 건가요, 아니면 수동적인 건가요?" H교수가 물었다.

"아, 우리는 그저 하찮은 존재들이죠. 그냥 받아들이는 거예요." 사라가 우울하게 대답했다.

여기저기서 신음 소리와 킥킥거리며 숨죽여 웃는 소리가 들렸다.

H교수가 웃으며 말했다. "그래요, 사라. 프로이트는 타자(他者)라고 정의된 여성들이 어떻게 자기만의 이야기를 유산으로 물려받았는지 묻지 않았습니다. 하지만 타자가 어떻게 이야기를 하나요? 히스테리가 어떻게 증상을 통해 이야기를 하나요? 요즘 시대에 훌륭한 정신 분석가라면 적어도 내담자의 등을 떠밀지 않고 이야기

를 하게 만들 방법을 찾으려고 애쓸 겁니다. 내담자에게서 온전한 이야기를 듣는 데 수년씩 걸리는 이유도 바로 이겁니다. 의사가 이미 내담자가 할 이야기를 다 아는 것처럼 보이는데 도라가 어떻게 자기 얘기를 제대로 하겠습니까? 도라는 실제 인물이 아니었습니다. 그녀의 진짜 이름은 '이다'였습니다. 우리는 가부장적 가정을 밑바탕에 깔고 있는 전형적인 텍스트인 『도라』가 오늘날까지도 문화적 권위를 인정받고 있다는 점을 명심해야 합니다. 자, 그렇다면 지금도 여자들이 이런 식으로 정의되고 있는 걸까요? 일련의 강요된 가정들에 의해서?"

강의실에 정적이 감돌았다. H교수는 우리가 편안하게 침묵을 지키고 앉아 있도록 내버려 두었다. 그녀는 잠시 뜸을 들인 뒤 적당한 시점에 우리의 관점을 약간 다른 방향으로 이끌었다. "총체적 지식에 대한 프로이트의 욕망을 남성의 '삽입력'으로 볼 수는 없을까요?"

이번에는 사라가 약간 자신 없는 태도로 손을 들었다. "하지만 도라가 프로이트에게 삽입을 하려고 했던 거라면요? 좀 바보 같은 비유인가요? 모르겠어요. 어쩌면 감싸려고 했던 게 아닐까요?" 그녀의 입술이 반은 웃고 반은 찡그리듯 묘하게 일그러졌다. "이렇든 저렇든 이제 우리는 다시 하찮은 존재가 됐네요!" 학생 둘이 다시 신음 소리를 냈다. "죄송해요." 장난기 가득한 눈빛으로 그녀가 말했다.

H교수는 사라가 한 말에 대해 잠시 생각하는 듯했다. "어쩌면 도라는 삽입당하는 것이나 삽입하는 것, 모두에 저항하고 있었는지 몰라요. 결국 삽입은 수동적인 사람, 하인 역할을 하는 사람, 상대방을 만들어 내니까요. 그렇다면 어떻게 해야 삽입이 아닌 다른

새로운 대안을 찾을 수 있을까요? 어떻게 해야 여자들이 자기 목소리를 낼 수 있는 주체성을 주장할 수 있을까요?"

"우리가 사용하는 언어, 우리의 어휘가 뼛속까지 가부장제의 발명품인데 그게 가능하기나 할까요?" 사라가 반문했다.

H교수가 대답했다. "그렇죠. 하지만 방법은 있어요. 예를 들어 유럽의 페미니스트 뤼스 이리가레이(Luce Irigaray)는 왜 우리가 프로이트처럼 남근에서 출발해야 하는지 묻습니다. 거세는 거대한 구멍이 아니라 오히려 탯줄을 끊는 것인지 모르지요. 혹은 우리가 다시 돌아가고 싶어 하는 자궁의 상징적 상태인지도요. 음순을 입술로 보고, 남근이 아니라 음순에서 출발하는 건 어떨까요?"

이런 대화가 오가는 동안 줄곧 나는 이 수업을 듣는 유일한 남학생 제임스를 몰래 훔쳐봤다. 학부생 시절에는 남학생이 실제로 '페미니즘 고전 연구' 수업에 수강 신청했다는 이야기를 한 번도 들어 본 적이 없었다. 기껏해야 몇몇 남학생이 여학생들의 관심을 끌기 위해 신입생 페이스북 전공란에 장난 삼아 '여성학'이라고 적는 것이 고작이었다. 당시 가부장제의 벽돌 격인 백인 남성들에게 수많은 비난의 화살이 퍼부어졌던 것을 생각하면 남학생들이 여성학 수강을 꺼렸던 이유도 이해할 만했다. 해가 갈수록 가부장제의 정의가 점점 미묘한 차이를 드러내기 시작하면서 여성학 수업을 듣는 남학생 수도 그나마 조금씩 늘어나기 시작했다. 교수들의 말에 따르면 한 수업당 보통 한두 명 정도 수준이었다. 하지만 오늘날 제임스가 여성학 수업을 듣겠다고 강의실에 나타난 것은 결코 야단스럽게 이러쿵저러쿵할 만한 사건이 아니다. H교수는 단 한 번도 그에게 남성의 관점을 묻지 않았고 그가 일부러 나서서 자신의 의견을 피력하는 일도 없었다.

제임스는 최근 들어 계속 이어지고 있는 남성 성기에 대한 토론에 한 치의 동요도 없는 듯 보였다. 그는 말씨가 부드럽고 강단 있어 보이는 젊은이였다. 토론에 참여할 때는 자기 성별에 대해 어떠한 명시적 언급도 하지 않으면서 진지한 태도로 임했다. 지금 그는 주의 깊게 대화를 듣는 중이다. 고개를 한쪽으로 약간 기울이자 그의 기다란 짙은 머리칼이 어깨에 닿을락 말락 했다. 그의 표현은 불쾌하지도 않고 자극적이지도 않으면서 인상에 남을 정도로 중립적이었다. 그가 손을 들었다. H교수가 선뜻 그에게 발언 기회를 주었다.

"입술에서 출발한다는 발상이 마음에 듭니다. 음, 잘은 모르겠지만, 구멍, 즉 가능성은 이런 언어 유희에서 생겨난다고 봐요. 예를 들어 입술은 자기 반영적이고 상호적입니다. 그러니까 입술에서 출발하는 것이 그것을 통해 나오는 목소리에 최고의 영예를 안기는 일일 겁니다. 어쩌면 입술을 출발점으로 삼는 것이 언어의 이런 가부장적 구조를 어느 정도 무너뜨리는 좋은 방법이 될 수 있지 않을까요?"

도무지 그가 무슨 소리를 하는지 알 수 없었다. 하지만 중요한 것은 그게 아니었다. 그의 사려 깊은 태도는 페미니즘이 여자들만의 고립된 세계에서 공명하는 것이 아니라 어머니, 여자 형제, 아내, 딸들을 통해서 남자들, 그리고 여자를 바라보는 그들의 관점에 영향을 끼친다는 사실을 재확인시켜 주기에 충분했다. 여자들이 과거 남자들의 영역이던 분야에서 성공을 거둠으로써 가부장적 구조를 무너뜨리고 있을 때조차 수많은 남자는 내내 여자들의 목소리에 귀를 기울이는 법, 그녀들의 포부를 지지하는 법, 그들을 하찮은 존재가 아닌 한 인간으로 바라보는 법 등을 훈련해 왔다. 나는 가부장제를 남녀 공통의 적으로 보는 내 아버지, 남편, 남자 친구들, 남자 동료들에 대해 생각했다. 그리고 내가 듣는 '페미니즘 고전 연구' 수업에서 여자 대 남자라는 구시대적 구분이 거의 자취를 감췄다는 사실을 확인하자 마음이 흐뭇했다. 아무튼 내가 좋아하는 페미니스트 중 몇 사람은 남자다

# 다른 목소리로

실비아가 태어났을 때 존과 나는 되도록 유난을 떨지 않으면서 아이를 성 중립적으로 키우려고 애썼다. 얼마 동안은 이 계획이 잘 되어 가는 듯 보였다. 실비아는 나무로 된 공구 세트와 두더지처럼 계속 튀어나오는 아기 인형을 제일 좋아했다. 먼지 구덩이에 넘어지든 레고로 요새를 쌓고 놀든 놀이터에서 죽은 벌레를 집어 들든 아무런 거리낌이 없었다. 어이없는 일이지만 이 모든 것은 전부 '남자아이들'의 전형적인 놀이 범주에 속한다. 하지만 실비아가 네 살쯤 되자 핑크 공주님 단계가 서서히 접근해 왔다. 언제나, 주위의 모든 것이 핑크였다. "엄마, 엄마는 어떤 공주님이 제일 좋아?" 실비아가 한껏 진지한 태도로 물었다. 이래저래 대답을 피해 오다가 더는 피할 길이 없다는 사실을 깨닫고 나는 결국 항복하고 말았다. "벨 공주님. 벨 공주님은 책 읽는 걸 정말 좋아하거든." 내가 대답했다. 나는 기회가 생길 때마다 체제 전복적이면서도 이로운 내 의견을 주입하려고 애썼지만 그것은 마치 쓰나미에 맞서 물장구치는 강아지 꼴이었다. 강력한 상업주의 핑크 해일이었다.

"나는 「잠자는 숲속의 공주」에 나오는 마녀인 멀레피센트 같은 부류야. 멀레피센트는 최소한 개성은 있잖아. 안 그래? 그 검정 케이프에 뿔 달린 헤드 드레스라니. 정말 멋있지 않아?" 디즈니 영화 「잠자는 숲속의 공주」를 수백 번 정도 보고나서 내가 유쾌하게 내뱉은 말이었다.

건너편 소파에 앉아 있던 남편이 터져 나오는 웃음을 간신히 참았다.

실비아가 한심한 어린애 대하듯 한숨을 내쉬며 말했다. "엄마, 그 아줌마는 악마들의 여왕이야."

"그래, 멀레피센트는 악마잖아, 여보. 그건 인정해야지." 이 대화의 한마디 한마디가 웃겨 죽겠다는 듯 남편이 말했다.

"당신, 영화 보고 나서 예쁜 공주님 놀이 하고 싶다고 하지 않았어?" 내가 다정한 표정으로 남편을 쏘아보며 말했다.

아빠가 공주님처럼 입혀 줄 거라는 기대로 신이 난 실비아가 손뼉을 쳤다. 그러더니 내 옆에 찰싹 달라붙어 제일 좋아하는 장면으로 테이프를 되감기했다. 긴 머리에 허리가 잘록한 오로라 공주님이 귀여운 동물들과 숲속에서 노래를 부르고 있는데 멋진 왕자님이 지나가다가 공주님을 발견하는 장면이었다.

"멀레피센트는 오해를 받고 있는 걸 거야." 별 보람도 없이 내가 혼자 중얼거렸다. "잠자는 공주님의 대관식에 초대받지 못한 요정일 뿐이었던 거지. 얼마나 마음이 아팠을까!" 내가 할 수 있는 일이라고는 디즈니 만화에 나오는 악당을 변호하고 불쌍한 남편에게 공주님 놀이를 하게 만드는 것이 전부였다. 하지만 페미니스트 엄마라고 이 이상 무엇을 더 할 수 있을까?

* * *

공주님 열병이 실비아가 다니는 유치원의 거의 모든 여자아이들을 감염시킨 모양이었다. 부모들의 반응은 당황하거나 걱정하거나 소원을 이루어 주는 것까지 각양각색이었지만 어쨌든 여자아이들은 똘똘 뭉쳤다. 영화배우 말로 토머스에 열광하며 자란 나는 여자아이들의 문화와 그것이 대변하는 모든 것에 투자할 마음이 전혀 없었다. 하지만 머리에 작은 왕관을 쓰고 깃털 달린 플라스틱 하이힐을 신고 드레스를 바닥에 질질 끌며 입을 귀에까지 걸고 웃으며 거실로 들어오는 딸을 보자 아이는 성별을 무시하고 길러야 한다는 내 확고한 믿음을 고수하기가 더욱 힘들어졌다. 자유의 요새 브루클린에서조차 나의 다섯 살배기 딸은 친구들과 "그 애는 당연히 공주를 좋아하지 않아. 걘 그냥 남자애잖아. 트럭만 쥐어 주면 신나게 노는 남자애 말이야." 따위의 이야기를 하며 집으로 돌아올 터였다. 나는 어찌할 바를 몰랐다.

그 무렵 『다른 목소리로』를 다시 꺼내 들었다. 거기서 유치원의 모든 아이에게 통용되는 통화쯤으로 공주님을 이해할 만한 실마리가 보이는 듯했다. 1982년 하버드대 심리학자 캐럴 길리건은 자신의 베스트셀러인 『다른 목소리로』에서 남성과 여성이 전형적으로 두 가지 사고방식을 훈련한다고 지적했다. 여성은 일반적으로 세상을 단단하게 엮인 하나의 네트워크로 바라보는 반면 남성은 계층 구조로 인식하는 경향이 강하다는 것이다. 그녀는 둘 다 타당한 관점임에도 불구하고 남성의 도덕성 발달 모델이 과학 및 교육 분야의 기준으로 여겨지고 있으며, 여성 모델은 낮게 평가되어 하찮게 다루어지고 있다고 보았다. 길리건은 연구 기간 동안 청소년기 여자아이들이 "자기 목소리를 지키고 내적 분열을 일으키지 않기 위해 저항하며 심리적 발달을 위태롭게 하면서까지 자신의 상당 부분을 관계로부터 멀리 떨어뜨려 놓는다."라는 사실을 관찰했다.

『다른 목소리로』는 여자가 남자와 같다거나 혹은 남자만큼 훌륭하다는 점을 강조하는 '인정의 정치학(politics of recognition)'과 정반대로, 여성과 남성의 차이를 강조하는 2세대 페미니즘 물결의 한 줄기를 이루었다. 2세대 페미니즘을 지지하는 페미니스트들은 두 성별 사이의 유사성이 아니라 가령 서로 협력하는 경향 같은 여성 고유의 특색에 초점을 맞추면서 이런 특색을 무시하지 말고 존중해야 한다고 주장했다. 불행히도 출판 이후 길리건의 책에서 초래된 불행한 결과들은 이러한 접근법이 어떤 식으로 역효과를 낼 수 있는지 보여 주었다. 그녀는 아주 신중한 태도로 남녀의 사고방식 차이가 대부분 생물학적 생명 활동이 아니라 사회화에서 비롯된다고 지적했다. 하지만 그러한 태도에도 불구하고 그녀의 생각은 남녀 불평등을 확고히 하는 쐐기 역할을 떠맡게 되었다. 1999년 버지니아 군사 학교에 여성의 입학을 허락하라는 압박이 거세게 물었다. 하지만 학교 측은 법정에서 길리건의 작품을 반복적으로 언급하며 젊은 여성들을 그들의 천성과 반대되는 경쟁적 환경에 두는 것은 근본적으로 불가능한 일이며 심지어 잔인한 일이라고 주장했다. 길리건 자신은 여성 입학 허가를 주장하는 반대 측 증인으로 나섰다.《뉴스위크》역시 커리어우먼들이 직업적 성공을 거두려면 '정신적 대가'를 치를 수밖에 없다는 주장을 뒷받침하기 위해 길리건의 책을 들먹였다. 시대에 역행하는 수많은 통속 심리학 책에서도 길리건의 책을 인용해 자주성이 여성들에게 유익하지 않다는 주장을 펼쳤다. 이후 몇 해 동안 생겨난 가내 공업은 사실상 화성에서 온 남자와 금성에서 온 여자 사이의 이해를 촉진시키려는 끈질긴 시도 끝에 탄생한 것이었다.

논쟁의 여지가 있는 유산을 고려하면 길리건의 책은 내 기억보다 더 문학적이고 덜 정치적이었다. 나는 이 사실을 알게 되어 기뻤다. 또한 식수와 프로이트의 불가사의한 상징주의 이후 신선할 정도로 경험에 바탕을 둔 책이라는 점도 무척 마음에 들었다. 그녀는 도덕적 기준 사이에 갈등을 제시하고 그 갈등을 풀기 위해 연구 대상이 선택한 해결책의 논리를 탐험함으로써 로렌스 콜버그가 청소년기 도덕성 연구를 위해 설계한 사례를 검증하는 것으로 이야기를 시작한다. 질문은 이렇다. 형편이 어려운 하인즈라는 남자가 암에 걸려 죽어 가는 아내를 위해 약을 훔쳐서라도 아내를 구할 것인지 말 것인지 고민 중이다. 하인즈는 과연 약을 훔쳐야 할까?

열한 살의 똑똑한 두 학생 제이크와 에이미가 이 시험 문제를 받았다. 제이크는 하인즈가 당연히 약을 훔쳐야 한다고 자신 있게 대답했다. 사람의 목숨이 돈보다 중요하다는 것이 이유였다. 이 합리적인 대답은 제이크가 도덕과 법을 구별할 수 있으며, 도덕성 발달 단계 중 어디에 해당하는지를 보여 주었다. 결과적으로 제이크는 도덕성 연구에서 높은 점수를 받았다. 반면 에이미는 종잡을 수 없는 어려운 답을 내놓았다. "상황에 따라 달라요." 길리건에 따르면 에이미는 제이크와 달리 그 딜레마를 수학 문제보다는 시간의 흐름에 따라 펼쳐지는 관계의 서술로 여겼다. 남편이 아내를 걱정하는 마음과 아내가 남편에게 원하는 바를 고려해, 즉 남편이 법의 테두리에서 벗어난 방식으로 문제를 해결하려 실패해서 감옥에 가기를 아내는 원치 않을 것이라고 생각하여 에이미는 둘의 관계를 단절시키기보다는 계속 유지시켜 줄 답을 내놓는다. 남편이 돈을 빌리거나 약국 주인에게 부탁해 외상으로 약을 살 수는 없는지 묻는다.

길리건도 말했듯, 두 아이는 이 문제에 다른 대답을 내놓았다. 에이미는 약을 훔쳐야 할 '당위성'보다 '도둑질'에 초점을 맞추었다. 사실 두 아이는 이 딜레마를 완전히 다른 도덕적 관점에서 바라보았다. 제이크는 이를 논리적 추론을 통해 해결할 수 있는 목숨과 재산 사이의 갈등이라 여긴 반면 에이미는 이를 "꿰맬 필요가 있는 인간관계의 균열"로 여겼다.

나는 에이미의 대답이 문제를 새로운 관점에서 볼 수 있게 해 주는 훌륭한 사고의 전환이라고 생각하지만 그 연구를 진행했던 연구자에게는 그렇지 않았다. 연구자는 에이미가 계속해서 '틀린' 대답을 내놓는다고 생각했기에 질문을 반복했고 에이미의 목소리는 점점 자신감이 없어졌다. 결국 에이미는 콜버그의 도덕성 연구에서 제이크보다 한 단계 낮다는 평가를 받았다. 연구자들은 에이미의 평가 결과에 대해 다음과 같은 언급을 했다. "에이미는 무기력함을 보여 주었다. 도덕이나 법의 개념에 대한 체계적인 사고력이 떨어지며, 권위에 도전하거나 도덕적 진실의 논리를 파헤치려는 의지가 없었다. 생명을 구하기 위해 행동해야 한다는 생각을 하지 못했으며, 그런 행동으로 어떤 결과가 초래될지도 사고하지 못했다." 요컨대 에이미는 "인지적으로 미성숙"했다. 그러나 내 생각에 에이미는 그런 부정적 평가를 들을 만한 하등의 이유가 없었다. 이 점이 바로 길리건이 지적한 부분이었다. 세상을 '관계 윤리'의 관점으로 바라보는 '여성적' 시각은 남자들의 '정의 윤리적' 관점 못지않게 인정받아야 마땅하다.

\* \* \*

학창 시절의 나는 성별에 따라 타고난 성향이 다르다는 길리건의 주장이 틀리다고 여겼지만, 아이를 낳고 나서는 생각이 달라졌다. 실비아의 유치원 등교 첫날이 생각난다. 유치원에 새로 입학한 아이의 부모는 혹시 있을지 모를 적응 문제에 대비하기 위해 하루 동안 구석에 마련된 자리에 앉아 아이를 조용히 관찰해야 했다. 내가 작은 의자에 쪼그리고 앉아 있는 동안 실비아는 뭘 하면 좋을지 고민하며 내 옆에 서 있었다. 불편해 보이는 딸아이의 모습에 가슴이 쪼그라드는 것 같았다. 유치원의 다른 여자아이들은 실비아를 힐긋힐긋 보며 평가하고 있었다. 나도 실비아도 느낄 수 있었다. 실비아는 얼음처럼 꼼짝 않고 서서 주변을 관찰하며 기다리기만 했다. 반면 남자아이들은 서로 몸싸움하며 킬킬거리느라 실비아는 안중에도 없었다. 얼마 있다가 유치원 교사가 간식 시간을 알리며 한 여자아이에게 간식 준비를 도와줄 친구를 지명하라고 했다. 유치원에서는 이것이 매우 큰 사회적 활동이었다. 여자아이들은 모두 긴장한 채 자신이 선택되기를 바라고 있었다.

선택권을 가진 아이가 고개를 돌리다 실비아에게 시선을 고정했다. "실비아, 네가 도와줄래?" 아이가 말했다.

"그래." 실비아는 차분하게 대답하고 그제야 내 옆에서 일어났다.

그 아이의 요청은 우호의 표시임에 분명했지만 그 이면에는 수용과 거절의 가능성이 숨어 있었다. 고작 대여섯 살배기 아이들이 실로 놀라운 사회적 상호 작용을 보여 주고 있었다. 밝게 꾸며진 유치원 교실에 앉아 꼬마들의 모습을 지켜보다 중학교와 고등학교를 거치며 겪었던 끔찍한 사교 생활사가 떠올랐다. 나는 소녀로 돌아가 있었다.

그날 밤 실비아는 금세 잠이 들었다. 나는 남편에게 유치원에서 벌어졌던 일들을 상세히 전해 주었다. 남편은 소파 옆자리에 앉아 참을성 있게 내 이야기를 모두 듣더니 별일 아닌 것에 신경 쓰며 끙끙대지 말라고 조언했다. 남편은 가장 친한 친구가 적이 되었다가 다시 친구가 되기도 하는 미묘한 역학 관계를 전혀 이해하지 못하는 게 분명했다. 반면 나는 그런 역학 관계를 너무 의식해서 탈이었다. 여자아이들은 편 가르기를 좋아하며 비호감의 대상으로 전락한 다른 아이를 따돌리기 위해 서로 귓속말을 하기도 한다. 전문가들이 '관계적 공격성'이라 부르는 이런 행위는 얼굴에 주먹을 날리는 것만큼이나 상대에게 타격을 입힐 수 있다. 여자아이들은 어렸을 때부터 또래 친구들의 평가가 얼마나 중요한지 학습한다. 그런 과정을 수없이 겪으며 성인이 된 여자는 세상을 얽히고설킨 인간관계의 집합으로 바라보게 된다.

\* \* \*

여자가 관계 중심적 시각을 타고나는지 그렇게 사회화되는지는 딱 잘라 말할 수 없지만 어쨌든 여자들은 '사회적 유배'의 대상이 될지도 모른다는 두려움 때문에 어른이 되어서도 자신의 욕구를 명확하게 드러내지 못하게 되기 쉽다. 길리건은 이러한 남자와 여자의 차이를 보여 주기 위해 두 편의 성장 소설을 비교했다. 제임스 조이스(James Joyce)의 『젊은 예술가의 초상』에는 모든 인간관계를 단절한 채 자유를 찾고자 하는 남자 주인공 스티븐의 이야기가 나온다. 반면 메리 매카시(Mary McCarthy)의 회고록 『천주교를 믿던 소녀 시절의 추억』에서 메리는 관계를 유지하기 위해 자율성을 포기하며 "어린 시절에 작별"을 고한다. 스티븐은 관계 단절의 문제 때문에, 메리는 진실에 대한 외면 때문에 고통받는다는 것이 길리건의 분석이었지만 사실 두 사람의 결핍은 거울에 비친 상반된 상과도 같은 것이었다. 남자들은 "너 자신을 알라."라는 소크라테스의 금언을 따르면 저절로(여자를 포함한) 다른 사람들에 대해 알게 되리라 믿는다. 반면 여자들은 먼저 '다른 사람들'에 대해 깨우치고 나면 자기 자신도 알게 되리라 믿는다. 길리건은 남자와 여자의 이질적 접근법 때문에 여자들의 목소리가 늘 묻히게 된다고 적었다.

이러한 침묵의 공모는 지금도 진행 중이다. 나는 '페미니즘 고전 연구' 수업을 듣는 학생들이 성적이나 성과 면에서 여학생들이 남학생들을 훨씬 앞지르는 최근 경향에 대해 언급하며 길리건의 성별 차에 반론을 제기할 것이라 생각했다. 하지만 예상과 달리 학생들은 자신들이 강의실 안에서나 밖에서 남학생들의 그늘에 가리는 느낌을 받을 때가 있다고 인정했다. 남자들이 더 큰소리로 말을 많이 하며 그들에게는 여자에게 없는 자신감이 있는 듯 보인다는 것이었다.

신디가 말했다. "저는 미안하다는 말을 입에 달고 삽니다. 누군가 제게 부딪히거나 저를 때려도 제가 사과를 합니다. 이런 습관을 버리고 싶지만 그 방법을 모르겠습니다."

"때린다고요?" 사라가 끼어들었다.

"아, 정확히 말하면 때리는 건 아니고 의도치 않게 다른 사람을 치는 경우가 있잖아요." 신디가 당황한 듯 대답했다.

"참 재미있는 점이 있어요. 수업을 듣다 보면 여학생들은 '제 말이 맞을지 모르겠지만……'이라는 말로 발표를 시작할 때가 많습니다. 여자들은 자기 의견을 표하는 것 자체를 송구스럽게 여기는 것 같아요." 젠이 발표를 하다 잠시 말을 끊고 H교수의 눈치를 슬그머니 보았다. "아, 죄송합니다. 주제에서 벗어난 얘기를 한 것 같네요."

"아녜요, 젠. 주제에서 벗어난 얘기가 아닙니다." H교수가 대답했다.

"일부러 농담한 겁니다!" 젠이 체셔 고양이처럼 싱긋 웃으며 소리쳤다.

모두가 웃었다. 교수도 따라 웃으며 학생들에게 말했다. "봤죠? 학생들이 '죄송하다.'는 말을 하도 자주 하다 보니 젠이 일부러 농담했는지도 몰랐어요."

분위기가 화기애애해진 가운데 학생들은 여자들이 권리와 책임이 충돌할 때 자기 목소리를 내지 못하는 성향 때문에 문제를 겪을 수도 있다는 길리건의 주장에 동조했다. 길리건은 여자들이 추구해야 할 최고의 덕목, 즉 '자기희생'이라는 악의적이고 집요한 믿음이 여자들을 '이기심의 망령'에 시달리게 만든다고 했다. 자신이 이기적이지 않을까 하는 걱정 때문에 욕구를 완전히 매몰시키게 만든다는 것이다.

길리건은 중대한 선택을 마주한 여자들이 어떤 식으로 반응하는지 알아보기 위해 임신 중절을 고려 중인 임신부 스물아홉 명을 관찰했다. 임신부들의 인종과 경제 수준은 다양했으며 연령대도 열다섯에서 서른셋까지 골고루 분포되어 있었다. 그들은 모두 피임 부재나 실패로 예기치 못하게 임신을 한 상태였다. 길리건이 조사 대상으로 임신 중절을 고려 중인 임신부를 선택한 것은 다음 이유에서였다. "임신 중절은 동정과 자율성, 도덕과 권력 사이의 딜레마를 낳는다. 이 딜레마에 처한 여자들은 자아를 버리지 않으면서도 누구도 해치지 않는 방식으로 도덕적 문제를 해결하기 위해 노력할 것이다." 길리건은 관찰 대상인 임신부들의 내부 갈등을 더욱 고조시키기 위해 인터뷰하는 동안 '이기적'이라는 단어를 여러 차례 언급했다. 임신부들은 태아에 대한 동정심과 자신의 욕구를 모두 놓치지 않는 해법을 찾기 위해 고심했다.

나는 길리건의 연구 내용을 읽다가 문득 깨달음을 하나 얻었다. 내가 얼마나 자주 스스로의 욕구를 '이기적'이라고 치부해 버렸지? 이 깨달음은 충격적이었다. 나를 비롯한 여자들은 스스로의 욕구를 따르려 할 때마다 자신을 이기적이라 탓하지만 남자들은 그런 일이 드물었다. 나는 남편이나 주위의 남자 친구들이 일을 너무 늦게까지 하거나 친구들과 밤새 어울려 놀더라두 겸연쩍어하거나 죄책감을 느낄지언정 자신이 '이기적'이라 말하는 걸 들어 본 적이 없었다. 개인의 욕구를 추구하는 행위에 이기적이라는 딱지를 붙이는 것은 해로운 결과를 낳는다. 길리건도 말했듯, 자신을 희생시켜 가면서까지 타인을 배려하는 여자는 그토록 지키고 싶어 하던 소중한 관계들을 파괴하는 결과를 초래하곤 한다. 그녀가 가면을 쓴 채 살아가기 때문이다. 마찬가지로 사사건건 정의의 사도 노릇을 자처하는 남자들 또한 거짓된 삶을 살아간다고 할 수 있다. 바람직한 태도는 '정의 윤리'와 '관계 윤리'를 적절히 통합해 직장과 가정에서 더 의미 있는 인간관계를 맺으며 살아가는 것이다. 이를 디즈니식으로 표현하면 남자들은 왕자님과, 여자들은 멀레피센트와 더 소통할 필요가 있다.

# 동시대 페미니즘에 묻는다

마침내 나는 도착했다. 우리는 남자와 여자의 차이를 강조한 2세대 페미니즘에서 벗어나 3세대 페미니즘에 대해 논의하기 시작했다. 3세대 페미니즘은 나와 성인기를 함께했다. 3세대 페미니스트들은 남자와 여자 사이가 아닌 여자들 내부에 차이가 존재한다고 주장했다. 그들은 여자들의 정체성 문제와 내부 분열을 해결하는 데 힘을 결집시켜야 한다고 했다. 이전의 페미니스트들이 그랬듯 그들 또한 가공할 만한 역류를 만들어 냈다. 우리는 이 반발의 산물 중 하나인 『다음 날 아침』을 읽고 있었다. 온건한 여권 운동을 추구하는 포스트페미니스트 케이티 로이프(Katie Roiphe)가 1993년에 출간해 파란을 불러온 책이었다. 출간 당시 프린스턴 대학에서 박사 과정을 밟던 케이티 로이프는 '강간에 대한 히스테리'가 전국의 대학 캠퍼스를 지배하고 있는데 이런 분위기는 여자를 성적인 주체성이 부족한 나약하고 무력한 존재로 그린 페미니스트들이 조장한 것이라 비난했다. 특히 그녀는 캠퍼스 내 성폭력에 반대하며 가두 행진을 벌이는 '밤길 되찾기 시위' 같은 연례행사가 날조된 드라마이자 거짓 강간 문화의 상징이라 비판했다. 그녀의 격렬한 비판은 내 세대 페미니스트들의 극심한 분개를 유발했다. 몇 년이 흐른 지금 나와 수업을 같이 듣는 학생들은 케이티 로이프의 열변에 별다른 흥미나 관심을 보이지 않았다. 포스트페미니스트들뿐 아니라 새로운 세대들 또한 달라진 것이다.

밸러리가 먼저 책에 대한 의견을 내놓았다. "저도 '밤길 되찾기 시위'가 그다지 마음에 들지는 않습니다. 하지만 그들이 외치는 수사가 와 닿기는 하네요. 잘 모르겠지만 그런 걸 좋아하는 사람들도 있지 않을까요."

이에 리사가 그 행사에 대한 의견을 분명히 표명했다. "피해자 의식에 젖어 있다고 해서 문제 될 건 없죠. 하지만 그런 태도는 남자들을 등 돌리게 만들지 않겠어요?"

사라가 반대 의견을 내놓았다. "반드시 그렇지는 않습니다. '폭력에 반대하는 컬럼비아 대학교 남학생 모임' 같은 단체는 '밤길 되찾기 시위'에 실제적으로 큰 역할을 담당하고 있다고 들었습니다."

이때 헤더가 불쑥 끼어들었다. "에이, 설마요! 그거 남자 다섯 명 정도가 모여 만든 모임 아니에요?"

밸러리가 다시 발언 기회를 얻었다. "저는 그냥 '밤길 되찾기 시위'가 몇 년째 같은 모습이라는 사실이 마음에 들지 않습니다. 발전이 없어서요."

사라가 말했다. "정말 그럴까요? 시위 주최자들이 남자들의 참여율을 높이기 위해 여러 가지 방법을 생각 중인 것 같던데요. 그 일환으로 섹스히비션 같은 행사도 열고요. (나중에 검색해 보니 섹스히비션은 남자 성기 모양의 쿠키를 팔고 스트립 댄서 섹스 토이 등을 동원한 축제 마당을 의미했다.) 저는 그들이 '성(性)'이 아닌 '폭력'에 반대한다는 메시지를 전하기 위해 고심하고 있다는 게 느껴집니다."

젠이 다른 의견을 내놓았다. "그거 말고도 더 훌륭한 단체들이 많습니다. 예를 들면 '나이트 라이드' 같은 단체는 여자들이 밤늦은 시간에 안전하게 귀가할 수 있도록 차량을 운행하고 있습니다. 어디에 있든 전화 한 통이면 차량이 와서 기숙사까지 안전하게 태워다 주죠. 남자는 안 되고 여자들만 이용할 수 있어요."

리사가 웃으며 말했다. "나이트 라이드 좋아해요! 자주 이용하거든요. 안전 때문은 아니고 게으름 때문에 이용하는 게 더 크긴 하지만요. 차량을 불러 보면 나 말고 다른 사람은 거의 없어요."

가만히 토론을 듣자니 나조차도 학생들의 의견에 동의하게 되었다. 페미니즘을 비판한 케이티 로이프의 의견은 시대에 뒤떨어진 듯 느껴졌다. 케이티 로이프의 책이 주로 다룬 '강간'이라는 주제가 '페미니즘 고전 연구' 수업 취지와 동떨어진 것 같다는 생각이 들었다. 통계에 따르면 1993년 이후 강간 사건은 60퍼센트가량 감소했지만 미 법무부에서 2007년에 조사한 내용에 따르면 여전히 이 나라 어딘가에서는 이 분에 한 명씩 성폭행을 당하고 있으며 대학생이 성폭행을 당할 확률은 일반인에 비해 네 배나 높았다. 필요보다는 편의의 목적으로 성폭행 방지 프로그램을 사용한다는 학생의 말은 캠퍼스가 그만큼 안전하다는 것을 의미했기에 한편으로 안심이 되었다. 하지만 또 다른 면에서는 이 새로운 세대의 목소리들이 기존의 페미니즘에 반대 깃발을 내걸었던 케이티 로이프의 외침을 새로운 기준으로 만들고 있다는 걱정이 들었다.

케이티 로이프는 『다음 날 아침』에 이렇게 적었다. "사람들은 내게 데이트 강간을 당한 적이 있느냐고 물었다. 와인을 수없이 들이켜고 낯설거나 익숙한 침대에서 잠들었던 복잡한 밤들을 돌아보면, 나는 '그렇다.'라고 대답할 수밖에 없다. 하지만 강간의 포괄적 정의를 적용할 경우 남자와 여자를 막론하고 수없이 많은 사람이 데이트 강간을 당했을 것이라 생각한다. 사람들은 항상 모든 일에 대해 서로에게 압력을 가하고 조종하고 회유하지 않는가." 케이티 로이프는 데이트 강간을 남자와 여자 사이에 벌어지곤 하는 욕망의 게임으로 여겼다. 그녀의 관점에서 보면 1990년대의 대학 당국과 페미니스트들은 사적인 영역을 주제넘게 건드린 것이었다.

* * *

대학생일 때 나는 여자들이 평생 동안 강간을 한번이라도 당할 확률이 네 명 중 한 명꼴이라는 통계 수치를 보고 경악을 금치 못했다. 물론 케이티 로이프 같은 회의론자들은 그 수치가 부풀려진 것이라고 주장했다. 나는 강간까지는 아니더라도 내 생애 가장 공포를 느낀 순간을 경험한 적은 있다. 열네 살 때였다. 그해 여름밤 나는 친구와 동네를 걷고 있었다. 술에 잔뜩 취한 소란스러운 중년 남자들로 가득 찬 자동차 한 대가 우리 뒤를 따라왔다. 우리는 그 사람들을 무시했지만 그들은 차창을 열고 음담패설을 늘어놓기까지 했다. 그들이 외치는 소리는 마을의 조용한 밤에 타박상을 입히고 멀리 들리는 크리켓 경기 소리를 잠재울 정도였다. 우리는 앞에 보이는 다른 사람의 집으로 걸어 들어가는 척하기로 했다. 그러면 그 사람들이 단념하고 제 갈 길을 가리라 생각했다. 우리는 가속 페달을 밟는 끼익 소리가 들리기를 기다렸다. 하지만 들려온 것은 엔진이 꺼지고 네 개의 문이 쾅 닫히는 소리였다. 지금도 잊히지 않는 그 소음은 마치 총소리 같았다.

"도망쳐!" 나는 친구에게 소리 질렀고 우리는 어둠 속에서 팔과 다리를 휘두르며 그날 낮에 내린 폭풍우로 축축해진 잔디 위를 미끄러질 듯 달렸다. 남자들 중 하나가 내 뒤를 바싹 따라오고 있었다. 목덜미에 그의 호흡이 느껴질 정도였다. 그는 팔을 뻗어 내 티셔츠를 잡으려 했고, 거의 잡았다. 나를 말이다.

"오늘이 네 인생 최악의 밤이 될 거다." 그가 헐떡거리는 목소리로 으르렁거렸다. 나는 비명을 질렀다. 아니 적어도 나는 내가 그렇게 했다고 생각한다. 아드레날린이 솟구쳤다. 내 친구도 다른 남자에게 쫓기고 있었다. 가까스로 달아났다 싶으면 어디선가 그 남자들은 또 나타났다. 그때 집 안에 불이 켜진 집이 길 건너에 보였고 우리는 나방처럼 그곳을 향해 돌진했다. 나는 문을 쾅쾅 두드렸다. 폐가 타오르는 듯했고 목구멍 뒤쪽에서 쇠맛이 느껴졌다. 나는 어깨 뒤를 돌아보았다. 길 건너에 남자 세 명이 서 있었다. 기다리는 듯이.

한 여자가 테리직으로 된 분홍색 목욕 가운을 입은 채 문으로 다가왔다. 허리를 끈으로 꼭 조인 것이 보였다. 그녀는 가리개 뒤에 불안한 듯 서 있었으며 복도 쪽의 노란 조명이 그녀의 얼굴 한쪽을 비추고 있었다. 삼십 대 초반으로 보이는 금발이었다.

"제발요!" 우리는 격양된 목소리로 애원했다. "제발 우리를 들여보내 주세요. 저기 저 남자들이 우리를 따라오고 있어요." 우리는 길 건너편을 가리켰다.

그녀는 어둠 속을 자세히 쳐다보더니 다시 의심스러운 눈초리로 우리를 응시했다. 곧 극도로 겁에 질린 우리 모습이 진짜임에 틀림없다고 판단했는지 문의 걸쇠를 열고 우리를 들여보내 주었다. 우리는 안도감에 몸을 떨며 안으로 들어갔다. "너희들 이렇게 늦은 시간에 돌아다니면 안 돼." 그녀는 정색하며 말했다. 내 전화에 잠자다가 부리나케 데리러 온 아버지도 똑같은 말을 했다. 하지만 아버지의 분노는 거대한 두려움을 덮기 위한 얇은 막에 불과했다. 집으로 돌아오는 내내 아버지는 손가락 관절이 새하얘질 정도로 운전대를 꽉 잡고 있었다. 나는 아버지가 운전하는 동안 창밖으로 목을 길게 빼고 아직도 그 남자들이 있나 보려 했지만 아무도 보이지 않았다.

집으로 돌아와 이불 속에 태아처럼 웅크리고 누웠다. 그때까지도 두려움이 가라앉지 않았다. 나는 무슨 일이 벌어질 수 있었는지 상상하며 그렇게 몇 시간을 떨었다. 그들이 어둠 속에 숨어 우리를 따라와 내가 사는 곳까지 알아냈을까 봐 두려웠다. 침대에서 빠져나와 문과 창문이 모두 잘 잠겨 있는지 확인했다. 그날 밤의 일은 내가 쉽게 잊을 수 없는 교훈을 가르쳐 주었다.

대학에서 나는 강간이 시대를 막론하고 남자가 여자를 지배하기 위한 도구로 사용되어 왔다는 걸 배웠다. 수전 브라운 밀러는 1975년에 낸 『의지에 반하여』라는 선구적 책에서 강간의 근본적 동기는 섹스가 아닌 억압과 권력이라고 설명했다. 이 책은 '페미니즘 고전 연구' 수업의 필독서였다. 그때 교수는 꽤 많은 시간을 할애해 강간과 성희롱에 대해 토론하도록 했다. 강간에 대해 떠들어대는 사람은 많았지만 그 대부분은 면식 있는 사람에 의한 강간이나 데이트 강간에 대한 것이었다. 내가 거의 희생자가 될 뻔했던, 낯선 사람이 갑자기 덤불 속에서 뛰쳐나와 하는 강간은 주된 관심의 대상이 아니었다. 텔레비전에서는 보스니아 학살이 자행되는 동안 벌어진 집단적 강간, 토머스에 대한 청문회, 밥 팩우드 상원의원의 성학대 혐의를 다룬 프로그램, 윌리엄 케네디 스미스 사건이 흘러나왔다. 학교 당국과 학생들이 잠재적인 강간범들을 언제, 어떻게 처벌할 것인지를 두고 충돌하면서 전국의 대학 캠퍼스에는 긴장감이 감돌았다. 성폭행당한 여자들은 판사, 변호사, 대학 당국에게 모욕적인 조사를 받기 꺼리며 화장실 벽에 성폭행 피의자의 이름을 휘갈겨 적는 식으로 그들만의 유죄 판결을 내렸다.

성폭행에 대한 오늘날의 견해는 예전과 상당히 달라졌다. '끔찍한 섹스'와 '데이트 강간'을 가르는 경계가 명확하지 않다는 케이티 로이프의 의견은 '회색 강간(gray rape)'이라는 새로운 개념을 낳았다. 《워싱턴 포스트》 기자 로라 세션 스텝은 이를 다음과 같이 정의했다. "합의와 거부 사이의 어딘가에 위치한, 대개 양자 모두 누가 무엇을 원하는지 확신하지 못하는 상태로 하는 데이트 강간보다 훨씬 더 혼란스러운 섹스." 이 정의는 그 자체로 경종을 울린다. 누가 무엇을 원하는지 확신하지 못한다고? 알코올의 힘을 빌려 즉흥적인 섹스에 응하도록 장려한 성 해방 문화에 영향받은 여자들은 강간일지 모르는 피해를 입고도 자신에게 벌어진 일을 설명할 수 없게 되어 버렸다. 그들이 강간한 사람을 고발하는 경우는 드물다. 스스로를 의심하기 때문이다. 그들은 그 행위가 자신의 욕구에서 나온 것인지 의심한다. 로리 세션 스텝의 기사에는 한 여성의 인터뷰 내용이 나온다. 그녀는 자신이 어떻게 '싫다.'라는 의사를 표현했는지, 어떻게 '멈춰.'라고 말했는지 설명했다. 그런데도 일은 벌어졌고 강간당한 것 같다는 느낌이 들었다고 한다. 그럼에도 그녀는 자신이 당한 일을 '강간'이라 부르기를 극구 사양했다. 자신을 희생자가 아닌 강하고 독립적인 여성이라 생각하기 때문이다. 내게 이 기사는 포스트페미니즘이 남긴 충격적 유산으로 남았다.

* * *

나는 케이티 로이프의 책을 두 차례 읽으면서 강간에 대한 폭넓은 사회적 우려를 다시 생각해 보았다. 그 외에도 두 번째 독서는 지극히 개인적 감상을 불러일으켰다. 이 책을 다시 읽는 것은 내가 살았던 특정 시기의 타임캡슐을 여는 것과도 같았다. 저명한 페미니스트 소설가 앤 로이프(Anne Roiphe)의 딸 케이티 로이프는 맨해튼의 명문 여고를 졸업하고 하버드 대학에 들어갔으며 나중에는 프린스턴 대학에서도 공부했다. 말하자면 그녀는 페미니즘 투쟁이 맺은 탐스러운 열매였다. 세상 부러울 것 없어 보이는 환경에서 성장했지만 정작 그녀는 미래에 대한 불확실성에 잠식되어 마비되는 기분을 느꼈다. 케이티 로이프에게는 정서적 혼란을 잠재워 줄 획기적인 전기가 필요했다. 그녀는 1960년대와 1970년대에 대한 향수에 기대어 안정을 얻고자 했다. 그녀의 눈에 비친 1960년대와 1970년대는 에이즈나 강간에 대한 걱정 없이 쾌락을 추구할 수 있었던 시기였다. 자기 어머니의 시대인 1950년대에는 청소년기와 성인기를 가르는 뚜렷한 표식을 제공했다는 감상적 말을 하기도 했다. 과거에는 여자들이 이른 나이에 결혼을 했으며 이른 결혼에 대한 예상은 "아무리 환상에 불구하고 공허하다 할지라도" 일종의 안정감을 제공했다는 게 케이티 로이프의 생각이었다. 반면 그녀 앞의 미래에는 항상 불확실성의 먹구름이 끼어 있었다.

자세히 들여다보면 로이프는 미래에 대한 두려움으로 가장한 세대적인 근시안과 과거에 대한 향수를 앓고 있는 것뿐이었다. 나 또한 대학 졸업 후 최악으로 치닫던 불경기 속에 빚만 점점 쌓여 가던 시기를 겪으며 로이프와 비슷하게 미래에 불안감을 느꼈다. 당시 내 인생의 경로는 뚜렷한 목적지 없이 멀리 휘어져 있는 듯 보였다. 나는 내 세대의 다른 친구들과 함께 그 불안정성, 우리 시대에 유별났던 위기감을 헤쳐 나가기 위해 고군분투했다. 어느 세대나 마찬가지겠지만 역사는 우리 또래의 인생을 지나쳐 갔고 특유의 사회적·문화적 흔적을 남겼다. 우리는 1960년대와 1970년대의 정치적 격변의 영향으로 전례 없이 사회적·성적 혁명이 일어난 시기에 성장했다. 혁명의 결과 우리의 친밀한 관계는 완전히 새롭게 정의 내려졌다. 부모들은 줄지어 이혼했고 아이들은 가족과 떨어져 지내는 고통을 감내해야 했다. 어머니들은 가정에서 뛰쳐나와 일터로 향했다. 게으름뱅이 아버지들은 집을 떠났고 그걸로 끝이었다. 피임에 대한 접근성이 높아지면서 섹스에서 임신이라는 거대한 위험이 하나 제거되기는 하지만 에이즈 확산이라는 또 다른 위험이 덧붙여졌다. 우리 세대에게 사랑·섹스·관계는 풀리지 않는 수수께끼였다. 우리는 달콤하고 낭만적인 섹스와 각본에 따른 섹스 사이의 따분한 공백에 덩그러니 남겨졌다. 우리를 기다린 것은 대학 배지가 아닌 성병이었다. 대학 캠퍼스에는 주요 정당 팸플릿 대신 데이트 강간 팸플릿이 뿌려졌다. 우리는 명확성 대신 복잡성을 얻었다.

케이티 로이프의 책은 강간과 전혀 상관없이 홀로 남는 것에 대한 질척거리는 두려움으로 마무리되었다. "지금부터 10년 후면 내 친구들은 모두 제 짝을 찾을 것이다. 친구들이 짝을 지어 성인기라는 노아의 방주에 들어가는 동안 나는 근심스럽게 하늘을 올려다보며 홀로 뒤에 남을 것이다." 그리고 나서 그녀는 고등학교 졸업식의 추억을 회상한다. 남아프리카에 투자하는 학교 정책에 항의하기 위해 흰색 졸업식복 위에 검은 완장을 찼다고 했다. "고등학교 시절의 그 명료함이 그립다. 흰색 옷, 검은색 완장, 매달 새로운 분노로 가득 채워져 비밀리에 복사되고 배포되던 전단이."

나는 우리 세대가 힘들었다고 한탄한 로이프를 탓하고 싶은 마음은 없으며 페미니즘을 탓하고 싶지도 않다. 페미니즘은 평등을 상징한다. 페미니즘은 여자들에게 목소리와 선택권을 주었다. 캠퍼스에서 벌어지는 성폭력에 대한 교육은 각자의 욕구에 대한 솔직한 대화의 중요성을 여자와 남자 모두에게 알리는 데 목적이 있다. 페미니즘의 실패를 청춘, 대학 문화, 인간 본성의 모순 탓으로 돌리는 것은 사실 잘못된 방향이다. 로이프는 사교 클럽 파티에서 반쯤 몸을 드러낸 채 춤을 추면서 나와서는 '밤길 되찾기 시위'에 참가해 목이 쉬어라 구호를 외치는 자기 세대 여자들에 대해 다음처럼 적었다. "욕구, 불안, 페미니즘, 야망이 충돌해 이 기이하고 새로운 잡종이 탄생했다. 잡지 모델처럼 세련된 외모에 사상은 급진적인 페미니스트들." 그러나 페미니즘이 제공한 혜택을 실컷 누리면서 페미니즘이 자신들에게 너무 많은 선택권을 주었다고 투덜대는 여자들 또한 로이프가 말한 여자들과 다를 바 없는 '잡종'이 아닐까.

# 젠더 트러블

학기가 거의 끝나 가고 있었고, 강의는 편안한 속도로 이루어졌다. 학생들은 강의 시작 전이나 후에도 책상에 앉아 얼굴을 마주 보며 편안하게 대화를 주고받았다. 나는 한 학기를 보내는 동안 서아프리카에서 유학 온 대학원생 프리실라와 특히 가까워졌다. 우리는 수업 첫날부터 대화의 중심에서 약간 벗어난 곳에 놓여 있던 소파에 끌렸다. 나와 반대로 프리실라는 부드럽고 자신감 있는 목소리로 발표를 자주 하기는 했다. 그녀는 프랑스어에도 능했기 때문에 프랑스 작가들이 쓴 책 원문의 미묘한 어감을 잘 짚어서 말해 주었다. 항상 흠잡을 데 없이 우아하게 차려입은 그녀에게서는 사향과 바닐라향이 났다. 그녀가 입은 면 셔츠는 항상 빳빳하게 다려져 있었다. 그래서인지 청바지와 티셔츠 차림으로 프리실라 옆에 서면 내가 옷에 너무 신경 쓰지 않는다는 기분이 들기도 했다. 우리는 강의 내용에 집중했으며 쉬는 시간이면 최근에 읽은 책 내용에 대해 즐겨 토론했다. 프리실라는 여성들에게 평등한 경제적·교육적 기회를 제공할 필요성을 느끼고, 페미니즘에 관심을 두기 시작했다고 말했다. 학기가 마지막을 향해 달려가면서 수업에서 페미니스트들의 심리 분석이나 급진적 여성 동성애 등을 다루기 시작했다. 프리실라에게는 곤혹스러운 주제였을 것이다. 프리실라와 대화를 나누며 서양의 페미니즘을 사치로 받아들이는 사람도 있을 수 있다는 신선한 충격을 받았다.

"제게는 이 이론이 낯설게 느껴져요." '여성성의 신화'에서 탈출할 수 있는 유일한 방법은 모든 여자가 '이진법'에서 탈출해 성적인 면에서뿐 아니라 모든 면에서 레즈비언이 되는 것이라는 프랑스 페미니스트 모니크 위티그(Monique Wittig)의 주장에 대한 프리실라의 의견이었다. 모니크 위티그는 인류의 방정식에서 남자를 아예 빼 버리고 싶어 했다. "우리나라에서는 이런 주제에 대해 논의할 일이 없을 거예요."

나는 웅얼거리며 대답했다. "맞아요, 모니크 위티그의 주장은 지나치게 관념적이에요. 실용적 해결책이라고는 할 수 없죠." 세상에는 아버지, 남편, 아들에게 사랑받으며 살아가는 여자들도 많으며 남자를 모조리 제거해야 한다는 주장은 그런 여자들을 페미니즘에서 등 돌리게 만들 것이다. 하지만 남자 없는 세상에 모든 여자가 동의하지 않으리라는 점은 논외로 하더라도, 모니크 위티그의 주장은 생각해 볼 만한 또 다른 화두를 우리에게 던져 준다. 우리가 수업 시간에 다루지 않았던 이야기, 바로 여자들의 희생이 전부 억압에 의해 탄생한 것은 아니라는 사실이다. 여자들은 때로 억압 때문이 아니라 사랑, 책임, 공동체 의식에서 우러난 행동을 한다. 그것은 남자들도 마찬가지다.

그 주말에 우리 가족은 외식을 하러 나갔다. 실비아가 음식이 절반쯤 남은 접시를 밀어내며 말했다. "배 아파." 남편의 장난에 까르르 웃은 게 불과 몇 분 전이었다. 나는 실비아가 채소를 먹지 않으려 꾀병을 부리는 게 분명하다고 생각했다. 남편이 나쁜 경찰처럼 연기하며 말했다. "요놈, 저녁을 다 먹지 않으면 디저트는 없을 줄 알아." 약간의 반항이 있기는 해도 언제나 마술처럼 잘 먹히는 전술이었다. 하지만 실비아는 평소와 달리 번개처럼 일어나 화장실로 달려갔다. 나는 황급히 쫓아가 화장실에서 울고 있는 실비아를 찾았다. 남편은 서둘러 계산을 하고 딸을 안고 집까지 몇 블록을 걸었다. 걸으면서 나는 실비아의 머리를 쓰다듬어 주었다. 실비아가 남편의 어깨에 뺨을 기댄 채 훌쩍이며 말했다. "엄마, 토할 것 같아."

그 후 나는 실비아의 침대 옆에 몇 시간 동안 앉아 얼굴에 들러붙은 머리카락을 쓸어 주고 젖은 천으로 열나는 이마를 닦아 주었다. 남편은 침대 반대쪽에 앉아 실비아가 언제든 토할 수 있도록 무릎에 커다란 그릇을 들고 준비 태세에 있었다. 실비아는 물 몇 모금을 제외하고는 어떤 것도 삼키지 못했다. 한바탕 콜록거리며 긁어 대고 나면 기진맥진해진 멍한 눈을 반쯤 감은 채 힘없이 축 늘어져 누워 있었다. 아픈 아이를 지켜보는 것만큼 가슴 미어지는 일이 또 있을까. 남편과 나는 실비아의 몸을 감싸 안은 채 밤을 꼬박 새우며 딸을 돌보았다. 실비아는 동틀 무렵이 되어서야 잠이 들었다. 어느새 우리도 까무룩 잠이 들었고 깨어 보니 남편의 팔이 내 팔 위에 포개져 있었다. 다음 날에도 실비아를 감싸고 자는 의식이 반복되었고, 마침내 바이러스가 물러나자 실비아는 다시 공원에 갔으며 아이스크림을 한입 더 먹겠다고 떼쓰기 시작했다.

강의실 구석 자리에 앉아 학생들이 급진적인 여성 동성애를 놓고 토론하는 소리를 듣던 중 문득 커다란 흰 코끼리가 그곳에 있는 것 같은 느낌이 들었다. 사랑, 배우자와 자녀를 향한 여자들의 사랑뿐 아니라 가족에 대한 남자들의 사랑 말이다. 나는 동성 간 결혼을 강력히 지지하며, 누구도 사랑을 표현하고 칭송할 기회를 박탈당해서는 안 된다고 믿는다. 하지만 급진적 여성 동성애자들의 정치적 발언은 내게 어떤 감흥도 불러일으키지 않았다. 페미니즘의 의도가 여자들의 경험이라는 옷감을 짜는 것이라면, 인생의 가장 다채로운 실이랄 수 있는 사랑과 낭만과 육아의 기쁨을 어찌 무시할 수 있단 말인가?

\* \* \*

나는 충분히 지쳤다고 느꼈고 주디스 버틀러(Judith Butler)의 『젠더 트러블』을 읽지 않았더라면 혼란의 가파른 내리막으로 굴러떨어졌을 것이다. 예일대에서 수학한 후기 구조주의 철학자 주디스 버틀러는 페미니즘이 '가부장제'에 의존하고 있다는 이론을 내놓았다. 보부아르는 가부장제 속에서 주체로 인정받는 것은 권력을 쥔 남자들이며 여자는 객체로만 취급받는다고 했다. 그러나 주디스 버틀러는 억압적인 것은 '남자'가 아니며 페미니즘의 '이분법적' 사고방식이라고 주장했다. 버틀러의 말처럼 세상이 오로지 남자와 여자로만 구성되어 있다는 구조화된 시각은 성별에 따라 틀에 박힌 신체적 행동을 모방하도록 만들어 성차별을 강화한다. 버틀러는 성별이 사회적·심리적 역할을 의미한다는 기존 페미니스트들의 생각에 동의하면서도 페미니스트들이 불변의 생물학적 특징으로 여긴 성(性) 또한 사회적으로 구조화된다는 대담한 주장을 내놓았다. 그 주장의 근거로는 해부학적으로 보았을 때 신생아 100명 중 약 1.7명이 뚜렷한 성적 지정(designation) 없이 태어난다는 점을 들었다. 버틀러의 말대로라면 '남자'와 '여자'라는 우리의 개념은 원본 없는 복사본에 불과하다.

그럼 이제 버틀러가 제안한 대로 남자와 여자라는 구분을 긁어 없애고 대신 성(性)을 하나의 스펙트럼으로 여겨 보자. 내가 대학생일 때는 '간성(間性)'이나 '성전환' 같은 단어를 쓰지 않았기에 나는 토론에 참여하기 위해 우선 용어 조사를 해야 했다. 버틀러에 따르면 '간성'이란 "염색체, 생식기, 생식샘, 호르몬상의 수준에서 발생한 물리적 이형태성 때문에 남성 혹은 여성이라는 범주에 포함되지 않는 사람들"을 의미한다. 버틀러는 과학에서 정치를 일절 배제한 채 성별 지정을 혼란스럽게 만드는 생리적 사례를 보여 준다. 예를 들어 여성형 유방이 있는 남자들에게서는 유방이 발달하며, 다모증이 있는 여성들에게서는 수염이 난다. 《뉴욕 타임스》과학 전문 칼럼니스트 내털리 앤지어가 쓴 『여자: 그 내밀한 지리학』

에도 나오듯 안드로젠 불감성 증후군이 있는 '여자들'은 키가 큰데다 가슴이 풍만하고 성격도 유순한 이상적인 여성의 외모를 보이지만 염색체상으로는 남자이며 자궁도 없다.

그렇다면 선택의 여지가 생기게 된다. 적절한 진료와 약의 도움을 받으면 특정한 성으로 태어난 사람도 다른 성으로 바꿀 수 있다. 한 학생이 증명했듯, 바너드 대학을 여자로 입학하고 남자로 졸업할 수도 있다. 버틀러는 이러한 '젠더 트러블' 사례를 제시하며 세상이 남자와 여자로 깔끔하게 이분될 수 없으며 따라서 성차별주의의 기반에는 허점이 있다고 주장했다. 강의실에서 논의했을 때 이 주장은 충분히 설득력 있게 들렸다. 문제는 대개의 포스트모던 이론이 그렇듯 이 주장도 이론에 불과하다는 점이다. 게다가 모든 것에 의문을 품어야 한다는 수칙을 따르는 포스트모더니즘은 이해와 응용의 용이성에는 별 관심이 없는 듯하다.

대학생일 때는 포스트모더니즘 이론을 지적인 유희로 즐겼지만 이제 일상의 모든 영역에 버틀러의 이론을 적용해 보려는 노력이 버겁게 느껴졌다. 나는 아무리 노력해도 버틀러의 배에 승선할 수 없었고 곧 여자들의 삶을 개선시키겠다는 페미니즘 이론의 전망이 무척 암울하다고 느꼈다. 강의실 안 학생들도 대부분 나와 비슷하게 느낀 듯 보였다.

코트니가 말했다. "저는 버틀러를 믿지 않습니다. 그녀가 소개한 사례들은 인구의 51퍼센트가 재연할 수 있는 무작위적 사건과는 거리가 멉니다." 코트니는 팔짱을 낀 채 의자 등받이에 기댔다. 그녀는 학기 시작 직후부터 시비꾼의 면모를 드러냈다. 흑갈색 머리에 뿔테 안경 너머로 다른 학생들을 응시하며 '나 좀 그냥 내버려 둬.' 식의 롱아일랜드 악센트로 말하는 그녀의 모습은 그녀에게 동의하지 않는 누군가를 반드시 끌어들였다. 코트니를 포함해 수업을 듣는 학생들 중 상당수가 여성학이 아닌 경제학 전공자였다. 내가 '페미니즘 고전 연구' 수업을 처음 들었을 때는 강의실이 주로 여성학, 사회학, 정치학 전공자들로 채워졌다. 그때보다 더 다양한 배경의 학생들이 여성학에 관심을 보인다는 것이 희망적으로 느껴졌다.

페미니즘의 가치가 주류로 넘어와 폭넓은 학문적 소양을 추구하는 학생들의 관심을 얻고 있기는 했지만 페미니즘 이론 그 자체는 소수만이 이해할 수 있는 난해한 영역으로 방향을 튼 듯 보였다. 학기 초반부에 나온 정신 분석 이론이나 언어학 이론도 충분히 난해했지만 그것들은 지금 배우는 이론과 비교하면 아무것도 아니었다.

전 세계적으로 10만 부 이상 팔린 버틀러의 학술적인 글은 페미니스트 이론의 전환을 시사했다. 포스트모더니즘은 1980년대 후반의 계몽적 사상과 어딘가에 보편적 진리가 있다는 믿음에 대한 도전으로 등장했다. 시스템이 일체를 결정한다고 여기는 후기 구조주의 또한 포스트모더니즘에서 뻗어 나간 가지라 할 수 있었다. 후기 구조주의와 포스트모더니즘은 서로 중첩되거나 연관되는 부분이 많지만 일반적으로 포스트모더니즘이 광의의 개념으로 여겨졌다. 두 가지 사조는 퀴어 이론으로 이어진다. 퀴어 이론은 동성애자를 뜻하는 '퀴어'라는 단어가 들어가기는 해도 성적 정체성보다는 지배적 규범을 '문제시'하는 것과 더 관련 있었다. 각 이론에서 사용하는 전문 용어들을 살피는 데만도 상당한 시간이 필요했다.

"퀴어란 정상의 반대 입장을 뜻합니다. 정상은 합법적이고 지배적인 입장을 의미하죠." 사라가 말했다.

이에 그레타가 질문을 던졌다. "하지만 정상이라는 게 잘못은 아니잖아요? 제 말씀은, 성적인 면에서 저는 퀴어지만 결혼도 하고 아이도 낳고 집에서 살림도 하고 정상으로 간주되는 모든 걸 하고 싶습니다."

"저는 그러고 싶지 않습니다. 결혼은 사실 한물간 유행이라고 생각합니다." 블레인이 말했다.

"하지만 통계 수치는 그런 발언을 전혀 뒷받침해 주지 않습니다. 통계는 현재 그 어느 때보다 많은 사람이 결혼하고 있다는 걸 보여 줍니다. 도가 지나친 결혼식은 물론이고요." 리사가 반격하고 나섰다.

"하지만 그레타의 발언으로 돌아가 보면 전통적 삶의 방식을 받아들인 퀴어는 퀴어라고 부를 수 없다고 생각합니다. 그건 그냥 동성애 성향을 벗어난 동성애 아닐까요?" 헤더가 말했다.

버틀러의 이론과 거기에 사용되는 용어에 대한 토론은 열기를 더해 갔고 철학 전공자인 에밀리가 물 만난 물고기처럼 활기찬 태도로 버틀러를 변호하고 나섰다. "우선, 모든 여자가 출산을 할 수 있는 건 아닙니다. 그렇다면 그런 여자들은 이분법적 구조의 어느 위치에 해당한다고 볼 수 있을까요? 저는 잘 모르겠습니다. 생물학적 특성을 본질로 여기는 믿음에는 분명 결함이 존재합니다. 생물학은 그저 생물학일 뿐입니다. 사실 과학적 계몽은 처음에 생물학적 특성을 바라보는 사회의 시각을 변화시켰습니다. 생물학 덕택에 사람들은 남자와 여자가 동일한 생식기를 가지고 있다는 점을, 즉 하나는 외부 생식기를, 다른 하나는 내부 생식기를 가지고 있다는 사실을 알게 되었습니다. 그러므로 우리가 타고난 성(性) 위에 성별적 특성을 쌓아 올려 건축한다는 주디스 버틀러의 말은 이미 성별을 반영한 것이고 간성과 성전환의 존재는 그저 그 이분법을 문제화시킬 뿐입니다."

"잘 이해가 안 됩니다. 만약 여자 옷을 입는 남자가 있다 해도 그 사람은 여전히 남자 아닙니까?" 신디가 말했다.

H교수가 가볍게 답했다. "포스트모더니스트들은 면전에 대고 바로 '땡'이라고 대답할 겁니다. 이런 식으로 생각해 보죠. 토마토는 과일일까요 채소일까요? 사람들은 '과일'이라고 대답하려다가 주춤하며 이렇게 생각할 겁니다. '아니, 아니야. 토마토는 채소지. 샐러드 위에 올려놓으니까!'"

이때 내 옆에 있던 프리실라가 손을 들었다. "우리나라에서는 약간 다릅니다. 간혹 수염과 가슴 털이 있고 남자 같은 목소리를 내는 여자들이 있지만 우리나라에서는 그런 것이 아무렇지도 않게 받아들여집니다. 그들은 결혼도 하고 아이도 낳습니다. 누구도 거기에 관심을 기울이지 않죠."

코트니가 세차게 고개를 저으며 말했다. "믿기지 않는데요." 찌푸린 얼굴에서 그녀가 '페미니즘 고전 연구' 수업을 신청했을 때 유방, 질, 수염이 있는 사람이 여자라고 할 수 있을지, 그 사람이 토마토와 유사한지 토론하게 되리라고는 상상도 하지 못했다는 걸 알 수 있었다.

이러한 의문에 대한 답을 찾는 것은 까다로운 수수께끼를 푸는 것처럼 답답함을 자아냈다. 그래서 어쨌다는 거지? 나는 생각했다.

H교수는 포스트모던 이론의 가능성과 다양한 정체성에 대한 이론의 포용력을 우리에게 설명하려 노력했다. 버틀러와 그녀의 일족들에게 '존재'란 없는 것이었다. 안정적 자아란 없었다. 우리의 정체성은 자발적 행동에 따라 표현에 참여할 때 항상 구조화되는 것이었다. 우리는 자발적 행동을 통해 주체성을 드러낼 수 있다. H교수의 말을 빌리면 다음과 같다. "우리가 문밖을 걷고 있는 모든 순간 우리는 성별을 '수행하고' 있는 것입니다."

"네, 그럼 역설적으로 여성스러울 수도 있는 거네요." 리사가 빈정거렸다.

"맞습니다." H교수가 흥겨운 듯 대답했다. "그 점이 포스트모더니즘에 대한 큰 비판을 불러일으키긴 하지만요. 역설은 변화에 영향을 끼치지 않으면서도 정체성을 발산할 수 있게 해 줍니다. 『젠더 트러블』이 처음 출간되었을 때 사람들은 몹시 동요했습니다. 범주 없는 운동이 존재할 수 있을까요? 버틀러의 주장을 받아들인다면 우리는 신체의 범위에 불과합니다. 그러면 남자라는 범주 또한 사라지며 우리는 인간이라는 공통점만을 지니게 되죠."

"그것이 페미니즘의 미래라니 받아들이기 힘듭니다. 그러니까 남자들에게 200달러를 주고 여자처럼 옷을 입고 행동하라고 지시하면 어떻게 되는 겁니까? 그 사람이 여자라도 되는 겁니까? 저는 그게 20년 후이기를 바랍니다. 우리는 그 모든 포스트모더니즘의 헛소리를 지나쳐 왔습니다. 포스트모더니즘은 제 인생과 어떤 연관성도 없습니다."

"압니다, 참 절망적이지요. 특히 이런 포스트모던 사회에서 어떤 운동을 이끌어 내려 할 때요. 많은 사람이 포스트모더니즘이 정치를 방해한다고 여깁니다. 포스트모더니즘이 정치적 활동을 유행에 뒤떨어진 것으로 만든다고 생각하는 거죠. 하지만 사실 포스트모더니즘 이론은 관용 정신과 포괄적 정의를 가능케 함으로써 그 정의들 내에서 조작할 여지를 더 많이 주었습니다." H교수가 설명했다.

이때 에밀리가 손을 들었고 H교수는 말해도 좋다는 뜻으로 고개를 끄덕였다. "저는 포스트모더니즘을 좋아하며 그것이 세상을 변화시킬 수 있다고 생각합니다." 에밀리는 성급한 목소리로 버틀러에 대한 옹호론을 펼쳤다. "저는 그 이론에 동의합니다. 하지만 우리가 성별을 가르는 세상에 살고 있는 만큼 어느 정도 여성이라는 범주가 필요하다고는 생각합니다. 그래서 지금으로서는 '여성'이라는 범주의 수행 가능성을 확장시키는 것을 목표로 삼는 게 어떨까 생각해 봤습니다. 우리는 여성이라는 역할을 새롭고 다른 방식으로 수행할 필요가 있는 것일 뿐일지도 모릅니다."

나는 이론과 실제의 괴리를 좁혀 보려는 에밀리의 시도가 마음에 들었다. H교수도 나와 같은 생각인 듯 말했다. "그래요. 바로 그 이유 때문에 '전략적 본질주의'를 채택한 페미니스트들도 있습니다." H교수는 문학 이론가 가야트리 차크라보르티 스피박(Gayatri Chakravorty Spivak)의 저작을 언급하며 설명했다. "전략과 이론의 차이를 이해하는 것이 중요합니다. 전략은 이론을 의미하지 않으며 상황에 맞도록 적절히 사용하는 무언가를 의미하죠. '남자'와 '여자'라는 범주는 강력하고 절대적이기 때문에 없애 버리기 힘듭니다." H교수는 이 말을 하며 코트니를 향해 고개를 끄덕였다. "우리는 가장 중요하고 유용한 개념을 비판하고 새로운 시각으로 바라보려 노력해야 합니다."

수업 시간이 거의 끝나 가고 있었다. 학생들은 빌어먹을 포스트모더니즘에 대한 토론을 어서 집어치우고 강의실 밖으로 뛰쳐나가고 싶어 안절부절못하는 듯 보였다. 아니, 학생들이 아니라 내가 그랬던 것인지도 모른다. 내 느낌이 딱 그랬다. 나는 이미 책을 가방에 집어넣고 의자 가장자리에 엉덩이를 걸친 채 H교수의 수업이 끝나기만을 기다리고 있었다. 그리고 수업이 끝나자 서둘러 문밖으로 나갔다.

* * *

그 주말에 우리 가족은 뉴저지 95호 고속 도로를 타고 메릴랜드를 향해 달려갔다. 아버지의 이사를 돕기 위해서였다. 실비아는 카시트에 앉아 괴이한 자세로 턱을 가슴에 기댄 채 잠이 들었다. 남편이 브레이크나 가속 페달을 밟을 때마다 실비아의 머리는 '탁' 하며 앞으로 고꾸라졌다가 다시 뒤로 들리기를 반복했다. 그럴 때마다 나는 움찔하며 몸을 돌려 실비아의 머리를 푹신한 등받이에 기대 주었다. 엠마는 지나가는 자동차들을 골똘히 응시하며 낑낑 소리를 내고 있었다. 뒷 창문을 열어 주자 축축한 바람의 냄새를 맡고 있는 듯 엠마의 코가 벌름거렸다. 밤이 되었다. 끝없이 이어지는 나무들이 길고 끊어지지 않는 하나의 윤곽을 이루었다. 실비아는 코골이와 한숨 사이의 무엇인가를 내뱉고 있었다. 우리는 다가왔다가 멀어지는 전조등과 미등을 수없이 지나치며 어둠 속을 달렸다.

자정이 가까운 시각이 되어서야 아버지 집에 도착했다. 우리는 집 앞에 멈추어 섰다. 타이어가 낡아서 엉망이 된 포장도로 위에서 드릉드릉 대며 멈추었고 존은 엔진을 껐다.

"맙소사." 내가 말했다.

1983제곱미터 정도 되는 환하게 불 밝혀진 집 앞마당은 박스, 액체 세제가 들어 있는 병, 굴착기 달린 트랙터, 다양한 중장비로 뒤덮여 있어 눈 씻고 찾아봐도 잔디를 볼 수 없었다. 진입로는 양쪽에 '산림 쥐'라고 적힌 금속 저장 용기가 점령하고 있었다. 집이 엉망이리라고 예상은 했지만 상황은 생각보다 심각했다.

의사 중에는 질 좋은 브랜디를 수집하거나 골프를 즐기는 사람이 많다. 하지만 아버지의 취미는 전동 공구와 엔진 달린 장비를 사들이는 것이었다. 아버지는 뭐든 덩치가 클수록 좋아했다. 이혼 후 아버지는 지하실을 작업장으로 바꾸고 쇠붙이 절단 기계와 회전 톱, 드릴 프레스를 잔뜩 들여놓았다. 이제 그 덩치들을 새로운 집으로 옮겨야 한다. 아버지는 사람들뿐 아니라 기계도 뚝딱대며 손보고 고치는 것을 낙으로 삼았다. 내가 자라는 동안 앞마당에는 녹슨 아보카도 색의 BMW가 세워져 있었다. 주말이면 아버지는 부품을 빼냈다가 다시 넣기를 반복하며 엔진을 손질했고 그동안 나는 아빠 옆 잔디 위에 책상다리를 하고 앉아 놀면서 공구 상자에서 렌치를 건네주곤 했다. 우리는 뒷좌석에서 자라던 곰팡이를 기념하기 위해 그 자동차에 '페니실린 공장'이라는 애칭을 붙여 주었다. 아버지는 그 BMW에 다시 시동이 걸렸던 날을 두고두고 이야기했다. 그러나 이웃들에게는 우리의 열정이 그리 달갑지 않은 모양이었다. 누군가 그 자동차가 시각적 공해를 유발한다며 경찰에 신고했다. 어느 날 저녁을 먹고 있는데 경찰이 찾아와 불쾌함을 유발하는 고물차를 없애라고 통지했다.

BMW는 폐차장으로 보내졌지만 아버지는 결코 항복하지 않았다. 남편과 내가 마지막으로 방문했을 때, 아버지는 남편을 뒷마당으로 데리고 가서 최근에 구매한 유압식 통나무 절단기를 보여 주었다. 두 사람은 튀는 나무 조각을 막기 위해 플라스틱으로 된 고글을 쓰고 즐겁게 통나무를 쪼개며 그날 오후를 보냈다. 실비아와 나는 때로 2층 거실 창밖으로 두 사람의 모습을 쳐다보았다. 우리는 소음 때문에 고래고래 소리를 지르며 이야기를 해야 했다.

"하여간 장난감 좋아하는 남자들이란." 나는 고개를 저었다. 참기 힘든 소음이었다.

아버지는 30년 동안 살아온 집을 부동산에 내놓았다. 겨울이 추운 워싱턴을 떠나 1년 내내 따뜻한 플로리다로 가기 위해서였다. 그곳에 일자리도 마련해 두었다고 했다. 이웃들은 아버지가(그리고 아버지의 디젤 트럭이) 동네를 떠나는 걸 그다지 섭섭해하지 않는 듯했다. 하지만 문제는 제때 집을 비울 수 있느냐는 거였다.

남편의 눈이 커졌다. "월요일까지 집 비워 주어야 한다고 하지 않았어?" 나는 고개를 끄덕였다. "응, 근데 그게 가능할까."

바로 그때 집 뒤에서 상자를 든 사람이 불쑥 나타났다. 흰 티셔츠와 반바지를 입은 남자는 등에 보호띠를 두르고 양 무릎에는 붕대를 감은 채 가로등 불빛에 의지해 뻣뻣한 자세로 걷고 있었다.

나는 실비아를 깨우지 않기 위해 차 문을 살짝 닫고 이제 예순이 넘은 아버지에게로 갔다. 상자 나르는 걸 도우며 말했다. "아빠, 이게 다 뭐예요? 이 많은 걸 다 혼자 옮긴 거예요?"

아버지는 상자를 내려놓은 후 팔로 이마의 땀을 닦고는 주위를 돌아보며 고개를 끄덕였다. "그게 좋은 생각은 아니었던 것 같다만……."

듣자니 아버지는 그날 아침 여섯 시부터 짐을 옮겼다고 했다. 집 안으로 들어가자 실비아가 남편 어깨에 매달려 있었다. 나는 그 이유를 바로 알 수 있었다. 집안 꼴은 마당보다 더 엉망진창이었다. 우리는 그 이후 마흔여덟 시간 동안 그 집에 산 세월만큼 축적된 것들을 긁어내야 했다. 시간이 촉박했기 때문에 감상에 젖을 여유가 없었다. 가구, 책, 자질구레한 물건들은 모두 인정사정없이 구세군에게 보내거나 버렸다. 남편은 아버지를 도와 물침대를 분해하다 엄지발가락을 다쳤다. 떨어진 육중한 틀에 찧은 엄지발가락은 금세 옅은 붉은색으로 부풀어 올랐고 얼마 후 보기 흉한 검은 멍이 생겼다. 우리는 침대를 던져 놓고 주방으로 달려갔다. 내가 얼음찜질을 준비하는 동안 아버지는 남편의 발가락이 부러졌는지 확인하기 위해 여기저기를 꾹꾹 눌렀고 그때마다 남편의 입술은 고통으로 말려 올라갔다. 그동안 실비아는 우리 주위를 맴돌며 백만 가지 질문을 해 댔고 나는 저쪽으로 가라고 내쫓았다. 딸은 침대

틀을 직접 보겠다며 복도를 돌진하다 남편의 엄지발가락을 다시 한 번 짓이겼다.

일이 분 정도 후에 침실에서 실비아가 소리쳤다. "엄마!"

"응? 왜 실비아?"

"이상한 냄새가 나."

아버지는 남편의 발가락이 부러지지는 않았다고 공식적으로 선언한 후 침실로 돌아왔다. 나는 아버지 뒤를 따랐다. 합성물 타는 냄새가 코를 찔렀다. 우리는 어디서 냄새가 나는지 서둘러 뒤졌다. 아직 뜨거운 물침대 난방 장치가 푸른색 카펫을 보기 흉한 검은색으로 그슬리고 있었다. 그슬린 구멍은 점점 커지고 있었다. 방금 벌어진 참사의 괴상망측함에 목구멍에서 웃음이 터져 나오려 했지만 억지로 참았다.

"제길." 평생 욕이라고는 모르고 살아온 아버지가 숨죽인 소리로 욕설을 내뱉었다. 곧 아버지는 녹아 붙은 카펫을 난방 장치에서 벗겨 내고 있었다.

그날 밤 10시경 남편과 나는 순전히 짐을 나르는 육체적 노동 때문에 몸이 욱신거려 꼼짝도 못하게 되었다. 우리 세 가족은 한때 내 침실이었지만 오래전에 내 물건들이 비워지고, 이제는 퀸 사이즈 이케아 침대가 점령하고 있는 방으로 기어들어 가 함께 누웠다. 가족과 한 침대에 누워 있자니 그 방이 매우 친숙하게 느껴졌다. 그 기분을 표현하고 싶었지만 말이 혀끝에서 뱅뱅 돌기만 했다. 밖에는 폭풍 전선이 다가와 지붕과 창을 시끄럽게 두들겨 대고 있었다.

"정신없는 하루였어." 남편이 속삭였다.

"알아, 발가락은 좀 어때?" 나도 속삭였다.

"나아졌어." 남편이 말했다. 실비아는 우리 사이에 벌러덩 누워 있었고 나는 실비아의 뺨에 흘러내린 머리칼을 멍하니 쓸어 주었다. 뭔가 더 말하려 했지만 남편은 이미 코를 골며 자고 있었다. 나 또한 어느새 잠이 들었다.

다음 날 비슷한 노동의 장거리 경주를 펼쳐야 했고 마침내 기적적으로 모든 것이 깨끗이 벗겨졌고 금속 저장 용기는 봉해졌으며 더는 서 있기도 힘들 정도의 상태가 된 아버지는 우리가 마지막으로 자동차를 타고 그 집을 떠나갈 때 부엌에서 창밖을 내다보며 손을 흔들어 주었다.

"예전에 살던 집의 짐을 싸는 기분이 묘했지?" 나무와 건물들이 끝없어 보이던 고속 도로 풍경으로 바뀐 후 남편이 입을 뗐다.

나는 그렇다고 나직이 읊조리다가 그렇게 오랜 시간이 흘렀다는 사실에 갑자기 울컥하는 기분이 들었다. 예전에 같은 고속 도로를 타고 홀로 아나폴리스와 뉴욕을 오갔던 일이 생각났다. 그때부터 남편과 나는 거의 말을 하지 않았으며 균열된 공기가 우리 주위를 감돌았다. 나는 지독한 외로움을 느끼며 산업 불모지인 뉴저지를 지나 마침내 홀랜드 터널의 붐비는 차량 행렬을 만나 꼼짝 못하게 될 때까지 물끄러미 창밖만 바라보았다. 조금만 어긋났더라도 우리는 지금 서로 다른 길을 걷고 있을지 모른다. 남편 쪽으로 머리를 돌려 계기판 빛에 비친 그의 옆얼굴과 운전대 잡은 손을 보면서 그때 이래로 내가 얼마나 많이 달라졌는지, 우리 둘 다 얼마나 많이 달라졌는지 생각했다.

내 안의 이야기꾼이 변화가 시작된 특정한 분수령 하나를 가리키고 싶어 했지만 진실은 우리가 하루하루 인생을 조각하는 수많은 작은 순간을 통해 서로 가까워지며 천천히, 점진적으로 바뀌었다는 것이다. 변화는 피할 수 없었다. 그 수많은 순간 동안 우리 중 누구 하나라도 다른 선택을 내렸더라면 우린 지금 갈라진 상태일 것임을 직접 경험과 간접 경험을 통해 알고 있다. 우리는 서로를 선택한 것이다. 계기판 불빛에 비쳐 은은히 빛나는 남편의 얼굴을 뜯어보는 동안 간헐적으로 지나가는 다른 자동차의 밝은 빛으로 남편의 모습이 환해졌고, 내가 아는 남편, 지난 몇 년간 내게 보여준 다정하고 애정 어린 모습들이 내 상상 속에 별처럼 걸렸다. 우리는 여자와 남자, 아내와 남편, 어머니와 아버지였지만 그 모든 것을 떠나 결국에는 그냥 우리 두 사람, 스테퍼니와 존이었다. 그리고 잠시 동안 나는 성도, 성별도 없으며 스펙트럼을 따라 정체성의 허구만이 있다고 주장한 포스트모던 이론이 밝히려 했던 것이 결국 이 근본적인 개념이 아니었을까 생각했다.

# 리버벤드 걸 블로그

마지막 수업 시간에 H교수는 우리를 예상치 못한 방향으로 이끌었다. 고전 대신 9·11사건 이후 미국이 점령한 바그다드에 사는 젊은 이라크 여성이 리버벤드라는 필명으로 현지에서 벌어지는 일에 대해 블로그에 올린 글을 엮어 낸 『바그다드 버닝』을 읽도록 한 것이다.

리버벤드가 온라인에 처음 올린 글은 이렇게 시작한다. "이것이 내게는 시작이다. 내가 블로그에 글을 올리게 될 줄은 생각지도 못했다. …… 블로그를 시작하고 싶은 마음이 들 때마다 '하지만 누가 읽겠어?'라고 생각하며 단념했다. 하지만 이제 나는 잃을 것이 없다고 생각했다. …… 나 자신을 짧게 소개하자면, 나는 여자고 이라크 사람이고 올해로 스물네 살이다. 나는 전쟁에서 살아남았다. 이게 전부다. 중요한 전부."

출발은 보잘것없었지만 컴퓨터로 무장한 이 여성은 자신의 생각과 경험을 전 세계 수천 명의 네티즌에게 공개함으로써 이라크, 이라크 여자들, 전쟁에 대한 사람들의 시각을 완전히 뒤바꿔 놓았다. 리버벤드는 갈등과 그 뒤에 이어진 혼란 속에 정권을 잡은 근본주의자들에 의해 갈가리 찢긴 나라에서 젊은 여자로 산다는 것이 어떤 의미인지 우리에게 낱낱이 보여 준다. "입구에 블랙 터번과 머리에서 발끝까지 검은 옷을 입은 수상쩍은 남자들이 중학교 정문 앞에 무리 지어 서서 들어가는 여자아이들과 교사들을 훑어보았다. 히잡을 쓰지 않거나 치마 길이가 충분히 길지 않은 사람들은 그 어둡고 험상궂은 표정의 사람들에게 곁눈질을 당하거나 때로는 야유까지 받는다. 어딘가에서 '적절하지 않은' 옷을 입었다는 이유로 염산 공격을 받은 여자가 있다는 이야기도 들었다."

신랄함과 희망을 번갈아 보여 주는 『바그다드 버닝』은 페미니즘의 이상을 직접적으로 다루지는 않지만 일상의 맥락을 통해 그것을 조용히 보여 준다. 리버벤드는 여자임에 분명하지만(부제도 '걸 블로그'다.) 블로그에서 다루는 주제는 다양했다. 그녀는 이라크에 대해 알려 주며 텔레비전에 나오는 정치인들을 혹독하게 비판하기도 했다. 이라크의 새 정권하에서 여자들이 얼마나 억압받고 있는지 상세히 묘사함으로써 정치인들의 말과 자신의 현실이 어떻게 다른지를 보여 준다. 리버벤드는 운전을 하고, 남자들과 동일한 임금을 받고, 입고 싶은 옷을 입고, 저마다의 가치와 신념에 따라 이슬람교 교리를 실천할 수 있었던 시절을 절절히 그리워했다. 또한 이끼 냄새나는 비, 그것이 주는 차가운 안도감, 집 안의 찌는 듯

한 더위를 참지 못하고 남동생과 지붕으로 탈출했던 일, 전기 없이 보내야 했던 기나긴 나날들, 어둠이 끝없이 뻗어 나가던 밤에 대해서도 들려준다.

리버벤드는 자신을 페미니스트라 칭하지 않았지만 우리는 그녀의 글을 페미니스트의 관점으로 읽었다. 그녀의 글은 궁극적으로 페미니스트의 이야기라고 할 수 있을까? 아니면 그저 한 여성의 개인적 이야기일 뿐일까? 누군가의 이야기에 '페미니스트'라는 딱지를 붙여도 되는 것일까? 만약 그래도 된다면 특정 이론, 철학, 운동을 전개하기 위해 사람들의 이야기를 그러모으는 목적은 무엇일까?

"지금쯤이면 페미니즘이 '그리고'도 '또한'도 아니라는 걸 모두 알고 있겠죠." H교수가 학생들에게 상기시켰다. 그래, 수업을 통해 나는 그걸 배웠다. 명확한 결론, A+B=C라는 공식, 간단한 처방은 없다. 나는 소파에 앉아 읽고, 사색하고, 듣고, 토론하는 모험을 했다. 그리고 그 여정에서 발생한 명료성, 이해, 진실의 수많은 작은 순간을 수집했다. 2년 전 나는 아내와 여성이라는 새로운 역할과 타협하는 와중에 나 자신을 잃어버리지 않을까 두려워하며 그 두 정체성을 조화시킬 방법을 찾기 위해 서점으로 들어갔다. 바닥에 책상다리를 하고 앉아 있던 그때의 내가 보였다. 내 정체성의 일부는 내가 스스로 창조했지만 또 다른 일부는 끊임없이 퍼붓는 문화적 이미지에서 자유롭지 못했다. 나는 제약받고 있었다. 한때 나는 길을 잃었지만 위대한 페미니즘 고전을 읽으면서 발견과 재발견의 길을 열었다.

메리 울스턴크래프트, 샬럿 퍼킨스 길먼 같은 1세대 페미니스트들의 진가를 재발견하거나, 우상이었던 보부아르와 충돌하거나, 케이티 로이프 같은 포스트페미니스트와 화해하게 되리라고 예상하지 못했다. 단단히 막혀 있던 문화적 경계를 홀로 뚫고, 신념을 가로막는 장애물을 극복한 이 여성들은 내게 깊은 감명과 기쁨을 주었다. 물론 때로 분노와 혼란에 빠지거나 지루함을 느낀 적도 있었다. 2세대 페미니즘 내부의 불화, 그리고 3세대 페미니즘의 모호성은 나를 괴롭게 만들기도 했다. 대학생일 때는 즐거운 지적 유희로 여겨졌던 포스트모더니즘이 일상에 매인 지금의 나에게는 짜증을 자아내는 원흉으로 느껴지기도 했다. 하지만 그런 이론적인 책조차 나의 신념과 생각을 돌아볼 수 있는 귀중한 기회를 제공해 주었다.

* * *

처음에 『바그다드 버닝』은 이 여정을 끝내기에 다소 이상한 종착지로 여겨졌지만(페미니스트가 쓴 글도 아닌 데다 애초에 책도 아니잖은가!) 책을 읽은 후에는 이처럼 완벽한 마무리는 없다고 믿게 되었다. 리버벤드는 용기 있는 목소리로 조국에서 목격한 불평등을 대중에게 들려주었다. H교수는 인터넷의 무한한 가능성에 깊은 감명을 받은 듯 보였다. 인터넷은 리버벤드가 세계 전역의 독자들과 소통할 수 있게 해 주었다. 리버벤드는 인터넷을 활용해 자신의 목소리를 증폭시킬 줄 아는 새로운 여성 세대의 상징이었다. 리버벤드의 글은 다른 블로그와 웹 사이트로 빠르게 퍼져 나갔으며 그에 비례해 대중의 관심은 기하급수적으로 늘어났다. 아마 과거의 페미니스트들이 리버벤드를 보았다면 아낌없이 박수갈채를 보냈을 것이다.

H교수는 진보와 변화를 촉구하는 말을 끝으로 수업을 마쳤다. 하지만 그녀는 아직 우리를 보낼 준비가 되어 있지 않았다. 학생들이 문을 향해 걸어 나가는 몇 초 동안 부디 강의실에서 배운 내용을 잊지 말고 밖에서 행동으로 옮기라고 당부했다. "정체성은 지식의 주체가 되는 경험에서 나옵니다. 이 점을 잊지 마십시오. 존재란 과정, 이야기, 대화입니다. 항상 누구도 예상치 못한 이야기를 들려주기 위해 노력하세요."

'페미니즘 고전 연구' 수업의 보호 구역을 떠나 내 인생으로 완전히 돌아오고 나서도 H교수의 호소는 머릿속에서 떠나지 않았다. 역사는 각 세대에게 고유한 무늬의 입맞춤과 타박상의 흔적을 남기지만 여자들이 겪는 근본적 문제는 세대를 막론하고 동일하다. 시간과 공간과 환경의 차이에도 불구하고 모든 여자는 자기 정체성의 경계를 타협해야 한다. 이런 점에서 우리 모두에게는 공통분모가 있다. 물론 그에 대한 반응은 다를지 모른다. 브래지어를 태우는 것은 팔 굽혀 펴기를 하는 것과는 다르다. 하지만 두 가지 모두 권한 쟁취의 표현으로 간주할 수 있다. 우리는 둘의 유사점과 차이점 모두에서 교훈을 얻을 수 있다. 페미니즘 고전은 우리 자신의 삶을 다른 여성들의 삶과 비교하고 대조해 볼 수 있는 기회와 예측 가능하고 관습적인 일상에서 벗어나 상상의 나래를 펼 수 있는 시간을 제공해 준다. 그리하여 우리는 특정 세대의 모습이 담긴 책들을 통해 통찰을 얻을 수 있다. 페미니즘은 우리가 예상치 못했던 이야기들을 들려주며, 아마도 이 점이 가장 위대한 선물일 것이다.

# 독서가 끝난 자리에서 삶이 시작된다

'페미니즘 고전 연구' 강의가 모두 끝나고 얼마 지나지 않아 동창회에 참석하기 위해 학교를 방문한 날이었다. 남편과 실비아가 기다리고 있는 장소로 가는 길에 T교수의 수업을 같이 들었던 로언을 만났다. 그녀는 화려한 색상의 인디언 스카프를 목에 감고 있었다. 금속성 실이 햇살을 받아 반짝였다. 1년 전보다 훨씬 길어진 머리카락 위에는 맵시 있는 갈색 모자가 얹혀 있었다.

그녀가 먼저 인사를 건네 왔다. "안녕하세요! 잘 지내셨어요?"

우리는 캠퍼스를 함께 걸으며 그동안 어떻게 지냈는지 소식을 나누었다. 로언은 졸업하고 나면 1년 동안 일을 하여 돈을 모은 후 여행을 하고 대학원으로 돌아와 여성학이나 영문학을 공부하고 싶다고 했다. 두 전공 모두 끌려서 어느 쪽을 택할지 아직 정하지 못했다고 했다. 로언의 장래 계획을 들으며 내가 그 나이 때는 어땠는지 생각해 봤다.

"벌써 대학 졸업이라니 믿을 수 없어요. 시간 정말 빠르네요."
로언은 웃으며 담배를 꺼내기 위해 낡은 가죽 토트백 안을 더듬었
다. 그러고는 곁눈질로 나를 쳐다보았다. "선배가 페미니즘 고전
들을 다시 읽기 위해 학교로 돌아온 게 정말 멋지다고 생각했어요.
저는 독서와 토론을 좋아하기는 해도 다른 일에 치이다 보니 막상
수업을 즐기지는 못했거든요."

우리는 로언이 담뱃불을 붙일 수 있도록 로 메모리얼 도서관 계
단 아래에서 걸음을 멈추었다. 우리 앞에는 알마 마테르 조각상이
보였다. 대리석 손에 지혜의 홀(笏)을 쥔 채 하늘을 향해 양팔을 영
원히 뻗고 있는 알마 마테르는 모두를 환영하는 듯 보였다. 우리가
서 있던 자리에서 곧장 가로지르면 버틀러 도서관이 나오는데, 그
도서관의 웅장한 앞면에는 역사적으로 위대한 사상가들의 이름이
새겨져 있었다. 호메로스, 헤로도토스, 소포클레스, 플라톤, 아리스
토텔레스, 데모스테네스, 키케로, 베르길리우스, 호라티우스, 타키
투스, 아우구스티누스, 단테, 세르반테스, 셰익스피어, 밀턴, 볼테
르, 괴테. 라틴어로 '기르는 어머니'라는 뜻의 알마 마테르 상과 서
구 사상가들에게 경의를 표하는 버틀러 도서관 앞에 서서 캠퍼스
를 오가는 남학생과 여학생들의 뒤섞인 흐름을 보다가 문득 산 자
와 죽은 자들이 장려한 대화를 나누고 있다는 착각이 들었다.

"저도 나중에 아이를 낳고 나서 선배처럼 해 보려고요."

밝고 진지하고 젊은 로언, 그리고 2년 동안 수업을 들으며 만난
모든 학생에 대한 애정이 피어올랐다. 내가 말했다. "꼭 그렇게 해

요. 꼭 그렇게 하겠다고 나한테 약속해요. 나도 언젠가 그 책들을 또다시 읽을지 몰라요." 우리는 웃으며 작별 인사를 나누었다. 로언의 뒷모습을 보며 내 여정이 막바지에 도달했다는 아쉬움에 잠시 울컥한 기분이 들었지만 사실 진정한 여정은 이제 시작이었다.

* * *

덴마크 철학자 쇠렌 키르케고르(Søren Kierkegaard)는 이런 말을 했다. "인생은 뒤를 돌아볼 때만 비로소 이해할 수 있다. 하지만 우리는 앞을 보며 인생을 살아가야 한다." 그러나 마음은 기억을 통해 운명을 속이기도 한다. 남편과 실비아가 기다리고 있는 정문을 향해 걷다가 대학 졸업식 당시의 내가 액자에 담긴 사진처럼 선명하게 떠올랐다.

졸업식 날 나는 삐걱거리는 철제 의자에 앉아 세 시간을 보내고, 샴페인 석 잔을 마시고, 셀 수 없을 정도의 축하 포옹을 나눈 후 기숙사 방으로 돌아왔다. 열린 창으로 부드럽고 시원한 봄바람이 소곤대는 대화처럼 밀려들어 왔다가 밀려 나갔다. 졸업 가운은 이미 반납했고 소지품은 모두 상자에 담아 그 위에 검은 펜으로 깔끔하게 적어 라벨까지 붙여 놓았다. 남아 있는 것은 포스터뿐이었지만 아직 떼어 내고 싶지 않았다. 그것들까지 떼어 내고 나면 삭막한 빈 방과 정말 끝일 것만 같았다. 대신 나는 창턱에 걸터앉아 담배에 불을 붙였다. 희뿌연 연기를 천천히 내뱉고는 공중에 희미한 냄새만 남을 때까지 기다렸다가 다시 한 모금을 빨아들었다. 담배는 군중 속에 있는 동안에는 강인함의 표식이지만 내 방에 혼자 있을 때는 나 자신을 잠시 멈추고 호흡하기 위한 수단이었다. 나는 손가락 사이에 담배를 끼어 넣고는 그 느낌을 즐겼다. 바깥 공기에서는 축축한 비와 재 냄새가 났다.

창 아래로 잎이 무성한 우듬지, 쉭 소리를 내며 브로드웨이를 내달리는 자동차들, 허드슨 강의 반짝이는 물결, 한눈에 들어오는 뉴욕의 전경이 보였다. 나는 바로 그 자리에서 흡수하기 힘들 정도로 중대한 인생의 사건을 지나칠 때 발생하는 특유의 현기증을 경험했다. 그럴 때면 그 감정에 빠져드는 수밖에 다른 방도가 없다. 그곳에서 내려다보면 혼돈과 광란의 뉴욕도 정사각형과 격자무늬 속에 가지런히 정돈된 듯 보여서 그 모든 걸 관리하고 정복할 수 있을 것만 같았다.

남은 담배꽁초를 다이어트 콜라 캔에 넣고 깊게 숨을 들이 쉬었다. 미래가 나를 기다리고 있었다. 물론 마음속에서는 불안이 가지를 뻗고 있었지만 희망과 꿈도 함께 있었다. 이제 나갈 준비가 된 나는 창턱에서 미끄러져 내려와 조심스럽게 포스터를 떼어 내기 시작했다. 찢기지 않도록 노력했지만 어쩔 수 없이 조금씩 찢어졌다. 떠나기 전에 방 안의 전경을 마지막으로 눈에 담고 가야겠다고 생각했지만 이중 주차해 놓은 차를 빨리 빼야 한다는 아버지의 재촉 때문에 포기할 수밖에 없었다. 그래서 뒤돌아볼 새도 없이 포스터들을 둘둘 감아 팔 아래에 흉하게 낀 채 황급하게 방에서 나왔고 내 뒤로 문이 찰칵 하고 닫히는 소리가 들렸다.

바깥, 뉴욕과 대학 캠퍼스의 경계인 철문에는 나의 나이 많은 자아가 잠시 서서 과거를 회상하고 있었다. 나는 과거의 자아를 그날, 기숙사 16층에 두고 왔다고 믿었다. 그녀를 떠올릴 때마다 눈앞이 번쩍이며 그날의 감상이 떠올랐고 나는 상실감을 느꼈다. 나는 지나간 그녀를 애도했다. 하지만 이제는 그렇지 않다.

실비아가 나를 향해 달려오고 있었고 나는 몸을 굽혀 딸을 끌어안았다. 뒤따라온 남편이 한 팔을 내 허리에 두르고 다른 팔로 실비아를 안았다. 이제 나는 한때 나였던 여자아이와 오늘날 나인 여자가 동일선상의 점이라는 걸 안다. 그녀가 나이며 내가 그녀. 우리는 함께 다른 인생이 만들어 놓은 지도를 참조해 우리의 발자국을 앞뒤로 더듬으며 계속해서 현재의 우리를 만들 것이다.

여기, 이곳에서.

# 에필로그

프랑스의 구조주의 철학자 롤랑 바르트는 전기를 "그 대상의 위조된 통합"이라고 조소했다. 이 책에 나온 모든 인용 어구는 학생들과 교수들이 수업 시간에 한 말을 그대로 가져다 쓰기는 했지만 익명성을 유지하기 위해 인물을 합성해 만들고 이름도 바꾸었다. 원래는 1년 과정의 '페미니즘 고전 연구' 강의를 같은 교수에게 쭉 들을 계획이었지만 나는 내 의지로 통제할 수 없는 상황 때문에 그렇게 할 수 없었다. 그래서 결국 바너드 대학과 컬럼비아 대학에서 각기 다른 네 집단의 학생들과 네 명의 다른 교수들에게 모두 2년간 수업을 들었다. 그래서 헷갈리지 않도록 조심하면서도 벌어졌던 일의 진실을 보존하기 위해 노력했다. 롤랑 바르트의 의견과 반대로 나는 이러한 의도적 수정이 우리를 이야기의 본질에 더 가까워지게 만든다고 믿는다.

내 경험은 바너드 대학과 컬럼비아 대학에서 들었던 강의에 전적으로 한정된다는 점을 꼭 지적하고 넘어가야겠다. 앞에서도 말했듯, 강의 내용은 학기마다 크게 달라질 수 있다. 내 진술은 페미니즘에 대한 일반론이 아니며 바너드 대학이나 컬럼비아 대학에 대한 일반론도 아니다.

짧은 당부의 말을 하나 더 붙이겠다. 나는 여기서 소개한 책들에 비평가나 학자로서가 아니라 '일반 독자'로서 접근했다. 버지니아 울프는 일반 독자란 다음과 같은 사람을 의미한다고 했다. "무엇보다도 …… 어떤 가능성이나 결말에 맞닥뜨리든 스스로의 본능에 인도받아 일종의 완전체, 한 여자의 초상, 한 시기의 윤곽, 문장 작법의 이론을 창조하는 …… 사람." 내 생각과 의견도 그렇다. 교수나 박사 학위 과정 학생이 내 해석을 읽는다면 코웃음 치며 발기발기 찢어 버리고 싶은 마음이 들지도 모르겠다. 사실은 그렇게 해야 마땅하다. 바너드 대학으로 돌아간 데는(인생을 살아가며 어떤 선택을 내리는지 다루는 것이 철학이라는 점에서) 철학적 목적과 문학적 목적도 있었지만 분명 정치적 목적도 있었다. 여성의 역할에 대한 토론과 여자들이 내리는 선택은 원래 정치적이지 않은가. 그렇기는 하지만 나는 사람들이 이 책을 '매우 개인적 소회' 이상의 무엇인가로 읽지 않기를 바란다.

나는 나를 페미니스트라고 생각한다. 그래서 사랑, 죄책감, 혼란, 좌절로 사분되어 괴로워하던 내 인생의 특정 시기와 장소에서 그 어려움에 맞서기 위한 방편으로 나는 페미니즘 고전을 선택했다. 그렇다 보니 여기에 소개한 책들은 내가 처해 있던 상황과 밀

접한 관련이 있다. 강의를 들은 2년 동안 훌륭한 책을 많이 만났지만 그중 상당수를 제외시킬 수밖에 없었다. 그 책들의 문학적 가치가 떨어져서가 아니라 내가 쓰려는 글의 주제와 거리가 멀거나 너무 이론적으로 흘러갈 우려가 있기 때문이었다.

이 책은 기본적으로 독서에 대한 책이기 때문에 많은 사람이 이 책을 통해 독서에 대한 열망을 느끼게 되기를 희망한다. 그런 마음에서 '페미니즘 고전 연구' 수업 요강에 나온 책과 자료들을 뒤에 소개한다.

# 감사의 말

나는 이 책의 열렬한 팬인 친구가 둘이나 있는 행운아다. 니나 콜린스는 날카로운 통찰력, 지칠 줄 모르는 열의와 격려로 내게 힘을 주었으며 롭 매퀼킨은 놀라운 편집자의 시각을 빌려 주었을 뿐 아니라 위트, 매력, 헌신으로 내가 이 책을 계속 쓸 수 있도록 격려해 주었다. 두 친구에게 이 책을 믿어 주어서, 그리고 책을 쓰는 동안 함께해 주어 고맙다는 말을 전하고 싶다.

퍼블릭어페어스 출판사는 이 책에 꼭 맞는 집이었다. 책을 쓰는 동안 지원을 아끼지 않은 출판사의 전 직원에게 감사드린다. 특히 독창적인 제목을 지어 주고 여러 가지 번득이는 제안을 해 준 편집자 클라이브 프리들에게 고마운 마음을 전한다. 사려 깊고 명석한 조언을 해 준 니키 파파도플러스에게도 고마움을 전한다. 세심한 부분까지 꼼꼼하게 신경 써 준 편집자 아네트 웬다에게도 감사함을 전한다. 그들의 도움이 있었기에 이 책이 훨씬 더 가치 있어 졌다. 또 수전 와인버그, 테사 생크, 케이 마리아, 멜리사 레이먼드, 린제이 프래드코프에게도 감사를 전한다.

두 분의 이야기를 적어도 좋다고 호기롭게 허락해 주시고 늘 나를 사랑해 주시는 부모님에게도 감사한 마음을 전한다. 여동생 캐럴라인은 초콜릿과 구운 빵을 조달해 주었으며 소파에 앉아 이야기 나눈 셀 수 없는 시간 동안 소중한 조언을 해 주었다.

이 책을 쓰는 동안 순조롭게 이 길을 걸을 수 있도록 도와주고 울고 싶을 때도 나를 웃게 해 준 많은 친구, 특히 제니 리, 타샤 블레인, 크리스틴 버클리, 니콜 할라, 바버라 메싱, 핼 니즈비키, 휴고 스탠스트롬, 제이슨 앤서니, 질 그린버그, 수전 그레고리 토머스, 로렌조 도밍게즈, 아네스토 캐츠에게 고마움을 전한다.

또한 드라마 「리오던 가족」의 린, 존, 제임스에게도 감사함을 전한다.

내가 수업을 들을 수 있도록 아량을 베풀어 준 바너드 대학 당국과 교수님들, 그리고 선뜻 내 청강을 환영해 준 학생들에게도 감사함을 전한다. 나는 대학으로 돌아가 내가 이미 알고 있던 것들을 다시 확인했다. 바너드 대학은 정말 특별한 장소다. 대학 3학년 때 바너드 대학에 편입한 것은 내가 내린 최고의 결정 중 하나일 것이며, 지금껏 나는 그 결정을 후회한 적이 없다.

남편에게, 그의 한결같은 사랑과 말로 다할 수 없는 인내심, 경탄할 만한 유머 감각, 이 여정을 하는 동안 매 발걸음을 나와 함께 해 준 것에 감사하다.

마지막으로 나의 북극성 실비아, 네가 너여서 고맙다, 딸아.

# 추천 도서

『아담, 이브, 뱀: 기독교 탄생의 비밀(Adam, Eve, and the Serpent)』 | 아우라, 2009 | 일레인 페이절스, 류점석·장혜경 옮김

『페르페투아의 열정: 젊은 로마 여성의 죽음과 기억(Perpetua's Passion: The Death and Memory of a Young Roman Women)』 | 조이스 E. 솔즈베리(Joyce E. Salisbury)

『여성의 권리 옹호(A Vindication of the Rights of Woman)』 | 책세상, 2011 | 메리 울스턴크래프트(Mary Wollstonecraft), 문수현 옮김

『옹호: 메리 울스턴크래프트의 생애(Vindication: A Life of Mary Wollstonecraft)』 | 린달 고든(Lyndall Gordon)

『노란 벽지(The Yellow Paper)』 | 샬럿 퍼킨스 길먼(Charlotte Perkins Gilman)

『샬럿 퍼킨스 길먼의 삶(The Living of Charlotte Perkins Gilman)』 | 샬럿 퍼킨스 길먼

『각성(The Awakening)』 | 문파랑, 2010 | 케이트 초핀(Kate Chopin), 이지선 옮김

『여성의 종속(The Subjection of Women)』 | 책세상, 2006 | 존 스튜어트 밀(John Stuart Mill), 서병훈 옮김

『자기만의 방(A Room of One's Own)』 │ 민음사, 2006 │ 버지니아 울프(Virginia Woolf), 이미애 옮김

『제2의 성(The Second Sex)』 │ 동서문화사, 2009 │ 시몬 드 보부아르(Simone de Beauvoir), 이희영 옮김

『보부아르와 사르트르: 천국에서 지옥까지(Tête-à-Tête)』 │ 해냄, 2006 │ 헤이즐 롤리(Hazel Rowley), 김선형 옮김

『여성의 신비(The Feminine Mystique)』 │ 이매진, 2005 │ 베티 프리단(Betty Friedan), 김현우 옮김

『가사 노동의 정치학(The Politics of Housework)』 │ 팻 메이너디(Pat Mainardi)

『성의 변증법: 성 해방을 통한 인간 해방 역설(The Dialectic of Sex)』 │ 풀빛, 1983 │ 슐라미스 파이어스톤(Shulamith Firestone), 김예숙 옮김

『쪼개진 세계(The World Split Open)』 │ 루스 로젠(Ruth Rosen)

『성의 정치학(Sexual Politics)』 │ 현대사상사, 2004 │ 케이트 밀렛(Kate Millett), 정의숙 옮김

『온리 워즈(Only Words)』 │ 캐서린 매키넌(Catherine MacKinnon)

『돼지 같은 열혈주의 여자들(Female Chauvinist Pigs)』 │ 아리엘 레비(Ariel Levy)

『비행 공포(The Fear of Flying)』 │ 비채, 2013 │ 에리카 종(Erica Jong), 이진 옮김

『팔루스의 의미(The Meaning of the Phallus)』 │ 자크 라캉(Jacques Lacan)

『메두사의 웃음(The Laugh of the Medusa)』 │ 동문선, 2004 │ 엘렌 식수(Hélène Cixous), 박혜영 옮김

『히스테리 연구(Dora: An Analysis of a Case of Hysteria)』 │ 지그문트 프로이트(Sigmund Freud)

『다른 목소리로(In a Different Voice)』 │ 동녘, 1997 │ 캐럴 길리건(Carol Gilligan), 허란주 옮김

『다음 날 아침(The Morning After: Sex, Fear, and Feminism)』 │ 케이티 로이프(Katie Roiphe)

『젠더 트러블(Gender Trouble)』 │ 문학동네, 2008 │ 주디스 버틀러(Judith Butler), 조현준 옮김

『바그다드 버닝(Baghdad Burning)』 │ 리버벤드(Riverbend)

## 페미니즘 고전 연구 1
### 도서

『정의를 위한 운동(Crusade for Justice)』 │ 아이다 B. 웰스 바넷(Ida B. Wells Barnett)

『시, 저항, 그리고 꿈: 선집(Poems, Protest, and a Dream: Selected Writings)』 │ 후아나 델 라

크루즈(Juana de la Cruz)

『히스테리 연구』 | 지그문트 프로이트

『글뤼켈 하멜른 회고록(Memoirs of Glueckel of Hameln)』 | 글뤼켈 하멜른(Glueckel of Hameln)

『고독의 우물(The Well of Loneliness)』 | 웅진, 2008 | 래드클리프 홀(Radclyffe Hall), 임옥희 옮김

『쉬비아스(Scivias)』 | 힐데가르드 폰 빙엔(Hildegard von Bingen)

『술타나의 꿈과 패드마락(Sultana's Dream and Padmarag)』 | 로키아 후세인(Rokiya Hussayn)

『린다 브렌트 이야기: 어느 흑인 노예 소녀의 자서전(Incidents in the Life of a Slave Girl)』 |
뿌리와이파리, 2011 | 해리엇 제이컵스(Harriet Jacobs), 이재희 옮김

『퀵샌드 앤 패싱(Quicksand and Passing)』 | 넬라 라슨(Nella Larsen)

『애드버타이징 아메리칸 드림(Advertising the American Dream: Making Way for
Modernity 1920-1940)』 | 롤랑 마르샹(Roland Marchand)

『무라사키 시키부 일기(紫式部日記)』 | 지식을만드는지식, 2011 | 무라사키 시키부(紫式部), 정순분 옮김

『아담, 이브, 뱀: 기독교 탄생의 비밀』 | 아우라, 2009 | 일레인 페이절스, 류점석・장혜경 옮김

『여자의 도시(Books of the City of Ladies)』 | 크리스틴 드 피잔(Christine de Pizan)

『하렘 이어즈(Harem Years)』 | 후다 샤라위(Huda Shaarawi)

『유한계급론(The Theory of the Leisure Class)』 | 우물이있는집, 2012 | 소스타인 베블런(Thorstein
Veblen), 김성균 옮김

『여성의 권리 옹호』 | 책세상, 2011 | 메리 울스턴크래프트, 문수현 옮김

『자기만의 방』 | 민음사, 2006 | 버지니아 울프, 이미애 옮김

『가족 부양자(Bread Givers)』 | 안지아 예지에르스카(Anzia Yezierska)


## 에세이


「여자들은 투표가 아닌 빵을 원한다!(Woman Wants Bread, Not the Ballot!)」 | 수전 B. 앤서
니(Susan B. Anthony)

「여성과 경제(Women and Economics)」 | 샬럿 퍼킨스 길먼

「남부 기독교 여인들에 대한 호소(Appeal to the Christian Woman of the South)」 | 앤젤리나 그림크(Angelina Grimke)

「양성평등과 여성의 상황에 대한 편지(Letters on the Equality of the Sexes and the Condition of Woman)」 | 사라 M. 그림크(Sarah M. Grimke)

「여성의 종속」 책세상, 2006 | 존 스튜어트 밀, 서병훈 옮김

「여성, 신체, 자연: 성차별주의와 창조 신학(Woman, Body, Nature: Sexism and the Theology of Creation)」 | 로즈메리 래드퍼드 류터(Rosemary Radford Ruether)

「뉴욕 입법부에 대한 탄원서, 여자다움(Address to the New York State Legislature and Womanliness)」 | 엘리자베스 캐디 스탠턴(Elizabeth Cady Stanton)

「나는 여자가 아닌가요?(Ain't I a Woman)」 | 소저너 트루스(Sojourner Truth)

「교육, 자유 질문(Education and, 'Of Free Enquiry')」 | 프랜시스 라이트(Frances Wright)

## 페미니즘 고전 연구 2
### 도서

「제2의 성」 | 동서문화사, 2009 | 시몬 드 보부아르, 이희영 옮김

「젠더 트러블」 | 문학동네, 2008 | 주디스 버틀러, 조현준 옮김

「모성의 재생산(The Reproduction of Mothering)」 | 한국심리치료연구소, 2008 | 낸시 초도로 (Nancy Chodorow), 김민예숙·강문순 옮김

「남자다움(Masculinities)」 | 코넬(R. W. Connell)

「진/에콜로지(Gyn/Ecology)」 | 메리 데일리(Mary Daly)

「여성, 인종, 계급(Women, Race, and Class)」 | 안젤라 데이비스(Angela Davis)

「글로벌 우먼(Global Woman: Nannies, Maids, and Sex Workers in the New Economy)」 | 바버라 에런라이크(Barbara Ehrenreich)·앨리 혹실드(Arlie Hochschild)

「성의 변증법: 성 해방을 통한 인간 해방 역설」 풀빛, 1983 | 슐라미스 파이어스톤, 김예숙 옮김

「여성의 신비」 | 이매진, 2005 | 베티 프리단, 김현우 옮김

『제3의 물결(Third Wave Agenda)』 │ 레슬리 헤이우드(Leslie Heywood) • 제니퍼 드레이크(Jennifer Drake)

『나는 여자가 아닌가요?(Ain't I a Woman?)』 │ 벨 훅스(Bell Hooks)

『수갑과 재갈: 미국 포르노그래피와 환상의 정치학(Bound and Gagged: Pornography and the Politics of Fantasy in America)』 │ 로라 키프니스(Laura Kipnis)

『온리 워즈』 │ 캐서린 매키넌

『성의 정치학』 │ 현대사상사, 2004 │ 케이트 밀렛, 정의숙 옮김

『이 다리가 나를 불렀다: 급진적 유색 여성의 글쓰기(This Bridge Called My Back: Writings by Radical Women of Color)』 │ 체리 모라가(Cherríe Moraga) • 글로리아 안잘두아(Gloria Anzaldúa)

『자매애는 강하다(Sisterhood Is Powerful: An Anthology of Writings from the Women's Liberation Movement)』 │ 로빈 모건(Robin Morgan)

『디스로케이팅 컬처(Dislocating Cultures: Identities, Traditions, and Third World Feminism)』 │ 우마 나라얀(Uma Narayan)

『제한된 나라(A Restricted Country)』 │ 조앤 네슬레(Joan Nestle)

『다문화는 여성들에게 해악인가?(Is Multiculturalism Bad for Women?)』 │ 수전 몰러 오킨 외 (Susan Moller Okin et al.)

『바그다드 버닝』 │ 리버벤드

『다음 날 아침』 │ 케이티 로이프

『쪼개진 세계』 │ 루스 로젠

『욕망의 권력: 성의 정치(Powers of Desire: The Politics of Sexuality)』 │ 앤 스니토(Ann Snitow) • 크리스틴 스탠셀(Christine Stansell) • 샤론 톰슨(Sharon Thompson)

『현대 페미니즘 사상: 2세대 페미니즘에서 포스트 페미니즘까지(Modern Feminist Thoughts: From the Second Wave to Post Feminism)』 │ 이멜다 윌러한(Imelda Whelehan)

## 에세이

「메두사의 웃음」 | 동문선, 2004 | 엘렌 식수, 박혜영 옮김

「여성성(Femininity)」 | 지그문트 프로이트

「하나이지 않은 성 그리고 다른 것 없이는 말하지 않는 하나(This Sex Which Is Not One and And the One Doesn't Speak Without the Other)」 | 뤼스 이리가레이(Luce Irigaray)

「팔루스의 의미」 | 자크 라캉

「분노의 사용: 인종 차별에 대응하는 여성들 그리고 주인의 도구로는 주인의 집을 해체할 수 없다(The Uses of Anger: Women Responding to Racism and The Master's Tools Will Never Dismantle the Master's House)」 | 오드르 로드(Audre Lorde)

「가사 노동의 정치학」 | 팻 메이너디

「위치의 정치학, 강제적인 이성 관계와 동성애적인 존재의 필요성(Notes Toward a Politics of Location and Compulsory Heterosexuality and Lesbian Existence)」 | 에이드리언 리치 (Adrienne Rich)

「정치학의 급진적 이론을 위한 노트(Thinking Sex: Notes for a Radical Theory of the Politics of Sexuality)」 | 게일 루빈(Gayle Rubin)

「사랑과 의식의 여성 세계(The Female World of Love and Ritual)」 | 캐럴 스미스로젠버그 (Carroll Smith-Rosenberg)

「어머니의 정원을 찾아서 그리고 자신의 아이: 일 안에서의 의미 있는 탈선(In Search of Our Mother's Garden and One Child of One's Own)」 | 앨리스 워커(Alice Walker)

「여자는 여자로 태어나지 않는다(One Is Not Born a Woman)」 | 모니크 위티그(Monique Wittig)

# 결혼과 모성에 대한
# 도발적인 책 다섯 권

### 『평행 인생(Parallel Lives)』(1983) | 필리스 로즈(Phyllis Rose)

이 매력적인 책에서 로즈는 인습에 얽매이지 않는 빅토리아 시대 다섯 부부를 현미경으로 들여다봄으로써 관계 내에서의 권력의 균형 전환, 사회적 관습의 제약 같은 보편적 주제를 밝히고 있다. 이 다섯 부부는 모두 유명 작가인 토머스 칼라일, 존 스튜어트 밀, 찰스 디킨스, 존 러스킨, 조지 엘리엇 부부다. 로즈는 페미니스트의 시각으로 그들의 관계를 세세하게 엿본다. 로즈는 과거에 이들의 결혼 생활이 어떻게 펼쳐지는지 빛을 비추어 보여 줌으로써 오늘날의 결혼 생활이 어떻게 작동하는지에 대한 통찰을 제공한다. 조지 엘리엇과 조지 헨리 루이스 부부는 가장 흥미로운 사례 연구 중 하나다. 이미 결혼을 한 루이스는 엘리엇과의 관계를 공식화할 수 없었지만 그들은 아마도 누구보다 행복했을 것이다. 이 책은 각자의 결혼에 대한 기대를 신중하게 생각해 보면서 몰입해 읽을 수 있다.

### 『생산적인(Fruitful)』(1996) | 앤 로이프(Anne Roiphe)

2세대 페미니즘의 물결이 그녀를 휘감았을 때, (케이티 로이프의 어머니) 앤 로이프는 이혼한 싱글 맘에 포부가 큰 소설가였다. 그녀는 결국 이전 결혼에서 아이를 둔 남자와 다시 결혼하고 아이를 더 낳아 혼합 가족의 새롭고 복잡한 도전에 직면한다. 이 아주 개인적인 글을 통해 그녀는 1970년대의 극단적인 페미니즘과 '가족의 가치'를 떠들어 대는 종교적 우파의 신념의 흔들리는 줄

타기를 하며 자신의 페미니즘을 모성과 조화시키기 위해 얼마나 악전고투했는지 이야기한다. 30년대에 태어난 로이프는 다양한 시기에 대한 많은 문제를 다룬다. 그럼에도 불구하고 모성과 페미니스트 운동 사이의 갈등에 대한 서정적이고 솔직한 관찰이 내게 깊은 공명을 주었다.

## 『생활 조율하기(Composing A Life)』(1989) | 메리 캐서린 베이트슨(Mary Catherine Bateson)

문화 인류학자 마거릿 미드의 딸인 베이트슨은 자기 자신을 포함한 다섯 여성의 복잡한 생활상을 그려 보여 주며, 그들이 '생활 조율'이라는 창의적인 활동을 했다고 말한다. 나는 인생이 갈등, 방해, 쪼개진 에너지가 계속되는 즉흥 연주 교향곡과도 같다는 베이트슨의 생각에 흥미를 느껴 이십 대에 이 책을 읽고 삼십 대가 되어 다시 읽었다. 베이트슨은 문제를 단일한 목표라는 성취로 가는 길에 놓인 방해물로 보지 말고 재발명과 유동성을 허락해 주는 창조적 기회로 보라고 촉구한다. 나는 어머니가 된 후 단절된 내 인생을 되찾으려 발버둥 칠 때 이 책을 접하고는 많은 도움을 받았다. 또한 세계적으로 유명한 어머니 밑에서 성장하는 것이 베이트슨의 기대와 자아 감각에 어떤 영향을 끼쳤는지 알아보는 것도 흥미로웠다.

## 『사랑은 없다: 사랑의 절대성에 대한 철학적 반론(Against Love)』 | 지식의 날개, 2009 | 로라 키프니스(Laura Kipnis), 김성 옮김

날카롭고 재기 넘치며 때로는 정확하게 핵심을 찔러서 아프다. 나는 이 책을 들이마시다시피 읽었다. 자칭 선동문인 『사랑은 없다』는 대중 심리학에서 마르크스에 이르는 다양한 근거를 바탕으로 불륜을 공격의 전면에 내세운다. 배우자가 있을 때 할 수 없는 모든 것을 열거한 대목은 특히나 훌륭하다. 로라 키프니스는 이 주제만으로 거의 여섯 쪽을 할애했다. 키프니스는 책 앞부분에서 이 선동문이 편향되어 있다는 경고를 한다. "그들은 사건을 과장해서 말한다. 그들은 보통 의심할 여지없고 매우 깊이 자리 잡았다는 이유로, 도발과 때로는 조롱을 제멋대로 던진다. 그것만이 일반적인 이야기에 영향을 줄 수 있는 유일한 방법이다." 여기서 그녀는 정확히 그렇게 하는 데 성공한다. 이 책을 읽고 나면 다시는 사랑을 종전처럼 볼 수 없을 것이다. 최소한 당신은 이 명쾌한 책을 단숨에 읽어 내리며 재미를 느낄 것이다.

## 『참여하기(Opting in)』(2008) | 에이미 리처즈(Amy Richards)

한창 페미니즘과 모성에 대해 생각하며 글을 쓰고 있을 때 이 책을 접하고 무척 기뻤다. 리처즈는 저명한 페미니스트 운동가이자 작가,『마니페스타: 젊은 여성, 페미니즘, 그리고 미래』라는 제목의 3세대 페미니즘에 대한 안내서를 공동 저술한 작가다. (그리고 공교롭게도 버나드 대학 동문이다!) 2004년《뉴욕 타임스》에 실린 고등 교육을 받은 여성들이 아이를 키우기 위해 직장을 버리는 혁명을 다룬 '빠져나오기'라는 헤드라인 기사에 반박하며 리처즈는 다른 이야기를 말한다. 인터뷰, 역사적 분석, 자신의 경험을 통해 리처즈는 여성들이 자신의 일과 가족의 삶을 맞바꾸는 여성들에게 페미니즘에 의해 구축된 긍정적 기회를 들여다볼 뿐 아니라 부모가 되는 것이 직장을 넘어서 배우자, 친구, 가족과의 관계에 어떠한 영향을 끼치는지 들여다본다. 이 고무적인 책은 여성들에게 모성에 대한 문화적 소음을 뚫고 나가 진정으로 자신에게 최선의 선택을 내리라고 격려한다.

## 이 책의 주제를 더 깊이 파헤친
## 내가 사랑하는 소설들

『열정(The Passion)』(1997) | 한국문화사, 2004 | 저넷 윈터슨(Jeanette Winterson), 송인갑 옮김

대학 졸업 후 처음 맞는 여름, 한 친구가 이 책을 나에게 넘기며 말했다. "읽으면 좋아할 거야." 그의 말이 맞았다. 지금도 나는 이 책을 펼칠 때마다 감동을 받는다. 나폴레옹 전쟁을 배경으로 펼쳐지는 사랑과 전쟁에 대한 이 마법 같은 이야기는 나폴레옹의 요리사 앙리와 베네치아 곤돌라 사공의 딸 빌라넬, 두 남녀의 목소리로 전개된다. 앙리는 결국 자신의 군 생활을 벗어나고, 도박을 즐기며 남자처럼 행동하는 빌라넬은 유부녀와 사랑에 빠진다. 윈터슨은 상당히 얇은 이 한 권의 책을 통해 섹스, 폭력, 정체성, 그리고 열정의 문제를 깊이 파고들고 있다. 화려하고 자극적이면서도 깊이 고민하게 만드는 이 책은 언제나 내 필독서 목록 맨 꼭대기를 차지하고 있다.

『그들의 눈은 신을 보고 있었다(Their Eyes Were Watching God)』(1937) | 문학과지성사, 2001 | 조라 닐 허스턴(Zora Neale Hurston), 이시영 옮김

내가 조라 닐 허스턴을 알게 된 것은 버나드로 학교를 옮긴 뒤 그녀가 할렘

문예 부흥(1920년대 미국 흑인 작가들에 의해 일어난 활기차고 창조적인 문학 운동. ─옮긴이)의 주역이라는 사실을 접하고서였다. 허스턴 역시 버나드 대학 졸업생으로 1920년대에 인류학을 전공하고, 프란츠 보아스, 루스 베니딕트, 마거릿 미드와 함께 수학했다. 나는 『노새와 인간(Mules and Men)』, 『내 말에게 전하라(Tell My Horse)』 같은 그녀의 획기적인 글과 민족적 작품을 접한 후 두근대는 마음으로 이 책을 집어 들었다. 이 책은 재니 크로퍼드라는 아프리카계 미국 여성의 삶과 사랑을 다루고 있다. 내가 이 책을 사랑하는 것은 단지 특정 시간과 장소로 시간 여행을 시켜 주어서가 아니다. (이 소설에는 방언이 자주 등장한다.) 사람들이 보편적으로 경험하는 얽히고설킨 인간관계를 아주 능란하게 풀어내는 그녀의 솜씨 때문이다.

### 『광막한 사르가소 바다(Wide Sargasso Sea)』(1966) | 펭귄클래식코리아, 2008 | 진 라이스(Jean Rhys), 윤정길 옮김

나는 이 이야기 탄생 배경을 듣자마자 끌렸다. 진 라이스는 샬럿 브론테 작품 『제인 에어』의 '다락방의 미친 여자'에서 영감을 받아 그녀의 입장, 생각, 욕망 등을 상상하기 시작한다. 그 결과 『제인 에어』에서 로체스터의 미친 아내 '버사'가 『광막한 사르가소 바다』에서 '앙투아네트 코즈웨이'로 재탄생한다. 자메이카에서 자란 크레올(프랑스계 백인과 흑인 사이에 태어난 혼혈) 앙투아네트는 주변 상황에 떠밀려 영국인과 중매결혼을 하게 된다. 하지만 불신과 불만으로 가득 찬 두 사람의 결혼 생활은 점점 불행의 끝으로 치닫는다. 두 사람은 무더운 자메이카를 떠나 영국으로 떠나는데, 앙투아네트는 이미 정신적으로 불안정하여 서서히 미쳐 가는 중이다. 라이스는 현실을 통제하는 서술자의 힘을 과시하듯 앙투아네트에서 그녀의 남편으로, 그리고 다시 앙투아네트로 화자를 번갈아 내세우며 환상적인 산문을 써내려 간다. 이 책의 마지막 페이지를 덮은 후 오랜 시간이 지났지만 아직도 나는 이 책에 사로잡혀 있다.

『벨 자(The Bell Jar)』(1963) │ 마음산책, 2013 │ 실비아 플래스(Sylvia Plath), 공경희 옮김

벨 자는 에스더라는 젊은 여대생을 주인공으로 한 자전 소설이다. 에스더는 뉴욕 맨해튼의 일류 여성 잡지사에서 인턴 과정으로 일하고 있는데, 일과를 마친 후 집으로 돌아온다. 하지만 기분이 점점 우울해지고 자살 충동까지 느껴 결국 정신 병원에서 치료를 받는다. 대학 2학년을 마치고 처음 맞은 여름, 분홍색 벽지를 바른 내 방에서 플래스의 소설을 읽다가 에스더가 자기 앞에 놓은 여러 가지 선택 사항을 무화과나무에 매달린 둥그스름한 무화과에 비유한 장면을 읽던 생각이 난다. 나무 앞에 서서 무화과를 선택하려는 순간에 에스더는 쪼그라든 무화과가 나무에서 하나씩 떨어지는 장면을 본다. 나이도 비슷하고 미래에 대한 불안감도 비슷해서였는지 나는 그녀를 이해할 수 있을 것 같았다. 그해 여름에 나는 내내 이 책을 끼고 다녔다.

『졸업(Commencement)』(2009) │ J. 커트니 설리번(Courtney Sullivan)

나는 『졸업』에 등장하는 네 명의 여주인공보다 나이가 몇 살 많다. 하지만 그녀들의 이야기는 나의 이야기와 꼭 닮아 있었다. 이 소설은 서로 다른 네 여성의 삶을 따라가면서 우리가 어떤 선택을 하는 이유가 무엇이며, 그 선택들의 결과가 어떻게 우리 자아를 형성하는지를 파헤친다. 네 친구들은 1990년대 후반에

스미스 칼리지에서 처음 만나 끈끈한 우정으로 하나가 된다. 하지만 이들의 우정은 이십 대를 거치며 전망 없는 직업, 부모님들의 무시, 연인 관계, 결혼, 아기 등의 문제 앞에 놓인 수많은 갈림길 위에서 시험대에 오른다. 이 책을 읽으면서 여자들의 우정과 동지애, 그들의 지지가 얼마나 중요한지 다시 한 번 깨달았다. 정확히 그 시절로 돌아간 듯한 멋진 경험이었다.

# 토론 주제

1 바너드 대학으로 돌아가 '페미니즘 고전 연구' 수업을 듣기로 한 저자의 결정을 어떻게 생각하는가? 당신이 대학으로 돌아가 한 수업을 들을 수 있다면 어떤 것을 선택하겠는가?

2 '페미니즘 고전 연구' 요강에 있는 책들 중 읽어 본 것이 있는가? 어느 책이 당신의 인생에 영향을 끼쳤는가?

3 저자는 책에서 일과 육아를 동시에 해야 하는 고충을 털어놓았다. 당신에게 아이가 있다면 일과 육아를 어떻게 해 나가고 있는가?

4 저자가 참석한 토론회에서 토론자 중 한 명이 "우리 딸들에게 그들에게 제한된 가능성이 있다고 말해야만 하는지 모르겠다."라고 말했다. 딸들에게 "모두 가질 수 있다."라고 말하는 것이 솔직하지 못하다고 생각하는가?

5 우리는 이 책에서 슐라미스 파이어스톤 같은 급진적 페미니스트에서 케이

티 로이프 같은 '포스트페미니스트'까지 다양한 유형의 페미니스트를 만났다. 당신은 페미니스트를 뭐라 정의하겠는가? 당신 자신이 페미니스트라 생각하는가? 만약 당신 자신을 페미니스트라 여긴다면, 당신 인생에서 그 원인이 된 특정한 사건이나 경험은 무엇인가?

6  저자가 수업 시간에 마지막으로 읽은 책은 『바그다드 버닝』이었다. 『바그다드 버닝』처럼 페미니스트가 쓰지 않은 글 중 페미니즘을 이해하는 데 기여한 책이나 글이 있는가? (문학, 비문학, 시, 블로그, 책, 잡지를 비롯해 어떤 유형의 글이라도 상관없다.)

7  저자는 자신이 대학 다닐 때의 문화와 Y세대 학생들의 문화 사이에 많은 차이가 있음을 관찰했다. 소셜 네트워크와 페이스북 시기에 자란 젊은 세대는 결혼, 출산, 육아를 페미니즘과 더 잘 조화시키리라 생각하는가? 그들이 저자 세대보다 더 쉽게 할 수 있을까?

8  저자는 아이비리그 출신 여성들이 일터에서 빠져나오는 현상에 대해 보도한 《뉴욕 타임스》 기사에 대해 씁쓸함을 표하며 이렇게 말했다. "내가 씁쓸함을 느낀 것은 여대생들이 전업주부를 꿈꾼다는 사실 때문이 아니라 고작 열아홉인 그들이 불평 한마디 없이 전통적인 성 역할에 안착할 준비를 하고 있다는 사실 때문이었다." 당신은 그 기사에 대해 어떻게 생각하는가? 또 저자의 의견에 대해서는?

9  저자가 소개한 책 중 어떤 것이 당신의 흥미를 가장 자아내는가? 당신은 어떤 저자에게 가장 호기심을 느끼는가?

10 오늘날 페미니스트들이 가장 관심을 두어야 할 긴급 사안은 무엇이라고 말하겠는가?

빨래하는 페미니즘

1판 1쇄 펴냄  2014년 9월 30일
1판 11쇄 펴냄  2020년 11월 18일

지은이   스테퍼니 스탈
발행인   박근섭, 박상준
편집인   양희정
펴낸곳   (주)민음사

출판등록  1966. 5. 19. (제16-490호)
서울특별시 강남구 도산대로1길 62(신사동)
강남출판문화센터 5층 (우편번호 06027)
대표전화 02-515-2000 | 팩시밀리 02-515-2007
www.minumsa.com

한국어 판 ⓒ (주)민음사, 2014. Printed in Seoul, Korea.
ISBN 978-89-374-8839-9 03330